Tout sur
la **mémoire**

Maquette et réalisation : Claire Rouyer

15, rue Soufflot, 75005 Paris

ISBN : 978-2-7381-2106-6

www.odilejacob.fr

Bernard Croisile

Tout sur la mémoire

Odile Jacob

À ma mère

À la mémoire de mon père

SOMMAIRE

Avant-propos

« Les progrès de la science, si progrès il y a, ne reculent nullement les bornes de l'inconnu. Ils se contentent d'augmenter la superficie du domaine de la connaissance et multiplient, par là, les points de contact avec le mystère. »

Marcel Lévy,
La Vie et Moi

Souvenirs de mon premier amnésique

Je me souviens très bien de mon premier amnésique. C'était en février 1980, j'arrivais comme étudiant de quatrième année de médecine dans le service de neurologie du professeur Alexandre Garde à l'hôpital de l'Antiquaille à Lyon. Hasard ou coïncidence, ce patient était atteint de la première amnésie décrite en médecine en 1887-1889. Je ne pouvais pas, bien sûr, me douter que la mémoire serait, quelques années plus tard, au cœur de mon activité professionnelle.

Ce patient, que nous appellerons André, avait plus de 60 ans. Il souffrait d'éthylisme chronique sévère et avait été hospitalisé en raison d'un état confusionnel aigu. Ce matin-là, André n'était plus confus, mais profondément amnésique : il oubliait en quelques minutes tout ce qu'il vivait et tout ce qu'on lui disait. Cette amnésie du présent s'accompagnait d'un oubli partiel du passé, si bien qu'il ne lui restait aussi qu'un très petit nombre de souvenirs. Lorsqu'on lui demandait de raconter ce qu'il avait fait la veille, André évoquait des événements qu'il ne pouvait avoir vécus puisqu'il était hospitalisé depuis huit jours. Nous prenions cela pour de l'invention – le terme technique était « confabulations ». Plus extraordinaire encore, André semblait parfois nous « reconnaître » : il était convaincu d'avoir pêché avec nous dans la Saône ou d'être allé au café avec nous la veille. André présentait une maladie rare : le syndrome de Korsakov, du nom du médecin russe, Sergueï Korsakov (1853-1900), à qui l'on doit les premières descriptions de ce type d'amnésie sévère.

Il serait facile, vingt-huit ans plus tard, de prétendre que mon intérêt pour la mémoire est né ce jour-là. L'anecdote serait trop belle ! Je ne peux nier toutefois que le cas d'André m'a impressionné. Comment pouvait-on ne pas mémoriser ? Comment pouvait-on oublier une partie de son passé ? À l'époque, j'avais 21 ans et, comme tous les jeunes de cet âge, je croyais ma mémoire exigeante, mais sans limites. Même s'il me fallait peiner pour apprendre mes cours de médecine, je ne réfléchissais pas au phénomène « mémoire », tant celle-ci me semblait un bien naturel. En avançant dans la vie, j'ai découvert, comme tout le monde, que ma mémoire n'était ni indélébile ni infaillible. J'ai aussi été confronté à d'autres patients amnésiques. J'ai enfin eu le bonheur de travailler avec le professeur Marc Trillet, neurologue passionné. À son contact s'est renforcé mon intérêt pour la mémoire et pour cette terrifiante amnésie que subissent les patients atteints de la maladie d'Alzheimer. Je dois à mon maître, et à ces patients, d'être encore et toujours fasciné par la mémoire.

Qu'est-ce que la mémoire ?

Quatre méthodes coexistent pour analyser la mémoire d'un individu. Les deux premières, celles du philosophe et du psychanalyste, reposent sur l'introspection et échappent à tout contexte « expérimental », au sens scientifique donné à ce terme ; nous ne nous y arrêterons pas pour cette raison. La troisième méthode est celle du psychologue cognitiviste, elle sert à connaître le déroulement normal des fonctions mnésiques. La quatrième, celle du neurologue ou du neuropsychologue, se préoccupe à l'inverse des dysfonctionnements et des corrélations entre telle ou telle lésion du cerveau et son retentissement psychique. Comprendre la mémoire, c'est essentiellement combiner les méthodes du neurologue et du psychologue cognitiviste, car il faut aussi bien mesurer les performances naturelles des « sujets sains » qu'évaluer les dysfonctionnements de patients atteints de maladies de la mémoire.

On sait aujourd'hui qu'une trace mnésique peut subir quatre destinées distinctes : la récupération totale au moment désiré, l'oubli, l'hypermnésie ou la distorsion. Inutile d'insister sur la réussite impliquée dans le premier cas de figure : une mémoire qui fonctionne est une mémoire qui ne pose pas de problème. L'oubli entraîne, pour sa part, la disparition totale ou partielle d'un souvenir ou encore son inaccessibilité temporaire. À l'inverse, l'hypermnésie est une mémorisation excessive d'informations ou la persistance anormale de souvenirs, souvent déplaisants. Quant à la distorsion, elle correspond à la modification qualitative d'un souvenir par rapport à la réalité initiale de l'événement.

Ces précisions étant faites, comment définir la mémoire ? Schématiquement, on peut dire qu'elle représente l'ensemble des processus cérébraux permettant d'apprendre une nouvelle information, de la conserver le plus longtemps possible et de la retrouver au moment souhaité. Ces informations proviennent aussi bien de l'extérieur que de l'intérieur. Le monde extérieur nous inonde d'informations sensorielles (visuelles, auditives, olfactives, gustatives, tactiles), tandis que notre monde intérieur nous fournit des signaux fondamentaux sur les variations de notre milieu interne (température, fréquence cardiaque), nos instincts (faim, soif) ou nos sentiments (peur, dégoût, plaisir). Qu'ils soient externes ou internes, tous ces signaux sont conservés sous forme de traces mnésiques plus ou moins élaborées, plus ou moins solides, plus ou moins faciles à retrouver, plus ou moins fidèles à l'information d'origine.

La mémoire est donc une réalité biologique et anatomique d'une grande complexité. Au plan de son fonctionnement, elle n'est pas unitaire. Pour le dire autrement, *la* mémoire n'existe pas ; différents processus et systèmes de mémoire interviennent en réalité selon la modalité de perception des informations, la chronologie de l'apprentissage, la nature des stocks constitués ou encore le processus de récupération utilisé.

La mémoire au fil du temps

La mémoire est au cœur de notre identité et au centre de nos capacités intellectuelles, de nos fonctions cognitives[1]. Elle nous construit et nous constitue, car elle est ce formidable réservoir de souvenirs personnels et de connaissances qui nous permettent d'agir sur nous-même et sur le monde.

Au fil de notre vie, notre mémoire se développe, s'épanouit et s'étiole. Sans être totalement calquée sur les saisons de la vie, elle suit une sorte d'évolution saisonnière qui lui est propre. Timide et fragile pendant l'enfance, elle devient mature, robuste, voire arrogante pendant l'âge adulte, avant de nous trahir et de s'assombrir quand vient l'hiver de la vie. Si la mémoire palpite au rythme des saisons qui marquent nos existences, elle est aussi sujette à de multiples interactions avec le monde qui nous entoure. Celui-ci nous apporte des connaissances, facilite la création de mémoires collectives, nous expose à des agressions psychologiques ou des éblouissements émotionnels. Notre mémoire, nos souvenirs subissent ainsi les contrecoups du monde extérieur, qui renforcent ou fragilisent notre propre monde intérieur. En ce sens, déchiffrer les saisons de la mémoire, comprendre comment naissent, évoluent et meurent les souvenirs tout au long de la vie, c'est toujours aussi un peu raconter des histoires de mémoire.

1

« Guildenstern : Quel est ton premier souvenir ? La première chose que tu te rappelles ?
Rosencrantz : Non, inutile, c'est trop loin, je ne me rappelle plus ! »

Tom Stoppard,
Rosencrantz & Guildenstern sont morts

La mémoire passionne tous les anciens enfants lorsqu'ils sont devenus adultes, mais rarement l'enfant lui-même. Avant l'âge d'environ 8 ans, un enfant croit sa mémoire infinie et invulnérable, au point qu'il ne sait même pas qu'elle existe : son fonctionnement ne l'intéresse pas. Pourtant, l'enfance est le moment crucial où tout individu commence à construire

L'enfance de la mémoire

son identité et sa personnalité. C'est la période où il élabore un savoir sur lui-même et sur le monde qui l'entoure. Grâce à leur répétition régulière, il va pouvoir enregistrer durablement les informations du langage et certains savoir-faire. En revanche, les expériences personnelles seront moins bien consolidées : tous les adultes savent qu'il leur est impossible de se remémorer les événements vécus avant 2 à 5 ans. Au-delà, quelques années encore restent floues dont émergent de rares souvenirs particulièrement riches sur le plan affectif.

La mémoire de l'enfant n'est pas une entité figée, mais un processus dynamique au cours duquel s'installent différents systèmes. Observer un enfant, c'est explorer en temps réel l'organisation, mais aussi le fonctionnement de la mémoire. C'est découvrir des forces et des faiblesses qui seront encore présentes chez l'adulte. Néanmoins, et contrairement à une idée reçue, tout ne se joue pas avant 3 ans : dans le domaine cognitif, le cerveau exprime de considérables potentialités de création et d'adaptation bien au-delà. ■

Mémoires et souvenirs d'enfants

> « La distance séparant
> le nouveau-né d'un enfant
> de cinq ans est un fossé ; entre
> l'enfant de cinq ans et moi,
> il n'y a qu'un pas. »
>
> Léon TOLSTOÏ

D'exceptionnelles performances trop souvent sous-estimées

La mémoire des enfants intéresse davantage les adultes que les enfants eux-mêmes. Ces derniers restent, en effet, longtemps persuadés qu'ils possèdent une excellente mémoire, voire une mémoire absolue. L'impossibilité pour un adulte de se rappeler de faits antérieurs à sa troisième année de vie jette le soupçon sur la mémoire de l'enfant qu'il a été.

S'il y a une chose que les adultes oublient, c'est combien leur enfance a été efficace dans le domaine mnésique, car c'est bien au cours de cette période, courte mais décisive, qu'ils ont tout appris des bases dont ils ne cessent de se servir : gestes, langage, connaissances. Certaines expériences précoces influent même durablement sur leurs comportements d'adultes.

Un enfant met en place rapidement de très efficaces systèmes de mémorisation. Même les nourrissons possèdent des capacités mnésiques plus efficaces que ce qu'on admet couramment. Tout petit, un enfant développe très tôt des capacités remarquables dans les domaines de la mémoire sémantique (le langage et les connaissances) et de la mémoire procédurale (les gestes spécialisés). Cette maîtrise graduelle s'établit à partir de différents systèmes biologiques et anatomiques déjà présents, mais encore immatures. Au cours de son développement, l'enfant acquiert des stratégies de mémorisation qui améliorent la qualité de la trace mnésique de ses souvenirs personnels.

Notre cerveau d'adulte a d'abord été un cerveau d'enfant. L'analyse du développement et de l'organisation de la mémoire chez les enfants aide à comprendre le fonctionnement de la mémoire à l'âge adulte.

Lorsque l'enfant paraît, sa mémoire s'agrandit

L'étude de la mémoire chez les très jeunes enfants pose des problèmes méthodologiques évidents. Les limites de leurs capacités motrices et langagières freinant les investigations, les chercheurs ont développé des protocoles astucieux qui ont permis de constater que la mémoire des petits enfants est très sensible à la nouveauté, qu'elle s'améliore avec les répétitions et, enfin, qu'elle est meilleure qu'on le croit, mais moins bonne qu'on le pense.

Déjà *in utero*, le fœtus se souvient

On a pu observer lors de la dernière semaine de grossesse, qu'un fœtus est capable de se rappeler une stimulation sensorielle unique 10 minutes après cette stimulation et que ce souvenir peut même persister pendant 24 heures.

Un fœtus est également capable de mémoriser une comptine, une mélodie grave (le basson de *Pierre et le Loup*) ou la voix de sa mère, s'il l'a entendue plusieurs fois au cours des six dernières semaines de grossesse. Deux jours après sa naissance, on le verra ainsi sucer plus intensément sa tétine s'il entend cette comptine ou la voix de sa mère. On sait aussi qu'un nourrisson dont la mère a résidé près d'un aéroport pendant sa grossesse ne se réveillera pas au passage d'un avion. Attention, toutefois, reconnaissance ne signifie pas personnalité, il n'est pas prouvé que faire entendre *Let it be* à un fœtus le rendra définitivement accro aux Beatles !

Un fœtus ne se contente pas d'enregistrer des informations auditives. Il sait également mémoriser des odeurs. Ainsi, on s'est aperçu que des nouveau-nés âgés de quatre jours préféraient, entre différentes odeurs, celle de l'anis que leur mère avait consommé au cours de sa grossesse.

Que de mémoires chez un nourrisson !

Déjà au premier jour…

Dès le premier jour, un bébé retient. Cela ne signifie pas qu'il en aura gardé la trace vingt ans plus tard, mais qu'il est en mesure de se souvenir temporairement d'informations nouvelles. Cela, n'importe quelle mère le perçoit, mais comment le prouver ? En étudiant la succion du nourrisson ou l'orientation de son regard.

Entendue le jour de sa naissance, une voix, celle de sa mère en particulier, entraîne chez le nourrisson une réaction de succion plus avide ou une orientation du regard lorsqu'il l'entend de nouveau le lendemain. On pourrait arguer que les bébés ont déjà entendu la voix de leur mère *in utero*, mais les mêmes réactions de succion plus rapide et d'orientation du regard ont été notées lorsque les nourrissons réentendaient, 24 heures plus tard, des séries de syllabes entendues le jour de leur naissance.

Face à des informations visuelles ou olfactives, les capacités des nouveau-nés sont tout aussi remarquables. Dès la première semaine de vie, ils ne se méprennent pas sur l'odeur ou le visage de leur mère, qu'ils distinguent sans erreur d'autres femmes.

S'il faut une expérience sensorielle ou motrice répétée pour qu'un bébé « retienne » un souvenir, la trace mnésique laissée par ce souvenir n'est pas durable. En effet, un nourrisson est très sensible aux modifications, même subtiles, de son environnement : si un changement de lieu ou de jouet éveille son intérêt 24 heures plus tard, il ne reconnaît plus une personne qui a un nouveau parfum ou fredonne une autre chanson.

Mémoires gestuelles

La mémoire d'un nourrisson n'est pas uniquement sensorielle ; elle est également motrice. Un bébé maîtrise progressivement et définitivement des gestes sophistiqués tels que la préhension fine, l'équilibre du corps puis la marche, l'articulation des sons produits avec sa langue et, encore plus capital, la manipulation d'objets qui permettent moins de jouer que d'explorer le monde à sa portée ! L'utilisation répétée, quasi ritualisée, d'un jouet permet aux enfants de maîtriser un geste, de se rassurer par la réussite du geste accompli et de s'adapter à leur environnement.

Tournez mobiles !

Comment démontrer expérimentalement que les nourrissons ont une mémoire ? En créant un conditionnement permettant d'induire un comportement gestuel en réponse à un signal visuel[1]. Le protocole est simple : un mobile composé d'objets colorés est suspendu au-dessus du berceau. Lors d'une première phase, on mesure le nombre de mouvements spontanés du pied sans qu'il soit attaché au mobile. Un ruban est ensuite fixé au mobile et à la cheville du bébé qui peut ainsi le faire bouger en agitant le pied. Suit alors une phase d'apprentissage au cours de laquelle le bébé comprend très rapidement qu'il peut activer le mobile en agitant le pied. Après des délais variables, survient la troisième phase qui permet de mesurer la capacité de mémoire à long terme du nourrisson. Lors de cette phase, le mobile est de nouveau placé au-dessus du nourrisson mais, cette fois, sans être relié à sa cheville par le ruban. Quelques secondes plus tard, le bébé déclenche des mouvements du pied dont la fréquence est supérieure à celle que l'on observait spontanément avant l'entraînement. Le bébé a donc conservé le souvenir visuel du mobile et le souvenir de la possibilité de le faire bouger avec son pied. À l'âge de 2 mois, le bébé retient pendant 24 heures ce lien entre la vision du mobile et la possibilité de l'activer lui-même. Un nourrisson de 3 mois se souvient de ce conditionnement pendant une semaine. À 6 mois, cette trace mnésique dure jusqu'à 2 à 3 semaines ; à 18 mois, le souvenir peut perdurer près de 3 mois.

Ce protocole très simple prouve clairement que les nourrissons ont une courte mémoire personnelle. Il démontre aussi deux propriétés fondamentales de la mémoire : pour être consolidé, un apprentissage doit être répété et son réapprentissage être espacé. C'est ainsi que, chez un bébé de 3 mois, une réactivation une semaine après le premier apprentissage prolonge jusqu'à 6 semaines la rétention mnésique. Comme pour l'adulte, un intervalle de temps raisonnable doit être laissé entre les différents réapprentissages du nourrisson.

Sans surprise aussi, il est établi que le contexte a une influence décisive sur les capacités de mémorisation du bébé, aussi bien le contexte physique du berceau, de la chambre ou l'entourage humain. Un simple changement de chambre ou de garniture de lit diminue significativement la trace mnésique du lien créé entre la cheville, le ruban et le mobile. Les nourrissons disposent indubitablement de capacités de mémorisation à long terme puisqu'ils réussissent à retenir ce triple lien pendant quelques heures, quelques jours, voire plusieurs semaines. Les bébés n'ont pas pour autant les moyens biologiques de créer une trace personnelle suffisamment robuste pour pouvoir s'en souvenir lorsqu'ils seront devenus adultes. Ainsi, la trace mnésique est d'autant plus fragile que les nourrissons sont jeunes, que le contexte est modifié ou que l'élément à retenir n'est pas réactivé plusieurs fois.

Cette fragilité est sans doute amplifiée par le fait que les nourrissons mémorisent sans conscience active ou médiation par le langage. L'existence d'une mémoire consciente explicite chez le nourrisson est encore débattue. Plutôt que de vouloir faire entrer les capacités mnésiques des enfants dans des modèles destinés aux adultes, mieux vaut rester descriptif et élaborer des modèles dynamiques adaptés au développement de l'enfant.

L'enfant de 1 à 7 ans

Il est difficile de diviser l'enfance en périodes strictes, car le développement des capacités biologiques ne suit pas le calendrier des Postes. Toutefois, on oppose habituellement la mémoire à court terme (petite capacité de stockage et oubli rapide) et la mémoire à long terme (capacité quasi illimitée de stockage et oubli très lent). On distingue également la mémoire des souvenirs personnels, la mémoire des connaissances et, enfin, la mémoire des gestes.

La mémoire à court terme

La mémoire à court terme intervient dans des situations où nous avons besoin de maintenir temporairement ou de manipuler mentalement une quantité limitée d'informations – d'où son autre nom de mémoire de travail. La technique de l'empan mnésique permet de mesurer la capacité de stockage de la mémoire à court terme : il s'agit de faire répéter, immédiatement et dans l'ordre, des séries croissantes de chiffres (ou de mots, ou de lettres).

Chez l'adulte, la capacité de la mémoire à court terme est de sept chiffres, plus ou moins deux : elle varie donc entre cinq et neuf chiffres. Chez l'enfant, l'efficacité de la mémoire à court terme augmente progressivement avec l'âge : deux chiffres à 3 ans ; quatre chiffres à 5 ans ; cinq chiffres à 6 ans ; six chiffres vers 8-9 ans. C'est vers 12-15 ans que l'enfant-adolescent se montre capable de répéter autant de chiffres qu'un adulte, c'est-à-dire environ sept. La répétition de lettres est un peu inférieure à celle des chiffres : quatre lettres correctement répétées vers 8-9 ans et cinq vers 10-12 ans. N'oublions pas, toutefois, que ce sont des moyennes : certains enfants se révèlent, évidemment, plus performants que d'autres.

La question qui se pose est de savoir s'il s'agit réellement d'une augmentation de la capacité absolue de la mémoire à court terme. En effet, il se pourrait que les enfants plus âgés soient plus à l'aise avec les chiffres ou qu'ils emploient des stratégies de maintien plus efficaces : à capacité équivalente, ils maintiendraient ainsi davantage de chiffres dans leur mémoire à court terme. Un peu comme si, en grandissant, les enfants rangeaient plus de jouets dans leur coffre à jouets, non pas parce que le coffre est plus grand, mais parce qu'ils maîtrisent mieux le rangement. Autre explication plausible : l'augmentation de l'empan mnésique serait facteur de la vitesse d'articulation et de prononciation : prononçant plus de syllabes par seconde, les enfants plus âgés reproduiraient davantage de chiffres et de mots.

Comme souvent, l'accroissement de la mémoire à court terme avec l'âge est vraisemblablement lié à un ensemble de causes : plus grande vitesse de traitement de l'information ; prononciation plus rapide ; meilleures stratégies ; augmentation de la capacité brute de rétention des éléments ; meilleur stockage de la forme phonologique des chiffres avec lesquels l'enfant est plus familier ; maturation biologique des aires du langage ; etc.

À QUOI SERT LA MÉMOIRE À COURT TERME ?

Son rôle est fondamental : elle permet d'analyser rapidement les caractéristiques de la petite quantité d'informations maintenues afin de faciliter leur enregistrement définitif en mémoire à long terme. Conjointement à d'autres facteurs, elle intervient de façon déterminante lors de l'acquisition du vocabulaire, de l'apprentissage de la lecture, de la maîtrise du calcul mental, de la compréhension d'une phrase et de la résolution de problèmes[2]. Toutes les acquisitions explicites de connaissances par l'enfant participent de la mémoire à court terme.

La mémoire à long terme

Nourrissons et petits enfants apprennent des gestes de plus en plus élaborés. À cette mémorisation des gestes s'ajoute une mémorisation définitive de certaines connaissances. Certains concepts sont vite maîtrisés, et pour toujours : le feu est dangereux; le goût du chocolat est agréable; etc. Faute d'expression orale élaborée, le nourrisson ou même le petit enfant ne peut évoquer verbalement les caractéristiques sensorielles (« Comment c'est? ») ou sémantiques (« À quoi ça sert? ») des éléments qui composent son entourage : la seule façon de montrer qu'il sait est de manifester qu'il reconnaît ou qu'il utilise ces éléments. Pendant plusieurs années, l'observation du comportement est le seul moyen de repérer si un enfant sait et connaît : il saisit ou ne saisit pas tel objet; il se rapproche de sa grand-mère ou évite un inconnu; etc.

Ces systèmes qui constituent la mémoire à long terme sont très efficaces, plus qu'on ne le croit en tout cas, même s'il est difficile de les étudier expérimentalement. Faute de langage, on utilise souvent des tests de reconnaissance. Sans toujours égaler celle de l'adulte, la reconnaissance d'éléments mélangés est très instructive sur ce point[3]. Si on présente 18 objets à des enfants âgés entre 2 et 4 ans et qu'on les mélange ensuite avec 18 autres qu'ils n'ont pas vus et qui servent de distracteurs, on s'aperçoit ainsi que les enfants de 2 ans reconnaissent environ 80 % des 18 objets qu'ils ont vus préalablement, alors que ceux de 4 ans en reconnaissent 90 %. Les adultes normaux ont habituellement 100 % de réussite à ce même test.

Les souvenirs personnels des enfants

Qu'en est-il de la mémoire à long terme des souvenirs personnels? Cette question fait l'objet de bien des controverses, car elle touche à deux problèmes : l'amnésie infantile et la crédibilité du témoignage oculaire des enfants. Il est exceptionnel, voire impossible, pour un adulte d'avoir des souvenirs autobiographiques avant l'âge de 2-3 ans. La démonstration de ce fait, que chacun peut constater pour lui-même, est très ancienne puisqu'elle remonte à 1896. À cette date, les Français Victor et Catherine Henri parviennent à établir scientifiquement, sur la base d'un questionnaire, que l'âge du premier souvenir est de 2 ans et demi et que ces premiers souvenirs sont habituellement très visuels et fortement teintés d'émotion[4]. À partir de la période 3-6 ans, le nombre de souvenirs d'enfance que les adultes évoquent augmente rapidement.

Mon premier souvenir d'enfance (1)

Notre premier souvenir d'enfance est habituellement lié à notre entourage immédiat. Il s'agit d'un souvenir avec un membre de notre famille (papa, maman, un frère, une sœur...). Il est riche en émotions, photographique. Toutefois, on ne saura jamais pourquoi c'est cet événement, et pas un autre, qui s'inscrit sur la première page de nos souvenirs personnels.

Les enfants retiennent des activités routinières comme des trajets réguliers ou les journées à la crèche. En revanche, le souvenir d'un événement personnel unique est rare. Lorsqu'il survient, c'est très souvent sous une forme visuelle frappante, quasiment photographique, en raison d'une vive émotion. Quelques travaux ont montré que des enfants de 2 ans et demi avaient la possibilité de se souvenir d'événements survenus six mois auparavant, alors que des enfants de 4 ans se rappelaient d'événements survenus deux ans plus tôt. Il existe donc précocement une mémoire d'événements personnels récents, mais ces souvenirs persistent moins longtemps chez les plus jeunes.

Quelques adultes se souviennent précisément d'événements spécifiques, sans les avoir réappris. Pourquoi eux et comment ? On ne le sait pas actuellement. La limite de 2-3 ans pour qu'un adulte ait de réels souvenirs personnels est une limite inférieure ; elle n'est en aucun cas la moyenne de l'ensemble des adultes. Il n'y a donc pas lieu de s'inquiéter si votre premier souvenir personnel remonte à l'âge de 7 ans, alors que ceux de vos frères et sœurs datent de leurs 3-4 ans. Cette différence au sein d'une famille est un sujet d'inquiétude fréquent comme j'ai pu le remarquer lors d'une émission radiophonique au cours de laquelle toutes les questions posées revenaient systématiquement à cet oubli des souvenirs d'enfance. Pourquoi est-il donc si important de se souvenir de ses premiers pâtés de sable ?

Comment se constitue une mémoire autobiographique ?

Pour retenir des souvenirs personnels, un enfant doit pouvoir les raconter : il a donc besoin d'un système langagier riche en vocabulaire et performant dans ses aspects narratifs. L'apprentissage du vocabulaire est impressionnant : à un certain moment de leur développement

Mon premier souvenir d'enfance (2)

Il faut toujours distinguer les souvenirs d'enfance dont se rappelle l'adulte et ceux dont se souvient l'enfant. Les enfants ont en effet des souvenirs transitoires d'événements autobiographiques vécus pendant cette période critique de 2 ans. Il est néanmoins exceptionnel qu'ils les conservent durablement.

Il y a quelques années, j'ai entendu à la radio le témoignage d'une femme de 86 ans, née en 1916. Elle se souvenait d'avoir vu des soldats anglais pendant la Première Guerre mondiale, alors qu'elle avait moins de 2 ans. Sans exclure que, par un exceptionnel hasard, des détails se soient réellement ancrés chez cette enfant de moins de 2 ans, il faut rester prudent quant à la réalité objective d'un tel souvenir. S'il arrive parfois que des adultes conservent des souvenirs quasi photographiques de scènes précises qui les ont particulièrement marqués lorsqu'ils étaient de très jeunes enfants, il ne s'agit pas toujours d'un souvenir original, mais souvent d'un souvenir reconstruit ultérieurement à partir de ce que leur ont plusieurs fois raconté leurs parents : la répétition incruste ces souvenirs dans leur mémoire comme s'ils les avaient retenus d'emblée.

On ne peut ainsi considérer formellement comme un réel souvenir d'enfance l'affirmation d'un adulte qui dit se rappeler la naissance de sa petite sœur alors qu'il avait moins de 2 ans. Des films et des photographies ont certainement été revus plusieurs fois, ce qui crée un souvenir visuel. Peu à peu, celui-ci s'est imposé comme la trace originelle d'une réalité « revécue » *a posteriori*.

Les films et les photographies des parents alimentent très facilement en images la mémoire de leurs enfants, leur donnant ensuite le sentiment d'un réel souvenir personnel. Devenus adultes, ils auront le sentiment d'un souvenir réel car ils auront perdu la source exacte de la constitution de ce souvenir. Dans le cas de cette auditrice de 86 ans, les scènes des soldats anglais lui ont peut-être été souvent répétées par ses parents, ce qui a pu créer ce souvenir resté très vivace et éventuellement alimenté par la vision de photographies ou de films de cette période.

linguistique, les enfants peuvent mémoriser 10 à 13 mots nouveaux par jour ! Apprendre des mots nouveaux n'est pas tout. Les parents et, plus largement, les adultes, ont un rôle fondamental dans le développement de cette mémoire autobiographique, car ils amènent l'enfant à établir la chronologie des événements et à faire apparaître les liens de causalité. Les histoires racontées aux enfants par les adultes (en particulier les mères et les grands-mères) les aident pareillement à organiser leur système chronologique et à mémoriser les aspects essentiels des événements. La qualité linguistique de l'entourage des enfants a aussi un impact : entendre des conversations linguistiquement élaborées permet, en effet, à des enfants d'âge préscolaire de mieux se rappeler leurs souvenirs d'enfance lorsqu'ils seront adultes.

Faut-il parler pour se rappeler ?

Tout un faisceau d'arguments établit ainsi l'importance du langage dans la constitution de traces mnésiques mieux ancrées des premiers souvenirs d'enfance. Le langage interviendrait à deux niveaux chronologiques, d'abord au moment où l'événement se produit, ensuite lors de sa réévocation régulière en famille. L'enrichissement progressif de la mémoire autobiographique résulte ainsi d'un triple perfectionnement : celui des capacités linguistiques, celui des connaissances narratives dans le cadre d'interactions familiales et sociales et celui de la capacité de stockage mnésique. La maturation psychologique de l'enfant facilite son implication affective et l'aide à rajouter les étiquettes émotionnelles appropriées aux informations vécues, étiquettes indispensables au bon encodage des souvenirs personnels.

Contrairement aux idées reçues, les enfants ont une bonne mémoire personnelle, mais principalement pour des souvenirs très spécifiques, dans un contexte particulier, et dans une forte ambiance émotionnelle. Ces souvenirs sont initialement visuels ; ils se réfèrent à des sensations ou des actions. Ce n'est que lorsque le format de stockage devient langagier que les informations verbales acquièrent le statut de souvenirs autobiographiques. Ces souvenirs sont encore très fragiles et susceptibles, en conséquence, d'être un peu trop facilement oubliés, modifiés, voire manipulés.

Le sexe de l'enfant intervient également sur la qualité et le moment d'apparition des souvenirs[5]. Dès l'âge préscolaire, les récits personnels des petites filles sont plus détaillés, plus cohérents et plus riches en émotion que ceux des petits garçons. Cela expliquerait pourquoi les femmes ont généralement des souvenirs d'enfance plus précoces que les hommes : le premier souvenir d'une femme précède de six mois en moyenne le premier souvenir d'un homme.

Les souvenirs autobiographiques sont, enfin, sous influence culturelle. Les premiers souvenirs des enfants des sociétés orientales apparaissent ainsi vers 5-6 ans, c'est-à-dire plus tard que ceux des enfants des sociétés occidentales. Cette différence serait liée à une tendance plus marquée chez les mères américaines (celles auprès desquelles a été réalisée l'expérience) à parler de leur petite enfance à leurs enfants comparativement aux mères asiatiques.

Quelle est la capacité exacte de la mémoire des jeunes enfants ?

Cette question fascine les parents. Aucune réponse ne peut y être apportée. Tout comme la répétition, l'intérêt et la motivation sont de puissants facteurs de rétention à long terme, mais leur subjectivité individuelle empêche de prédire individuellement aussi bien la robustesse d'une trace mnésique que la quantité optimale de stockage.

En cas de présentation unique d'une série d'informations, les jeunes adultes seront supérieurs aux enfants : si on projette 120 dessins à deux groupes de volontaires, des enfants de 5-6 ans et des étudiants de 20 ans[6], on s'aperçoit que le taux de reconnaissance immédiate des étudiants est de 63 % contre 46 % chez les enfants. Une reconnaissance tardive, réalisée cinq semaines plus tard, montre même un oubli sévère chez les jeunes enfants qui ne reconnaissent plus que 14 % des images (soit un taux d'oubli de 70 %) contre 47 % chez les étudiants (soit un taux d'oubli de 25 %).

Attention, toutefois : cette expérience confirme seulement que la mémoire épisodique des jeunes enfants n'a pas encore acquis sa pleine maturation. Les jeunes enfants sont davantage programmés pour acquérir des savoirs, c'est-à-dire des connaissances générales apprises plusieurs fois : c'est d'ailleurs pour cette raison qu'ils apprennent mieux la syntaxe, le vocabulaire, les visages.

L'enfant de plus de 7 ans

Différentes stratégies renforcent la mémorisation à long terme

Le développement de la mémoire à long terme repose sur le déploiement de différentes stratégies d'apprentissage et de rappel, ainsi que sur l'évolution de la métamémoire. C'est entre 7 et 12 ans que l'enfant prend conscience qu'il a la possibilité d'améliorer ses capacités d'apprentissage grâce à la maîtrise de stratégies de mémorisation reposant principalement sur la logique. Les enfants utiliseront d'autant plus ces stratégies qu'ils en comprennent la pertinence et qu'elles leur auront été enseignées par leurs parents ou leurs enseignants.

- **Les techniques de lecture à voix haute, d'autorépétition et de révision mentale accroissent la force de l'information présentée au système de mémoire à long terme.** La lecture à voix haute de ce qu'ils sont en train d'apprendre[7] est une stratégie bien connue des enfants, qu'il ne faut surtout pas empêcher. L'autorépétition mentale (« dans sa tête ») des éléments à retenir est également couramment employée. Lors de la mémorisation d'images, l'autorépétition n'est employée que par seulement 10 % des enfants de 5 ans, alors que 60 % de ceux de 7 ans utilisent cette technique et 85 % de ceux de 10 ans. Les très jeunes enfants sont incapables d'utiliser spontanément cette stratégie, d'autant plus qu'il ne leur vient pas à l'idée qu'ils pourraient avoir besoin de stratégies particulières pour mémoriser.
- **Une autre stratégie de mémorisation consiste à organiser les informations en plusieurs catégories.** Lorsqu'on demande à des adultes de mémoriser des séries d'images, ils les regroupent spontanément en catégories : les fleurs, les fruits, les animaux... Pour une série de 24 images, cette stratégie n'est instinctivement utilisée que par 10 % seulement des enfants de 7 ans. À 10 ans, 60 % des enfants regrouperont naturellement ces images en catégories sémantiques. Ainsi, en grandissant, les enfants utilisent beaucoup plus spontanément des stratégies d'organisation du matériel, aussi bien lors de la phase d'apprentissage où ils regroupent ensemble les images d'objets d'une même catégorie, que lors du rappel du nom de ces objets, qu'ils regroupent là aussi en catégories naturelles. Des collégiens de 5e ont ainsi montré qu'ils avaient autant de difficultés à rappeler une liste de 24 mots appartenant à la même catégorie (des professions) qu'une

liste de 24 mots appartenant chacun à une catégorie différente (respectivement, autour de 10 et 9 mots seront rappelés), mais qu'ils étaient bien plus performants lorsqu'ils devaient rappeler une liste de 24 mots correspondant à 4 catégories de 6 mots (près de 16 mots seront rappelés)[8].

La dernière stratégie est celle de l'imagerie mentale visuelle. Les enfants retiendront mieux 2 images si on leur demande d'imaginer une action entre les 2 objets représentés. Il faut souligner que cette stratégie n'est pas toujours spontanée chez les adultes, puisqu'elle n'est utilisée que par 38 % des jeunes de 20 ans et 34 % des sujets de 70 ans lors d'une épreuve de mémorisation de paires de mots[9].

L'apparition de la métamémoire

La métamémoire correspond à la connaissance que l'on a du fonctionnement de sa mémoire. C'est la conscience et le contrôle que nous avons de notre propre mémoire. Plus simplement, la métamémoire est résumable en deux phrases : « Je sais que je connais ceci » et « Je sais comment faire pour apprendre et retrouver cela. »

MÉMOIRE ET MÉTAMÉMOIRE

La métamémoire est triplement indispensable : elle nous évite de rechercher une information que nous ne possédons pas ; elle nous permet d'optimiser nos stratégies de mémorisation ; elle est enfin essentielle pour évoquer des souvenirs, car elle nous aide à utiliser des modes opératoires adaptés et des structures de rappel spécifiques.

La métamémoire des jeunes enfants est imprécise et ils sont longtemps persuadés d'avoir une meilleure mémoire que les autres enfants. Certains sont même convaincus qu'ils n'oublient jamais rien ! Cette surestimation de leur potentiel de mémorisation dure jusqu'à l'âge de 5-7 ans environ. C'est à partir de ce moment qu'ils découvrent qu'ils peuvent oublier avec le temps. Même si les enfants mémorisent avant cet âge, ils le font dans un contexte d'interactions avec les objets et les personnes, sans maîtriser consciemment l'exécution de l'acte d'apprentissage. Pendant longtemps, les enfants sont dans une situation de mémorisation involontaire, qualifiée d'incidente. Paradoxalement, c'est donc en accédant au doute que l'enfant voit s'accroître l'efficacité de sa mémoire.

C'est entre 7 et 12 ans que les enfants acquièrent enfin la conscience des stratégies qu'ils peuvent employer pour une meilleure mémorisation. La scolarisation est primordiale à cet égard, car elle fournit aux enfants le cadre formel d'une mémorisation explicite qui les confronte à des réussites mais aussi à des échecs. Ils peuvent de la sorte analyser leurs résultats, comparer leurs performances et en déduire ensuite des attitudes plus adaptées. Ainsi, plus la métamémoire des enfants est élevée, meilleure sont leurs capacités d'apprentissage et de récupération. Il existe en effet un formidable cercle vertueux : plus un enfant échoue et plus il comprend l'utilité des stratégies de mémorisation ; plus il maîtrise une stratégie et plus il l'utilise ; plus il l'utilise et mieux il la connaît ; mieux il la connaît et plus sa mémoire est efficace !

Brontosaures, stégosaures et autres tyrannosaures

Il est captivant de noter la possibilité qu'ont les enfants de développer des connaissances extrêmement pointues dans des domaines très spécialisés. L'exemple le plus récent a été celui des dinosaures : on a vu de jeunes enfants, parfois de très jeunes enfants, connaître de façon impressionnante des noms extrêmement compliqués de dinosaures alors que la plupart des adultes se reprenaient à plusieurs fois pour les répéter correctement. Différents éléments expliquent cette hyperspécialisation : la sortie de dessins animés ou films d'aventures qui ont créé un engouement sur ce thème (*Jurassic Park*, *Godzilla*, *Dinotopia*...), la beauté réelle de ces grosses bestioles, la fascination des enfants pour des noms complexes mais porteurs de rêve et d'exotisme, le plaisir quasi interdit d'une mémorisation indépendante du cadre scolaire et enfin le privilège d'un vocabulaire initiatique entre eux partagé.

Le football est un domaine d'expertise équivalent où des enfants aux piètres résultats scolaires sont en mesure de citer le nom de tous les joueurs des équipes du championnat, de récapituler les scores de tous les matchs ou de raconter en détail certaines actions de jeu déterminantes. Ces savoir-faire hyperspécialisés concernent même de très jeunes enfants, ils se traduisent aussi bien par un apprentissage rapide des mots du domaine que par une accumulation prodigieuse d'informations que les enfants rappellent avec une facilité déconcertante.

Cendrillon, Tintin, Harry Potter : une mémoire psychologique collective

Le rôle des contes de fées dans la construction psychologique des enfants est bien connu depuis les travaux du psychiatre Bruno Bettelheim, qui y voyait un rite de passage entre l'univers de l'enfance et le monde des adultes[10]. Les bandes dessinées s'inscrivent dans une mythologie moderne comparable. Les enfants sont imprégnés des moindres détails des albums de Tintin, Astérix ou Spirou. Ils connaissent tous les personnages secondaires, citent sans erreur des épisodes que les adultes ont oubliés depuis longtemps, sont imbattables pour rapporter toutes les citations des albums.

Le rôle de ces bandes dessinées, longtemps considérées comme une sous-littérature, n'est pas anodin, car les situations simples et les personnages prototypiques qu'elles décrivent aident les enfants à organiser leur connaissance du monde en général et des individus qui y vivent en particulier. Si les enfants s'identifient (peut-être) aux héros (souvent trop parfaits ou trop lisses), ce sont plutôt les outrances des personnages secondaires qui en font des individus sympathiques. Certains sont devenus prototypiques : quel distrait n'a pas été surnommé Professeur Tournesol ? quelle chanteuse n'a pas été qualifiée de Castafiore ? quel chanteur n'a pas été désigné comme un émule du barde Assurancetourix ?

Harry Potter est un autre exemple de l'enthousiasme délirant que les enfants peuvent subitement développer pour une œuvre. Là aussi, ils connaissent de manière quasi compulsive le contenu détaillé des 7 volumes. Cette saga a une valeur initiatique indiscutable grâce à la création de personnages qui sont confrontés au monde terrifiant des adultes, ces derniers étant les vecteurs de toutes les craintes intimes des enfants. La grande originalité de la série de Joanne K. Rowling est en effet d'accompagner Harry, Ron et Hermione dans leur passage de l'enfance à l'adolescence[11]. L'implication affective des enfants est telle que l'on a craint en juillet 2007 que la fin éventuellement dramatique du septième volume (*Harry Potter et les reliques de la mort*) n'entraîne chez eux des réactions de désespoir. Contes de fées, romans et bandes dessinées construisent dans l'imaginaire enfantin des schémas mémoriels qui, loin de les duper à partir d'un monde fictif, les aident, en fait, à aborder progressivement le monde réel.

Le choc des photos, le poids des images

Ouragan en Floride...

En 1992, l'ouragan Andrew a sévèrement dévasté les côtes de Floride. Une équipe de psychologues a interrogé des enfants de 3 à 4 ans ayant subi cet événement particulièrement stressant, aussi bien par la brutalité de l'ouragan lui-même que par ses conséquences sur les habitations endommagées[12]. Un groupe d'enfants n'avait enduré qu'une tempête minime (groupe « stress faible ») ; un groupe d'enfants au « stress modéré » avait subi l'ouragan mais leurs maisons n'avaient eu que des dommages extérieurs ; enfin, le groupe « stress élevé » avait subi l'ouragan de plein fouet : inondation de la maison avec dégâts sévères. Dans tous les cas, les enfants les plus âgés rapportaient davantage de détails que les plus jeunes. Curieusement, les enfants du groupe de « stress modéré » avaient plus de souvenirs non seulement que les enfants du groupe de « stress faible », mais que les enfants du groupe de « stress élevé ». Comme si le stress avait un double tranchant : son élévation favoriserait la rétention mnésique, puis, pour un niveau trop élevé, affaiblirait les capacités de mémorisation. Rappelons que l'existence d'un optimum intermédiaire de mémorisation en cas d'exposition croissante au stress a déjà été suggérée en 1908 sous le nom de « loi de Yerkes et Dodson ».

... tours à New York !

Le 11 septembre 2001 a indéniablement acquis le statut d'un souvenir flash, ou souvenir éclair, à l'échelle mondiale. La brutalité de l'événement, l'originalité terrifiante du moyen employé, le nombre de morts (près de 3 000) impliquant des « civils », mais aussi des policiers et surtout des pompiers, le courage des passagers qui se sont révoltés dans l'un des avions, la double castration symbolique de ces phallus érigés dans le ciel new-yorkais, le « viol » psychologique du territoire des États-Unis jusqu'alors épargné par le terrorisme extérieur : tous ces éléments ont fait du 11 septembre 2001 un événement de très haute portée individuelle, nationale et internationale. Les facteurs se sont cumulés pour élever cette journée au rang de souvenir éclair de grande magnitude : à côté de la brutalité, du contexte émotionnel et de l'impact psychologique et politique mondial, il est certain que la diffusion médiatique immédiate et la répétition en boucle des images télévisées de l'écrasement des avions et de l'effondrement des tours ont profondément ancré cet événement dans la mémoire collective et individuelle. Et pas seulement des adultes…

Voici deux anecdotes qui soulignent l'impact mnésique et affectif de la tragédie des Twin Towers chez les enfants. La fille de 4 et demi d'un de mes amis déclara lors d'un petit déjeuner, quelques jours après l'événement : « J'en ai assez qu'on parle du 11 Septembre ! » Si petite et déjà saturée d'images et de mots ! Un couple de collègues m'a aussi raconté que leur fils de 5 ans, à qui ils avaient demandé de faire un dessin le dimanche qui suivit les attentats, dessina spontanément deux tours, l'arrivée d'un avion, les flammes de l'explosion et la chute de débris le long des façades. L'invasion de notre quotidien par les images affecte incontestablement les tout jeunes enfants.

La violence des images est-elle préjudiciable ?

Il est classique de citer l'impact émotionnel très fort qu'a eu chez de nombreux jeunes enfants la mort de la mère du faon Bambi dans le film de Disney. On n'a pas encore évalué l'impact de celle de la mère de Némo dans *Le Monde de Némo* : la fugacité de l'apparition du personnage atténue vraisemblablement la portée dramatique et affective de sa disparition. Encore s'agit-il, dans ces deux exemples, de dessins animés dont les images sont édulcorées !

De nombreux psychologues s'inquiètent de la violence des images des feuilletons et des films que voient les enfants à la télévision. Ces enfants constituent inévitablement dans leur mémoire un stock d'images qui banalisent les situations de violence. Différentes méthodes expérimentales ont confirmé que l'exposition des enfants aux images violentes de la télévision augmentait le nombre d'actes violents à court, moyen et long termes. Il semble même que 5 à 10 % des violences commises soient imputables à l'influence de la télévision[13]. Ce chiffre peut paraître faible, mais c'est aussi la seule composante explicative facile à déduire par des mesures appropriées !

Toutes ces images inscrivent l'élément émotionnel violent dans le souvenir. Or imprégner le cerveau d'enfants d'images violentes, c'est les accoutumer à la violence, c'est leur apprendre comment faire mal à autrui et faciliter ainsi le passage à l'acte, c'est les inciter à reproduire des comportements agressifs en émoussant leur sensibilité à la souffrance d'autrui qui en est banalisée, c'est leur donner du monde une image où la violence occupe une place exagérée.

On se gaussait autrefois des films à l'« eau de rose » ou bien du final « hollywoodien » des films américains jugés trop romantiques ou trop manichéens. Au moins, aucune empreinte émotionnelle déplaisante ne s'inscrivait-elle dans la mémoire des enfants ! L'équilibre n'est pas facile à trouver entre les images d'un monde trop cruel et celles d'un monde trop naïf mais, pour ce qui est des dégâts psychologiques, la violence reste en première ligne[14]. À titre individuel, l'empreinte du bonheur est quand même préférable à celle du malheur !

Que reste-t-il de l'amnésie infantile ?

Freud, neurologue viennois et inventeur de la psychanalyse

L'amnésie infantile est le terme employé pour qualifier l'incapacité d'un adulte à retrouver les événements qu'il a vécus avant l'âge de 2-5 ans. La mémoire des tout-petits est cependant diablement efficace pour acquérir un grand nombre de connaissances culturelles et gestuelles. Elle leur permet également de retenir des souvenirs personnels, mais sur une période limitée de quelques semaines ou quelques mois.

L'amnésie des souvenirs personnels des premières années de vie focalise l'inquiétude des adultes, et ce d'autant plus que Sigmund Freud en a donné une interprétation qui est quasiment au cœur de sa théorie psychanalytique. Pour Freud, en effet, la mémoire est un processus dynamique, sans souvenirs stables, mais avec un remaniement continuel des traces mnésiques. Cette conception, révolutionnaire pour l'époque, est aujourd'hui confirmée. En revanche, l'interprétation freudienne de l'amnésie infantile est plus discutable qui la décrit comme l'effet du refoulement d'une sexualité infantile fantasmatique. Initialement, Freud impute les troubles névrotiques aux traumatismes subis dans l'enfance, ces traumatismes étant principalement d'ordre sexuel. Ayant vite repéré que certains souvenirs de ses patients relèvent davantage du fantasme que de la réalité, il réajuste ensuite son hypothèse en indiquant qu'un fantasme peut être tout aussi traumatisant qu'un événement réel.

Pour Freud, l'incapacité des adultes à se souvenir des événements survenus avant l'âge de 3-5 ans serait donc la manifestation d'un mécanisme de défense reposant sur le refoulement d'événements ou de fantasmes à forte connotation sexuelle. Cette période serait celle de la résolution du conflit œdipien, caractérisé chez le garçon par un désir sexuel pour sa mère et de la crainte conflictuelle de son père. L'oubli serait donc une sorte de gardien, un système de défense du soi.

Depuis, de nombreux cliniciens psychiatres, psychologues ou psychanalystes considèrent que le souvenir d'expériences psychologiquement traumatisantes, particulièrement celui d'abus sexuels répétés, pourrait être « réprimé » et recouvré des années plus tard lors d'une psychothérapie, d'une hypnose ou d'une analyse de rêves. Cette dissimulation vis-à-vis de la conscience pourrait être totale. Par la suite, le terme de *répression* est passé de mode au profit de termes comme dissociation, même si on continue d'admettre qu'un souvenir traumatisant puisse être complètement exclu du champ de conscience. La possibilité, désormais bien établie, de manipuler ou de créer des souvenirs par un interrogatoire orienté a, en effet, jeté une suspicion partielle sur la notion de « souvenir réprimé ». Les interprétations psychanalytiques actuelles ont abandonné la notion d'oubli actif pour celle d'oubli motivé. Dans l'oubli actif, la trace mnésique gênante était délibérément renvoyée à un niveau inconscient où son maintien exigeait une énergie considérable. Dans l'oubli motivé, on abandonne l'aspect conscient d'étouffement et on insiste sur l'évitement du caractère désagréable d'une situation troublante.

La théorie de l'esprit

La théorie de l'esprit peut également aider à comprendre l'amnésie infantile. Elle s'intéresse au système conceptuel qui sous-tend notre capacité à imputer un état mental aux autres et à nous-même : ce que nous savons, désirons, pensons, ressentons, mais également ce que l'autre sait, désire, pense, ressent. Cette théorie, proche par certains aspects de la métacognition et de la métamémoire puisqu'elle s'intéresse au « savoir à propos du savoir », voit dans l'amnésie infantile l'incapacité des enfants à encoder l'information cruciale d'événements qu'ils ont personnellement vécus[15]. Pour cette raison, ceux-ci ne pourraient pas repérer dans leurs souvenirs l'élément originel de leur implication personnelle en tant qu'acteurs conscients des événements qu'ils ont vécus. Devenus adultes, ils auraient bien une trace mnésique de ces événements, mais se révéleraient incapables de distinguer s'ils les ont vécus personnellement ou si c'est leur entourage qui les leur a racontés.

Explications biologiques

Pour séduisante qu'elle soit, l'hypothèse psychanalytique ne peut expliquer la totalité de l'amnésie infantile, en particulier l'oubli d'événements tout à fait banals de la petite enfance. Si l'on peut envisager un fondement biologique à la notion psychanalytique du refoulement de certains événements traumatisants, il n'est guère vraisemblable d'imaginer que l'ensemble de la période de la petite enfance soit pénible au point d'entraîner un gigantesque refoulement. Les neuroscientifiques sont bien obligés, de ce fait, d'envisager une hypothèse anatomo-fonctionnelle pour l'amnésie infantile. S'il est bien reconnu que les bébés ont la possibilité de construire des souvenirs stables pour quelques jours, quelques semaines ou quelques mois, leur oubli n'est sûrement pas la conséquence d'un mécanisme actif de défense servant à réprimer dans l'inconscient des désirs ou des situations conflictuelles.

D'où l'approche plus phylogénétique et ontogénétique qui s'est développée de l'amnésie infantile[16]. Très logiquement, en raison de sa grande complexité, le cerveau humain ne peut atteindre instantanément sa pleine maturité biologique. Plusieurs années sont donc nécessaires à la création des circuits neuronaux, à leur stabilisation et à la consolidation des mécanismes protéiques indispensables à la construction des traces mnésiques. Cette lenteur physiologique empêcherait l'enfant de mémoriser des souvenirs personnels de peu d'utilité, voire désagréables, et l'aiderait à se concentrer sur l'acquisition de savoir-faire et de connaissances plus cruciaux. Il n'y aurait ainsi aucun intérêt phylogénétique à se souvenir de ses premières années de vie.

Sur le plan anatomique

On sait que la maturation des systèmes hippocampiques, responsables de l'apprentissage, est très précoce, mais on n'est pas assuré de leur totale fonctionnalité. De toute façon, même s'ils étaient pleinement fonctionnels, la maturation incomplète d'autres régions cérébrales comme les lobes frontaux, fondamentaux pour l'apprentissage et le rappel organisés, ne permettrait pas la récupération durable des souvenirs. Enfin, on sait maintenant que certains circuits neuronaux redondants disparaissent progressivement de l'enfance jusqu'à l'adolescence, et ces circuits transitoires sont peut-être ceux dont les configurations servent à fixer et consolider les souvenirs de la petite enfance.

La maturation incomplète des systèmes du langage expliquerait aussi l'extrême difficulté à stocker efficacement des informations dans un format langagier. Les souvenirs d'événements autobiographiques nécessitent également la maîtrise de la chronologie de ces événements et des liens de causalité entre eux. Comme le constate toute personne à leur contact, les petits enfants ne maîtrisent pas la notion de l'échelle du temps, ni celle du temps écoulé, ce qui fragilise fatalement l'encodage des événements personnels alignés sur l'axe temporel.

Enfin, les éléments structurels de l'environnement et les perspectives visuo-spatiales du monde qui caractérisent la petite enfance changent radicalement en très peu de temps. Or un événement personnel, inévitablement vécu une seule fois, est d'autant mieux rappelé que le format et le contexte de sa récupération sont proches de ceux de sa survenue. En quelques années, le contexte environnemental non seulement se vide de certains objets, mais n'est plus le même sur le plan qualitatif : les perspectives sont modifiées, les rapports de taille entre les objets et l'enfant qui a grandi ont évolué. Ainsi les indices ayant permis à l'enfant de mémoriser un souvenir ont disparu ou sont trop différents pour permettre à l'adulte de l'évoquer ultérieurement. Adieu berceau, landau, poussette et hochet ; bien rétrécie est cette table qui paraissait autrefois si gigantesque, minuscule est devenue cette pièce aux proportions jadis spacieuses.

J'Y PENSE ET PUIS J'OUBLIE...

Comment expliquer que des souvenirs soient retenus par des enfants pendant quelques mois ou quelques années pour être ensuite oubliés ? Plusieurs hypothèses peuvent être avancées[17] : les indices temporels et spatiaux du contexte d'encodage sont initialement efficaces, mais leur fragilité rend malaisé leur accès au fil du temps ; les souvenirs encodés précocement dans la vie se modifient et leur origine n'est plus retrouvée par la suite ; les contextes d'encodage et de rappel se transforment avec le temps écoulé. Si une évocation pas trop tardive des souvenirs permet de les retrouver facilement au fil du temps, ces souvenirs deviennent de moins en moins accessibles et leur trace disparaît.

Un enfant se souvient, un adulte ne retrouve pas

En fait, la question n'est pas vraiment de savoir pourquoi on ne se rappelle pas les événements de sa petite enfance mais plutôt pourquoi on s'en souviendrait. De multiples explications biologiques, anatomiques et fonctionnelles rendent compte de l'amnésie infantile. Elles relèvent principalement de l'immaturité anatomique et fonctionnelle des mécanismes mnésiques, langagiers et chronologiques, ainsi que d'un accès malaisé à des souvenirs qui auront été indicés dans des référentiels incomplets ou instables.

Face au psychanalyste, le spécialiste des neurosciences dispose donc d'un solide faisceau d'arguments pour comprendre l'amnésie infantile ; ces arguments lui font considérer avec suspicion l'explication suivant laquelle certains mécanismes psycho-affectifs auraient pour objectif d'occulter les événements désagréables qui ont marqué les premières années de vie. Ce qui est du registre d'un « oubli volontaire » pour le psychanalyste est en fait une absence ou une fragilité d'enregistrement pour le neuroscientifique. L'amnésie infantile n'est pas une barrière psychologique, c'est la conséquence presque banale de l'immaturité biologique des systèmes de mémoire. En fait, l'intéressant n'est pas d'expliquer l'amnésie infantile, mais de comprendre comment l'enfant la surmonte et accède aux processus normaux de mémorisation de ses souvenirs personnels.

La vérité sort-elle de la bouche des enfants ?

Au-delà de l'amnésie infantile, la fidélité des souvenirs d'enfance importe davantage que leur éventuel oubli, car le souvenir que nous avons des épisodes de notre vie d'enfant est souvent une succession d'images déformées, voire falsifiées. Dès leur enregistrement, certains épisodes mal perçus seront modifiés. Dans d'autres cas, un enregistrement initialement fidèle se déforme au fil du temps, car sa trace mnésique est influencée par la personnalité de l'enfant, le contexte psychoaffectif de son éducation, ses attentes et ses connaissances.

Salem, petit village du Massachusetts

Faut-il se fier à la mémoire des enfants ? Quelle est la validité de leurs témoignages oculaires ? En 1692, sur la foi des dépositions de 3, puis 6 enfants du village de Salem dans l'État de Massachusetts, plusieurs personnes irréprochables furent accusées de sorcellerie. Dans un siècle prompt à l'embrasement des esprits avant celui des bûchers, on n'accorda, bien sûr, aucun crédit à leurs clameurs d'innocence. L'accusation de sorcellerie était impardonnable à l'époque et l'hystérie collective qui s'empara de la région en quelques semaines prit des proportions considérables : en moins d'un an, plus de 200 personnes furent inculpées dont environ 150 furent reconnues coupables et emprisonnées. Au total, 20 personnes furent exécutées et 4 moururent en prison. Deux des enfants prétendument ensorcelés, des filles âgées de 12 et 14 ans, avouèrent plus tard avoir délibérément inventé certaines des accusations par vengeance puis par jeu. Les transes des fillettes lors du procès ont été également interprétées comme relevant de crises d'hystérie, mais une hypothèse récente les attribue à une intoxication par l'ergot de seigle. Quoi qu'il en soit, à son retour de voyage, le gouverneur de l'État du Massachusetts fut tellement horrifié par l'ampleur du phénomène qu'il mit un terme aux activités du tribunal et amnistia les derniers accusés.

Cette histoire des sorcières de Salem est mondialement connue sur son versant d'intolérance ; elle est moins souvent analysée en termes de mémoire. Je pense que les autres enfants plus jeunes ont été influencés par ces deux filles ou par les questions orientées des enquêteurs. D'autres témoignages ont vraisemblablement été manipulés de manière inconsciente lors de l'interrogatoire judiciaire : les enquêteurs projetaient leurs exigences morales et leurs propres superstitions au sujet de la sorcellerie.

Suggestibilité et faux souvenirs

Un peu de vocabulaire : il faut différencier ce qui relève de la suggestibilité et ce qui est du registre des faux souvenirs. La suggestibilité survient à partir d'un événement réellement vécu par l'enfant, y compris par la projection d'une bande-vidéo ; l'interrogatoire de l'enfant permet alors de modifier ses réponses ou son souvenir de l'événement. Dans le cas des faux souvenirs, un interrogatoire malencontreux ou une expérimentation délibérée implantent des éléments qui n'ont jamais eu lieu et créent de toutes pièces un événement qui n'a jamais existé. En gros, la suggestibilité est une « illusion », c'est-à-dire la trace perceptive déformée d'un événement réel, alors que le faux souvenir est une « hallucination », c'est-à-dire une trace perceptive créée.

À la suite d'affaires judiciaires dramatiques, une abondante littérature scientifique a étudié les conditions de survenue de la suggestibilité et les circonstances de la création de faux souvenirs. Le point de départ de ces erreurs judiciaires est la croyance communément répandue qu'il existe des souvenirs masqués, réprimés, refoulés qu'il serait possible de réveiller. Sur ce postulat, des enquêteurs, policiers ou psychologues, ont utilisé des techniques d'interrogatoire ou d'imagerie mentale dirigée qui, au lieu de faire émerger un souvenir prétendument masqué, ont en fait implanté un souvenir qui n'existait pas. Avec toutes les conséquences que l'on peut imaginer…

Les enfants sont sensibles à la suggestion

En 1900, le psychologue français Alfred Binet[18] avait déjà remarqué que les questions neutres étaient moins génératrices d'erreurs que les questions suggestives : une phrase comme : « Écrivez ce que vous avez vu » produisait moins d'erreurs qu'une question plus suggestive comme : « L'objet n'était-il pas attaché par une ficelle ? » Depuis cette constatation de Binet, la malléabilité potentielle de la mémoire n'a pas beaucoup intéressé les chercheurs qui se sont plutôt préoccupés de l'analyse de l'oubli que de l'occurrence de modifications qualitatives. C'est au psychologue américain Daniel Schacter que l'on doit les études récentes les plus poussées sur la suggestibilité des enfants[19]. Comme Binet, il rapporte que lorsque l'on demande à des enfants de 2-5 ans hospitalisés dans un service d'urgence : « Que s'est-il passé ? », leurs réponses n'engendrent que 9 % de détails inexacts, alors que le taux monte à 49 % pour des questions directives du style : « Où t'es-tu fait mal ? »

De nombreux travaux ont étudié les témoignages des enfants d'âge préscolaire. Le problème chez eux n'est pas celui d'une fabulation spontanée, mais d'une suggestibilité marquée. Paradoxalement, l'adage bien connu « il n'y a pas de fumée sans feu ! » n'a pas à être appliqué à l'épisode incriminé, mais aux conditions de l'interrogatoire. Les jeunes enfants n'inventent pas à dessein et ils n'essayent pas non plus de mentir, si mentir est le travestissement volontaire de la vérité. En visionnant les enregistrements vidéo d'interrogatoires d'enfants, il est d'ailleurs impossible pour des observateurs expérimentés de déceler d'éventuels indices (gestes, mimiques, ton de voix, termes) signalant que ces enfants racontent des événements qui ne se sont jamais produits : tout semble plausible et ce, pour une raison très simple, les enfants ne mentent pas puisqu'ils sont persuadés de la réalité de ce qu'ils racontent. C'est en toute bonne foi qu'ils répondent. En gros, ces enfants mentent honnêtement !

À l'âge de 3-4 ans, un enfant est très influençable alors que, vers 12 ans, sa suggestibilité est comparable à celle de l'adulte, ce qui est déjà loin d'être négligeable. Les très jeunes enfants sont en conséquence particulièrement sensibles à la façon dont les questions leur sont posées, ainsi qu'à la présence dans ces questions d'informations erronées qui influencent ultérieurement leurs réponses. Ils sont aussi très sensibles aux stéréotypes ambiants : répéter devant un enfant que M. Pervenche est méchant l'incite à confirmer des actions inacceptables de M. Pervenche, actions auxquelles il n'a, en réalité, jamais assisté. Les récits spontanés des jeunes enfants sont dans une large mesure plus fiables que les récits obtenus lors d'interrogatoires au cours desquels des questions trop précises et beaucoup trop directives induisent des réponses fortement susceptibles de comporter des distorsions.

Témoignages d'enfants : attention !

À l'époque où elle était moins connue, la suggestibilité des enfants a eu des conséquences dramatiques lors de procès, en particulier de procès pour pédophilie. La crédibilité des témoignages d'enfants est un problème majeur aux États-Unis où 100 000 enfants témoignent tous les ans devant des juridictions civiles ou pénales. Sur les quelques années que dure une procédure judiciaire, un enfant sera interrogé pas moins de 12 fois par différentes personnes – policiers, psychologues, avocats, juges. Les États-Unis ont connu à la fin des années 1980 et au début des années 1990 une floraison de procès impliquant un ou plusieurs adultes dans des actes révoltants sur des enfants d'âge préscolaire. Dans cette période, 13 000 enfants ont témoigné chaque année lors de procès pour abus sexuels. Certains condamnés ont été ultérieurement relaxés lorsqu'il a été établi que l'interrogatoire des enfants à charge avait été trop directif ou que les questions étaient manifestement tendancieuses, ce qui avait modifié leur perception de la réalité.

Dans certaines de ces affaires, le bon sens aurait dû s'insurger lorsqu'en sus d'actes de nature sexuelle, les enfants rapportaient des agissements invraisemblables tels que d'avoir été torturés ou obligés de manger des cadavres de bébés, voire de s'être envolés dans des vaisseaux spatiaux.

Peut-on faire mentir honnêtement un enfant ?

L'analyse rétrospective des enregistrements d'interrogatoires permet de démonter les mécanismes aboutissant à des déclarations erronées de la part d'enfants. Les demandes des enquêteurs, même psychologues, ne sont pas toujours ouvertes, du style : « Que s'est-il passé ? » ; elles peuvent être très orientées : « Montre-moi si on t'a touché. » Ces enregistrements montrent aussi que la réponse « non » d'un enfant n'est pas acceptée d'emblée par ceux qui l'interrogent. Les enquêteurs s'efforcent principalement de recueillir les preuves de la culpabilité du suspect plutôt que celles de son innocence. C'est ce qu'on appelle un biais de confirmation : les questions sont posées et reposées aux enfants jusqu'à l'obtention de la réponse « attendue » ou « espérée » par les enquêteurs. Lorsqu'un enfant répond « oui » à la neuvième formulation d'une question, il est fort possible qu'il ne fasse pas référence à l'acte sur lequel il est interrogé, mais au vague souvenir du fait exprimé lors des premières questions : il ne se rappelle pas l'acte ; il se rappelle le contenu des questions précédentes. La puissance suggestive que les adultes ont sur un enfant n'est parfois égalée que par leur propre capacité à s'auto-intoxiquer face aux récits d'actes qu'ils auraient dû légitimement mettre en doute.

Curieusement, ces actes absurdes ont été écartés par les enquêteurs comme pure invention, alors que les récits d'abus sexuels ont été retenus comme parole d'Évangile. Les sorcières de Salem ne sont pas loin ! Lors de l'affaire d'Outreau, il a fallu que l'un des enfants déclare avoir vu dans une grange quasiment toute une ménagerie de jardin zoologique pour que l'on se dise enfin que son témoignage n'était pas crédible !

Loin de moi l'idée de nier l'existence d'abus sexuels sur des enfants, mais il est important que les enquêteurs soient parfaitement conscients des risques qu'un interrogatoire maladroit de jeunes enfants fait courir à des personnes innocentes. On retiendra la phrase de l'ancien garde des Sceaux Robert Badinter au moment de l'affaire d'Outreau : « Le corps de l'enfant est sacré, c'est absolument sûr, mais cela ne veut pas dire que l'on doit sacraliser sa parole. »

Jennifer accuse Frederico...

L'histoire qui suit, survenue aux États-Unis, est instructive, car elle cumule quatre facteurs cognitifs permettant d'expliquer une erreur judiciaire dramatique, puisqu'elle a failli aboutir à une exécution capitale : le biais de confirmation ; l'oubli de la source de l'information ; les stéréotypes préalables ; la sensibilité à l'autorité d'un adulte.

L'histoire est la suivante. En 1984, Frederico Macias est accusé du meurtre d'un couple de personnes âgées. En dépit d'un alibi confirmé par deux témoignages, les policiers s'intéressent au témoignage de Jennifer, une fillette de 9 ans, qui déclare avoir vu Macias avec des taches de sang sur les mains et les vêtements aux environs de la date du crime.

Le biais de confirmation

Il correspond à la tendance bien humaine de confirmer une hypothèse au lieu de rechercher les arguments qui l'infirmeraient : dans le cas présent, plutôt que de décharger Macias de l'accusation au moyen des deux témoins, les policiers choisissent de réfuter son alibi et de confirmer sa culpabilité en recherchant un témoignage défavorable.

L'oubli de la source d'information

Macias était employé dans une usine de salaison proche du domicile de Jennifer qui l'avait ainsi vu de nombreuses fois avec des taches sur lui et ses vêtements : Jennifer peut avoir conservé un ou plusieurs souvenirs de Macias avec des taches mais en ayant oublié le moment où ce souvenir a été créé.

Les stéréotypes

Chez Jennifer, une sorte de conditionnement préalable se fait en défaveur de Macias. Dans un cadre expérimental, cette situation porte le nom de *condition stéréotype* : Macias était connu de Jennifer et de sa mère mais, ne l'appréciant pas, celle-ci portait depuis longtemps devant sa fille des jugements négatifs sur lui.

La sensibilité à l'autorité d'un adulte

On peut, en effet, imaginer que l'interrogatoire de Jennifer par des policiers désireux de confirmer la culpabilité de Macias comportait des questions qui ont influencé la fillette désireuse de « satisfaire » des adultes porteurs d'autorité.

Que vient faire Sam Stone dans la salle de classe ?

Le conditionnement préalable par une « condition stéréotype » a été expérimentalement confirmé lors d'une l'expérience célèbre réalisée en 1995[20]. Dans un premier temps, quatre histoires ont été lues pendant trois semaines à des enfants d'âges différents. Chacune comportait des commentaires désobligeants sur Sam Stone, un individu inconnu d'eux mais décrit comme très maladroit. Un étranger, appelé Sam Stone, est ensuite venu dans les classes; il s'est promené autour des enfants pendant deux minutes en faisant des remarques affables. On a « découvert », le lendemain de la visite, un livre déchiré et un ours en peluche très sale. Interrogés de manière insidieuse sur la responsabilité éventuelle de Sam Stone sur ces actes qu'il n'avait bien sûr pas commis, 72 % des enfants de 3-4 ans ont déclaré que Sam Stone avait déchiré le livre ou renversé du chocolat sur l'ours en peluche; près de 44 % ont même affirmé l'avoir vu commettre ces actes. La combinaison de la « condition stéréotype » préalable (commentaires désobligeants) et d'un interrogatoire suggestif a donc modifié la mémoire de ces très jeunes enfants.

Les témoignages d'un groupe d'enfants plus âgés (5-6 ans) étaient beaucoup moins influencés puisque seulement 10 % d'entre eux ont été sensibles à la condition stéréotype (audition préalable d'histoires incriminant Sam Stone) ; à peu près le même pourcentage l'était par la combinaison de stéréotypes et de suggestions lors de l'interrogatoire.

Les récits erronés des enfants étaient dans tous les cas précis, détaillés, et plausibles, sans que rien ne permette à plus d'une centaine d'examinateurs extérieurs (cliniciens et chercheurs) de dépister le moindre indice d'une quelconque invraisemblance. Il est même apparu que les enfants qui niaient à juste titre les actes maladroits de Sam Stone semblaient moins crédibles que ceux qui les affirmaient à tort! Soulignons néanmoins que dans le groupe contrôle d'enfants qui n'avaient eu ni stéréotypes ni suggestions, 95 % des 3-4 ans et tous les enfants de 5-6 ans affirmaient que Sam Stone ne s'était livré à aucun acte répréhensible : à l'état naturel, la mémoire des enfants possède une certaine fiabilité!

D'autres situations expérimentales ont confirmé combien il est facile de manipuler les souvenirs personnels de jeunes enfants. L'équipe de Stephen Ceci a élaboré une expérience très simple. Par exemple, des parents d'enfants de 3-6 ans racontent préalablement aux psychologues des événements, agréables ou non, arrivés à leurs enfants au cours de l'année précédente. Chaque enfant est ensuite interrogé au sujet de ces événements réels, mais aussi au sujet d'événements imaginaires qu'il n'a jamais vécus : pour chaque événement, l'enfant doit simplement dire s'il s'est produit ou non. Un autre psychologue réinterroge les enfants dix semaines plus tard en leur demandant de nouveau si chacun des événements, réels ou fictifs, leur est arrivé. Dans cette expérience, un tiers des enfants a assuré que tel événement fictif avait bien eu lieu, parfois avec un luxe étonnant de détails. Le premier interrogatoire avait incidemment instillé chez eux la notion de cet événement imaginaire : réinterrogés plus tard, ils se référaient au contenu de la question préalable, sans se rappeler qu'il s'agissait d'une question du psychologue et non d'un souvenir personnellement vécu. Ces enfants avaient perdu ce qu'on appelle la « source du souvenir », c'est-à-dire la mémoire du moment où ils ont appris l'information. La question sur l'événement fictif le rendait paradoxalement familier et permettait sa résurgence à distance lors d'un autre interrogatoire. Le point troublant est, bien évidemment, l'invention de détails avec les fameux « accents de vérité » dont sont capables les enfants.

Si même Jean Piaget...

Voici ce que raconte le psychologue et épistémologue suisse Jean Piaget : « L'un de mes premiers souvenirs remonterait, s'il était vrai, à ma deuxième année. Je peux encore voir, très clairement, la scène suivante, à laquelle j'ai cru jusqu'aux environs de 15 ans. J'étais assis dans ma poussette, que ma nurse promenait le long des Champs-Élysées, lorsqu'un homme essaya de me kidnapper. Je fus retenu par la sangle de ma poussette; ma nurse s'interposa bravement entre le voleur et moi. Elle fut quelque peu égratignée, et je peux encore voir vaguement les marques sur son visage. Vers l'âge de 15 ans, mes parents reçurent une lettre de mon ancienne nurse. Elle voulait confesser ses fautes passées, et particulièrement rendre la montre qu'elle avait reçue en récompense. Elle avait inventé toute l'histoire... J'avais donc entendu, enfant, ce récit, que mes parents croyaient et l'avais projeté dans le passé sous la forme d'un souvenir visuel. » Si même Jean Piaget...

« C'EST MOI QUI L'AI FAIT ! »

La psychologue Mary Ann Foley a montré que les enfants se trompent sur la source d'un souvenir quand on leur demande d'imaginer des activités ou de regarder des activités réalisées par d'autres enfants : en toute bonne foi, certains d'entre eux sont alors capables d'affirmer plus tard avoir réalisé eux-mêmes ces activités[21]. Les adultes n'échappent pas à ce type d'erreur; cette propension aux erreurs de la source s'accentue même avec l'âge : s'imaginer faire une action peut donner la conviction de l'avoir effectivement réalisée.

Comment expliquer suggestibilité et faux souvenirs ?

Quatre mécanismes potentiels

Il n'est jamais facile de déterminer si les enfants croient à ce qu'ils racontent. Le processus de distorsion de leurs souvenirs est passionnant à décortiquer : s'agit-il réellement d'une modification de leur représentation du souvenir ou de leur acquiescement à un contexte socio-judiciaire particulier ? Au total, quatre mécanismes explicatifs ont été proposés jusqu'à présent, sans qu'ils soient bien sûr exclusifs les uns des autres. Les 3 premiers sont du registre cognitif; le dernier répond davantage aux pressions sociales et psychologiques de l'interrogatoire.

1. La trace mnésique initiale est fragile. Elle n'a pas été suffisamment gravée et sa confrontation régulière à d'autres informations aboutit, lors de la tentative de reconstruction du souvenir initial, à un souvenir déformé par ces informations ultérieures. Ici, la trace mnésique initiale se modifie, ce qui crée un nouveau souvenir d'autant plus crédible qu'il comporte de nombreux éléments authentiques à côté de quelques éléments erronés.

2. La trace mnésique initiale est incomplète. La survenue d'une nouvelle information ne modifierait pas en soi le souvenir initial, mais en comblerait les lacunes. Ici aussi, la trace mnésique initiale s'est modifiée dans un sens crédible.

3. La maturation incomplète du système chronologique de la mémoire épisodique entraîne chez l'enfant la perte de la source du souvenir. Confronté à un premier souvenir, puis à une information ultérieure apportée lors d'un interrogatoire biaisé, l'enfant ne peut plus différencier l'ordre de survenue du souvenir originel et du souvenir ultérieur, ce dernier acquérant alors le statut de « souvenir originel ».

4. L'enfant croit plus une information qui lui est fournie par un adulte qu'apportée par un autre enfant. En outre, en présence d'un adulte, il répugne le plus souvent, à répondre : « Je ne sais pas ! » Confrontés à des interrogatoires répétés de la part d'adultes ayant un statut d'autorité policière ou judiciaire parfaitement perçu, les enfants ne veulent pas confesser leur ignorance et sont d'autant plus sensibles aux informations qui leur permettent de combler un vide de souvenirs. Et comme ils sont moins dissimulateurs que les adultes, mais plus influençables, ils sont prêts à acquiescer aux questions orientées des adultes. Dans un monde judiciaire qui ne se contente jamais de la première réponse à une question, répéter plusieurs fois la même question ne peut que pousser l'enfant à douter de lui-même puisque cet adulte ne fait pas confiance à sa première réponse : les questions se répétant, il finit par donner raison à cet adulte investi de l'autorité.

Que faire pour ne pas influencer les enfants ?

La prudence doit être de règle lors des interrogatoires d'enfants. Ceux-ci doivent être faits de manière non directive, par des professionnels expérimentés, sans forcer l'enfant à répondre sur des sujets qu'il refuse d'aborder. Les questions doivent être simples et ouvertes, non orientées et non coercitives, sans menace ni séduction. On recommandait autrefois d'utiliser des poupées pour que les enfants puissent librement indiquer les régions du corps malmenées en cas d'éventuels attouchements sexuels. Cette technique est controversée, car elle pourrait au contraire faciliter la suggestibilité[22]. Enfin, l'interrogatoire doit être systématiquement filmé afin que des spécialistes puissent reconstituer *a posteriori* les conditions d'une suggestion involontaire par les enquêteurs.

Reconnaissons avec Daniel Schacter que, bien que la suggestibilité ait des conséquences dramatiques, la masse de connaissances à notre disposition en fait désormais un problème facile à désamorcer. Notre société serait impardonnable de ne pas tenir compte du nombre important de données dont nous disposons actuellement sur ce sujet. Paradoxalement, il est plus facile de savoir ce qu'il ne faut pas faire pour influencer le souvenir d'un enfant que de savoir ce qu'il faut faire pour qu'il possède une meilleure mémoire à l'école.

L'ESSENTIEL

- Un nouveau-né identifie très rapidement la voix, le visage et l'odeur de sa mère.
- Un nourrisson peut se souvenir d'objets, de personnes, de gestes ou d'événements vus quelques jours ou quelques semaines auparavant. Il est déjà sensible au contexte et à l'espacement de l'apprentissage.
- Chez l'enfant, la mémoire des gestes et des mots est active beaucoup plus tôt que la mémoire des épisodes de vie. De même, sa mémoire de reconnaissance est de loin supérieure à sa mémoire par évocation.
- De nombreuses caractéristiques fonctionnelles de la mémoire de l'enfant se retrouvent chez l'adulte.
- Grandir, c'est douter de sa propre mémoire et mettre en place des stratégies de mémorisation qui aideront l'enfant à partir de 7 ans à mieux connaître et comprendre sa mémoire.
- L'amnésie infantile n'est pas une barrière active. Cette absence de souvenirs autobiographiques avant 2-3 ans est le reflet de l'immaturité biologique de certaines composantes des systèmes de mémoire. Si l'amnésie infantile est parfois plus longue, un enfant peut néanmoins construire pendant cette période des souvenirs flashes quasiment photographiques.
- La création de faux souvenirs est possible chez les enfants. Certains enfants sont facilement sensibles aux suggestions lors d'interrogatoires dirigés et de pressions de la part d'adultes. La perte du souvenir de la source (où et quand, par qui ?) d'une information est un élément important de cette suggestibilité. La représentation même du souvenir peut être modifiée par l'intégration d'éléments inexacts aux éléments véridiques.

École, jeux vidéo et drogues : la mémoire des adolescents

> « L'adolescence est le seul temps où l'on ait appris quelque chose. »
>
> Marcel PROUST

Élève, école, mémoire : une triangulaire complexe

> *« L'élève exercera quotidiennement sa mémoire, afin qu'il ne se passe pas de jour sans que celle-ci ait quelque chose à apprendre par cœur. »*
>
> *Juan Luis Vives, humaniste espagnol*

Quoi qu'on en dise, le rôle de l'école est de faire apprendre des savoirs aux enfants et aux adolescents. Pas seulement des connaissances formelles (« Corneille a écrit *Le Cid* »), mais des connaissances sociales sur le rôle de l'individu dans la société, ses rapports avec autrui, sur sa future place dans le monde. De ce fait, la mémoire joue un rôle majeur à l'école. Mais de quelle mémoire s'agit-il ? De l'ensemble des composantes de la mémoire ou de l'apprentissage *par cœur* ? La difficulté à s'abstraire du *par cœur* a porté préjudice à l'institution scolaire, souvent réduite à un simple système d'inscription de connaissances dans la cervelle des bambins, mais aussi à la procédure de mémorisation que l'on a inutilement diabolisée.

Chroniques d'une déprogrammation

Pédagogues et orateurs : l'indispensable par cœur

Pendant l'Antiquité et le Moyen Âge, l'apprentissage par cœur est indispensable à l'art oratoire et à l'enseignement. Les livres étant rares et chers jusqu'à la découverte de l'imprimerie en 1451, la mémoire est indispensable à la transmission des connaissances. Peu de personnes sachant lire et écrire, il est de toute façon obligatoire d'avoir une bonne mémoire, principalement des formes imagées et sonores. Le traité de rhétorique *Ad Herennium*, écrit entre 86 et 82 av. J.-C., différencie la *mémoire naturelle*, qui se manifeste spontanément chez chaque individu, et la *mémoire artificielle*, qui permet de renforcer la première par l'exercice.

La méthode des *loci*

De nombreux procédés mnémotechniques sont élaborés pour faciliter l'apprentissage des connaissances[1]. La mémorisation d'un discours ou d'un texte s'appuie sur des stratégies schématiques à base visuelle dont la plus connue depuis l'Antiquité est la méthode des *loci* (« lieux de mémoire ») inventée par Simonide de Céos au IVe siècle av. J.-C.). Cette méthode associe des lieux (*loci*) à des images mentales (*imagines*). Il ne s'agit pas d'une visualisation du texte, mais de l'apprentissage mnémotechnique de la succession de ses paragraphes. L'orateur se représente mentalement un édifice bien connu de lui, il place ensuite dans chaque pièce les différentes parties de sa plaidoirie. Chacune des parties est reproduite mentalement sous une forme imagée : par exemple, le premier paragraphe peut être associé à un lion, le deuxième à un feu, le troisième à un arbre et ainsi de suite. Lors de sa plaidoirie, l'orateur suit mentalement la disposition spatiale du bâtiment : la première pièce évoque le premier paragraphe, la pièce suivante le deuxième, la troisième pièce rappelle le troisième, etc. L'image déposée dans chaque pièce active le souvenir du paragraphe correspondant : le lion déposé dans la première pièce active spécifiquement le contenu du premier paragraphe et ainsi de suite. D'autres orateurs utilisent parfois les détails architecturaux du lieu où ils vont prendre la parole. Ainsi, lors de sa plaidoirie, l'orateur peut-il regarder les unes après les autres les statues du prétoire et se servir de chacune d'elles pour retrouver l'ordre de son discours : le premier paragraphe est mentalement associé à la première statue, le deuxième à la statue suivante, et ainsi de suite. Ce sont ces moyens, indéniablement efficaces, qui ont permis à Cicéron, grand champion de la méthode, de déclamer sans notes pendant des heures.

Si l'Antiquité cherche à renforcer la mémoire des orateurs ou des enseignants, le Moyen Âge et la Renaissance essayent plutôt de constituer des systèmes universels de mémorisation pour la totalité des connaissances du monde dont la somme augmente progressivement. Les systèmes inventés s'inspirent de la méthode des *loci,* mais avec l'objectif ambitieux d'apprendre le monde. Influencés par l'occultisme et l'alchimie, des philosophes comme Giulio Camillo (1479-1544), Tommaso Campanella (1568-1639) ou Robert Fludd (1574-1637) élaborent des hiérarchies architecturales complexes sous la forme de théâtres (amphithéâtres antiques ou théâtres circulaires élisabéthains), de palais ou de cathédrales imaginaires permettant de rassembler, d'organiser et de mémoriser la totalité du savoir de leur époque. Par exemple, l'amphithéâtre de la mémoire de Giulio Camillo est calqué sur le plan d'un théâtre réel : avec ses sept travées et ses sept rangées de gradins, cet amphithéâtre doit regrouper en ses 49 emplacements toutes les connaissances occultes et scientifiques de l'époque.

La mémoire, science des ânes ?

C'est l'exagération de la méthode des *loci* et les excès des systèmes de mémorisation aux principes souvent farfelus qui vont conduire quelqu'un comme René Descartes à déconsidérer la « mémoire-bibliothèque » au profit de la compréhension des causes. Pour Descartes, la priorité doit aller à l'intelligence (la raison) et non à la mémoire (un moyen). Ainsi se trouve dénigrée la mémoire visuelle puis, par excès, la mémoire des images, alors que ce n'est pas la même chose, puis l'ensemble de la mémoire. À partir du XVIIe siècle, la nouvelle doctrine d'acquisition du savoir devient celle de la compréhension des causes plutôt que celle de l'apprentissage ânonné d'un monceau de connaissances. L'apparition de l'imprimerie a sans doute aussi déchargé les lettrés de l'exigence de mémoriser le savoir puisque les livres constituent désormais des aide-mémoire externes d'une redoutable efficacité. L'imprimerie n'a pas seulement diffusé le savoir au plus grand nombre, elle a profondément modifié la façon individuelle de maîtriser les connaissances en transmutant la « mémoire-stock » en « mémoire-intelligence ».

Le « par cœur » n'est ni inutile ni dangereux !

Si la mémoire n'est heureusement plus un objectif depuis le XVIIe siècle, elle n'est malheureusement même plus un moyen depuis la fin du XXe siècle. Trop facilement associée au rabâchage, la mémoire à

Comprendre et retenir

J'ai le souvenir d'une étudiante venue me demander l'explication de sa mauvaise note lors d'un examen. Après avoir vérifié que sa copie méritait « malheureusement » cette note, je l'ai interrogée sur sa méthode de travail. Elle s'est exclamée : « Mais j'avais lu mon cours deux fois ! » Je lui fis remarquer qu'il ne suffisait pas de lire un cours qu'il fallait aussi à un moment l'apprendre. Elle m'a alors assené un péremptoire : « Mais ce n'était pas nécessaire, je l'avais compris ! » Pauvre étudiante, victime d'une méthode éducative qui a pris trop au sérieux la phrase de Montaigne ! S'il est capital de comprendre pour bien mémoriser, ce qui est compris n'est pas automatiquement retenu ! Il faut d'ailleurs souligner que la phrase complète de Montaigne – « Je voudrais aussi qu'on fût soigneux de lui choisir un conducteur qui eût plutôt la tête bien faite que bien pleine » – n'est pas une profession de foi au sujet de l'élève, mais concernait le choix du précepteur[2]. Bien sûr, la formule est applicable aussi à l'élève, mais il est malgré tout navrant que cette phrase ait été détournée de son sens originel pour être dans un premier temps indûment appliquée à l'élève, puis retournée dans une sorte de syllogisme dangereux : « Élèves, si vous avez une tête bien faite, vous vous souviendrez obligatoirement ! »

l'école semble négligée alors que paradoxalement elle n'a jamais autant intéressé les chercheurs en pédagogie et… les parents, sans oublier les journalistes qui interrogent souvent les spécialistes de la mémoire en période d'examens. Notre société dispose d'un nombre impressionnant de mémoires externes : journaux et livres, photographies et films, bibliothèques et musées, disques et cassettes, systèmes électroniques de toutes sortes… De façon logique, notre système éducatif privilégie non plus la mémorisation des connaissances, mais l'apprentissage de leur organisation et de leur utilisation à partir de ces systèmes de mémoires externes.

Comme l'ont déjà fait en leur temps Montaigne, Rabelais et Descartes, tout un courant de pensée moderne s'est insurgé contre la « mémoire-entrepôt » (*warehouse*) pour glorifier la « mémoire-atelier » (*workhouse*), qui repose sur une conception dynamique de l'apprentissage. Cet objectif n'est pas répréhensible : il est indéniable que l'embouteillage des informations auquel nous sommes confrontés justifie d'aider les écoliers et les étudiants à démêler cet écheveau. C'est néanmoins un objectif incomplet, car il y a un intérêt pédagogique à devoir parfois « apprendre ». Loin de moi l'idée dangereuse de nier l'importance d'une mémorisation dynamique, mais il est catastrophique de laisser croire que l'apprentissage par cœur est néfaste. L'esprit et l'intelligence ne subissent aucun préjudice dans cette opération.

Par cœur ou pas ?

La mémoire doit être revalorisée à l'école, car l'école est précisément un lieu où l'on apprend. On a pu, à une époque, reprocher au « par cœur » de « déshabituer l'enfant de la réflexion personnelle », en l'invitant « à croire qu'il est sans objet d'exercer son jugement et de faire preuve d'esprit critique[3] », mais les temps ont changé et il serait stupide et dangereux de tomber dans l'excès inverse. Certaines connaissances exigent un apprentissage par cœur. La suppression du par cœur ânonné, c'est bien ; la suppression totale du par cœur, c'est irréaliste.

Dans quelle spirale pédagogique politiquement correcte enferme-t-on actuellement les élèves ? En dénigrant l'apprentissage par cœur, on risque de faire croire aux élèves que la mémoire n'est d'aucune utilité. Or il est indispensable de leur faire comprendre que le par cœur est incontournable dans certaines situations, même s'il est, et c'est vrai, pénible. Certes, nous ne sommes pas des perroquets, et l'apprentissage par cœur doit toujours se faire sur un matériau organisé intelligemment, mais, en jetant le discrédit sur la mémoire du par cœur, c'est toute la mémoire qu'on discrédite ! Un apprentissage n'est fluide, équilibré et efficace que s'il comporte à certains moments une composante d'apprentissage par cœur. Cela est coûteux, exigeant et difficile, mais reconnaissons que le système scolaire d'autrefois, souvent contraignant et parfois coercitif, n'a pas créé que des générations de crétins névrosés ! Je ne connais aucune personne de 75 ans déplorant de savoir encore réciter « Le songe d'Athalie ».

L'élève et l'école : qui est adapté à qui ?

« Nous ne travaillons qu'à remplir la mémoire, et laissons l'entendement et la connaissance vides. »
Montaigne

L'école est-elle réellement adaptée aux enfants ? Les enfants sont-ils faits pour l'école ? Dans le cadre de la mémoire, on peut légitimement se le demander après avoir lu les travaux d'Alain Lieury qui font autorité sur la mémoire et la réussite scolaire[4]. Quoi qu'il en soit, les adolescents ont, comme les enfants, mais aussi les adultes, besoin pour apprendre correctement que certains principes soient respectés. Avis aux pédagogues et à toutes les méthodes qu'ils proposent…

La double présentation visuelle et auditive est indispensable

Pour être enregistré plus facilement, tout mot nouveau doit être systématiquement prononcé et écrit par le professeur, d'autant plus que les mots de la langue française sont riches en sons dont l'orthographe est ambiguë (plusieurs orthographes sont possibles pour les mêmes sons : « enfant », « éléphant ») ou irrégulière (l'orthographe n'obéit pas aux règles les plus fréquentes de représentation du son comme « ac »dans « tabac », ou bien l'orthographe n'a rien à voir avec le son prononcé comme dans « femme »). Cette double présentation auditive et visuelle renforce considérablement la mémorisation d'un mot inconnu. Dans la situation où l'enfant connaît déjà les mots, si le message est court (une phrase), il le retiendra mieux s'il l'entend ; en revanche, un texte plus long sera aussi bien mémorisé à l'auditif qu'en visuel. Réciter à voix haute, même mécaniquement, un texte ou les tables de multiplication est un moyen efficace pour les retenir, au même titre que la scansion mélodique des alexandrins d'une tirade soutient l'acteur.

Attention aux interférences sonores !

Comme chez l'enfant, mais aussi l'adulte, l'efficacité de la mémorisation de l'adolescent est significativement perturbée par un fond sonore qui dépasse 75 décibels ou bien qui est trop régulier ou rythmique (la musique techno par exemple).

La nature de l'environnement sonore influe également, mais différemment sur la rétention d'un texte lu. Si la supériorité du silence est incontestée, il est important de savoir que la rétention à long terme d'un texte à mémoriser sera moins efficace lorsqu'on le lit en entendant simultanément d'autres paroles dans la même langue – chansons de variété ou commentaires d'émission de télévision. Cette interférence entre les mots lus et les paroles entendues prouve également que les entrées visuelles et auditives du langage aboutissent à un processus commun de mémorisation langagière.

Si un élève se plaint de mal retenir ses cours, conseillez-lui donc d'éteindre son poste de radio, sa télévision, son MP3 ou son lecteur de CD lorsqu'il travaille !

Variété française, pop anglaise ou opéra italien ?

Chez des élèves de 6e, on s'est aperçu que le rappel était de 67 % en cas de mémorisation dans le silence, mais qu'il chutait à 42 % en cas d'écoute simultanée de variétés françaises et carrément à 37 % avec un fond sonore d'émissions de télévision (sans images). En revanche, ces trois fonds sonores ne modifiaient aucunement la réalisation d'une tâche de travaux manuels. Est-ce pour cette raison que les jeunes préfèrent la musique anglo-saxonne dont les paroles anglaises parasitent moins la mémorisation des mots français ? Je l'avais intuitivement constaté lorsque je préparais l'internat des hôpitaux, car je préférais, pour ma part, apprendre mes cours sur un fond musical d'opéras italiens plutôt que d'opéras français.

Le double codage est plus efficace

Sous le nom de théorie du double codage, le chercheur canadien Allan Paivio a démontré que la mémorisation d'une série d'images d'objets (image d'un bateau, image d'une vache) était plus efficace que celle de la liste des mêmes mots simplement écrits (BATEAU, VACHE)[5]. L'explication est facile à comprendre : la présentation d'une image évoque le nom (« Ce dessin, je le reconnais, c'est celui d'un bateau »), alors que la seule lecture du mot BATEAU évoque moins fortement l'image de l'objet. Même si elle est un peu plus longue à analyser, l'image est plus efficace car elle bénéficie du double codage de l'image et du nom de l'objet.

L'IMAGE PLUTÔT QUE LE MOT

S'il a le temps nécessaire pour bien l'analyser, un élève retiendra toujours mieux l'image d'un objet que le nom écrit de cet objet. En classe de terminale, la présentation imagée permet de retrouver 9 mots sur 16 (56 %) contre 7 sur 16 (44 %) pour la présentation orthographique. En effet, la présentation imagée active davantage de traits signifiants (nom de l'objet, éléments distinctifs, usage) que la présentation orthographique qui en reste au simple stade de la succession des lettres. Toutefois, l'activation plus riche par la forme imagée exige plus de temps, ce qui explique qu'une présentation trop rapide des images diminue considérablement la supériorité de la mémorisation de l'image de l'objet sur son nom écrit...

Peut-on appliquer ces résultats à différentes méthodes pédagogiques ? L'équipe d'Alain Lieury a conçu une expérience originale pour comparer l'impact combiné de différents types de matériels (texte, image, texte + image) et de leurs modes de présentation (auditif, visuel, auditif + visuel). On a présenté 7 formes différentes d'un même documentaire à mémoriser à différents élèves de 6e-5e : lecture du texte, manuel (texte + images), cours oral sans tableau, cours oral avec tableau, télévision, télévision muette, télévision avec sous-titres. La vérification de l'apprentissage au moyen d'un questionnaire à choix multiple a révélé la supériorité des formes scolaires traditionnelles : lecture du texte (38 %), lecture du manuel (31 %) et cours oral avec tableau (27 %). Les autres présentations ont été moins performantes, allant de 0 % (télévision muette) à 21 % de rétention (cours oral sans tableau).

Contrairement aux cinq autres présentations, la lecture et le manuel ont un avantage décisif : ils permettent à l'élève de s'arrêter, de revenir en arrière, et de réguler sa vitesse de lecture, d'analyse et de compréhension. On remarquera toutefois que la lecture peut vite saturer un élève peu motivé ou paniqué devant une avalanche d'informations. Le cours oral présente l'avantage considérable de permettre aux élèves de poser des questions à l'enseignant qui souligne, en outre, les points forts de son exposé. Enfin, l'enseignant apporte son enthousiasme pour sa discipline. J'ai encore le souvenir du souffle épique de ma professeur d'histoire de 4e !

Pour de multiples raisons, les étudiants ne portent plus qu'un intérêt modéré au cours magistral, préférant apprendre dans des polycopiés ou des livres. Il est dommage qu'ils se privent ainsi des explications, des métaphores, et des comparaisons, voire des moyens mnémotechniques, avec lesquels un enseignant complète souvent son cours magistral qui n'est pas une simple récitation de connaissances.

Trop de mots !

Plus polémique, le meilleur prédicteur de la réussite scolaire en 6e n'est pas le raisonnement, mais la mémoire encyclopédique mesurée par le vocabulaire acquis dans chaque matière en cours d'année. Alain Lieury s'insurge toutefois contre la surcharge des manuels du collège. Son analyse méticuleuse des manuels scolaires révèle des chiffres colossaux : 6 317 mots nouveaux en 6e, 9 679 en 5e, 18 073 en 4e et 23 989 en 3e ! L'estimation des capacités réelles de mémorisation des élèves est bien plus faible : 2 442 mots en 6e, 5 500 en 5e, 11 000 en 4e et 17 000 en 3e. La différence indique le niveau de surcharge par classe du collège : 3 875 mots en 6e, 4 179 en 5e, 7 073 en 4e et 6 989 en 3e ! Ces chiffres vertigineux ne reflètent cependant qu'une différence entre des capacités théoriques de mémorisation et le contenu de livres scolaires qui se doivent d'être exhaustifs sans exiger leur mémorisation absolue.

Alain Lieury conseille néanmoins de simplifier les manuels pour diminuer la surcharge mnésique des jeunes enfants… et alléger leurs cartables. Il recommande également que l'apprentissage se fasse à l'école, car celle-ci ne doit pas être uniquement un lieu de « conférences ». Il préconise, enfin, l'apprentissage d'une même information selon des modalités variées et multiples telles qu'un cours, puis un exercice, puis des travaux pratiques, puis une vidéo. Chacun de ces apprentissages apporte à l'enfant une parcelle de connaissances et renforce les mémorisations précédentes. Un programme expérimental de microbiologie reposant sur ces principes a été mené chez des élèves du baccalauréat professionnel de l'enseignement agricole : avec ce programme, la progression du prétest au post-test a été d'environ 60 % alors que le groupe contrôle ayant eu un cours traditionnel et une révision du cours en fin d'année n'a pas du tout progressé entre le post-test et le prétest.

Halte au bachotage

Recommandations pédagogiques

Si, pour apprendre, il faut nécessairement comprendre, il ne suffit pas de comprendre pour retenir. La compréhension passe obligatoirement par un fonds de connaissances qui ne peut se constituer uniquement par imbibition. Le savoir n'est pas inné, c'est aussi une mémoire que les scientifiques ont baptisée du nom de « mémoire sémantique ». Pour apprendre intelligemment, il faut comprendre; pour comprendre, il faut savoir; pour savoir, il faut apprendre. La garantie de l'efficacité mémorielle, c'est bien à un moment ou à un autre de réciter le contenu du cours mentalement ou à voix haute, à soi ou à un tiers. Il faut beaucoup d'expérience et une solide base de connaissances pour se passer de cet instant pénible de la mémorisation *par cœur*. Il est d'ailleurs curieux de constater que personne ne trouve dépassée la notion d'entraînement dans le domaine sportif alors qu'on abandonne, « le cœur léger », la notion incontournable de la mémorisation à un moment ou à un autre.

La mémoire doit être revalorisée à l'école. La pédagogie actuelle doit s'inspirer des données issues de la psychologie cognitive, pour le plus grand profit des élèves. Des méthodes astucieuses doivent combiner plusieurs techniques d'apprentissage et de révision. On ne peut plus laisser croire que la mémoire et l'intelligence sont des entités séparées, car il est clair que la construction de l'intelligence repose sur une base de connaissances dont l'enrichissement progressif bénéficie à son tour de l'intelligence : mémoire et intelligence sont engagées dans le même cercle vertueux. Comme le dit encore Alain Lieury, « la mémoire est la base (stockage) et la source des connaissances (inférences) ».

On ne peut pas demander aux enfants d'apprendre tout seuls à apprendre. La mémoire n'est pas un objectif, mais un instrument facilitant la maîtrise d'un savoir et la construction des concepts, seuls moyens d'exercer librement son jugement. Le rapport de l'Organisation de coopération et de développement économiques intitulé *Comprendre le cerveau. Vers une nouvelle science de l'apprentissage* (OCDE, 2002) rappelle que pour empêcher l'échec de l'apprentissage, il est indispensable que l'apprenant soit motivé, qu'il ne manque ni d'assurance ni d'estime de soi, qu'il dispose d'un potentiel adéquat, et qu'il ait enfin de réelles opportunités d'accès au savoir. Apprendre à l'école ne s'improvise pas, l'enfant doit avoir le désir de répondre au défi de sa progression tout en ayant un sentiment de sécurité psychologique face à l'acte d'apprendre. Tout comme pour la lecture ou l'écriture, l'enfant est incapable de trouver tout seul le sens de l'acte de mémorisation et les clés de l'apprentissage.

Apprendre requiert de la méthode.

Celle-ci peut être enseignée. Par exemple, l'enfant doit-il apprendre machinalement une carte de géographie ou doit-il progressivement s'imprégner des différents noms en revenant souvent sur cette carte ? La dernière attitude est évidemment préférable, car elle permet de mobiliser les connaissances, de les ajuster, de les renforcer. La multiplicité des confrontations avec une donnée renforce effectivement l'établissement d'une trace mnésique définitive[6]. Tous les actes scolaires sont imprégnés de mémoire. Les travaux de la psychologie cognitive nous ont aidés à comprendre l'intérêt de l'étalement des apprentissages dans le temps, la nécessité d'une grande fréquence des rappels, le besoin de multiplier les éclairages d'un sujet. L'oubli est naturel chez l'enfant. Même s'il a compris un concept, il doit le réapprendre afin de consolider son acquis. C'est en comprenant les mécanismes biologiques et cognitifs de la mémoire que les enseignants amélioreront chez leurs élèves la compréhension des matières scolaires et renforceront la mémorisation des sujets abordés. C'est aux scientifiques de l'expliquer aux enseignants et aux élèves.

Tout s'oublie !

Tout élève oublie, c'est inévitable. Pour compenser l'oubli naturel de ses leçons, l'élève a deux armes d'une redoutable efficacité : organiser rationnellement les connaissances à mémoriser et répéter les apprentissages. Un élève sait parfaitement sa leçon une heure après l'avoir apprise, mais il n'en aura retenu que 20 à 50 % le lendemain. Attention, toutefois : il s'agit de chiffres obtenus dans le cadre d'un rappel libre : « Quelle est la capitale de l'Espagne ? » ! L'enfant sera bien meilleur en cas de question à choix multiple : « La capitale de l'Espagne est-elle : Rome, Madrid ou Berlin ? » Cette méthode montre aux élèves que les informations n'ont pas disparu, qu'elles sont disponibles, mais que leur évocation spontanée est difficile. Rassurer les élèves… et leurs parents au sujet de la feuille blanche et du trou noir est capital. Souligner l'hétérogénéité des performances des élèves est également très important : il y aura toujours un premier et un dernier !

Pour l'examen ou pour la vie ?

Le bachotage est la pire des situations de mémorisation, il cumule tous les risques. Si beaucoup d'étudiants réussissent leurs examens après avoir bachoté pendant le mois qui les précède, ils savent bien que très peu de ce qu'ils auront appris restera en mémoire deux mois plus tard.

BACHOTER N'EST PAS UNE SOLUTION

L'efficacité du bachotage est limitée en durée, quelques semaines tout au plus, parce qu'il combine un nombre incroyable de mauvais points : l'intervalle de rétention est trop limité ; le nombre de séances d'apprentissage est faible ; le temps d'étude est très court ; la quantité d'informations à mémoriser est élevée ; l'espacement entre les sessions d'apprentissage est trop bref ; le temps de sommeil est volontairement réduit afin de trouver plus de temps pour travailler.

Un véritable cercle vicieux s'installe donc. Pour survivre, l'étudiant abuse de certains excitants tels que le café ou la nicotine afin de maintenir sa vigilance et augmenter son niveau d'attention. Malheureusement, cette excitation artificielle n'est pas idéale pour un encodage pertinent. Au bout du compte, les informations en cours d'acquisition ne sont pas suffisamment reliées aux connaissances déjà connues. La consolidation de ces informations mal encodées n'est pas non plus optimale, faute de répétitions suffisantes et de sommeil réparateur. Rajoutez à cela le stress propre à l'examen et celui lié à la culpabilité du retard accumulé, et vous aurez toutes les conditions requises pour desservir la mémorisation à long terme.

Mais, me direz-vous, pourquoi le bachotage est-il néanmoins efficace ? L'explication est simple, les sujets jeunes ont des capacités phénoménales de concentration et de mémorisation qui leur permettent d'atteindre un niveau suffisant pour passer des examens. Malheureusement, des connaissances bâclées, acquises dans le stress et la précipitation ne créent pas un fonds pertinent et solide à plus long terme.

S'il permet parfois de réussir un examen, le bachotage ne facilite pas la mémorisation définitive : une université soucieuse de la réussite de ses étudiants devrait systématiquement consacrer son premier cours à la mémoire... humaine !

Ultimes conseils

Installez-vous au premier rang !

On entend mieux, on voit mieux (surtout si l'on est petit avec des lunettes !), on est mieux considéré par les professeurs (mais un peu détesté par les autres élèves, c'est vrai, surtout si l'on est petit avec des lunettes !).

Aucun truc ne permet de gonfler artificiellement sa mémoire

Pour réussir ses examens, il faut démarrer à temps, apprendre tout de suite ses cours, les réciter, les oublier un peu, les apprendre de nouveau. L'apprentissage doit être étalé dans le temps.

Une bonne préparation réduit le stress

L'élève fait alors confiance à ses potentialités. Un cours divisé en paragraphes distincts, les plans clairs, les résumés, les fiches de lecture structurent les informations à apprendre. Les photographies et les schémas facilitent la mémorisation d'informations complexes ainsi que leur rappel ultérieur.

Comment mettre toutes les chances de votre côté ?

Voici quelques principes élémentaires pour réviser :

• Bien évaluer à l'avance le temps dont on dispose effectivement.

• Ne jamais se mettre dans la situation désespérée du bachotage.

• Programmer les révisions de façon hiérarchique et non linéaire (c'est-à-dire réviser par cercles concentriques sans laisser de zones d'ombre totale – les fameuses impasses).

• Évaluer le plus rapidement possible ce qu'on peut ne pas savoir.

• Enfin, disposer d'un minimum de connaissances « préventives » dans ces zones secondaires[7].

Bonne chance !

Faut-il craindre la télévision et les jeux vidéo ?

Avec l'adolescence, débute le temps des plaisirs dangereux. Ceux-ci peuvent être liés à la consommation de substances toxiques comme l'alcool ou les drogues. Cette période est également propice au développement de comportements violents. La mémoire intervient doublement dans ces plaisirs dangereux : d'une part, comme facteur explicatif lorsque certains systèmes biologiques facilitent la dépendance ; d'autre part, comme victime lorsqu'elle subit de plein fouet l'agression des substances toxiques addictives.

La télévision et les jeux vidéo ont mauvaise réputation. Lorsqu'on les évoque, se profile immédiatement devant nos yeux l'image d'un adolescent cloué des heures durant devant un écran. Enfermé dans sa chambre, coupé du monde réel qu'il remplace par un monde imaginaire, voilà que notre enfant se met à vivre intensément des situations qui, si elles survenaient réellement, seraient d'une dangerosité extrême. Ce tableau inquiète plus d'un parent. Cette inquiétude est même ressentie par les politiques, car elle engage l'avenir de notre société. En 2006, le sénateur Hillary Clinton est même partie en guerre contre les jeux vidéo qu'elle accuse de « voler l'innocence de nos enfants ».

Y a-t-il donc un danger réel à laisser les enfants et les adolescents devant des écrans sur lesquels défilent des monstres en quête de proies ou des soudards en quête de cibles humaines ? Si le risque est réel pour quelques jeux extrêmement violents, il est moins connu que la pratique régulière de certains jeux vidéo n'est pas totalement négative et qu'elle a des bénéfices cognitifs avérés, en particulier au niveau de la mémoire.

Addiction ?

L'addiction, ou dépendance, est définie comme l'asservissement d'un sujet à une substance chimique ou à une activité dont il a pris l'habitude à la suite d'un usage répété. L'individu a un besoin incontrôlable, compulsif, de reprendre le produit ou de recommencer l'activité dont il est dépendant en dépit de conséquences négatives qu'il connaît souvent lui-même.

Le terme de toxicomanie désigne la consommation courante et excessive de substances toxiques qui engendrent une dépendance irrépressible,

> ### Dopamine, quand tu nous tiens !
>
> Les mécanismes biologiques qui concourent à l'établissement, puis la consolidation des schémas biologiques et comportementaux de l'addiction sont bien connus[8]. Les substances qui créent une dépendance augmentent la libération par le cerveau de dopamine, petite molécule qui compte parmi les nombreux neuromédiateurs synthétisés par les neurones. Parmi ses nombreux rôles, la dopamine stimule un réseau neuronal particulier intitulé le « circuit de la récompense ». Ce circuit met en relation les perceptions extérieures du monde environnant et les informations de l'organisme sur tout ce qui est désir, plaisir, faim, soif... Tout individu est ainsi capable de lier les apports du monde extérieur à ses satisfactions personnelles : il sait quelles jouissances potentielles peuvent découler de telles ou telles situations. Le produit toxicomanogène modifie la production de dopamine, ce qui entraîne une sensation de satisfaction à la base du processus d'addiction.

psychique ou physique. Les substances les plus courantes vont des peu toxiques (caféine, théine) aux plus toxiques (cocaïne, morphine, héroïne) en passant par l'alcool, la nicotine et le cannabis. Mais l'addiction n'est pas réservée aux drogues, elle est également comportementale lorsque le sujet a un besoin irrépressible de se livrer à une activité spécifique. À ce titre, on décrit des addictions engendrées par des jeux d'argent compulsifs ou des sports intensifs. Cette addiction comportementale est vraisemblablement liée à la libération par l'organisme de molécules appelées endorphines dont la caractéristique est de diminuer la douleur en ayant également une action euphorisante. L'addiction procure du plaisir et peut soulager un malaise intérieur. En dépit de la connaissance de l'existence de ses conséquences négatives, la personne dépendante poursuit de manière répétée ce comportement et abandonne ou réduit d'importantes activités sociales, professionnelles ou de loisirs en raison de la difficulté ou de l'impossibilité qu'elle a de contrôler la réalisation de son comportement.

L'addiction, ou dépendance, augmente avec la répétition de la prise du produit toxicomanogène ; même après le sevrage, elle se maintient ensuite plusieurs mois. De façon encore plus technique, on sait maintenant que les drogues suppriment le couplage existant entre deux autres circuits neuronaux (l'un dont le neuromédiateur est la noradrénaline, l'autre étant la sérotonine). Ce découplage explique la sensibilisation comportementale consécutive à la prise répétée de drogues.

Violence et télévision

Trop de temps

Enfants et adolescents consacrent beaucoup de temps à la télévision. Un enfant de 5 ans passe aujourd'hui environ 2 heures et demie par jour devant un poste de télévision. À l'âge de 12 ans, ce temps quotidien passera à environ 4 heures. Ensuite, l'adolescent réduira son temps de consommation à 2 ou 3 heures par jour, d'autres activités l'accaparant davantage[9].

Pourquoi autant de temps ? Parce que les images présentées par la télévision sont fascinantes et parce que regarder la télévision nécessite peu d'initiative et peu de concentration : c'est le prototype de l'activité passive et relaxante au cours de laquelle est abandonné tout sens critique, puisque les images imposent un rythme continu, sans pause pour réfléchir comme le permet un livre.

Faute d'expérience et de jugement suffisamment solide, les jeunes enfants ont tendance à admettre comme réels les contenus de certaines émissions et ce d'autant plus que les conséquences réelles de la violence leur sont rarement exposées. Même les adolescents acceptent certaines visions stéréotypées du monde apportées par le petit écran.

Des dizaines de publications scientifiques, selon différentes méthodologies expérimentales ou à partir d'observations transversales et longitudinales, ont établi l'influence néfaste des contenus télévisuels violents sur les jeunes, aussi bien en termes de comportements qu'en termes d'idées reçues[10]. On cite souvent l'étude canadienne ayant révélé que les enfants étaient devenus plus agressifs deux ans après l'apparition de la télévision dans leur ville[11]. Sans affirmer de relation directe obligatoire ni s'inquiéter pour tous les jeunes figés devant leur écran, il est clair que des images trop violentes influencent certains enfants ou adolescents particulièrement vulnérables sur le plan psychologique.

Cette influence se manifeste de plusieurs façons : banalisation de la violence, comportements plus agressifs juste après avoir vu une émission ou un film violent, crainte amplifiée vis-à-vis du monde environnant, ancrage d'une perception stéréotypée d'un monde qui maltraite les plus faibles et ne sait pas résoudre autrement les conflits[12]. Se construit ainsi une mémoire d'un monde où la violence banalisée est légitimement reproductible.

L'enfance et l'adolescence étant les périodes où se construisent les représentations fondamentales du monde extérieur, la vision qui s'imprimera dans leur mémoire sera celle d'un monde naturellement dangereux, fonctionnant dans la violence, celle-ci devenant anormalement tolérée. Les conséquences néfastes de cette empreinte varient logiquement selon les individus. Certains adolescents sont plus susceptibles que d'autres d'être contaminés par la violence médiatique. Il est probable qu'ils étaient de toute façon plus enclins à devenir agressifs et que leur vulnérabilité n'a fait que rebondir naturellement sur cette violence. Comme le résume le psychologue québécois Daniel Lambert, « le groupe le plus particulièrement vulnérable ne représente qu'une minorité de téléspectateurs, mais ils sont plus susceptibles de constituer la majorité des agresseurs[14] ».

Parents : pas assez d'explications !

L'accompagnement explicatif par les adultes est indispensable. Des films dont le propos louable et indiscutable était de critiquer ouvertement l'esclavage ou l'Holocauste ont généré chez des enfants des attitudes inverses à celles que ces films voulaient susciter. Ces enfants ont, en effet, déduit que pour être punis de si effroyable façon, les Noirs et les juifs devaient nécessairement avoir été très méchants ! La critique des bourreaux a été déplacée vers une interrogation malsaine au sujet des victimes. Les interprétations paradoxales de ces enfants résultent d'un formatage préalable de leur esprit selon le pseudosyllogisme suivant : « Les méchants sont habituellement punis. Si des personnes sont persécutées, c'est qu'elles le méritaient ! »

Pour éviter ce glissement paradoxal, il est impératif que les parents discutent avec leurs enfants de la signification des événements, fictifs ou non, présentés à la télévision. Plus qu'un livre, et du fait du pouvoir des images, la télévision nécessite un effort intellectuel critique et explicatif. Peut-être faudrait-il plus de films sur les procès de Nuremberg que sur les camps de concentration ? Peut-être faut-il se méfier de la tendance littéraire actuelle qui cherche à expliquer le comportement des bourreaux ?

TV = DANGER ?

Même si tous les travaux ne s'accordent pas totalement sur les effets de la violence télévisuelle, il existe un lien manifeste entre l'agressivité des enfants et la violence à la télévision. Lorsqu'un enfant américain aura 16 ans, il aura assisté à près de 20 000 homicides[13]. Paradoxalement, des parents bien intentionnés refuseront d'acheter à leur fils des soldats en plastique ou des maquettes de blindés (qui ne suscitent en eux-mêmes aucune image particulière de blessures), mais les laisseront regarder des feuilletons d'enquêtes criminelles sur des serial killers. À la lumière de nombreux travaux, John Murray, psychologue du développement mental à l'Université du Kansas, considère que les enfants et les adolescents qui regardent beaucoup de violence télévisuelle sont plus agressifs et davantage enclins à utiliser la violence pour résoudre leurs conflits.

Mais quelles régions cérébrales participent à l'intégration de cette violence ?

L'intégration de la violence relève de mécanismes cérébraux assez bien connus aujourd'hui. La vision de scènes de violence par des enfants active en IRM fonctionnelle[15] un réseau spécifique d'aires cérébrales[16]. La comparaison de séquences télévisées violentes et non violentes montre que les scènes violentes activent sélectivement, d'une part, les régions de la mémoire des deux hémisphères cérébraux et, d'autre part, un réseau au sein de l'hémisphère droit particulièrement impliqué dans la gestion de l'émotion, de l'éveil et de l'attention.

Alors même que les enfants restent immobiles lors de l'expérimentation, on note une activation des régions qui planifient les gestes avant de les esquisser. L'ensemble de ce profil de recrutement cérébral pourrait expliquer les comportements agressifs que de nombreuses études ont rapportés chez des enfants ou des adolescents exposés trop souvent à des scènes télévisées violentes.

Faut-il jeter l'enfant et la télévision ?

Modulons notre propos. Il ne s'agit pas de critiquer en bloc le support télévisuel, mais de se méfier de ce qui peut être insidieusement véhiculé à force de banalisation et de répétitions excessives. Les documentaires, les émissions scolaires, voire certains films ou dessins animés, aident les enfants à découvrir le monde et à maîtriser des connaissances nouvelles. Il semble même que les effets positifs des émissions éducatives de la télévision l'emportent sur les effets négatifs de la violence véhiculée dans d'autres programmes[17]. La télévision n'est donc pas totalement négative, elle est un formidable instrument de savoir au même titre que les livres. N'oublions pas que même ces derniers ont été naguère accusés d'abrutir les lecteurs assidus, de pervertir la jeunesse, de répandre des idées séditieuses ou pornographiques : un enfant de 10 ans qui passait son temps à lire n'était pas toujours admis comme « normal » autrefois. À son apparition, tout nouveau média est accusé des pires maux. Certains excès doivent être contenus ou interdits. C'est aussi aux adultes responsables de réguler l'usage et le contenu des nouveaux médias. Les jeux vidéo apportent un autre exemple de cette diabolisation sans nuance.

L'enfer des jeux vidéo ?

Le 20 avril 1999, deux adolescents, Eric Harris et Dylan Klebold se suicident à Littleton (Colorado). Ils viennent auparavant de tuer de sang-froid un enseignant et 12 de leurs condisciples, et d'en blesser 23, au cours d'un véritable « assaut » qu'ils mènent dans leur école, Columbine High School. On accuse la facilité à se procurer des armes aux États-Unis, on incrimine également la passion dévorante de ces deux jeunes pour un jeu vidéo violent intitulé *Doom*® (« Destin » en anglais). Avant les faits, Eric Harris avait d'ailleurs mis au point une version modifiée de *Doom*® dans laquelle deux tireurs surarmés s'attaquaient à des victimes qui ne pouvaient répliquer... Que conclure ? Un jeu vidéo violent peut-il influencer des adolescents en imprimant dans leur cerveau des schémas comportementaux de violence ?

Une industrie florissante

L'impact des jeux vidéo est considérable dans la vie quotidienne, en particulier pour les nouvelles générations d'enfants et d'adolescents qui baignent d'emblée dans ce milieu. Au même titre qu'Internet et l'ordinateur à domicile, les jeux électroniques sont responsables de changements importants dans notre manière de comprendre et d'appréhender le monde environnant. Ces changements affectent aussi bien le comportement des adolescents que leurs capacités intellectuelles.

Selon l'Institut de l'audiovisuel et des télécommunications en Europe (IDATE), le chiffre d'affaires mondial de l'industrie du jeu vidéo représentait 25 milliards d'euros en 2005 ; pour 2008, les estimations sont de 45 milliards de dollars... Selon l'Entertainment Software Association (ESA), association américaine de l'industrie des jeux vidéo, 248 millions de jeux vidéo auraient été vendus en 2004 aux États-Unis et le chiffre d'affaires dans ce même pays aurait été de 7 milliards de dollars en 2005.

Les jeux préférés sont en premier lieu les jeux d'action et de combat, puis les jeux de rôles et d'aventures. Traduites en 18 langues, les différentes variantes de *The Sims*® constituent le jeu vidéo PC le plus vendu dans le monde (ainsi qu'en France), pour la plus grande joie de plusieurs dizaines de millions de joueurs. À côté des joueurs individuels, existent les communautés virtuelles des jeux, comme Massivement Multijoueurs Online (MMO) ou MMORPG (Massively Multiplayer Online Role Playing Game). On compte dans le monde plus de 200 MMO dont le principe est de créer des mondes virtuels qui se veulent les plus réalistes possible, et d'y agir au moyen d'un personnage que le joueur a lui-même créé. Certains jeux « entretiennent » une communauté de plusieurs centaines de milliers d'abonnés ! En 2006, le marché des jeux vidéo MMO comptait 13 millions d'abonnements payants pour un chiffre d'affaires mondial de 2,5 milliards de dollars.

Pour l'ensemble des jeux vidéo, la France compte près de 15 millions de joueurs, ce qui place les jeux vidéo loin devant le cinéma en salle

Mais qui sont-ils ?

Les utilisateurs de jeux vidéo sont en majorité de jeunes adultes, leur âge moyen est de 28 ans aux États-Unis et de 25 ans en Europe. Les moins de 18 ans représentent 38 % des joueurs. Les joueurs constituent 60 % de la population américaine et pas moins de 40 % de la population européenne. Les joueurs sont masculins dans 55 % des cas, avec une nette préférence pour les jeux vidéo plus réalistes et violents, mais les joueuses sont de plus en plus nombreuses. Aux États-Unis, les garçons jouent en moyenne 13 heures par semaine et les filles 5 heures[18].

ou, bien sûr, les livres. La moyenne d'âge des joueurs est passée de 19 à 30 ans ; 70 % des enfants et plus d'un tiers des parents y jouent, dont 35 % des femmes. Sur le marché en pleine expansion des jeux vidéo, la France occupe une place de choix, puisque trois des plus grands éditeurs mondiaux sont français : Atari, Ubisoft et Vivendi Universal Games.

Pourquoi jouent-ils ?

Ils jouent parce que l'homme joue depuis la nuit des temps. Quels sont les profils de ces joueurs ? En prenant comme critères, le temps passé à jouer et la motivation des joueurs, une étude du cabinet américain Parks Associates, effectuée auprès de 2 000 joueurs en ligne, a recensé 6 catégories de joueurs de jeux vidéo[19] :

1. Les joueurs passionnés (11 % des joueurs pour 30 % du marché).
2. Les joueurs sociaux jouant en interaction avec d'autres amis.
3. Les joueurs de loisir.
4. Les joueurs dormants qui adorent les jeux vidéo mais n'y consacrent que très peu de temps.
5. Les joueurs accidentels peu motivés et qui jouent uniquement en cas d'ennui.
6. Les joueurs occasionnels.

On voit par là l'importance des interactions sociales suscitées par les jeux vidéo. On sait aussi que certains joueurs apprécient le défi des jeux complexes (ce qu'on pourrait appeler les « joueurs intellectuels ») alors que d'autres préfèrent à l'inverse des jeux faciles sans réel défi (ce qu'on pourrait appeler « les joueurs pour se détendre »).

Une passion dévorante

Même si le jeu vidéo n'apparaît pas encore dans la liste des addictions citées par le DSM, ouvrage américain qui définit les troubles psychiatriques, certains symptômes caractéristiques de l'addiction sont néanmoins retrouvés chez quelques joueurs invétérés. Par exemple, les symptômes psychologiques de l'addiction à l'ordinateur sont assez spécifiques : sensation d'euphorie devant l'ordinateur ; incapacité à stopper l'activité ; temps de plus en plus prolongé devant l'écran d'ordinateur ; négligence de sa famille ou de ses amis ; sensation de vide ou d'irritabilité lorsque le sujet n'est pas devant son ordinateur ou si l'on tente de l'empêcher

Pourquoi jouer ?

Pour expliquer les motivations des joueurs de jeux vidéo, on peut s'aider des 3 grandes catégories de motivations identifiées pour les jeux quels qu'ils soient[20], à savoir :

1. La découverte et la progression (Cluedo®, Tomb Raider®, jeux de rôles, Scrabble®, échecs, Monopoly®...).
2. La compétition et l'affrontement (sports, belote...).
3. Le gain et argent (loto, tiercé, poker...).

Il est clair que les jeux vidéo répondent à 1, 2, voire 3 de ces catégories. L'esprit de découverte correspond à la motivation intrinsèque, liée à l'intérêt pour l'activité elle-même. Le désir d'un gain financier correspond à la motivation extrinsèque, liée au renforcement de l'intérêt au moyen d'une récompense.

de jouer ; conséquences scolaires ou professionnelles ; mensonges au travail ou à sa famille sur ses activités informatiques.

Afin de poursuivre leur jeu, les adolescents passionnés de jeux vidéo se replient sur eux-mêmes, dorment moins, oublient de manger, négligent leur hygiène, sont moins attentifs à leur entourage, deviennent irritables. Le jeu vidéo est devenu leur unique centre d'intérêt au détriment des autres activités relationnelles, affectives, professionnelles, scolaires, ludiques, sportives… Ces adolescents fortement dépendants qui appartiennent à la catégorie des joueurs passionnés et qui ont une pratique très excessive au point d'être surnommés les « *no life* » ne constitueraient, toutefois, que 0,01 % des joueurs[21]. On y trouverait principalement des personnes déjà porteuses de pathologies narcissiques ou psychiatriques, le jeu vidéo servant de simple révélateur au même titre que d'autres conduites (drogues, jeux d'argent…), même si cette addiction n'est pas équivalente à la dépendance créée par l'alcool, les drogues ou certains médicaments psychotropes.

Une autre raison de l'addiction potentielle des jeux vidéo résulte du désir de l'enfant ou de l'adolescent de poursuivre la découverte proposée par ces jeux : progression de niveau en niveau, établissement d'une domination sur une civilisation, exploration d'un univers, maîtrise d'une habileté... Cette attitude n'est pas répréhensible en soi, car elle est à la base de l'enseignement scolaire et sportif : n'oublions pas que la devise des jeux Olympiques modernes est « *Citius, altius, fortius* » (« plus vite, plus haut, plus fort »)[22]. S'améliorer, progresser et découvrir sont d'excellents objectifs pédagogiques. L'addiction ne survient qu'à partir du moment où, afin de poursuivre un jeu qui est souvent sans fin, le joueur se retranche d'autres activités familiales, scolaires ou sociales. C'est alors que les parents ont le devoir de réduire le temps passé devant l'ordinateur, la console ou la télévision, en établissant un contrat d'utilisation ou en suggérant des activités alternatives plus variées.

Au prix de beaucoup de temps et d'énergie, les adolescents retirent un grand plaisir à jouer. Portée à son paroxysme, cette forte motivation peut les conduire à un état de *flow of optimal experience*, c'est-à-dire un « état de satisfaction extrême », qu'ils atteignent de manière consciente et délibérée, moyennant un certain degré d'effort. Ils s'immergent avec plaisir dans cet état au cours duquel ils apprennent sans s'en apercevoir. Cette expérience s'accompagne d'un sentiment créatif et d'une impression de découverte qui permettraient au joueur de mobiliser son attention et de la maintenir à un niveau optimal afin de développer des compétences de plus en plus complexes. Ce « flow of optimal experience » décrit par Csikszentmihalyi est particulièrement recherché, car il correspond à un état de bonheur extrême et de profonde satisfaction[24]. La progression du joueur par les différents niveaux de difficulté du jeu combine une situation de défi, un sentiment de total contrôle de la situation, une attention concentrée sur l'activité, l'ensemble faisant disparaître la conscience de soi et du temps.

L'addiction aux jeux vidéo peut aussi s'expliquer par un aspect social : isolés au départ ou à la suite de leur passion, ces adolescents ont le sentiment d'appartenir à une communauté, le jeu leur fournissant leurs seuls amis. Différents effets psychologiques peuvent également expliquer une addiction. Lors d'un jeu vidéo, le fait d'accomplir une tâche et de persister dans celle-ci peut donner un sentiment de satisfaction, d'accomplissement, d'autonomie, de haute estime de soi que ces joueurs expérimentent rarement dans d'autres domaines scolaires, ludiques ou sportifs.

On peut envisager également l'« effet de simple exposition » : celui-ci se caractérise par une augmentation de la probabilité d'avoir un sentiment positif envers quelque chose (ou quelqu'un) par la simple exposition répétée à cet objet (ou à cette personne). La pratique répétée du jeu vidéo augmente fortement la probabilité de l'aimer, par la suite, le joueur cherchera à reproduire ce sentiment de bonheur qu'il a obtenu au moins une fois.

Une histoire de sécrétions chimiques

Lors des jeux de stratégie et d'action, le cerveau des joueurs augmente la sécrétion de certaines substances chimiques, en particulier celles du stress et celles liées à l'apprentissage et à la motivation dans le contexte du circuit de la récompense.

Un de ces neurotransmetteurs, la dopamine, est impliqué dans l'apprentissage, l'attention et le contrôle moteur. Une étude en tomographie d'émission de positons (PET-scan) a démontré une augmentation de l'activité de la dopamine chez des sujets jouant à un jeu vidéo au prorata de leurs performances[23]. Comme ces sujets étaient mieux payés s'ils obtenaient des scores plus élevés, on ne peut exclure que l'augmentation de dopamine était également liée au renforcement financier de leur motivation.

La répétition d'un jeu violent ou intense augmente aussi la libération d'adrénaline, l'une des principales hormones du stress. Le désir de reproduire les sensations émotionnelles secondaires à cette poussée d'adrénaline incite le joueur à jouer et rejouer. Pour certains individus, le stress est, on le sait bien dorénavant, une addiction comme une autre...

Les joueurs peuvent aussi continuer à jouer tout simplement pour justifier le temps qu'ils ont déjà engagé à jouer. Ce type de comportement correspond à une situation bien connue en psychologie, appelée l'« effet Concorde » : en dépit de la prise de conscience rapide du désastre commercial de l'avion Concorde, les gouvernements français et britannique ont continué son exploitation pour ne pas admettre l'inutilité des efforts engagés jusqu'alors. De même, abandonner un jeu en cours ou la pratique globale du jeu reviendrait à admettre d'avoir perdu son temps jusqu'à présent, aveu insupportable au plan psychologique. Il faut une prodigieuse force de caractère pour revenir en arrière...

Que de violence !

La violence présente dans certains jeux vidéo peut susciter un niveau de stress élevé au cours du jeu et, en dehors du contexte du jeu, augmenter la violence réelle dans la vie courante. Les cas de crimes inspirés directement par des jeux vidéo sont heureusement très rares face aux millions de joueurs. L'influence est plus subtile que celle d'une simple imitation. De nombreux travaux ont démontré que l'exposition à des jeux vidéo violents augmentait aussi bien l'agressivité immédiate au décours du jeu que la délinquance ultérieure[25]. Après avoir joué à un jeu vidéo violent, des adolescents rapportent ainsi davantage de pensées agressives que ceux qui ont joué à un jeu non violent[26].

Agressivité ou simple combativité ?

Au même titre que le cinéma ou la télévision, les jeux vidéo banalisent la violence et rendent possible une identification à des valeurs négatives. Sur le site de l'American Psychological Association, le professeur Craig Anderson fait le point sur ces deux aspects[27]. Il indique que des sujets ayant été exposés à des médias violents, ont, de manière immédiate, davantage de pensées agressives et une interprétation hostile d'une situation ambiguë. Ils subissent également des réactions cardio-vasculaires caractéristiques du stress (accélération de leur fréquence cardiaque, par exemple). Enfin, quelques-uns de ces sujets imitent directement le comportement agressif observé. De son côté, l'exposition répétée à la violence favoriserait l'utilisation spontanée de solutions agressives, créerait des scripts comportementaux agressifs plus facilement accessibles et diminuerait l'accès à des scénarios non violents, tout en réduisant l'émergence de réactions émotionnelles négatives qui apparaissent de façon normale en face de la violence. Pour être juste, on ne peut passer sous silence les arguments exprimés par d'autres chercheurs tels que Jeffrey Goldstein[28]. En 2001, celui-ci soulignait le peu de rigueur méthodologique de certains travaux, des résultats inconstants d'une étude à l'autre, le fait que les chercheurs ne mettent pas en évidence une réelle agressivité, mais plutôt une tendance à exprimer ou simuler une combativité, sans désir réel de passer à l'acte...

Comme de nombreux sports, les jeux vidéo violents pourraient parfois servir d'exutoire en purgeant les enfants et les adolescents de leurs inévitables pulsions agressives. Personnellement, connaissant, comme tout le monde, des joueurs de jeux vidéo ou de *wargames*, j'ai le sentiment qu'il s'agit d'honnêtes pacifistes, qui n'ont aucune envie d'envahir ni le Béloutchistan ni l'immeuble voisin, et qui ne supporteraient pas une chose… que la violence ou la guerre viennent les perturber lorsqu'ils jouent tranquillement chez eux !

Le rôle des schémas : la mémoire des comportements

Que se passe-t-il lorsque des individus sont néanmoins influencés par la violence, celle de la télévision comme celle des jeux vidéo ? Le psychologue et biologiste suisse Jean Piaget (connu pour ses travaux en psychologie du développement) a démontré que, pour comprendre le monde environnant, un enfant constituait des stocks de *schémas*. En psychologie cognitive, on définit les schémas comme des représentations mentales conservant en mémoire à long terme des situations répétées de la vie courante, des actions habituelles exécutées automatiquement.

Pour le stock des événements quotidiens réguliers de notre vie, on emploie plutôt le terme de *script*. Tout individu a ainsi développé un « script du petit déjeuner » constitué de la séquence des différentes actions qui se succèdent automatiquement pour prendre son petit déjeuner. À côté de ces scripts d'actions, existent des schémas généralisés de connaissances et de comportements qui structurent l'ensemble de ce que nous savons sur le monde extérieur. Ces schémas de pensée généraux servent de cadre pour analyser et interpréter des informations nouvelles à partir d'informations préalablement stockées en mémoire à long terme. Ils favorisent une représentation intégrée des connaissances dans la mémoire ; face à une situation donnée, ils influencent des interprétations génériques et des comportements stéréotypés à partir d'inférences éventuellement erronées ou excessives par rapport à la réalité.

Dans leur construction mentale du monde, l'enfant et l'adolescent intègrent les informations auxquelles ils ont été confrontés, sans toujours bien distinguer les situations réelles des situations artificielles, et sans moduler leur interprétation. Lors d'une situation de conflit, un enfant, un adolescent, puis un adulte appliqueront les solutions stéréotypées qu'ils auront enregistrées et auxquelles ils accéderont très facilement :

s'ils ont régulièrement observé la violence comme solution essentielle, c'est un acte violent qu'ils exécuteront en réponse à un conflit.

Différents travaux[29], ont révélé que la vision de scènes de violence (télévision, cinéma, jeux) activait différentes régions cérébrales impliquées dans l'émotion, la planification des gestes et la mémoire. Parmi ces dernières, beaucoup d'importance est accordée à la région cingulaire postérieure. Cette aire est connue pour s'activer lorsque des individus (victimes, médecins, secouristes) ayant subi un syndrome de stress post-traumatique doivent se remémorer les scènes traumatisantes qu'ils ont vécues, par exemple, lors d'un accident particulièrement violent. De nombreux scripts agressifs stockés en mémoire à long terme seraient rappelés par cette région cérébrale, ces schémas de comportements violents seraient trop facilement évoqués et serviraient ainsi de guide préférentiel pour résoudre une situation sociale de conflit.

FAUX, MAIS PRÉGNANT

À une époque pas si ancienne, le magazine *Rolling Stone* a résumé dans un article les messages véhiculés par les émissions télévisées sur les jeunes : ils sont tous de race blanche, ils sont minces, beaux et sexy, ils ne semblent pas avoir de parents, ils n'ont pas besoin d'aller à l'école et trouvent de toute façon l'école secondaire assommante. Ces personnages fictifs vivent ainsi dans un monde qui ne ressemble en rien à la réalité. À un stade crucial du développement de l'estime de soi, de tels messages ancrent indubitablement dans l'esprit des adolescents une vision stéréotypée du monde et de leur propre condition : le modèle décrit est totalement irréaliste, mais il impose ses stéréotypes.

Tout n'est pas négatif

Un moyen supplémentaire

Peut-on accuser le jeu vidéo d'être utilisé à des fins conscientes ou inconscientes pour diffuser des messages à caractère idéologique ou culturel ? Dans un jeu comme *Age of Empires®* où le joueur doit détruire la civilisation adverse pour gagner, le jeu vidéo ne serait-il qu'un support de propagande reflétant les valeurs dominantes de notre société telles que la réussite personnelle et l'accumulation de ressources ? Une telle critique est relativement surprenante, pour ne pas dire naïve, car on ne peut reprocher à une société, à moins d'être suicidaire, de faire l'apologie de ses valeurs fondatrices. Tous les jours, les médias nous exposent l'importance de la réussite personnelle dans les domaines artistiques, politiques, économiques. Depuis 6 000 ans, la réussite personnelle et l'accumulation de ressources ont été les moteurs les plus efficaces d'accession au bonheur et d'amélioration du niveau de vie.

À CONSOMMER AVEC MODÉRATION, ET BIEN ACCOMPAGNÉ

Selon Maria Klavee, professeur de Computer Science, s'ils ne sont pas trop violents et s'ils sont joués avec modération, les jeux vidéo apportent de réelles opportunités pour maîtriser la résolution de problèmes ainsi que la réflexion stratégique et critique. Le rôle des parents est fondamental qui doivent sélectionner les bons jeux et les alterner judicieusement avec d'autres activités telles que le sport ou la lecture. Autrement dit, les jeux sur ordinateur ne sont qu'un élément supplémentaire pour permettre aux enfants d'explorer la société. Inutile de cacher que ses propos ont été repris par tous les sites vidéo... où je les ai d'ailleurs trouvés !

Identité et personnalité

Il est indubitable que la plupart des jeux permettent aux joueurs de bâtir leur identité, de construire une représentation des autres et de se représenter le monde environnant. Certains jeux imposent une vision déformée du monde réel, au même titre que les contes de fées d'autrefois et, plus récemment, des romans ou des films de science-fiction ou d'*Heroic Fantasy*. Ces derniers ont d'ailleurs été décriés en leur temps, mais il n'a finalement jamais été démontré que les lecteurs d'Asimov ou de Tolkien aient été de mauvais citoyens, d'abominables parents ou des employés pervers, déambulant au bureau armés de haches. Pour certains psychiatres, un jeu vidéo bien utilisé favoriserait même l'insertion sociale. Il ne faudrait pas que la vision ancienne du monde des parents empêche l'intégration du monde nouveau par leurs enfants.

Mémoire et jeux vidéo : des bienfaits inattendus, mais réels

On distingue 3 grandes catégories de jeux vidéo :

1. Les jeux d'adresse et d'action (jeux de sports, de combat, de labyrinthe, de plate-forme).

2. Les jeux de stratégie (jeux d'aventures et de quêtes, jeux de stratégie, jeux de rôles, jeux éducatifs).

3. Les jeux combinant action et stratégie (jeux d'aventures en temps réel incorporant des éléments d'action, jeux de stratégie en temps réel, simulations).

La sollicitation des capacités mnésiques diffère selon le type de jeu vidéo. C'est ainsi que les jeux d'adresse et d'action font principalement appel à la mémoire de travail (concentration sur des activités

Les bénéfices du jeu

• **Les jeux d'adresse et d'action** sont les plus répandus, il s'agit de jeux en temps réel avec une trame narrative mettant en scène des mondes virtuels dans lesquels évoluent, sous la commande du joueur, des objets et des personnages. Muni de ressources acquises directement ou au prix d'épreuves, le joueur doit rétablir une situation au cœur d'un monde étranger. Pour ce faire, il doit vaincre des obstacles et affronter des forces adverses. Ces jeux, souvent violents, exigent de faire preuve de dextérité manuelle et mettent l'accent sur la coordination visuomotrice œil-main.

• **Les jeux de stratégie**, plus élaborés, proposent des scénarios complexes mettant en scène plusieurs personnages, voire des milliers lors de jeux de guerre (*wargames*). Du fait d'objectifs stratégiques ou d'énigmes à résoudre, ces jeux nécessitent de réfléchir et de mettre en place une stratégie pour avancer dans le jeu. La dextérité manuelle n'est donc pas nécessaire à la réussite.

• **Les jeux d'action et de stratégie** nécessitent de faire preuve de dextérité manuelle et de réflexion pour atteindre les objectifs fixés. On comprend vite quels peuvent être les bénéfices cognitifs de la pratique de ces jeux vidéo.

simultanées) et à la mémoire procédurale (mémorisation des gestes répétés). La mémoire épisodique est également sollicitée au fil de la pratique du jeu puisque le joueur acquiert progressivement une connaissance du jeu dont il doit se souvenir.

Les jeux de stratégie exigent de maintenir temporairement en mémoire des informations pour les intégrer ensuite dans la recherche de solutions, et nécessitent aussi d'aller rechercher en mémoire des connaissances générales. Ces jeux de stratégie font donc typiquement appel à la mémoire de travail et à la mémoire sémantique, sans oublier le raisonnement logique. Là aussi, le joueur acquiert une connaissance du jeu qu'il recherchera en mémoire épisodique récente.

La littérature scientifique a bien montré que les jeux vidéo amélioraient significativement la mémorisation, accéléraient les temps de réaction et affinaient les compétences cognitives[30]. Le raisonnement est amplement sollicité lors de la pratique des jeux vidéo. Dans la majorité des jeux, les règles ne sont pas énoncées au départ, la progression du joueur nécessite de rechercher par lui-même la logique interne du jeu au moyen de processus inductifs, déductifs et abductifs[31]. Pour formuler sa stratégie, le joueur doit aussi décrypter les intentions du concepteur du jeu et l'état d'esprit du programme. Dans les jeux d'adresse, un apprentissage de type essai-erreur s'affine au fur et à mesure des pratiques. Les jeux d'aventures sollicitent des habiletés stratégiques offensives et défensives. Enfin, les jeux de stratégie requièrent un raisonnement soutenu et l'élaboration d'un plan d'action afin de résoudre le problème. La littérature scientifique a, là aussi, amplement démontré que les jeux vidéo augmentaient les capacités de raisonnement inductif[32], favorisaient le développement des capacités de résolution de problèmes complexes[33] et amélioraient la planification de stratégies[34]. Enfin l'usage des jeux vidéo favorise chez l'enfant le développement des compétences visuospatiales[35].

À tout âge, les utilisateurs de jeux vidéo tirent un bénéfice cognitif considérable de leur passion. Ils ancrent en mémoire des schémas cognitifs d'exploration visuospatiale, de mémorisation des étapes des jeux, de résolution de problèmes, d'élaboration stratégique. Leur attention est sollicitée dans tous les domaines (langage, dessins, espace) et sous toutes ses formes (aussi bien attention alternée que partagée). Ces capacités seront utilisables ultérieurement dans leur quotidien. Seule une trop grande addiction sera donc préjudiciable à la socialisation de joueurs excessifs.

Même pour les adultes !

Les jeux vidéo ont même acquis une position reconnue dans le monde des adultes pour l'entraînement virtuel à des situations professionnelles : simulateur d'extinction de feux de flaque pétrolière, procédures de sécurité en usine, simulations économiques, simulateurs de combat stratégique et de combat tactique[36], traitement de certains troubles psychiatriques comme l'agoraphobie, entraînement pour lier des nœuds sur un simulateur laparoscopique vidéo[37]. Ces jeux éducatifs « pour adultes », connus sous le nom de *serious game*, transmettent un savoir-faire. Ces simulateurs reposent sur des technologies qui ont été initialement développées pour les jeux vidéo. Ils préparent les professionnels à des situations où ils devront prendre la bonne décision de façon efficace et sécuritaire.

Sans permettre aux professionnels d'apprendre à maîtriser leur stress, ces entraînements par simulation vidéo sont néanmoins moins dangereux, moins coûteux et plus formateurs que des entraînements classiques. Comme toute situation d'entraînement, le comportement développé lors d'un jeu vidéo est différent d'une situation de réalité, il permet néanmoins de simuler des situations de risque afin de préparer les professionnels à réagir rapidement et efficacement.

N'ayons pas peur…

Utilisés avec modération, en prenant garde d'éviter une déscolarisation et un nuisible repli social, les jeux vidéo contribuent à une réelle révolution culturelle. Ils ne sont pas plus addictifs que d'autres activités humaines proposées aux jeunes aujourd'hui comme hier. S'il y a effectivement danger, celui-ci réside bien souvent dans la vulnérabilité psychologique de quelques individus qui, de toute façon, seraient devenus violents et addictifs autrement.

D'autres loisirs ont suscité et suscitent encore ce type de réaction. Le monde imaginaire des jeux vidéo fait peur, au même titre que celui des romans inquiétait les éducateurs d'autrefois et que celui de la télévision effraye encore les parents. Cette inquiétude participe de cette résistance au changement dont souffre régulièrement notre société. David Cage, président directeur général de la société Quantic Dream, déplorait ainsi que « des créateurs qui vendent un million de jeux vidéo ne soient pas invités [à la télévision] quand des auteurs qui ont vendu 500 livres sont surmédiatisés ». Comme

Observation de terrain

Bénéfice inattendu des jeux vidéo : si le Pentagone a gagné la guerre du Golfe en 1991, c'est sans doute grâce aux consoles de jeux vidéo qui ont façonné chez les adolescents des années 1980 des schémas cognitifs alimentés par ces nouvelles technologies, qu'adultes et militaires, ils retrouvèrent dans leurs blindés, leurs navires, leurs avions. Les militaires américains, israéliens et suédois ont d'ailleurs remarqué que leurs nouvelles recrues avaient de bien meilleurs réflexes que leurs aînés : ils attribuent à l'usage des jeux vidéo cette plus grande rapidité, cette meilleure exploration spatiale, ce plus grand sens de l'observation.

le suggère le psychologue Benoît Virole, après l'écrit puis l'image, voici venue la culture du virtuel, l'ère de la cyberpsychologie[38]. L'acte virtuel est en passe de devenir le vecteur d'une nouvelle intégration des composantes cognitives de notre cerveau. Les manuels seront un jour remplacés par des simulations virtuelles dont on entrevoit sans peine l'intérêt en géographie, en chimie, en physique… Cessons donc de voir les jeux vidéo uniquement comme un outil de profit et considérons-les plutôt comme de nouveaux instruments de transmission du savoir.

Adolescents et drogues : l'attaque insidieuse

Des drogues plus fréquentes

Les drogues nous projettent dans une réelle et bien plus dangereuse addiction dont les conséquences sur la mémoire sont sous-estimées, voire niées par leurs utilisateurs. Parents, pouvoirs publics, médecins s'inquiètent de la pénétration croissante de la drogue chez les adolescents, principalement du cannabis[39]. Celui-ci est devenu la drogue illicite la plus consommée au monde, en particulier entre 15 et 30 ans. Alors que l'on connaît de mieux en mieux les effets nocifs du cannabis, sa consommation a régulièrement augmenté depuis 1991. Le rapport demandé par le haut comité de la santé publique sur la « souffrance psychique des adolescents et des jeunes adultes » indiquait en 2000 que la prévalence de la consommation du cannabis chez les adolescents était de 30 à 40 % pour l'expérience occasionnelle et de 15 à 25 % pour la consommation répétée.

Les adolescents sont conscients de certains risques liés à la consommation de cannabis, en particulier ceux pesant sur leur scolarité, mais ils banalisent les conséquences de cette consommation sur leur santé. Ces conséquences sont néanmoins réelles : en cas de consommation chronique de cannabis, on note des troubles cognitifs, une consommation plus fréquente de tabac et d'alcool, une réduction des activités sportives, de moins bons scores en santé mentale et physique et, enfin, une plus forte propension aux idées suicidaires et aux tentatives de suicide[40]. Il en résulte une désocialisation préjudiciable à la poursuite des études. L'usage régulier du cannabis est responsable d'une dépendance pharmacologique. Au fil du temps, de nombreux consommateurs prennent plusieurs toxiques (alcool, tabac, ecstasy...) qui augmentent les risques de troubles de l'attention et de la mémoire.

La France, grande consommatrice

Le rapport *Cannabis, données essentielles* publié en 2007 par l'Observatoire français des drogues et des toxicomanies indique que la France est un des pays les plus consommateurs d'Europe, tant chez les jeunes adultes que chez les adolescents. En 2005, en France métropolitaine, 12,4 millions de personnes âgées de 12 à 75 ans déclaraient avoir consommé du cannabis au moins une fois dans leur vie. Parmi ces expérimentateurs, 3,9 millions en avaient consommé dans l'année et, au sein de ce groupe, 1,2 million étaient des consommateurs réguliers (au moins 10 fois par mois) dont 550 000 des usagers quotidiens.

La part des consommateurs réguliers semble en hausse, puisqu'elle est passée de 3,8 à 5,9 % entre 2000 et 2005. En moyenne, l'expérimentation du cannabis a lieu vers 15 ans. En 2005, 49,5 % des jeunes de 17 ans déclaraient l'avoir expérimenté : 10,8 % en avaient un usage régulier (au moins 10 fois par mois), avec 15 % de garçons et 6,8 % de filles.

UN PEU D'HISTOIRE

Cette plante a été longtemps utilisée à des fins médicales, sociales et religieuses en Asie et en Afrique. Introduit en Europe à la suite de la campagne d'Égypte de Napoléon Bonaparte, le cannabis et ses dérivés (le haschisch) ont été utilisés pour leurs « vertus » artistiques (le Club des haschichins auquel participait Baudelaire par exemple) et leur intérêt médical[41]. Les extraits de cannabis ont ainsi été largement adoptés dans le monde anglophone comme agents sédatifs, hypnotiques ou anticonvulsivants. À partir des années 1930-1940, le cannabis a été éliminé de la pharmacopée britannique et américaine en raison de ses propriétés imprévisibles et surtout parce qu'étaient inventés des nouveaux médicaments synthétiques plus fiables et plus efficaces.

Un danger constant

Le cerveau en première ligne

Les drogues en général et le cannabis en particulier sont dangereux pour la mémoire et la cognition. Un faisceau d'arguments indiscutables étaye ce fait, aussi bien lors d'une prise aiguë qu'en cas de consommation chronique. Le cannabis, ou chanvre, est connu depuis l'Antiquité.

L'action pharmacologique du cannabis s'étend à différents secteurs de l'organisme en raison de l'existence de deux types de récepteurs cannabinoïdes : les récepteurs CB_1 sont principalement présents dans différentes parties du cerveau – le cortex cérébral, le cervelet, les noyaux gris centraux, l'hypothalamus qui gère les manifestations neurovégétatives, le système limbique qui gère les émotions, et… l'hippocampe qui gère la mémoire ; les récepteurs CB_2 sont présents exclusivement dans les tissus périphériques comme les poumons, le système immunitaire, la moelle osseuse, le pancréas et les muscles lisses. Une fois qu'il est fixé sur les récepteurs CB_1 de l'hippocampe, le cannabis perturbe les mécanismes biochimiques impliqués dans la mémorisation (phénomène de potentialisation à long terme). Rien d'étonnant donc à ce que l'on observe des conséquences sur la mémoire et la cognition même en cas de prise occasionnelle.

Les effets neuropsychiques du cannabis apparaissent environ 15 à 20 minutes après son inhalation lors des premières prises et surviennent plus tardivement chez des consommateurs réguliers. Ces effets neuropsychiques disparaissent environ 4 heures plus tard, bien que des altérations cognitives puissent se poursuivre pendant près de 24 heures. Ces chiffres varient bien sûr selon les individus.

Les effets d'une prise aiguë de cannabis

Toute la littérature scientifique confirme que l'on observe une perturbation transitoire du rappel immédiat et du rappel différé des informations mémorisées (listes de mots, textes, chiffres, dessins, sons) juste après une prise de cannabis[42].

Les conséquences du cannabis se font sentir sur les trois étapes de la mémoire : l'apprentissage, la consolidation et le rappel des informations. L'organisation et l'intégration d'informations complexes à mémoriser deviennent plus difficiles. Les « fumeurs » font également plus souvent des intrusions, c'est-à-dire que leurs réponses sont contaminées par des mots ou des informations qu'ils n'avaient pas à apprendre. Même si le cannabis altère également la concentration, l'effet amnésiant observé n'est pas uniquement lié aux difficultés attentionnelles, il résulte d'un effet direct sur les structures cérébrales de la mémoire riches en récepteurs cannabinoïdes. Une étude d'imagerie fonctionnelle cérébrale a montré que, pour égaler les performances de sujets témoins lors d'une tâche de mémoire de travail spatiale, les consommateurs « lourds » de cannabis devaient ainsi recruter davantage de régions cérébrales[43].

Si les informations mémorisées juste après une prise de cannabis sont mal retrouvées, celles mémorisées avant la prise, c'est-à-dire en dehors de l'intoxication, sont en revanche rappelées sans aucun problème, ce qui montre que le cannabis n'empêche pas le rappel d'informations préalablement apprises. Il ne faut pas en déduire que l'affaiblissement du processus d'apprentissage cesse aussitôt l'état d'intoxication disparu.

Signalons, enfin, que les difficultés mnésiques et cognitives sont proportionnelles à la dose de cannabis inhalée. Une prise aiguë de faibles doses de cannabis entraîne une euphorie et une moindre anxiété alors que de fortes doses produisent des hallucinations et augmentent l'anxiété jusqu'à de véritables états de panique.

Des effets, et puis d'autres...

À côté de ses effets sur la mémoire, le cannabis ralentit les réflexes, allonge le temps de réaction, altère la coordination motrice et diminue la dextérité manuelle ; il réduit aussi la vivacité d'esprit et entraîne une somnolence. L'ensemble de ces réactions rend le cannabis potentiellement dangereux pour la conduite de véhicules : les conducteurs sous influence de cannabis ont 1,8 fois plus de risques d'être responsables d'un accident mortel que les conducteurs négatifs (rapport 2007 de l'OFDT). Des expériences sur simulateur de vol ont pareillement révélé une perturbation des performances des pilotes d'avion encore 24 heures après l'inhalation (déviation de l'altitude, difficultés à effectuer les manœuvres[44]). Faut-il être rassuré par le fait que les consommateurs de cannabis seraient moins audacieux et plus prudents que des sujets en état d'ivresse alcoolique[45] ?

La consommation chronique de cannabis

La consommation quotidienne de fortes doses de cannabis durant une longue période est responsable d'un tableau d'intoxication chronique comportant confusion, apathie, dépression et tendances paranoïaques. La consommation chronique de cannabis altère indiscutablement le fonctionnement cognitif. La question cruciale est celle des conséquences à long terme, c'est-à-dire de la persistance d'éventuelles séquelles chez des fumeurs chroniques testés au-delà de quelques jours d'interruption.

La demi-vie du cannabis est de 4 jours et il ne faut donc pas confondre les effets d'une prise récente et ceux d'une intoxication chronique. Une consommation quotidienne régulière et prolongée est associée à différentes altérations cognitives parmi lesquelles des troubles de mémoire, des difficultés de fluence verbale, une imprécision de la pensée, une lenteur décisionnelle[46]. Ces effets délétères sont proportionnels au nombre d'années d'intoxication : il semble qu'il faille au moins 10 ans, à raison de plusieurs joints quotidiens, pour qu'ils soient significatifs[47]. Les adolescents ayant débuté leur consommation de cannabis avant l'âge de 16 ans ont des temps de réaction visuels plus lents que des consommateurs ayant commencé après l'âge de 16 ans.

Ces conséquences ne sont malheureusement pas toujours réversibles à l'arrêt de la consommation de cannabis[48]. Une équipe grecque a par exemple fait apprendre une liste de 15 mots à 64 sujets âgés de 17 à 49 ans, correspondant à trois groupes : 20 fumeurs lourds (plus de 4 joints par jour pendant plus de 10 ans), 20 fumeurs modérés (plus de 4 joints par jour pendant une durée comprise entre 5 et 10 ans), 24 témoins ayant consommé au maximum 20 joints au cours de leur vie et aucun lors des 2 dernières années[49]. Il s'avère que les fumeurs lourds ne se rappellent que 47 % des mots contre 80 % pour les témoins.

Quand le jeu n'en vaut pas le joint

Contrairement à la dépendance à la télévision ou aux jeux vidéo qui a certains effets cognitifs et sociaux bénéfiques, aucun bénéfice cognitif n'est à attendre de la consommation de cannabis. Le cerveau et la mémoire subissent directement les conséquences biochimiques de l'intoxication chronique avec des effets sur l'attention et la mémoire qui perturbent l'apprentissage des connaissances scolaires chez les adolescents. Il semble même que les conséquences puissent se transmettre : les enfants de femmes ayant régulièrement fumé du cannabis pendant leur grossesse, auraient à l'âge de 9 à 12 ans des troubles cognitifs et comportementaux minimes mais définitifs, faits d'impulsivité et de difficultés d'apprentissage[50].

L'alcool, le nouveau danger ?

La consommation occasionnelle excessive d'alcool (vin, bière, spiritueux) aboutissant à des ivresses rapides (*binge drinking* ou biture express) a augmenté en Europe depuis 10 ans, davantage dans les pays du Nord que du Sud. Ces comportements prédominent chez les garçons mais s'observent aussi chez les filles. Les risques sont nombreux : coma éthylique, violence, accidents, effondrement scolaire et, bien sûr, installation possible d'une dépendance alcoolique. Une alcoolémie élevée au volant réduit dangereusement les réflexes et le jugement… en parfaite sous-estimation des risques encourus. Même à jeun, 51 % des jeunes Français admettent qu'une consommation excessive d'alcool comporte des risques. La consommation simultanée de plusieurs substances addictives (tabac, alcool, cannabis) devient un réel problème, en raison des conséquences immédiates et des risques à long terme sur la mémoire.

Mémoire cherche style

Un enfant apprend dès sa naissance, c'est incontestable, mais son pouvoir de mémorisation varie en fonction de son âge et du matériel à retenir. Pendant longtemps, s'il ne cesse d'apprendre sur le monde, il ne sait rien de sa propre vie. Sur l'axe chronologique de son existence, il retient d'abord mieux les gestes et les savoir-faire, puis le langage et les connaissances générales sur le monde et, enfin, ses souvenirs personnels. Il réalise des apprentissages précoces de connaissances indispensables alors que d'autres apprentissages sont réalisés tout au long de la vie. Au niveau du langage, la grammaire est un exemple de ces apprentissages indispensables – il est préférable de maîtriser la syntaxe le plus tôt et le plus rapidement possible – que l'on oppose à l'acquisition du vocabulaire échelonnée au fil du temps.

La réputation qu'a l'enfant d'une mauvaise mémoire découle de l'inquiétude des adultes de ne pas retrouver leurs souvenirs personnels des premières années de leur vie. D'un autre côté, la réputation de mémoire exceptionnelle de l'enfant est excessive, car s'il apprend beaucoup et vite, en particulier dans les domaines des gestes et du langage, l'acquisition des faits culturels est plus laborieuse. La période optimale d'acquisition des connaissances et des souvenirs personnels est plus certainement comprise entre 15 et 25 ans qu'entre 5 et 15 ans.

Au fil des ans, l'enfant, puis l'adolescent et enfin l'homme apprennent à agir sur un monde dont ils ont établi des représentations au moyen de schémas moteurs et comportementaux en accord avec leur identité. Ne réduisons donc pas l'apprentissage à l'enfance. Les différentes mémoires d'un individu assurent l'évolution permanente des paramètres de son identité en accord avec les changements que subit le monde. Si l'enfance et l'adolescence sont de formidables périodes de développement biologique, la plasticité cérébrale, c'est-à-dire la capacité biologique qu'ont les neurones de s'adapter à de nouvelles situations et d'apprendre de nouvelles informations, s'exprime encore bien au-delà. Cette capacité est présente à toutes les époques de la vie.

La mémoire de 0 à 15 ans

Sur les quinze premières années de vie, le cheminement mnémonique de l'enfant, puis de l'adolescent remplit 3 fonctions majeures :

1. **Asseoir l'individualité de chacun** par la mise en place, d'une part, de schémas de reconnaissance perceptifs qui permettent d'appréhender les informations du monde extérieur et par l'installation, d'autre part, de schémas moteurs et comportementaux sophistiqués au moyen desquels on agit sur ce même monde extérieur dans une cascade hiérarchique : « Je reconnais, je comprends, j'élabore, j'agis... » (mémoire procédurale, routines cognitives, mémoire implicite).

2. **Établir la personnalité de chacun** en constituant progressivement une base de connaissances, pour certaines partagées avec les autres membres de son groupe social, pour d'autres, propres à ses goûts et à ses centres d'intérêt (mémoire sémantique aussi bien collective que personnelle).

3. **Constituer progressivement des souvenirs personnels** résistants à l'oubli : sur l'axe chronologique de son existence, un enfant, et un adolescent, élabore son historicité, la continuité qui lui donne un sentiment d'identité en relation avec sa vie affective et émotionnelle (mémoire épisodique autobiographique).

Autrement, comment Victor Hugo aurait-il écrit *Quatre-Vingt-Treize* à 72 ans ? Comment Giuseppe Verdi aurait-il composé son dernier opéra *Falstaff* à 80 ans ? La mémoire n'est pas figée : non seulement parce que le stock de souvenirs et d'informations s'accroît, s'efface, se modifie, mais parce qu'elle s'adapte aux paramètres changeants du monde extérieur et qu'elle participe aux variations de notre identité. Pendant toute la vie, notre mémoire cherche son style !

L'ESSENTIEL

La mémoire, sous toutes ses formes, est au cœur de l'école.

- Sans être la méthode pédagogique essentielle, apprendre *par cœur* ne constitue nullement un handicap.
- Si, pour apprendre, il faut nécessairement comprendre, il ne suffit pas de comprendre pour retenir !
- Certaines connaissances ne peuvent s'acquérir qu'en les apprenant *par cœur*.
- La mémoire n'est pas un objectif, mais l'instrument de la maîtrise du savoir et de la construction des concepts.
- Une double présentation visuelle et auditive est indispensable.
- Les interférences sonores en apprenant réduisent l'efficacité de la mémorisation.
- La mémorisation d'une série d'images d'objets est plus efficace que celle de leurs mots simplement écrits (théorie du double codage).
- L'oubli est inévitable : il faut donc apprendre plusieurs fois.
- Le bachotage est le pire moyen pour apprendre durablement.
- La violence véhiculée par la télévision et les jeux vidéo peut influencer certains enfants ou adolescents psychologiquement vulnérables. Cette influence se manifeste par des comportements plus agressifs après avoir vu une émission ou un film violent, une désensibilisation par rapport à la violence et une plus grande crainte vis-à-vis du monde qui est perçu comme excessivement violent.
- Télévision et jeux vidéo créent en mémoire à long terme des schémas de comportements violents qui pourraient servir de guide préférentiel pour résoudre les conflits.
- La pratique des jeux vidéo a des effets cognitifs bénéfiques sur la mémoire, l'attention, le raisonnement et l'exploration visuospatiale.
- Le cannabis est dangereux pour la mémoire et la concentration. Ses effets se font sentir aussi bien lors de prises ponctuelles que lors d'une intoxication chronique.
- À tout âge, la mémoire cherche son style !

Comment fonctionne la mémoire ?

> « Une bonne théorie dure cinq ans ; au-delà, elle devient suspecte ! »
>
> Michel JOUVET, médaille d'or du CNRS

Lors de la construction de la mémoire chez l'enfant et l'adolescent. le cerveau met progressivement en place aussi bien des structures anatomiques élaborées qu'une organisation fonctionnelle complexe. Mais, une fois construite, comment fonctionne-t-elle ?

L'idée de subdiviser la mémoire en composantes distinctes n'est pas récente, elle a été proposée dès 1890 par le psychologue américain William James (1842-1910), puis par le psychologue canadien Donald Hebb (1904-1985). C'est alors que la mémoire a perdu son statut unitaire philosophique pour devenir un objet d'étude scientifique. De nombreux modèles théoriques élaborés par les médecins et les chercheurs apportent désormais une vision assez précise du phénomène mémoire. Ces modèles sont pédagogiques, mais forcément réducteurs quant à la réalité quotidienne du fonctionnement de la mémoire dont la mise en jeu naturelle est évidemment beaucoup plus complexe.

En simplifiant cette organisation, on peut dire que la mémoire fait référence à trois processus chronologiques essentiels : apprendre des informations nouvelles, les conserver le plus longtemps possible, les récupérer à volonté. La mémorisation ou la récupération d'une information peuvent être réalisées aussi bien consciemment qu'inconsciemment. Ces informations mémorisées concernent des épisodes de notre propre vie, des connaissances sur le monde qui nous entoure, des gestes spécialisés, des sons ou des images. Tout est dit !

Figure 1. Les trois processus essentiels de la mémoire

Les trois étapes de l'apprentissage

En 1968, Richard Atkinson et Richard Shiffrin ont proposé un modèle séquentiel de la mémoire dans lequel trois étapes décrivent le cheminement d'une information entre le moment où elle est perçue et celui où elle est définitivement stockée (figure 2)[1]. Chaque processus est caractérisé par la durée de rétention de l'information, la capacité quantitative de rétention et le format de codage de l'information (tableau 1). Ce modèle linéaire d'Atkinson et Shiffrin n'est pas exempt de critiques, mais il a le mérite de la simplicité pédagogique.

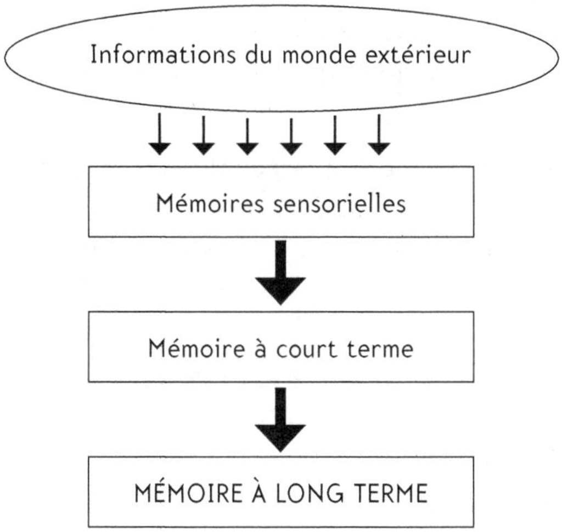

Figure 2. Le modèle séquentiel d'Atkinson et Shiffrin (1968)

	Durée de rétention	Capacité de rétention	Oubli	Format de codage
Mémoires sensorielles	0, 25 seconde (visuelle) 2 à 10 secondes (auditive)	très importante	instantané	Copie sensorielle (visuelle, auditive...)
Mémoire à court terme	20 à 90 secondes	7 +/- 2 éléments	rapide	Maintien phonétique ou imagé
Mémoire à long terme	« illimitée »	« illimitée »	lent	Élaboration sémantique

Tableau 1. Comparaison des trois états successifs de mémorisation d'une information

Les mémoires sensorielles

Notre environnement nous adresse des messages sensoriels auditifs, visuels, olfactifs, gustatifs et tactiles. Ceux-ci sont transmis par les organes des sens à des aires cérébrales sensorielles dites primaires où ces informations peuvent persister quelques très courts instants (figure 2, tableau 1). Ces traces éphémères, ou mémoires sensorielles, sont le point de départ de deux processus fondamentaux très élaborés.

- **Le premier processus est celui de la reconnaissance des informations sensorielles :** au-delà des aires sensorielles primaires, l'information sensorielle est analysée par des aires cérébrales plus spécialisées qui décodent, par exemple, que telle image visuelle est celle d'une fleur rouge dénommée *rose*.
- **Le second processus a pour objectif la conservation définitive de la trace de ces informations,** c'est-à-dire la mise en mémoire d'un souvenir ou d'une connaissance.

Ces mémoires sensorielles sont ultracourtes : 300 à 500 millisecondes pour la mémoire sensorielle visuelle (mémoire iconique), 2 à 3 secondes pour la mémoire sensorielle auditive (mémoire échoïque)[2]. C'est à partir de l'âge de 5-6 ans que les mémoires sensorielles des enfants atteignent une durée comparable à celles des adultes.

La mémoire à court terme (mémoire de travail)

« Il y a peut-être quelque chose d'intense et de profond derrière tous ces 7, quelque chose qui attend que nous le découvrions. À moins, et c'est ce que je soupçonne, qu'il s'agisse finalement d'une diabolique coïncidence pythagorienne. »
George Miller (1956)

Les informations sensorielles pertinentes sont dirigées vers un système de durée supérieure : la mémoire à court terme (figure 2, tableau 1). La mémoire à court terme a porté d'autres noms : mémoire immédiate, mémoire primaire, mémoire élémentaire ou mémoire temporaire. Ses principales caractéristiques sont sa courte durée, sa capacité limitée et sa très grande sensibilité aux interférences. Son intérêt est multiple, elle permet de répéter mentalement ou à voix haute une information, de la manipuler ou de l'analyser pour la mémoriser définitivement.

Si courte, si courte...

La trace d'une information en mémoire à court terme est provisoire : soit elle disparaîtra, soit elle sera transférée dans la mémoire à long terme. La répétition mentale ou à voix haute maintient cette information et facilite son transfert en mémoire à long terme, ce qui est finalement l'objectif ultime de la mémorisation. Il est néanmoins possible de stocker une information après une seule présentation, sans l'avoir nécessairement répétée mentalement. En l'absence de répétitions successives, la durée du maintien en mémoire à court terme est de 20 à 30 secondes. Deux théories ont tenté d'expliquer la disparition de l'information. La première postule un effacement spontané de la trace mnésique[3]. La seconde, qui prédomine actuellement, considère que l'arrivée d'une nouvelle information chasse les précédentes[4]. Des activités cognitives concomitantes comme le calcul mental ou la lecture aboutiraient également à la « vidange » des informations contenues dans la mémoire à court terme. Il en résulte qu'une double tâche intellectuelle réduit l'efficacité de la mémoire à court terme.

Si peu, si peu...

La seconde contrainte de la mémoire à court terme est le nombre limité d'éléments qu'elle peut maintenir, environ 7 en moyenne. Ce plafonnement à 7 éléments a été noté dès le XIXe siècle par le Français Alfred Binet (1857-1911) et l'Allemand Hermann Ebbinghaus (1850-1909)[5].

> **MESUREZ VOTRE EMPAN MNÉSIQUE**
>
> L'empan (ou *span* en anglais) désigne la longueur comprise entre l'extrémité du pouce et celle du cinquième doigt écartés au maximum. Appliqué à la mémoire à court terme, l'empan définit la quantité maximale d'éléments temporairement retenus en une seule fois.
>
> La tâche est assez simple : le sujet testé doit immédiatement répéter dans l'ordre une série d'éléments qui viennent d'être énoncés par le médecin ou le psychologue à raison d'une seconde par élément. On commence habituellement par 3 éléments, puis 4, puis 5 et l'on augmente ainsi le nombre d'éléments jusqu'à ce que le sujet ne puisse plus les répéter : on atteint en ce cas la limite quantitative de sa mémoire à court terme. En moyenne, sur un échantillon de sujets jeunes, le chiffre atteint est de 7 éléments correctement répétés avec un extrême inférieur de 5 et un extrême supérieur de 9 éléments.

L'empan mnésique[6] est mesuré aussi bien avec des chiffres (« Répétez 8 – 5 – 2 ») qu'avec des lettres isolées ou des mots courts. Il existe également un empan visuospatial dans lequel le sujet testé doit immédiatement reconstituer un trajet tracé par l'expérimentateur (test des blocs de Corsi) : le chiffre de l'empan visuospatial est, là aussi, de 7 ± 2.

Le temps de prononciation joue un rôle déterminant dans la capacité de la mémoire à court terme : pour cette raison, l'empan mnésique est plus élevé en chinois qu'en anglais ou en français, ces derniers étant eux-mêmes plus élevés qu'en italien, espagnol, hébreu ou arabe. L'empan digital est, en effet, de 9 en Chine, car les chiffres chinois sont plus brefs (moins de 250 millisecondes contre environ 333 millisecondes pour les chiffres français[7]). En italien, l'empan est plus court, car les chiffres sont bisyllabiques et occupent donc plus de place dans la mémoire à court terme.

Bagatelle 11-15

La mémoire à court terme n'est pas une abstraction de chercheur : nous l'utilisons régulièrement lorsque nous répétons mentalement ou à voix haute un numéro de téléphone pour l'écrire dans un agenda ou pour le composer sur le cadran téléphonique. Nous mesurons bien la fragilité de cette trace puisqu'un bruit inattendu ou un collègue qui parle suffiront à créer une interférence qui effacera instantanément ce numéro. Cette trace est temporaire car si, 10 minutes plus tard ou le lendemain, on vous redemande ce numéro de téléphone, il n'est pas garanti que vous vous en souveniez[8]. L'ayant écrit sur votre agenda, vous vous êtes déchargé sur cet aide-mémoire externe. Après tout, faut-il retenir tous les numéros de téléphone alors qu'il est si commode d'utiliser un agenda ? En revanche, pour le retenir définitivement, il faut soit faire un effort conscient de mémorisation, soit le composer plusieurs fois.

Comment faire mieux ?

Pour augmenter la capacité de la mémoire à court terme, il est possible d'adopter une stratégie particulière de regroupement des éléments à mémoriser. Cette stratégie porte le nom de *chunking* car les éléments de regroupement s'appellent des *chunks* (« groupe » en anglais). Cette stratégie est assez intuitive dans nombre de circonstances. Tout le monde a remarqué que, pour répéter les sept chiffres 3-7-5-9-1-6-2, il est plus facile de les regrouper en trois groupes 375-91-62. C'est la stratégie utilisée en Amérique du Nord où, à l'intérieur d'une zone urbaine, les numéros de téléphone ont 7 chiffres. Dans cet exemple, la mémoire à court terme n'est plus sollicitée pour 7 éléments alignés, mais pour 3 *chunks*, ce qui laisse la possibilité de rajouter d'autres *chunks* et de donner en plus, s'il le fallait, le code régional à 3 chiffres.

7 : LE CHIFFRE AIMÉ DES DIEUX ET DES HOMMES

Frappé par le fait que le chiffre 7 était régulièrement retrouvé dans toutes les expériences, mais qu'il s'était aussi imposé dans différentes situations culturelles, le chercheur George Miller l'a baptisé en 1956 « le chiffre magique 7 ». Par jeu, j'ai essayé de retrouver le maximum de ces occurrences culturelles. Voici ce que j'ai obtenu.

• Les 7 jours de la création du monde dans la Bible ; les 7 jours de la semaine ; les 7 notes de musique ; les 7 arts libéraux ; les 7 sacrements ; les 7 vertus (3 théologales et 4 cardinales) ; les 7 péchés capitaux ; les 7 psaumes de la pénitence ; les 7 niveaux de la tour de Babel ; les 7 branches du chandelier à Jérusalem ; dans le *Livre des Proverbes*, « *le juste pèche 7 fois par jour* »...

• Les 7 sages de la Grèce ; les 7 planètes connues d'Aristote ; les 7 merveilles du monde ; *Les 7 contre Thèbes* ; les 7 collines de Rome ; les 7 mers ; les 7 couleurs de l'arc-en-ciel ; les 7 émonctoires ; les 7 samouraïs ; les 7 mercenaires ; le jeu des 7 erreurs ; les 7 tours de la Pierre sacrée que doivent accomplir les musulmans, avant de la toucher, lors du pèlerinage à La Mecque...

• Les 7 portes et cercles de l'enfer ; les 7 boules de cristal de Tintin ; les 7 femmes de Barberousse ; les 7 femmes de Barbe bleue ; les bottes de 7 lieues ; le jeu des 7 familles ; les 7 Pléiades ; les 7 piliers de la sagesse ; les 7 nains de Blanche Neige ; les 7 unités du système international ; les 7 ans de l'âge symbolique de « raison » ; les 7 années pour bâtir le temple de Salomon ; la Bible des Septante (qui étaient 72 en fait !)...

• Les 7 vaches maigres et les 7 vaches grasses du songe de Pharaon ; les 7 principaux métaux des alchimistes ; les 7 types de « catastrophes » en mathématiques ; le pH neutre à 7 ; les 7 chakras (roues) des hindouistes ; l'*Heptaméron* de Marguerite de Navarre ; les 7 corps de la Grande Armée de Napoléon Ier en 1805...

• Les 7 églises ; les 7 chandeliers ; les 7 esprits ; les 7 étoiles ; les 7 fléaux ; les 7 trompettes des 7 anges et les 7 sceaux de l'Apocalypse ; les 7 joies, les 7 douleurs et les 7 gloires de la Vierge ; les 7 dernières paroles du Christ.

Etc., etc.

PS : On relève dans l'œuvre de Tolkien, l'auteur du *Seigneur des anneaux*, au moins 18 situations où apparaît le chiffre 7... La somme des points sur les faces opposées d'un dé est toujours 7 et, en additionnant les faces après avoir lancé deux dés, c'est le 7 qui a le plus de chances de sortir (probabilité de 1/6)...

Etc.

Les numéros de téléphone actuels en France comportent 10 chiffres, ce qui dépasse les 7 chiffres de l'empan, mais leur regroupement en 5 nombres de 2 chiffres facilite leur répétition. France Télécom commence d'ailleurs à nous habituer à utiliser des numéros comportant des regroupements de nombres à 3 chiffres, comme c'est déjà le cas en Grande-Bretagne et en Amérique du Nord. Il ne faudrait pas en déduire que l'on pourrait répéter 7 groupes de 5 chiffres car, dans ce cas-là, le temps de prononciation serait beaucoup trop long pour que le regroupement soit utile. Un équilibre doit être idéalement trouvé entre le temps de prononciation des éléments et les avantages de leur regroupement.

Le modèle de la « mémoire de travail »

La mémoire à court terme est beaucoup plus complexe qu'un simple tiroir, comme l'ont démontré les travaux d'Alan Baddeley et Graham Hitch[9]. Il s'agit d'un espace temporaire de travail permettant de réaliser simultanément des tâches intellectuelles complexes sur les informations maintenues. Ces opérations cognitives peuvent être aussi diverses que le calcul, la mémorisation d'éléments complexes, la compréhension d'une phrase lue ou entendue, ou un raisonnement qui nécessite la prise en compte parallèle de plusieurs informations. Il est facile de comprendre pourquoi le nom de « mémoire de travail » a désormais remplacé celui de mémoire à court terme. Si la mémoire à court terme était un hangar, la mémoire de travail est plutôt une chaîne de montage : cette nouvelle conception en fait un système plus dynamique, plus stratégique, plus flexible… et donc plus crucial.

À L'ENDROIT, À L'ENVERS

Une tâche classique et très simple pour explorer la mémoire de travail est celle de l'empan mnésique à l'envers (ou *span* inverse) : il s'agit de restituer dans l'ordre inverse une série d'éléments (habituellement des chiffres) qui viennent d'être énoncés. Fort logiquement, l'empan digital inverse est un peu inférieur à l'empan digital direct puisque la tâche cognitive est plus « lourde » : la différence entre les deux empans est habituellement d'un point.

Alan Baddeley a démontré que la mémoire de travail se compose de 3 sous-systèmes : la boucle phonologique pour le traitement des informations du langage, le calepin visuospatial pour le traitement des informations visuelles et enfin l'administrateur central (figure 3). L'administrateur central ou système exécutif central a un rôle déterminant : il sélectionne les informations sensorielles pertinentes, les oriente transitoirement vers l'un des deux systèmes précédents (qualifiés pour cette raison de systèmes esclaves ou satellites), ce qui libère un espace de stockage lui permettant d'établir parallèlement les stratégies nécessaires à la réalisation de la tâche cognitive exigée. L'administrateur central est aussi un espace de réception des connaissances procédurales ou déclaratives stockées en mémoire en long terme.

En 2000, Baddeley a affiné son modèle en rajoutant une mémoire de travail à long terme, ou *buffer* épisodique, ou mémoire tampon épisodique[10] : cette interface facilite les échanges entre l'administrateur central et la mémoire à long terme (figure 3)[11]. Elle maintient par exemple disponibles pendant plusieurs minutes les informations nécessaires à la réalisation d'une tâche intellectuelle. Lorsqu'il faut répéter la liste de chiffres 1–7–8–9, c'est le *buffer* épisodique qui permet de repérer qu'il s'agit aussi de la date 1789 parce qu'il a pu extraire cette connaissance de la date de la prise de la Bastille du stock culturel de la mémoire à long terme afin de la comparer avec les chiffres maintenus en mémoire de travail.

Mémoire de travail et capacités attentionnelles

Comme on peut l'imaginer, la mémoire de travail est étroitement liée aux ressources attentionnelles. Il en résulte que toute altération de la concentration la perturbe. C'est ce qui s'observe en cas de prise d'alcool, d'anxiété ou de dépression, de stress, de fatigue ou de surmenage, de prise de certains médicaments (psychotropes...), de certaines maladies métaboliques et parfois de maladies neurologiques comme la maladie d'Alzheimer ou la maladie de Parkinson. Le vieillissement naturel des fonctions cognitives est aussi responsable d'une fragilisation de la mémoire de travail, ce qui explique en grande partie les plaintes de mémoire des seniors.

Si utile !

Sous sa nouvelle appellation de mémoire de travail, la mémoire à court terme n'apparaît plus comme le simple moyen de reproduire à l'identique une courte série d'informations : elle est aussi une étape

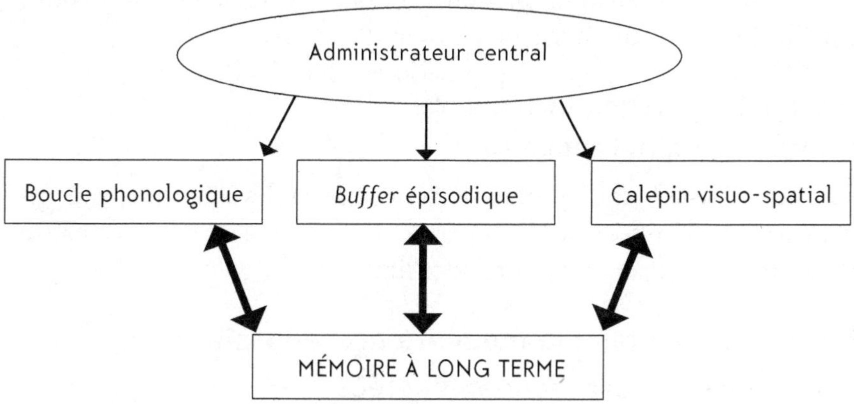

Figure 3. Le modèle définitif de la mémoire de travail (Baddeley, 2000)

L'administrateur central coordonne la boucle phonologique pour les informations verbales et le spatial pour les informations visuelles. Le *buffer* épisodique (ou mémoire de travail à long terme) facilite les échanges avec la mémoire à long terme.

cognitive fondamentale pour les manipuler lors d'opérations élaborées telles que calculer, comprendre, résoudre, comparer, identifier, vérifier, décider… Son rôle le plus fascinant dans le domaine de la mémoire est de maintenir les informations nouvelles afin que soit possible l'analyse de leurs caractéristiques constitutives pour permettre leur stockage définitif en mémoire à long terme.

Les 4 stocks de mémoire à long terme

« Ce que l'on veut retenir, il faut prendre le soin de le mettre en ordre. »
Saint Thomas d'Aquin

À la suite de leur apprentissage, la mémoire à long terme nous permet de conserver des informations pour une durée prolongée, parfois illimitée. Il est apparu assez naturellement que cette mémoire à long terme n'était pas une entité unique, mais qu'elle était constituée de

4 stocks : les mémoires perceptives des sons et des images ; la mémoire procédurale des gestes ; la mémoire épisodique des souvenirs ; enfin, la mémoire sémantique des savoirs.

Retenir les images et les sons : les mémoires perceptives

Nous conservons la trace prolongée des images et des sons indépendamment de leur signification : cela permet de percevoir et de reconnaître une forme ou un son avant de l'identifier.

Retenir les gestes : la mémoire procédurale

La mémoire des procédures répétées

Alors que nous utilisons régulièrement des expressions telles que : « J'apprends à nager, à danser, à faire du vélo, à jouer du piano... », ce n'est que récemment que les scientifiques ont envisagé l'existence d'une mémoire des gestes répétés. Celle-ci est dénommée mémoire procédurale, car elle permet de façon inconsciente l'apprentissage de procédures, pas seulement motrices mais aussi perceptives ou cognitives, ce qui aboutit progressivement à la maîtrise de « savoir-faire ».

UNE MÉMOIRE DU QUOTIDIEN

En bref, le but de la mémoire procédurale est de faciliter l'accomplissement automatique des tâches du quotidien. Grâce à cette mémoire des actions (« Je fais... »), nous agissons sur notre environnement alors que d'autres systèmes de mémoire nous permettent d'accumuler des souvenirs de nous-mêmes (« Je me souviens... ») ou des connaissances sur l'environnement (« Je connais... »).

La mémoire procédurale correspond à l'acquisition de procédures techniques, ce qui se traduit par l'amélioration progressive des performances lors de la pratique répétée de la tâche. Grâce à elle, nous maîtrisons la nage, le vélo ou la conduite automobile, sans être consciemment concentrés sur les composantes gestuelles successives de ces tâches.

Ces procédures ne sont pas seulement motrices (activités sportives, utilisation d'outils ou d'instruments), elles peuvent être également perceptives (lecture d'un texte inversé en miroir) ou cognitives, touchant alors des habiletés langagières, logiques ou stratégiques comme la maîtrise du calcul ou de la grammaire ou encore la mise en pratique des règles de jeux (bridge, échecs).

Trois caractéristiques majeures

La mémoire des habitudes motrices se définit par 3 caractéristiques :

1. Les savoir-faire s'apprennent progressivement lors de la répétition régulière de la tâche.
2. Leur maîtrise s'exprime dans l'action au sens large (geste simple ou comportement moteur complexe) avec une automatisation du processus que nous sommes incapables d'expliquer par le langage.
3. Les traces de ces apprentissages ne s'effacent pratiquement jamais (la nage ne s'oublie pas !).

C'est ainsi que se développent des niveaux d'expertise personnelle dont l'efficacité peut parfois être perçue comme du registre d'une intuition géniale d'autant plus qu'ils échappent à une introspection consciente.

Bien évidemment, l'apprentissage initial s'est toujours effectué lors d'une expérience consciente et volontaire, puisqu'il y a eu un désir conscient d'apprendre et un effort volontaire d'acquisition de l'enchaînement des gestes constitutifs de la tâche. Par la suite, la mise en œuvre de cette habileté ne fera plus appel à un effort conscient de mémoire, l'accomplissement de la tâche sera automatisé, car ses mécanismes seront réalisés en dehors du contrôle conscient. Même si certains de ces savoir-faire impliquent le langage, leur complexité va au-delà d'une simple description par les mots. Pour cette raison, la mémoire procédurale appartient à ce qu'on appelle la mémoire non déclarative.

Boucles fermées et boucles ouvertes

Deux types de savoir-faire moteurs sont à considérer.

- **Certains savoir-faire sont dits à « boucle fermée »,** car chacun des éléments de l'action procure suffisamment d'indices pour la poursuivre : l'enchaînement se fait naturellement, de façon quasi réflexe. Même si ces habiletés motrices sont initialement difficiles à maîtriser, elles résistent particulièrement bien au temps : nager, faire du vélo, du patin à roulettes, du roller…
- **D'autres habiletés motrices sont dites à « boucle ouverte »,** car les éléments constitutifs de l'action ne sont pas automatiques, leur évocation n'est pas aussi instinctive ou facile que celle des tâches à « boucle fermée ». Jouer du piano (comme de n'importe quel instrument de musique) exige plus qu'une pratique automatique : le passage d'une touche à une autre n'est pas réflexe. En dehors du vieillissement des tendons et des articulations qui limite la dextérité de l'artiste, l'absence de répétitions régulières fragilise rapidement une procédure à « boucle ouverte ». Les instrumentistes en savent quelque chose !

> **UNE ANECDOTE PERSONNELLE**
>
> Les compétences liées au savoir-faire se nichent parfois dans des situations surprenantes. C'est ce que je découvris un jour chez mon coiffeur : sans les regarder, Richard identifiait immédiatement s'il utilisait ses ciseaux ou ceux de sa collègue. Un coiffeur n'aime pas changer de brosse ou de ciseaux, ceux-ci lui étant toujours très personnels, non pas en termes de propriété affective ou « légale », mais en termes de maîtrise gestuelle. Au fil du temps, une double intimité, motrice et tactile, s'établit entre le coiffeur et ses ciseaux au point que, même les yeux fermés, il s'aperçoit qu'il ne s'agit pas des siens lorsqu'il les tient en main.

Retenir les souvenirs : la mémoire épisodique

La mémoire épisodique est celle des souvenirs personnels. Elle concerne des événements personnels uniques (épisodes vécus une seule fois), ayant des spécificités temporelles (épisodes vécus à un moment précis) et spatiales (épisodes vécus en un lieu déterminé), comportant en outre des indices émotionnels et affectifs prononcés (épisodes vécus dans un contexte émotionnel particulier).

> **MOI, MA VIE**
>
> Unicité, lieu précis, instant donné, vécu affectif et émotionnel sont les 4 caractéristiques majeures des informations conservées dans le stock de la mémoire épisodique : il s'agit d'épisodes personnellement vécus et précisément placés sur l'axe chronologique de notre vie.
>
> La mémoire épisodique ne résume pas toute notre mémoire autobiographique , mais elle en est un des éléments essentiels. Retrouver un souvenir personnel, ce sera se lancer dans un grand voyage dans le temps qui nous amènera à explorer le contenu de la mémoire épisodique selon l'axe du temps écoulé.

Retenir les connaissances : la mémoire sémantique

La mémoire sémantique s'oppose pratiquement point par point à la mémoire épisodique : elle est répétée, ni datée ni localisée, et sans émotion.

La mémoire sémantique est, en effet, constituée de connaissances apprises plusieurs fois, ce qui fait qu'elles n'ont plus d'indicateurs de temps et de lieu d'apprentissage : nous savons que la Seine traverse Paris, mais, habituellement, nous n'avons aucun souvenir du moment et du lieu où nous l'avons appris. Quel intérêt d'ailleurs? Enfin, ces connaissances stockées sont indépendantes d'un contexte émotionnel et affectif particulier.

La mémoire sémantique est aussi appelée mémoire collective car elle contient des faits appris au sein de notre groupe social et partagés avec les membres de notre communauté culturelle : ces faits correspondent au langage (vocabulaire, grammaire...) et aux connaissances encyclopédiques concernant les faits du monde (géographie, événements publics, célébrités...). Un exemple personnel : je conserve un souvenir précis de mon séjour à Londres en septembre 1997. D'un autre côté, je sais depuis longtemps que Londres est la capitale du Royaume-Uni : un jour donné, j'ai appris cette information mais, au fil du temps, cette information s'est répétée et elle a perdu son caractère unique au point que j'ai oublié quand j'ai appris pour la première fois que Londres était la capitale du Royaume-Uni. Cette donnée s'est progressivement détachée de tout contexte personnel pour acquérir une dimension culturelle libre de toute étiquette temporelle, spatiale et affective.

Mémoire épisodique = « mémoire personnelle » Souvenirs	Mémoire sémantique = « mémoire culturelle » Connaissances
« Je suis allé à Londres en septembre 1997. »	Londres est la capitale du Royaume-Uni. La National Gallery est sur Trafalgar Square. La librairie Foyle's se trouve dans Charing Cross Road.

Tableau 2. Conception initiale de la mémoire épisodique et de la mémoire sémantique

Présentées ainsi, il serait tentant de considérer la mémoire sémantique et la mémoire épisodique comme deux systèmes indépendants, comme deux tiroirs étanches, l'un dans lequel seraient rangés les faits culturels, l'autre contenant le souvenir des épisodes personnels. La réalité est plus complexe car, d'une part, les faits de la mémoire sémantique sont parfois fortement liés à des épisodes vécus et, d'autre part, certains éléments de notre vie personnelle peuvent devenir des faits sémantiques. Les relations entre la mémoire sémantique et la mémoire épisodique sont en pratique étroites et leur fonctionnement souvent transversal.

Les faits culturels de la mémoire sémantique sont habituellement totalement indépendants du moindre indice personnel, et cela pour deux raisons. D'une part, : une vaste majorité de nos connaissances ont été apprises avant l'âge de 8-10 ans, que ce soit le nom des objets ou les faits historiques, géographiques et sociaux élémentaires (« Madrid est la capitale de l'Espagne », « la Bastille a été prise le 14 juillet 1789 »...). Notre mémoire épisodique étant encore faiblement structurée à cet âge, nous n'avons pas retenu le contexte temporel et spatial de leur mémorisation, d'autant plus que celle-ci s'est répétée. D'autre part, au-delà de 8-10 ans, nous avons appris, et continuons à apprendre, une multitude de mots ou de faits nouveaux, mais cet apprentissage reste totalement décontextualisé : si nous avons appris le mot « Internet » vers la trentaine, nous ne savons plus où et quand ce mot s'est imprimé dans notre vocabulaire.

Précisons toutefois que si les connaissances sur les événements publics et les célébrités apprises avant 8-10 ans sont habituellement libres de toute réminiscence personnelle, celles apprises au-delà peuvent être mémorisées de façon personnalisée lorsqu'il s'agit d'événements inattendus, spectaculaires ou riches en émotions sociales ou personnelles.

Mémoire collective des faits publics Axe du temps		
Événements publics appris Peu de liens avec la mémoire épisodique	Naissance et enfance (jusqu'à 8-10 ans)	**Événements publics vécus** Liens possibles avec la mémoire épisodique

Tableau 3. Les faits de la mémoire collective

Ils s'accompagnent parfois d'indices personnels très forts, car ces connaissances apprises l'ont été « en ligne », dans un contexte fort qui en garantit un ancrage personnalisé.

Et la mémoire autobiographique ?

On a longtemps cru que la mémoire épisodique correspondait à notre mémoire autobiographique puisqu'elle était composée des épisodes vécus. Il est apparu ensuite que notre mémoire sémantique contenait parfois des informations très personnelles, appartenant à notre mémoire autobiographique, mais sans avoir les caractéristiques d'unicité de nos souvenirs en mémoire épisodique. Notre mémoire sémantique contient donc aussi des informations autobiographiques.

En effet, en quoi se distinguent les informations suivantes : « Ma professeur d'histoire en 4e était Mme Chataignier », et : « En 4e, Mme Chataignier m'a appris ce qu'était "la Pragmatique sanction de 1713" » ? Si l'on exclut la dimension affective liée au souvenir de mon professeur, ces deux informations ont été répétées en classe de 4e, elles

ET VOUS, QUE FAISIEZ-VOUS LE 13 MAI ?

Le 13 mai 1958 est la date du retour du général de Gaulle. Étant né après cette date, je n'en ai aucun souvenir personnel, il s'agit typiquement d'une information culturelle que j'ai apprise plusieurs fois, après son déroulement, sans que j'en aie personnellement vécu l'annonce. En revanche, le 13 mai 1981 est la date de la tentative d'assassinat du pape Jean-Paul II : cette information est aussi de nature culturelle, elle est typiquement ancrée dans la mémoire sémantique, mais il s'agit d'un événement public de mon époque, d'un événement dont j'ai vécu l'annonce stupéfiante. Même si cette information culturelle sur un événement public a été réapprise plusieurs fois, elle est conservée dans ma mémoire avec des éléments très personnels correspondant au souvenir quasi photographique du moment où j'ai appris sa survenue. C'est d'ailleurs ce que l'on appelle un *souvenir flash*.

ont un contexte spatio-temporel comparable, et elles correspondent à des connaissances. L'une est toutefois personnelle (le nom de mon professeur d'histoire), alors que l'autre est culturelle (la Pragmatique sanction est la loi successorale que l'empereur d'Allemagne Charles VI a fait accepter par sa famille, puis par ses différents États allemands, hongrois et tchèques, et enfin par les puissances européennes pour que sa fille, l'archiduchesse Marie-Thérèse, puisse hériter à sa mort des États des Habsbourg).

Certaines données personnelles n'étant pas reliées à des étiquettes temporelles, spatiales et affectives : il est donc logique de leur reconnaître un statut « sémantique ». C'est ainsi que nous connaissons notre nom, notre adresse, notre numéro de téléphone, le nom de nos parents, de notre famille, de nos amis, de nos voisins...

L'équivalence stricte entre la mémoire épisodique et la mémoire autobiographique a donc été abandonnée au profit d'une définition faisant de la mémoire épisodique le vecteur d'un voyage conscient dans le passé à la recherche d'événements anciens personnels caractérisés par des étiquettes temporelles et spatiales précises : le « quoi » de l'événement est fortement lié à son « où » et « quand ». Ces événements sont donc uniques et souvent imprégnés d'une forte charge affective ou émotionnelle. Les conceptions actuelles de la mémoire autobiographique vont encore plus loin, puisque, pour Laird Cermak, si les souvenirs les plus anciens de notre vie sont si bien conservés comme chacun le constate à partir de 30 ans, c'est parce qu'ils seraient devenus « sémantiques » au fil du temps[12]. La mémoire autobiographique est ainsi composée des événements de la mémoire épisodique (les épisodes personnels uniques : « Ce que j'ai fait ») et de faits de la mémoire sémantique (les faits personnels répétés : « Ce que je sais sur moi »), cette mémoire sémantique contenant également les connaissances culturelles partagées avec autrui (les faits culturels répétés : « Ce que je sais sur le monde ») (figure 4).

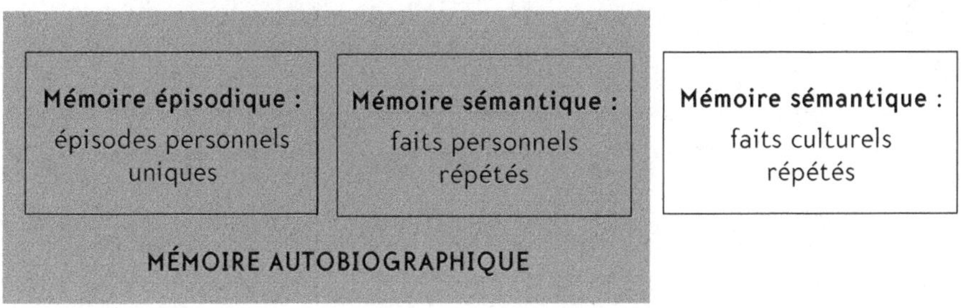

Figure 4. Mémoires autobiographique, épisodique et sémantique

La mémoire autobiographique (« À mon sujet ») implique aussi bien la mémoire épisodique (« J'ai fait ») que la mémoire sémantique (« Je sais sur moi »).

En reprenant l'exemple précédent de mon séjour londonien en 1997, on peut résumer comme suit cette conception actuelle d'une mémoire épisodique correspondant à « Je me souviens » et d'une mémoire sémantique correspondant à « Je connais » (tableau 4). L'une et l'autre contiennent en pratique aussi bien des informations personnelles que culturelles.

« Se souvenir d'un événement » Mémoire épisodique		« Connaître des faits » Mémoire sémantique	
Personnelle : « Je me souviens d'événements spécifiques de mon passé. » Ex. : « Je suis allé à Londres en septembre 1997. »	**Culturelle :** « Je me souviens d'événements spécifiques passés du monde. » Ex. : « J'ai vu à Londres, en septembre 1997, que se construisait le Dôme du Millenium. »	**Personnelle :** « Je connais des faits généraux de mon passé. » Ex. : « Mes amis londoniens s'appellent Alan et Mathilde. »	**Culturelle :** « Je connais des faits généraux du passé du monde. » Ex. : « Londres est la capitale du Royaume-Uni. »

Tableau 4. Conception actuelle de la mémoire épisodique et de la mémoire sémantique à partir d'un exemple personnel

MOI ET MA MÉMOIRE PERSONNELLE

En résumé, ma mémoire autobiographique (de ce qui me concerne personnellement) est composée de 3 types d'informations fortement personnalisées :

1. Des connaissances au sujet de moi et de ma vie telles que mon adresse ou le nom de mon école.

2. Des informations récentes que l'on m'a dites telles que : « Le fils de nos voisins a réussi ses examens. »

3. Des épisodes vécus qui sont de réels souvenirs personnels très riches en informations sensorielles (visuelles, auditives, olfactives) ainsi qu'en éléments émotionnels. Ces épisodes vécus sont des scènes de ma vie telles que d'être allé au cinéma voir le film *Broken Flowers*. Dans certaines situations, l'annonce d'événements publics spectaculaires devient parfois un épisode très personnel comme le moment où j'ai appris l'attentat contre les Twin Towers du World Trade Center de New York le 11 septembre 2001 (souvenir flash).

Les faits ressassés appartiennent à la mémoire sémantique autobiographique, les scènes vécues sont des éléments marquants de la mémoire épisodique, les informations récentes appartiennent à la mémoire épisodique mais sont bien sûr plus fragiles que les épisodes vécus.

Mémoire déclarative et mémoire non déclarative

Les chercheurs américains Larry Squire et Endel Tulving ont développé un modèle d'organisation de la mémoire en fonction, d'une part, des caractéristiques des informations conservées et, d'autre part, de la façon consciente ou inconsciente dont ces informations peuvent être récupérées en cas de besoin (figure 5). Ils opposent ainsi mémoire déclarative et mémoire non déclarative[13].

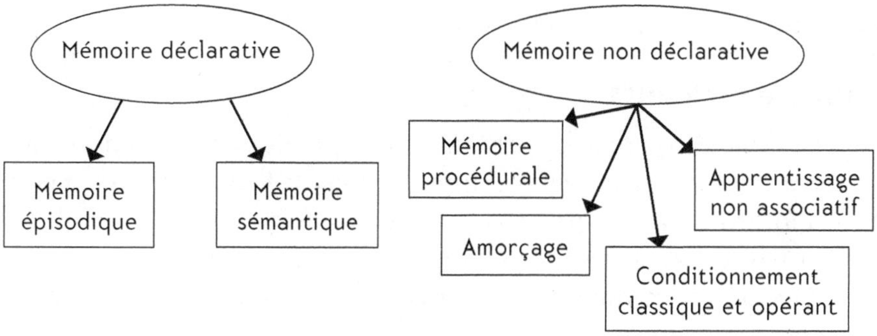

Figure 5. Organisation des systèmes de mémoire explicite (mémoire déclarative) et implicite (mémoire non déclarative) à partir des modèles de Larry Squire et Endel Tulving

La mémoire déclarative ou mémoire explicite

Elle correspond au rappel volontaire et conscient d'informations anciennes qui peuvent être exprimées au moyen du langage. Cette mémoire est subdivisée en deux autres sous-systèmes définis par Endel Tulving, la mémoire épisodique (« Je peux dire ce que j'ai fait hier ») et la mémoire sémantique (« Je peux dire que Socrate est un philosophe grec »)[14].

La mémoire non déclarative, ou mémoire implicite

Elle correspond, elle, à la répercussion inconsciente d'expériences passées, expériences qui ne peuvent être consciemment verbalisées : la mémoire non déclarative s'exprime par l'amélioration des performances. Cette mémoire implicite contient des capacités très élémentaires qui, au regard de l'évolution, sont phylogénétiquement beaucoup plus anciennes que les capacités de mémoire explicite. La mémoire non déclarative est également subdivisée en d'autres sous-systèmes : la mémoire procédurale, l'amorçage[15], le conditionnement classique et opérant (tel que celui créé chez les chiens par Pavlov) et l'apprentissage non associatif. Dans tous ces cas, la restitution d'une information apprise se fait sans référence consciente aux apprentissages précédents. La mémoire implicite se développe précocement chez les enfants et reste longtemps intacte chez les personnes âgées. Elle est souvent préservée chez les amnésiques qui souffrent principalement d'une difficulté à apprendre des informations nouvelles de leur quotidien, aussi bien des faits culturels que des épisodes de leur vie personnelle.

Mémoire incidente

Il faut encore distinguer la mémoire implicite, qui fait référence à la récupération inconsciente d'une information, de l'apprentissage incident d'informations, apprentissage au cours duquel n'est pas réalisé d'effort particulier de mémorisation. Se souvenir, sans avoir tenté de la mémoriser, de la robe d'une actrice dans un film est un exemple de cet apprentissage incident. Au fil de la vie, nous sommes d'ailleurs davantage en situation de mémorisation incidente (« J'ai retenu, sans faire attention, la couleur de la robe ») que d'apprentissage conscient (« Retiens la couleur de la robe ! »).

Cette notion de mémoire incidente est majeure, car nous oublions trop souvent que la mémoire n'est pas une situation scolaire ou universitaire d'apprentissage conscient de connaissances : la mémoire est une situation quotidienne au cours de laquelle nous retenons de façon incidente, involontaire, certains faits plus que d'autres, parmi le flot fantastique d'informations que nous vivons ou percevons à chaque instant.

Mémoires et conscience

Endel Tulving a hiérarchisé les 3 stocks de mémoire à long terme tout en établissant leurs liens avec des formes spécifiques de conscience (figure 6). La mémoire épisodique est autonoétique, car l'individu prend conscience de sa propre identité et de son existence dans un temps chronologique qu'il parcourt mentalement. La mémoire sémantique est noétique car la conscience de l'existence du monde est indépendante de soi. Enfin, la mémoire procédurale est anoétique car aucun état de conscience ne la caractérise.

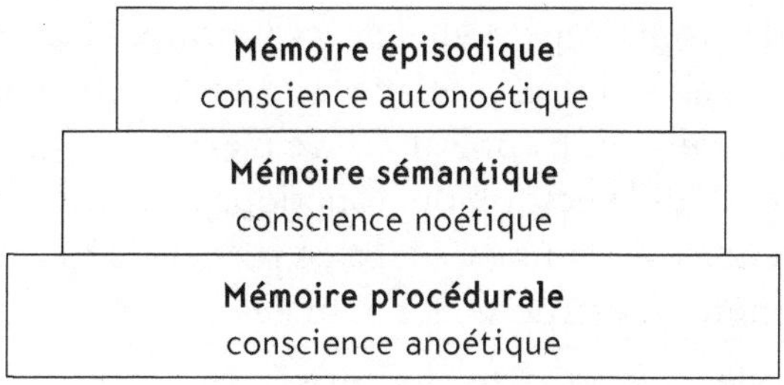

Figure 6. Le modèle hiérarchisé et emboîté de Endel Tulving (1985)

Chacun des 3 systèmes de mémoire est associé à une forme différente de conscience.

Dans le modèle de Tulving, la mémoire sémantique n'est plus la simple répétition d'événements initialement épisodiques, et la mémoire épisodique se place à un registre supérieur (ou ultime) du fait de ses liens étroits avec le temps, les émotions et la conscience de soi. Cette organisation hiérarchique est compatible avec l'apparition des systèmes de mémoire aussi bien lors de l'évolution des espèces que lors du développement d'un enfant. La mémoire procédurale des gestes sur le monde est la première à se mettre en place ; la mémoire sémantique des connaissances sur le monde s'installe ensuite ; enfin, la mémoire épisodique de son identité au sein du monde devient opérationnelle en dernier lieu.

La mémoire : une anatomie complexe

« Au reste, ce ne sont pas les choses elles-mêmes qui entrent dans la mémoire, mais les images des choses sensibles, pour s'y mettre aux ordres de la pensée qui les évoque. »
Saint Augustin

À la recherche des fonctions cérébrales

Cardio-centrisme ou cérébro-centrisme ?

L'anatomie complexe de la mémoire est souvent le cauchemar des étudiants en médecine. Pourtant, ce n'est que depuis très peu de temps que nous savons que les fonctions cognitives et émotionnelles sont localisées dans le cerveau. Si Platon et Hérophile défendaient le cerveau comme lieu des fonctions mentales et émotionnelles, Aristote avait imposé l'idée qu'elles siégeaient dans le cœur[16]. Cette conception cardio-centrique a longtemps prévalu et ce n'est qu'au XIXe siècle que le rôle du cerveau dans la gestion des fonctions de mémoire, de langage, de raisonnement a été admis. Restait à en préciser la topographie exacte au sein des différentes structures cérébrales.

Par une méthode digne de détectives privés, les médecins ont progressivement établi une cartographie du cerveau. Le procédé était simple : dès que décédait un patient ayant perdu une fonction bien individualisée, on réalisait son autopsie, ce qui permettait de mettre en relation cette perte et la région cérébrale détruite par la lésion responsable (tumeur, hématome, infarctus). La conclusion un peu hâtive de cette méthode dite *anatomo-clinique* était de « localiser » la fonction perdue dans cette région cérébrale précise. C'est ainsi que le chirurgien parisien Paul Broca a établi, en réalisant l'autopsie d'un patient ayant perdu le langage, que les droitiers avaient majoritairement leurs centres du langage dans l'hémisphère cérébral gauche. Avec l'arrivée du scanner cérébral, puis de l'imagerie par résonance magnétique (IRM), les médecins ont pu réaliser la même démarche mais… sans attendre le décès des patients.

Les centres n'existent pas !

Malgré d'indéniables apports pour notre compréhension du fonctionnement cérébral, la méthode anatomo-clinique repose sur une erreur conceptuelle de base : l'observation d'un dysfonctionnement secondaire à une lésion cérébrale ne permet pas, en effet, d'induire que la région altérée est le siège ou le centre de la fonction normale. La notion de « centre » impliquerait la localisation spécifique de telle ou telle fonction. Sur ce point, Freud nous a appris la prudence en précisant qu'un centre est la région du cerveau dont la lésion entraîne la désorganisation maximale d'une fonction, mais sans être dépositaire de la totalité de cette fonction. Pour Freud, ancien neurologue, un centre n'est qu'une région stratégique au sein d'un réseau cérébral plus complexe et plus étendu.

L'arrivée de l'imagerie fonctionnelle

Autopsies, scanners et IRM ne montrent que des images figées du cerveau à partir desquelles on tente de déduire son fonctionnement. Une cartographie assez précise des différentes fonctions du cerveau a été dessinée pas à pas. Cette cartographie n'est pas totalement fausse, mais elle sous-estime la participation, peut-être moins fondamentale mais néanmoins réelle, d'autres régions cérébrales à l'accomplissement d'une fonction précise.

Les données récentes issues de l'imagerie fonctionnelle cérébrale (tomographie par émission de positons, IRM fonctionnelle) ont largement démontré que le fonctionnement cérébral dépasse effectivement le cadre des régions ou centres au profit de réseaux de neurones plus diffus et abondamment interconnectés. Chez des sujets normaux, ces techniques évaluent une partie du fonctionnement en temps réel du cerveau en mettant en relation les modifications de la circulation sanguine cérébrale ou du métabolisme des neurones avec l'accomplissement d'une tâche cognitive spécifique. Les machines enregistrent ainsi l'activité cérébrale de sujets normaux à qui l'on demande de réaliser une tâche particulière comme apprendre une liste de mots, lire un texte ou dénommer des objets. On observe que l'activation de régions bien connues pour leur rôle dans la mémoire, la lecture ou la dénomination s'accompagne également de l'activation d'autres régions dont on n'envisageait pas la participation jusqu'à présent. Il faut, en outre, souligner que l'on observe à la fois une activation de certaines zones cérébrales, mais également la désactivation d'autres régions, preuve de la subtilité du fonctionnement réel du cerveau qui ne se contente pas d'allumer des ampoules, mais équilibre en pratique l'éclairage de l'ensemble de la maison.

Si l'imagerie fonctionnelle a le plus souvent confirmé les données issues de la méthode anatomo-clinique, elle a aussi apporté des informations franchement insolites : se sont parfois allumées des régions auxquelles on ne s'attendait vraiment pas ; à l'inverse, ne se sont parfois pas allumées des régions dont on attendait l'illumination. C'est ainsi que les premiers travaux n'ont pas montré d'activation de l'hippocampe, qui est pourtant le cœur du circuit de mémorisation. Il a fallu l'affinement des protocoles expérimentaux, le perfectionnement prodigieux du traitement statistique des images et la progression de la réflexion des chercheurs pour que le dieu hippocampe, enroulé sur son lobe temporal interne, s'illumine enfin sous les rayons des machines.

Parmi les enseignements inattendus de l'imagerie fonctionnelle, on peut notamment citer le rôle supplémentaire attribué à la mémoire épisodique[17]. Sur la base de travaux d'IRM fonctionnelle, l'équipe de Daniel Schacter a montré que la représentation des événements passés et la représentation des événements futurs partageaient les mêmes structures cérébrales, en particulier l'hippocampe gauche et le réseau de la mémoire autobiographique. La construction mentale des événements futurs engageait, en outre, l'hippocampe droit. L'activation de régions communes pour des tâches conceptuellement aussi différentes semble indiquer que la mémoire épisodique ne retrouve pas seulement les souvenirs passés, mais qu'elle permet d'imaginer des épisodes qui « pourraient » survenir dans le futur. Planifier, c'est imaginer ; imaginer, c'est projeter dans le futur des scénarios certes simulés, mais élaborés à partir d'épisodes déjà vécus ou empruntant des détails à des événements réels. C'est grâce à l'imagerie cérébrale fonctionnelle que cette notion finalement logique a pu être établie.

Trois circuits pour apprendre

Notre mémoire enregistre trois types d'informations : des procédures gestuelles, des informations sensorielles issues de notre confrontation au monde extérieur ; enfin, des informations émotionnelles issues de notre monde intérieur. Il est donc logique de concevoir l'existence de trois systèmes anatomiques d'apprentissage.

Le circuit de la mémoire procédurale

L'apprentissage des gestes élaborés dépend d'un système complexe unissant différentes régions impliquées dans la motricité : le cervelet et les régions profondes du cerveau (ganglions de la base, principalement le striatum et le thalamus) interviennent dans le contrôle et l'automatisation des mouvements, alors que des régions des lobes pariétaux et frontaux sont cruciales pour la conservation et l'initiation des programmes des gestes. Cette forme primitive de mémoire n'est pas accessible à une perception consciente, mais elle permet de disposer d'un stock d'habitudes motrices qui servent à réagir ou interagir avec l'environnement.

La mémoire du monde extérieur : les circuits de Papez

Le monde dans lequel nous vivons inonde notre cerveau d'informations sensorielles qui sont décodées dans ses régions postérieures : les lobes occipitaux pour les informations visuelles, les lobes pariétaux pour les informations tactiles, les lobes temporaux pour les informations auditives, olfactives et gustatives. Ces informations sont analysées et reconnues ; elles peuvent susciter une réaction appropriée telle que fuir devant un animal féroce ou répondre à une question posée. Ces informations sont également susceptibles d'être enregistrées dans un système de mémoire à long terme. Pour ce faire, elles seront orientées dans un circuit fondamental : le circuit de Papez.

Initialement considéré par le neuroanatomiste américain James Papez (1883-1958) comme le circuit des émotions et des comportements émotionnels, il est apparu par la suite que ce circuit joue un rôle déterminant dans la mémorisation d'informations nouvelles de nature déclarative.

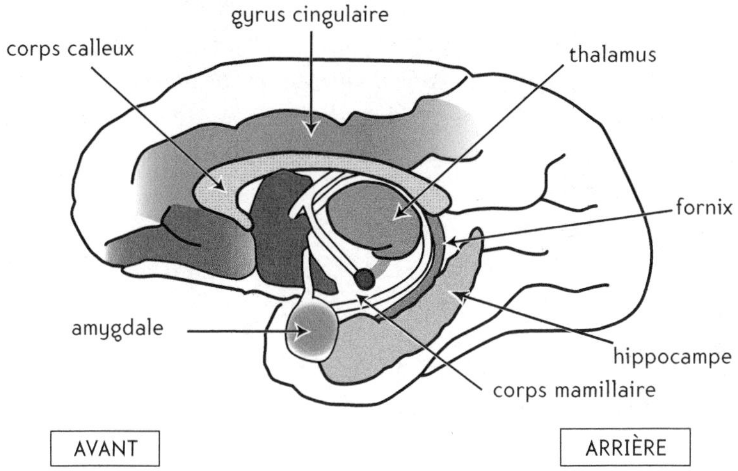

Figure 7. Vue interne de l'hémisphère cérébral droit

Sont indiquées les principales structures impliquées dans la mémorisation des informations récentes.

Le circuit de Papez est actuellement considéré comme le circuit de l'apprentissage et de la consolidation des informations sensorielles nouvelles que l'environnement apporte au cerveau. Il porte également le nom, plus poétique, de circuit hippocampo-mamillo-thalamo-cingulaire, car il unit par des faisceaux de fibres l'hippocampe au corps mamillaire, puis celui-ci au thalamus, et ce dernier au gyrus cingulaire (figure 7). Ce circuit est complexe, mais il est avéré qu'une lésion de n'importe laquelle de ses composantes entraîne une perte élective de la capacité à créer de nouveaux souvenirs.

MÉMOIRE VERBALE ET MÉMOIRE VISUELLE

Il existe bien sûr deux circuits de Papez, un dans chaque hémisphère. Celui de l'hémisphère gauche mémorise préférentiellement les informations véhiculées par le langage (mots, phrases ou textes aussi bien lus qu'entendus) : c'est ce que nous appelons la mémoire verbale. De son côté, le circuit de Papez situé dans l'hémisphère droit est plus compétent pour mémoriser des informations visuospatiales telles que des dessins abstraits ou des itinéraires : c'est ce que nous appelons la mémoire visuelle ou visuospatiale. Ces deux circuits coopèrent, bien sûr, entre eux grâce à des connexions interhémisphériques.

L'hippocampe est une petite région située à la partie interne de chaque lobe temporal, il est la porte d'entrée cruciale du circuit d'apprentissage dès qu'une information présente un caractère de nouveauté[18]. C'est sur lui que convergent toutes les informations sensorielles issues des régions pariétales, temporales et occipitales qui traitent les aspects les plus élaborés des informations sensorielles. Parties de la face interne des deux lobes temporaux, les informations parviendront ultimement au niveau des gyrus cingulaires situés à la face interne de chaque lobe frontal.

Le gyrus cingulaire joue un rôle central dans la motivation ce qui explique pourquoi une information pour laquelle on manifeste de l'intérêt est mieux retenue. Il permet aussi de comparer la nouvelle information à d'autres connaissances déjà mémorisées. À partir du gyrus cingulaire partent de nombreuses voies qui reviennent sur l'hippocampe et sur l'ensemble du cerveau afin de stocker les éléments constitutifs des souvenirs. Si les circuits de Papez permettent d'apprendre, ce ne sont pas eux qui conservent les souvenirs.

La mémoire du monde intérieur : les circuits amygdaliens

Le cerveau mémorise les sentiments et les émotions que l'individu ressent au moyen d'un circuit de la mémoire émotionnelle. Ce circuit passe par l'amygdale, le thalamus et le gyrus cingulaire. D'où son nom, également poétique, de circuit amygdalo-thalamo-cingulaire. Comme pour le circuit de Papez, il existe un circuit amygdalien dans l'hémisphère gauche et un autre dans l'hémisphère droit.

La mémoire émotionnelle

L'amygdale est une petite structure contiguë à l'hippocampe. Elle reçoit des informations de toutes les régions sensorielles du cerveau. Elle est aussi connectée avec l'hypothalamus, petit complexe de noyaux situé sous le thalamus, qui gère les instincts tels que la faim, la soif, le désir sexuel. Enfin, l'amygdale est reliée aux régions du tronc cérébral où siège le système nerveux autonome dont le rôle est de contrôler le fonctionnement du cœur et des poumons ainsi que les réactions vasomotrices (sudation ou rubéfaction de la peau par exemple).

L'amygdale est très sensible aux émotions négatives telles que la peur, le dégoût ou la rage. La nouveauté et l'inattendu l'activent aussi électivement.

Alimenté en informations issues de régions qui participent à la gestion de l'humeur et des émotions ainsi qu'à la régulation des comportements, le circuit amygdalien est aussi richement connecté au circuit de Papez avec lequel il partage des régions. Cette proximité facilite les échanges entre les deux circuits de mémorisation, mais elle a malheureusement des inconvénients puisque le circuit amygdalien est souvent lésé en même temps que le circuit de Papez, ce qui en aggrave naturellement les conséquences.

S'il est principalement engagé dans l'analyse émotionnelle au sens large, le circuit amygdalien mémorise également les informations issues du monde intérieur : celles des sentiments (plaisir, déplaisir, indifférence, motivation), celles des instincts (faim, soif, peur, désir), celles des modifications du milieu intérieur (accélération de la fréquence cardiaque, respiration rapide, rougeur de la peau, transpiration excessive, ou toute modification liée au stress, à la peur ou au plaisir).

En relation étroite avec les aires sensorielles, l'amygdale peut également réaliser la synthèse des informations sensorielles, en extraire les caractéristiques émotionnelles et rajouter des étiquettes émotionnelles et affectives aux souvenirs, ce qui lui confère un rôle majeur dans la transformation d'une information en trace mnésique durable. En effet, les caractéristiques émotionnelles et affectives des informations sont cruciales aussi bien pour leur apprentissage et leur stockage que pour leur rappel ultérieur. Ces étiquettes émotionnelles permettent d'adapter les comportements en référence aux souvenirs. Attribuant à un souvenir sa signification affective et émotionnelle, elle rend aussi possible la mise en jeu de comportements adaptés à la situation vécue : c'est grâce à elle, par exemple, que la vision d'un serpent suscitera la peur et un comportement adapté et souvent immédiat de cri, de fuite ou d'attaque... dont nous nous souviendrons plus tard.

La coopération inévitable des deux circuits de mémoire du monde intérieur et du monde extérieur

Les circuits de Papez et les circuits amygdaliens passent par les mêmes régions du cerveau : ils sont intimement interconnectés. Ces interconnexions ne sont pas anodines, elles permettent de mettre en relation une information du monde extérieur (la vue d'un beau paysage ou l'écoute d'une mélodie) et une réponse émotionnelle. Tout souvenir procède de cette mise en relation réciproque entre étiquettes sensorielles et étiquettes émotionnelles.

Le lobe temporal interne a pour rôle d'établir une sorte de carte synchronisée des différents éléments constituant un souvenir. Le circuit de Papez indexe les éléments qui constitueront la trace mnésique d'un événement vécu, ses composantes sensorielles (visuelles, auditives, olfactives...) comme les indices temporels et spatiaux de sa survenue. De son côté, le circuit amygdalien rajoutera à la trace du souvenir ses particularités émotionnelles (joie, peur, plaisir, déplaisir). Au total, s'organise une carte neuronale composée des éléments constitutifs du souvenir : moment et lieu de son déroulement, émotion ressentie lorsqu'il a été vécu, intérêt porté à l'information à retenir.

Mais où se cachent les souvenirs ?

Les éléments constitutifs d'un souvenir sont éparpillés dans le cerveau

Ni le circuit de Papez ni le circuit amygdalien ne conservent d'informations en leur sein : celles-ci sont stockées dans plusieurs régions situées dans les parties postérieures du cerveau. Un souvenir n'est pas stocké sous une forme globale en un endroit précis. La métaphore habituelle pour décrire la mémoire est celle d'une grande bibliothèque dans laquelle les souvenirs seraient conservés comme des livres. Cette métaphore est fausse, car les traces mnésiques des éléments constitutifs d'un souvenir sont en fait réparties dans les différentes régions corticales qui ont été activées simultanément lors de l'expérience perceptive initiale de ce souvenir. Un souvenir n'est donc pas un livre rangé sur un rayonnage ; c'est un livre éclaté dont toutes les pages ont été éparpillées dans le cerveau. Les souvenirs ne sont pas conservés, mais reconstruits lors de chaque évocation. Évoquer un souvenir ce n'est donc pas retrouver un livre dans une bibliothèque ; c'est le reconstituer en récupérant le plus grand nombre de pages.

Ces pages dispersées sont reconnues et réunies parce qu'elles ont toutes été créées au même moment. Le neurologue américain Antonio Damasio (1995) postule que des *zones de convergence* frontales et temporales conservent le souvenir des liens synchronisés unissant les différentes propriétés des informations mémorisées[19]. Ces zones maintiennent la trace du contexte, spatial et temporel, de la survenue de l'événement. De façon paradoxale, on pourrait dire que nous ne conservons pas le souvenir des épisodes vécus, mais plutôt celui de la capacité à les générer ! Se souvenir, c'est évoquer de manière synchrone les composantes d'un souvenir et leurs liens, tous multidistribués au niveau du cortex cérébral.

Les deux hémisphères contribuent inégalement au stockage des informations. L'hémisphère gauche est davantage impliqué dans le stockage des informations verbales ou des connaissances sémantiques et culturelles, alors que l'hémisphère droit est plus impliqué dans le stockage des informations non verbales ou des événements autobiographiques plus chargés émotionnellement et dont le contexte d'apprentissage est très fortement lié à un moment précis et à un lieu spécifique.

Les conséquences de cette distribution des souvenirs ne sont pas négligeables

Les traces mnésiques d'un souvenir étant réparties dans l'ensemble du cortex cérébral, il n'existe donc pas de boîte à souvenirs dans le cerveau. Cette dispersion possède des avantages et des inconvénients.

- **Cette distribution rend le souvenir plus robuste** puisqu'il n'est pas stocké en totalité dans un endroit unique : une petite lésion est habituellement incapable de supprimer la totalité d'un souvenir. Ensuite, la reconstitution d'un souvenir n'exige pas la récupération immédiate de la totalité de ses éléments constitutifs : il en découle que l'on peut se rappeler globalement un épisode personnel, même si certains de ses éléments ne sont pas retrouvés instantanément. Il en résulte aussi qu'un souvenir peut varier chez une même personne d'un jour à l'autre puisque certains éléments présents lors d'une première évocation peuvent manquer lors d'une autre. Il est également facile de comprendre pourquoi différentes personnes n'auront pas le même souvenir d'un événement identique.
- **Cette dispersion rend, à l'inverse, la restitution du souvenir parfois longue ou difficile,** car, pour l'évoquer, il faut activer l'ensemble du réseau neuronal créé lors de sa constitution. N'étant pas figé, n'ayant pas d'existence propre, un souvenir est parfois fragile : avec le temps, certains de ses attributs s'effacent ou se modifient, ce qui altère la nature du souvenir et est à l'origine de *faux souvenirs*.

Comment retrouver un souvenir ?

Comment le cerveau retrouve-t-il les informations stockées dans le néocortex par le circuit de Papez et le circuit amygdalien ? Le rappel correspond au processus de mise en relation d'un indice de rappel (une question) et d'une information stockée (le souvenir) afin d'obtenir une représentation consciente de ce souvenir. Cette récupération est parfois volontaire, parfois inopinée.

Dans un premier temps, le système hippocampique est nécessaire à l'évocation des souvenirs, même si leurs traces sont néocorticales[20]. Après quelques années, le système anatomique de rappel des informations pourrait devenir moins dépendant du système hippocampique. Cette idée ne fait toutefois pas l'unanimité, et, pour certains chercheurs, l'hippocampe serait nécessaire toute la vie pour évoquer un souvenir personnel.

Le rappel dépend du fonctionnement combiné d'un système complexe impliquant les lobes temporaux et frontaux. Les travaux d'imagerie cérébrale de l'équipe de Tulving ont révélé que le système temporo-frontal gauche serait davantage responsable du rappel des connaissances formelles alors que le système temporo-frontal droit serait surtout responsable du rappel autobiographique[21]. En cas de contenu émotionnel intense, les régions temporales sont l'objet d'une activation plus importante que celle des régions préfrontales. En outre, le cortex préfrontal gauche serait aussi plus impliqué lorsque la tâche de rappel est difficile.

Martin Conway a élaboré un modèle neuroanatomique de la mémoire autobiographique[22]. Dans ce modèle, les informations sémantiques personnelles dépendent du lobe temporal externe alors que les informations épisodiques dépendent des zones sensorielles occipitales, pariétales et temporales qui ont réalisé le traitement initial de l'information. Le processus de récupération qui active des souvenirs épisodiques dépendrait du lobe frontal. Se souvenir, c'est réactiver de façon synchronisée les zones de convergence frontale et les zones sensorielles postérieures : ainsi est reconstituée la carte neuronale du contexte et des constituants du souvenir.

Le cerveau et la mémoire

Pratiquement 80 % du cerveau est impliqué dans la mémoire. La multiplicité des régions impliquées ne doit pas faire perdre de vue le rôle crucial de 3 régions :

- **1. L'hippocampe** pour la mémorisation, et le rappel pendant plusieurs années.
- **2. Les régions postérieures du cerveau** pour le stockage des éléments constitutifs des souvenirs (signification et aspects sensoriels).
- **3. Les régions frontales du cerveau** pour la mémoire de travail, la mémorisation du contexte et la récupération ultérieure des souvenirs. Les lobes frontaux contrôlent ainsi, en amont, les stratégies de mémorisation des informations et, en aval, celles de leur évocation.

Chez l'enfant, en dépit d'un développement précoce des structures de mémorisation, les circuits de la mémoire ne finissent pas leur maturation avant plusieurs années. Parallèlement à cette maturation, certains circuits redondants disparaissent alors qu'ils étaient peut-être ceux qui avaient fixé et consolidé certains souvenirs de la petite enfance, expliquant de la sorte l'amnésie infantile. Ces conceptions de la mémoire sont fondamentales pour comprendre la mise en place des processus de mémorisation chez l'enfant ainsi que la survenue de l'oubli, des distorsions de mémoire ou des troubles psychopathologiques de mémoire chez les adultes.

Pour être complet, signalons que des modèles plus sophistiqués, dits modèles de mémoire à traces multiples, suggèrent qu'il n'existe qu'une seule mémoire à long terme constituée des traces de toutes nos expériences, reflétant en outre les multiples propriétés de ces épisodes. L'activation de ces multiples traces permettrait non pas de récupérer les connaissances, mais de les reconstruire.

L'ESSENTIEL

- Trois étapes pour apprendre : mobiliser la mémoire sensorielle, la mémoire à court terme et, enfin, la mémoire à long terme.
- La mémoire à court terme porte aussi le nom de mémoire de travail : elle est limitée en durée (quelques dizaines de secondes) et en quantité (7 ± 2) ; elle est très sensible aux disponibilités attentionnelles et donc aux effets de l'âge.
- On compte 4 stocks : la mémoire épisodique des souvenirs personnels, la mémoire sémantique des faits culturels, la mémoire procédurale des gestes et la mémoire des sons et des images.
- La mémoire autobiographique comporte une composante épisodique (souvenirs personnels uniques, datés, localisés, riches en émotion) et une composante sémantique (connaissances personnelles répétées).
- Le cerveau comporte différents systèmes de mémorisation selon que l'information est sensorielle, motrice ou gestuelle.
- Les circuits de Papez permettent l'apprentissage des informations sensorielles nouvelles issues du monde extérieur. Les hippocampes constituent la porte d'entrée dans les circuits de Papez.
- À une information sensorielle, le circuit amygdalien associe une trace émotionnelle issue du monde intérieur. L'amygdale est très sensible aux émotions négatives (peur, rage, colère, dégoût) ainsi qu'à ce qui est nouveau et inattendu.
- Un souvenir n'est pas stocké en bloc : ses éléments constitutifs (signification et aspects sensoriels) sont dispersés et distribués dans les régions postérieures du cerveau.
- Les régions frontales et temporales participent à la reconstitution des souvenirs à évoquer.
- Se souvenir, c'est réactiver de façon synchronisée les zones de convergence frontale et les zones sensorielles postérieures afin de reconstituer la carte neuronale du contexte et des constituants du souvenir.
- Chez les sujets sains, l'imagerie cérébrale fonctionnelle permet de repérer les réseaux associés à une aptitude cognitive sans, toutefois, pouvoir tout expliquer.

2

« L'encre la plus pâle vaut mieux que la meilleure mémoire. »

Proverbe chinois

La préoccupation essentielle de l'enfant et de l'adolescent est d'apprendre… beaucoup. Celle de l'adulte est de conserver ses acquis et de les utiliser au mieux pour gérer efficacement son quotidien. L'adulte dispose de différents systèmes de mémoire sophistiqués qui évolueront tout au long de sa vie selon un parcours fait d'enrichissements et d'accrocs. Si des ratés occasionnels nous inquiètent, sous la forme d'oublis ou de distorsions, notre mémoire est la plupart du temps une accompagnatrice fidèle et redoutable, d'une extraordinaire puissance et d'une remarquable efficacité.

À l'échelle de la vie, selon notre personnalité et nos connaissances, notre mémoire acquiert ses propres caractéristiques, privilégie des mécanismes et construit un stock de souvenirs personnels ainsi qu'une base de

La mémoire au travail

connaissances qui constitueront ensemble l'essence de notre personnalité. Certes, nous sommes vite confrontés à l'oubli, mais nous restons efficaces au quotidien, en dépit des ratés. Ni bonne ni mauvaise, cette mémoire nous construit. Nous sommes des êtres de mémoire tout autant que des êtres pensants : notre individualité et notre pensée s'appuient sur notre mémoire passée, présente et future.

En dépit d'une exigence démesurée de notre part à son égard, il est honnête de souligner que le quotidien nous offre des milliers de preuves du fonctionnement optimal de notre mémoire. Avec le temps, elle devient naturellement sélective et s'épanouit au sein de domaines privilégiés. Certains individus développent même des aptitudes exceptionnelles… qu'il ne faut pas forcément envier ! ■

La mémoire au quotidien

Nous utilisons naturellement la mémoire, au point d'en oublier souvent son existence, sauf lorsque nous tentons d'apprendre par cœur. Que se passe-t-il spontanément dans la vie de tous les jours ? Pour ce type d'approche, les chercheurs anglo-saxons ont développé le concept de *real-life memory*, la « mémoire de la vraie vie », la « mémoire au naturel », ce que j'appelle la « mémoire écologique ».

Au quotidien, notre mémoire est, en effet, écologique. Elle fonctionne par la mise en jeu harmonieuse des différents mécanismes automatiques ou volontaires décrits précédemment. Ces différents sous-systèmes de la mémoire ont été expérimentalement isolés lors de protocoles scientifiques et leur existence a été confirmée par les cas de patients amnésiques et affinée grâce aux progrès de l'imagerie cérébrale. Ces organigrammes de boîtes et de flèches nous renseignent peu sur le fonctionnement spontané, usuel, naturel, de la mémoire. C'est souvent de la survenue d'erreurs spontanées de la mémoire qu'ont été établies certaines connaissances primordiales sur son fonctionnement naturel. Cette analyse écologique de la mémoire est difficile à mener, mais néanmoins capitale dans de nombreux domaines.

Comment apprendre, conserver, rappeler ?

Apprendre, conserver et rappeler sont les trois temps essentiels de la mémoire. Voyons maintenant comment ils se déroulent en pratique.

Encodez, encodez, il en restera toujours quelque chose !

Dans les systèmes de mémoires sensorielles, les informations persistent quelques centaines de millisecondes ; leur maintien en mémoire à court terme est de l'ordre de quelques dizaines de secondes ; enfin, les stocks de mémoire à long terme conservent pendant plusieurs décennies un nombre illimité d'informations. Le saut biologique et conceptuel est vertigineux. Comment est-ce possible ? Quels processus garantissent un apprentissage efficace ?

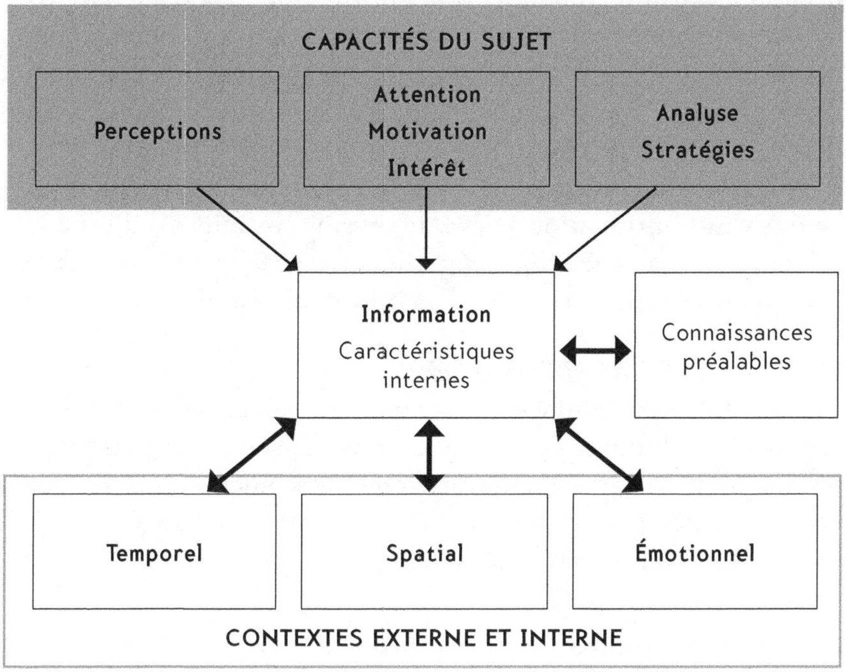

Figure 1. Schéma des mécanismes influençant l'efficacité de la mémorisation

Une fois l'information perçue, sa mémorisation définitive fait intervenir des mécanismes très complexes d'encodage dont l'objectif est de lui donner un sens et un poids en la traitant sous tous ses aspects possibles, aussi bien descriptifs que sémantiques, personnels ou émotionnels. Ces processus conscients et inconscients fabriquent un souvenir.

Bien apprendre relève de l'interaction entre l'information à mémoriser (avec ses caractéristiques) et trois groupes de mécanismes (figure 1). Certains mécanismes dépendent des relations entre le sujet et cette information (perception, motivation et stratégies) ; d'autres sont liés aux contextes temporel, spatial et émotionnel de l'apprentissage ; les derniers mécanismes résultent enfin de l'interaction entre l'information nouvelle et les connaissances préalables du sujet.

Les caractéristiques internes de l'information

Qu'elle soit vue ou entendue, une information est caractérisée par différents éléments propres qui agissent sur sa mémorisation : un mot possède une orthographe, une longueur, une appartenance grammaticale, une initiale, une rime, une fréquence d'usage dans la langue, une valence émotionnelle plus ou moins plaisante ; un substantif désigne un concept abstrait ou un objet ayant une forme et une couleur. Dans d'autres cas, l'information relève de dessins abstraits ou d'itinéraires. Toutes ces caractéristiques interfèrent avec la personnalité et les connaissances du sujet confronté à l'information à retenir.

Les stratégies de mémorisation

Un individu est en mesure d'utiliser plusieurs stratégies pour faciliter l'acquisition définitive d'une information. Ce sont : la répétition, la profondeur de l'analyse, les moyens mnémotechniques, la catégorisation, la création d'associations et l'élaboration d'une image mentale. Ces stratégies sont d'autant plus efficaces qu'on est motivé et qu'on comprend leur utilité.

▸ **La répétition facilite la mémorisation**[1]. La répétition par cœur est utilisée lorsqu'il est difficile de trouver un moyen logique de mémoriser une information abstraite. Nous l'employons par exemple pour retenir une phrase dans une langue que nous ignorons ou pour mémoriser un code bancaire dénué de logique interne. L'autre forme de répétition mentale s'aide des caractéristiques de l'information (« maison rime avec raison »), cette répétition mentale d'élaboration est liée au mécanisme d'analyse en profondeur de l'information.

▸ **Analyser en profondeur l'information renforce sa consolidation définitive.** Quand on demande à 4 groupes de sujets de lire des mots, chaque groupe devant se focaliser sur un aspect distinct, soit la typographie (mots écrits en majuscules, en minuscules), soit la prononciation (rimes, sonorités), soit le sens, soit la création d'un lien personnel[2], le pourcentage de mots retenus augmente progressivement de l'analyse typographique (traitement le plus superficiel) à l'autoréférence personnelle (traitement le plus profond). Plus le niveau de traitement des mots est profond et plus s'accroît significativement leur trace mnésique : c'est la création d'un lien personnel avec les mots qui augmente le plus le rappel.

Les moyens mnémotechniques facilitent la mémorisation d'informations abstraites ou longues en créant un contexte particulièrement marquant où prédominent les rimes, les jeux de mots ou les arrière-fonds salaces. Mais, attention, des moyens mnémotechniques trop sophistiqués se retournent contre leur utilisateur. C'est ainsi que le célèbre « Mais où est donc Ornicar ? » permet de retenir les conjonctions de coordination (mais, ou, et, donc, or, ni, car), sauf qu'il ne faut pas oublier que le *ou* à retenir n'est pas le *où* de la phrase !

La technique de catégorisation recherche ou crée une logique interne au matériel à mémoriser. Pour retenir une liste de commissions, il est classiquement recommandé de classer ses éléments en différents sous-groupes : légumes, fruits, boissons, boulangerie, produits d'entretien, etc. Un tel classement hiérarchique repose sur les relations de subordination ou de supériorité qui existent entre les mots. Il est clair que cette technique exige de bonnes connaissances préalables.

L'association facilite l'apprentissage, ce qu'Aristote avait déjà signalé en 350 av. J.-C. Qu'elles soient automatiques ou volontaires, les associations d'idées ou d'images facilitent la récupération ultérieure de l'information. Prenons l'exemple du mot « table » : pour le mémoriser, on peut créer un lien mental avec des mots qui lui sont fortement associés tels que « buffet » ou « nappe ». Ces mots associés constituent des indices naturels de récupération, car, lors de l'effort fourni pour se rappeler table, il est possible que nous reviennent les liens que nous aurons initialement établis : les mots « buffet » ou « nappe » viendront à l'esprit et ensuite le mot « table ». Un lien logique est plus fort : on reliera ainsi plus facilement « bleu » et « mer » que « bleu » et « meuble ». Certaines situations créent parfois des liens tellement absurdes que cette extravagance suscitera un fort pouvoir de récupération. Nous avons vu aussi que le regroupement en 5 nombres des 10 chiffres d'un numéro de téléphone facilitait sa mémorisation : ces nombres peuvent être retenus grâce à des trucs classiques consistant à les lier à des départements connus – ainsi 39-69 deviendrait Jura-Rhône. On peut également retenir qu'un ami est né le 2 décembre parce que cette date est celle de la bataille d'Austerlitz.

L'imagerie mentale est la capacité à se représenter mentalement des objets, des scènes ou des personnes physiquement absents. Cette stratégie est très utile pour renforcer ou perfectionner la mémorisation. Elle est particulièrement efficace pour des mots concrets, puisqu'il est plus facile de se faire une représentation mentale imagée du mot « dauphin » que du mot « joie ». Lors d'un test, la mémorisation du mot « dauphin » sera donc plus solide que celle du mot « joie ». En pratique, la multiplication des représentations mentales autour d'une donnée (sens, images, liens avec d'autres informations, concepts associés...) améliore considérablement sa mémorisation, car un niveau d'activation élevé est ainsi créé autour d'elle. Plus ce niveau est élevé, meilleur sera l'encodage de l'information et plus sa récupération ultérieure sera aisée.

« Mais qu'est-ce que j'étais venu chercher ? »

Vous décidez dans la cuisine de partir chercher un plat ovale dans la salle à manger. Une fois parvenu à destination, vous ne vous souvenez plus de ce que vous étiez venu chercher. Vous retournez à la cuisine et, là, vous vous rappelez instantanément qu'il s'agit d'un plat ovale. En effet, dans la cuisine se retrouvent tous les indices contextuels ayant engendré ou accompagné cette donnée à mémoriser : la cuisine, la pintade que vous êtes en train de découper, le plat rond trop petit...

Le rôle du contexte

L'aide du contexte pour retrouver une information est considérable. Sous le nom de principe d'encodage spécifique, Endel Tulving a démontré que l'évocation d'une information était plus facile lorsque les indices présents lors de son rappel concordaient avec ceux présents lors de son apprentissage. Ce principe est particulièrement fondamental pour ce qui est du contexte. L'apprentissage d'une donnée nouvelle s'accompagne toujours de l'enregistrement simultané du contexte de mémorisation. Le terme contexte ne fait pas ici seulement référence au lieu géographique, mais à l'état émotionnel du sujet. Cette concordance peut se faire de 2 façons :

1. L'évocation est facilitée par le rappel d'éléments du contexte de mémorisation, comme dans la chanson de Joe Dassin : « Souviens-toi, c'était un jeudi... Un motel sur la route du port, un soir banal... »

2. Le contexte du rappel coïncide exactement avec celui de la mise en mémoire.

L'effet significatif du contexte[3]

Des plongeurs sous-marins, ayant appris une liste de 40 mots à 5 mètres de profondeur en mer, les rappellent plus facilement en plongée que hors de l'eau (32 % de mots rappelés contre 23 %). À l'inverse, des plongeurs qui ont appris les mêmes mots sur terre sont meilleurs pour les restituer sur terre qu'en mer (37 % de mots rappelés contre 24 %). L'effet du contexte est ainsi validé dans deux conditions différentes : aussi bien en mer que sur terre, les performances sont supérieures lorsque le contexte d'évocation est identique à celui de l'apprentissage.

Le contexte affectif et émotionnel joue un rôle également très important : une information est d'autant mieux évoquée qu'on se retrouve dans le même état affectif que celui dans lequel on était lors de l'apprentissage (phénomène de la mémoire dépendante de l'humeur). L'indexation spatiale, temporelle et émotionnelle est d'autant plus forte qu'il s'agit de souvenirs personnels contrairement aux informations culturelles qui restent du registre sémantique. Si le souvenir d'un voyage à Rome est important dans ses détails émotionnels, spatiaux et temporels, il est moins important de savoir où et quand on a appris que le Tibre coulait à Rome !

Cependant, même au sein de notre mémoire autobiographique, il est possible d'opposer des souvenirs qui n'ont de réalité que par cette indexation spatio-temporelle (« Où étais-je hier soir ? ») à d'autres qui en sont plus détachés (« Je sais le nom de mon école, mais je ne sais pas quand je l'ai appris »). Enfin, même si l'émotion est liée au sujet, elle n'est pas contrôlée par lui et, de ce fait, elle relève d'un contexte interne qui rajoute une étiquette spécifique. Finalement, à quoi sert le contexte ? À son effet facilitateur s'ajoute vraisemblablement un effet protecteur en évitant que trop d'informations soient consciemment disponibles : le nom du serveur au restaurant ne me revient que lorsque j'y suis de nouveau, car c'est finalement là que ce nom m'est le plus indispensable !

Déjà savoir aide à apprendre

Assez rapidement, notre cerveau n'est plus vierge d'informations : souvenirs et savoirs s'accumulent. Aussi bien les épisodes de notre vie

L'ANCIEN ET LE NOUVEAU

Une personne possédant un grand nombre de connaissances dans un domaine précis analysera plus facilement une information supplémentaire appartenant à ce domaine déjà familier et aura, par conséquent, moins de mal à la mémoriser et à la rajouter à un stock déjà richement doté. En revanche, confrontée à un domaine nouveau, cette personne sera plus handicapée pour maîtriser l'analyse d'une information qui lui sera peu familière et qui exigera d'elle plus d'effort de mémorisation. Il est toujours plus facile à un égyptologue de mémoriser de nouvelles informations sur les pharaons qu'à un novice.

que les connaissances déjà stockées permettent d'approfondir le sens de l'information nouvelle à mémoriser, de réaliser des comparaisons, d'élaborer une imagerie mentale.

Le stockage et la consolidation

Une fois bien encodée, une information est stockée de manière quasi définitive, parfois pour plusieurs dizaines d'années. À 90 ans, il est encore possible de réciter la liste des sous-préfectures ou les imprécations de Camille ! Sans pouvoir déterminer à quel moment cette séparation survient, on peut distinguer une mémoire des faits récents où les souvenirs sont encore fragiles, et une mémoire des faits anciens où les souvenirs ont été consolidés de façon plus durable. Il existe un certain degré d'effacement signifiant que le stockage dépend, là aussi, de processus actifs. Cet effacement est d'autant plus important que l'on est proche du moment d'apprentissage alors qu'avec le temps, l'oubli de ce qui a été stocké est moindre.

Ainsi une information doit être consolidée pour devenir moins vulnérable à l'oubli. Pour ne pas saturer rapidement l'espace de stockage cérébral avec n'importe quelle information, cette consolidation n'est toutefois pas immédiate. C'est la qualité de cette consolidation qui différencie en partie le souvenir des faits récents de celui des faits anciens. La consolidation dépend de plusieurs mécanismes parmi lesquels on distingue le sommeil faisant suite au premier apprentissage, puis les réapprentissages ultérieurs.

Jus primae noctis : le droit à la première nuit...

Les Anciens discernaient intuitivement un lien entre le sommeil et la mémoire puisque, pour eux, Léthé, la déesse de l'oubli, était une descendante de la déesse de la nuit. Pour renforcer la mémoire, l'humaniste espagnol Juan Luis Vives (1492-1540) a laissé plusieurs conseils aussi bien mnémotechniques que diététiques. Il signalait déjà la nécessité de la répétition des apprentissages et l'importance du sommeil : « Si tu veux apprendre une chose par cœur, lis-la quatre ou cinq fois très attentivement le soir, puis couche-toi et, le lendemain matin, demande compte à ta mémoire de ce que tu lui as confié la veille. » Plus prémonitoire encore, notre pédagogue espagnol déconseillait vivement de dormir sur le dos : avait-il déjà pressenti les troubles de mémoire du syndrome d'apnées du sommeil survenant fréquemment chez des ronfleurs obèses dormant effectivement sur le dos et chez lesquels surviennent pendant la nuit des pauses respiratoires responsables de fatigue et de somnolence dans la journée ainsi que de plaintes de mémoire ?

Nous sommes souvent excédés de cette longue période de temps passée à dormir, coupés du monde extérieur et apparemment sourds aux sollicitations de notre monde intérieur. Quelle perte de temps ! Nous envions même les courts dormeurs qui bénéficient effectivement d'un temps de vie supplémentaire. En fait, le sommeil n'est qu'une forme particulière d'éveil, il joue un rôle majeur dans notre équilibre physiologique, en particulier pour la mémoire en consolidant les apprentissages.

S'il est clair que l'on n'enregistre pas de nouvelles informations dans son sommeil, il est non moins clair qu'une bonne nuit de sommeil joue un rôle non négligeable dans la mémoire. Il est empiriquement évident que la trace mnésique d'une information est fragile tant qu'elle n'a pas été suivie d'un épisode de sommeil lors de la nuit suivante. La privation partielle ou totale de sommeil diminue l'efficacité de l'apprentissage chez l'homme : une nuit trop courte, trop agitée, voire inexistante en cas de nuit blanche, perturbe la consolidation des faits et des épisodes enregistrés dans la journée. Le sommeil facilite ainsi significativement la consolidation d'une information enregistrée le jour précédent, mais dont la trace est encore fragile. Écoliers, nous avons tous remarqué combien les cours appris juste avant de se coucher étaient mieux retenus. Un cours appris le soir sera plus facilement récité le lendemain matin que le même cours appris le matin pour le restituer dans l'après-midi.

De manière scientifique, on sait depuis très longtemps, 1924 pour être précis, qu'une nuit de sommeil améliore le rappel d'informations mémorisées, alors qu'une durée de veille équivalente n'a pas la même conséquence sur les performances mnésiques[4]. Prenons 2 étudiants à qui on demande d'apprendre des séries de syllabes sans signification et de les répéter de mémoire 1 heure, 2 heures, 4 heures ou 8 heures plus tard. Pendant cet intervalle de temps, l'un dort tandis que l'autre reste éveillé et vaque à ses activités habituelles. Pour qu'il n'y ait pas de biais méthodologique, leurs rôles sont ensuite inversés. À chaque fois, c'est la même conclusion qui s'impose : l'étudiant qui a dormi a retenu plus de syllabes que l'autre étudiant – par exemple, après un délai de 8 heures, il se souvient de 6 fois plus de syllabes.

Deux interprétations de ce résultat sont possibles. Dans la première, les activités du sujet éveillé créent une interférence altérant le souvenir des syllabes apprises. Dans la seconde, le sommeil suivant immédiatement l'apprentissage permet une meilleure conservation des syllabes. Cette meilleure conservation a, elle aussi, deux explications : l'une met en avant un mécanisme purement passif lié à l'absence d'interférence par les activités de la journée ; l'autre attribue au sommeil un rôle propre, une action spécifique sur la consolidation de la trace mnésique.

Peut-on apprendre en dormant ?

Les liens entre le sommeil et la mémoire ont suscité de nombreux fantasmes dont l'avatar le plus connu et le plus ridicule a été la croyance qu'il suffirait d'entendre dans son sommeil des cours de langue étrangère au moyen d'un magnétophone pour qu'elle soit mémorisée sans effort. « Cette nuit, j'ai bien essayé de mettre une grammaire anglaise sous mon oreiller, je n'ai constaté aucun progrès ! », c'est ainsi que le professeur lyonnais Paul Girard se moquait avec humour de cette « technique » qui relevait d'une indiscutable escroquerie au détriment de crédules persuadés de la possibilité d'apprendre à peu de frais cognitifs, mais, en définitive, à grands frais financiers... Apprendre peut se faire de façon incidente, sans en être pleinement conscient, mais il faut néanmoins un minimum d'éveil et d'attention pour percevoir et enregistrer de nouvelles informations.

Qui dort enregistre !

Plusieurs travaux d'électrophysiologie et d'imagerie cérébrale fonctionnelle ont révélé une sorte de réactivation électrique et une augmentation de l'activité métabolique de l'hippocampe et du cortex cérébral au cours du sommeil lent comme si le cerveau « rejouait » les séquences neuronales activées lors de la journée[5]. Lors du sommeil lent, les neurones hippocampiques répéteraient spontanément l'activité électrique générée lors de l'enregistrement d'un souvenir à l'état de veille. Cette répétition renforcerait les connexions neuronales liées à la mémorisation et faciliterait l'encodage cortical du souvenir. Cette réactivation est corrélée au gain de performance observé entre le jour précédant la nuit de sommeil et le jour suivant. Qui dort, enregistre !

Même si le rôle exact du sommeil dans les processus de mémorisation reste énigmatique, les scientifiques ont pu apporter des éléments de réponse qui permettent de comprendre son influence facilitatrice sans qu'il faille en déduire un rôle exclusif et obligatoire[6]. De nombreux travaux chez l'homme et l'animal ont démontré l'intervention complémentaire de deux phases du sommeil pour réaliser cette consolidation de la mémoire : le sommeil lent et le sommeil paradoxal[7].

Chez l'homme, le rappel de tâches déclaratives (paires de mots, navigation visuospatiale) est amélioré lors de la première partie du sommeil où prédomine le sommeil lent. Celui-ci favoriserait le transfert des souvenirs de l'hippocampe vers le cortex. En revanche, le sommeil paradoxal consoliderait davantage la mémoire implicite procédurale que la mémoire explicite déclarative : le sommeil de la seconde partie de la nuit, au cours de laquelle prédomine le sommeil paradoxal, faciliterait le rappel de séquences gestuelles. On suppose que ces deux états de sommeil auraient un rôle séquentiel complémentaire.

Les dynamiques temporelles de l'apprentissage

Un apprentissage doit être réparti dans le temps. Sous cette formule, on distingue, d'une part, la nécessité de fragmenter la quantité d'informations à mémoriser et, d'autre part, l'importance cruciale de la répétition des apprentissages.

▸ **La mémorisation est plus efficace si l'apprentissage est divisé en différentes phases séparées** par des intervalles de temps raisonnables plutôt que s'il est réalisé d'un seul tenant. Il vaut mieux diviser en trois parties un poème de 36 vers et l'apprendre tiers par tiers que de tenter une mémorisation en bloc.

▸ **Apprendre plusieurs fois une information en accroît nettement la rétention.** De même que la mémoire immunologique sollicitée lors d'une vaccination exige plusieurs injections de rappel à des intervalles précis entre chaque injection, la mémorisation bénéficie fortement de la répétition et de l'espacement des apprentissages. L'acquisition et l'assimilation d'informations sont plus faciles et plus efficaces si elles ont été apprises plusieurs fois, et si un certain délai s'est écoulé entre les phases de réapprentissage.

À CHACUN SA FENÊTRE TEMPORELLE

Le terme de « fenêtre temporelle » est utilisé chez l'enfant pour qualifier cette période optimale devant séparer deux réapprentissages : si le temps est trop court, la fenêtre ne s'ouvrirait pas suffisamment pour favoriser le réapprentissage ; si le temps écoulé entre les deux apprentissages est trop long, la fenêtre se refermerait et l'on perdrait le bénéfice de la répétition. Chaque individu possède ainsi sa propre période optimale, à chacun de l'estimer.

▸ **Utiliser plusieurs fois une même information en renforce considérablement la trace mnésique et augmente la probabilité de la retenir.** Les répétitions ne sont pas uniquement celles des apprentissages successifs d'une information, ce sont également celles des situations où l'on utilise cette information.

▸ **Un processus de remodelage du souvenir intervient inévitablement lors des répétitions.** De nouvelles informations peuvent en rappeler de plus anciennes qui leur sont alors confrontées avant d'être retravaillées et réactualisées : les anciens souvenirs sont inconsciemment mémorisés de nouveau, mais sous une forme différente de la première mémorisation, et ce en fonction des apports des souvenirs plus récents.

Le rappel : récupérer les informations apprises

Conserver des informations ne sert à rien si on ne les utilise pas un jour. Le cerveau humain n'est pas le coffre-fort d'un avare mais plutôt l'ordinateur d'un courtier (*trader* si on veut faire plus moderne). Le rappel d'une information est un phénomène très complexe. La récupération volontaire de cette information fait appel à des mécanismes actifs qui réutilisent les indices de l'encodage initial. Plus une information aura été élaborée, organisée, structurée, plus elle sera facile à retrouver.

La qualité de la récupération résulte en fait d'un compromis entre l'ancienneté du souvenir et sa richesse d'ancrage : des souvenirs récents ou des souvenirs anciens dont la trace mnésique est robuste nécessiteront moins d'indices pour être récupérés qu'un souvenir lointain à la trace mnésique estompée. Dans ce dernier cas, si les indices doivent être plus nombreux, certains seront plus déterminants. Il est clair que l'on doit opposer l'évocation d'un souvenir personnel qui s'apparente à un « voyage » dans le passé à la recherche d'un épisode unique, mais riche en émotions, à la récupération d'un savoir qui est davantage une « recherche » dans les stocks des connaissances amassées.

Trois modes de récupération : libre, indicé, par reconnaissance

Dans la vie quotidienne, tout comme lors d'un test de mémoire, le rappel d'une information peut se faire de 3 façons :

- **1. La première est la plus simple, c'est celle du rappel libre :** « Que s'est-il passé le 22 novembre 1963 ? »
- **2. La deuxième est celle du rappel indicé ou facilité :** « C'est un assassinat qui a eu lieu à Dallas, aux États-Unis… »
- **3. La troisième est celle de la reconnaissance parmi plusieurs solutions proposées :** « C'était soit l'assassinat du roi de France Henri IV, soit celui du pasteur Martin Luther King, soit celui du président Kennedy… » À la question : « Que s'est-il passé le 22 novembre 1963 ? », la réponse est évidente et rapide pour de nombreuses personnes. Il est possible d'aider ceux qui ne l'auraient pas trouvée au moyen d'indices supplémentaires dont le but est de faciliter la réponse : « C'est un assassinat » et : « Il a eu lieu à Dallas, aux États-Unis. » Enfin, si la réponse ne revient toujours pas à l'esprit, les trois solutions proposées permettent habituellement de retrouver qu'il s'agit bien de

l'assassinat du président Kennedy parce que cette solution éveille « enfin » la familiarité de cet événement historique.

Il serait pourtant possible de répondre correctement à la question uniquement par l'élimination des deux réponses absurdes si l'on sait, d'une part, que le roi Henri IV a été assassiné à Paris le 14 mai 1610 et, d'autre part, que le pasteur Martin Luther King l'a été à Memphis le 4 avril 1968. Cette dernière méthode est maintenant couramment employée lors des examens universitaires, c'est celle du QCM (« questionnaire à choix multiple »). On en voit facilement les limites car un QCM mal construit fait trouver la bonne réponse uniquement par l'élimination des solutions absurdes. La technique du QCM teste moins sérieusement la mémoire qu'une question libre qui est plus exigeante sur les connaissances réellement disponibles chez l'étudiant.

TESTEZ VOTRE MÉMOIRE

Après avoir fait remarquer que chaque mot à apprendre appartient à une catégorie précise (par exemple, « buffet est un meuble »), on fait apprendre une liste de mots dont on prend soin de s'assurer qu'ils ne sont pas prototypiques de leur catégorie – table pour meuble ou chien pour animal.

Le rappel est d'abord libre, on demande simplement : « Quels étaient les mots ? » Pour les mots non retrouvés, le rappel est ensuite indicé par sa catégorie, on dit ainsi : « Il y avait un nom de meuble. » Enfin, les mots sont présentés de nouveau, mais mélangés à d'autres mots distracteurs, par exemple : « Était-ce table, buffet ou commode ? » Dans ce rappel en reconnaissance, il faut indiquer quel est le mot mémorisé parmi les mots distracteurs.

On ne sera pas surpris de découvrir que l'efficacité du rappel est par ordre croissant : le rappel libre, puis le rappel indicé et, enfin, le rappel par reconnaissance.

Les plans de récupération favorisent le rappel

Le terme de plans de récupération définit une organisation particulière des connaissances en catégories hiérarchisées ; il en résulte des indices de récupération logique qui facilitent massivement le rappel d'un nombre élevé d'informations.

Si, avec l'âge, il devient plus difficile d'apprendre par cœur, nos capacités intellectuelles sont toutefois en mesure d'utiliser ce type de facilitation mémorielle ou de nous aider à créer des plans de récupération adaptés. Certaines mémoires prodigieuses relèvent d'une redoutable maîtrise de ce type d'organisation sophistiquée.

Une redoutable efficacité

L'expérience consiste à faire apprendre 112 mots. Pour certains sujets, les mots sont mélangés au hasard ; pour d'autres, les mêmes 112 mots sont présentés sous une forme logique de catégories emboîtées et hiérarchisées[8]. Par exemple, la catégorie des minéraux est subdivisée en sous-catégories des métaux et des pierres, la sous-catégorie des métaux était elle-même subdivisée en métaux précieux (or, argent...), métaux communs (plomb, zinc...) et en alliages (acier, bronze...), alors que la sous-catégorie des pierres est divisée en pierres précieuses (émeraude, diamant...) et en pierres de maçonnerie (ardoise, granit...).

Dès le premier essai, le groupe « organisé » a retrouvé 65 % des mots, contre 19 % pour le groupe « mélangé ». Au troisième essai, les 112 mots ont tous été rappelés par le groupe « organisé », contre 47 % par le groupe « mélangé ».

Stratégies et associations d'idées

En pratique, l'évocation d'une information s'apparente à un mécanisme de résolution de problème : à une question posée correspond la recherche de la réponse appropriée selon deux mécanismes : les suggestions de rappel sont, dans un premier temps, la conséquence de stratégies délibérées ; dans un second temps, elles sont davantage du registre de l'association d'idées (figure 2). Cette recherche de la réponse en mémoire à long terme passe par un processus élaboré faisant appel, notamment, à la mémoire de travail qui fournit les ressources attentionnelles nécessaires à l'exploration des stocks.

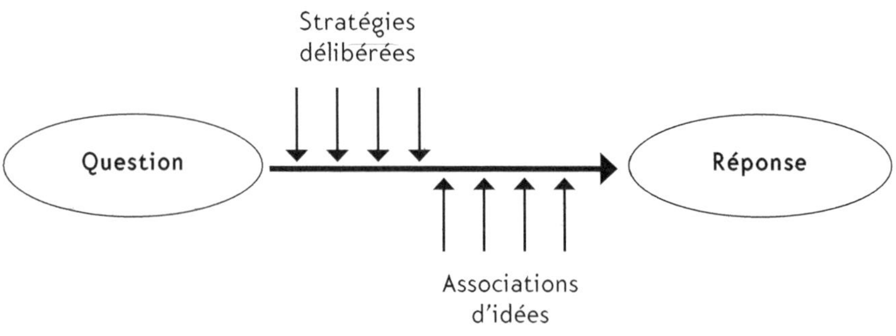

Figure 2. Représentation schématique du rappel

Le rappel peut être modélisé en trois modules contrôlés par différentes régions du lobe frontal : dans un premier temps, sont définis les critères de recherche de l'information ; dans un deuxième temps survient le processus de recherche accompagné de sa vérification permanente ; enfin, un contrôle de l'ensemble se déroule en continu[9]. Même si une réponse lente démontre bien que le sujet est passé par différentes hypothèses ou par l'exploration besogneuse de plusieurs secteurs de connaissances, une réponse instantanée ne signifie pas que le sujet n'est pas passé inconsciemment par ce triple mécanisme.

Quels sont ces souvenirs qui sifflent dans nos têtes ?

Une pause sur la mémoire autobiographique

Le modèle autobiographique de Conway

La mémoire autobiographique est essentielle à la mise en place du sentiment d'identité et de continuité d'un individu. Sa composante épisodique évoque les événements personnels du sujet, situés dans le temps et l'espace, au moyen d'une projection mentale dans le passé. Sa composante sémantique contient des connaissances générales sur soi, sans référence à un contexte d'apprentissage particulier.

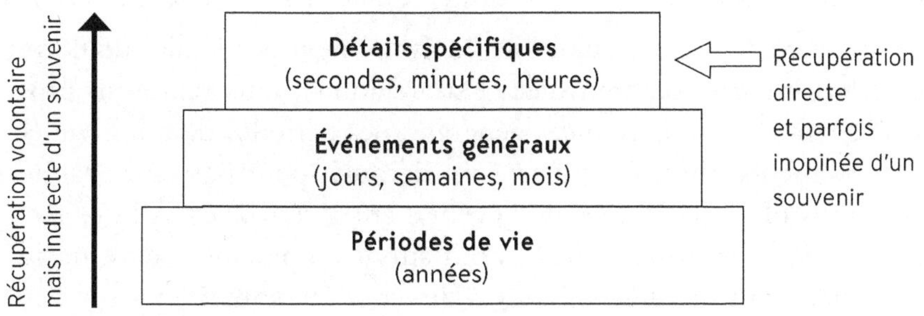

Figure 3. Le modèle de la mémoire autobiographique (Conway, 1992)

Pour Martin Conway (1992), l'évocation d'un souvenir autobiographique passe par une reconstruction dynamique utilisant trois types de connaissances : les périodes de vie, les événements généraux et les détails d'événements spécifiques (figure 3)[10].

- **Les périodes de vie** correspondent à de très longues tranches de vie, mesurées en années, voire en décennies : elles sont composées d'informations très générales sur les personnages, les lieux, les objectifs d'une époque spécifique. Par exemple : « J'étais interne des Hôpitaux de Lyon de 1982 à 1987. »
- **Les événements généraux** sont plus courts, il s'agit de jours, de semaines, de mois : « Je suis allé en Irlande en juin 1981. » Ils correspondent également à des événements répétés ou liés par un thème commun. Par exemple : « Je vais régulièrement à l'opéra à Lyon et à Saint-Étienne. »
- **Les détails d'événements spécifiques** sont encore plus courts puisqu'ils sont mesurés en secondes, minutes, ou heures : ces détails correspondent aux caractéristiques émotionnelles et sensorielles constitutives des souvenirs. Par exemple : « J'ai visité avec Caroline l'exposition sur le fauvisme à Paris le 4 février 2000. »

Les périodes de vie et les événements généraux sont les véritables armatures de notre biographie sur lesquelles sont greffés les détails spécifiques des souvenirs. Dans ce modèle, l'évocation d'un souvenir personnel précis relève alors de deux mécanismes potentiels : l'un est indirect, mais contrôlé par l'individu ; l'autre est direct, mais involontaire (figure 3).

Le plus souvent, nous récupérons un événement particulier de notre vie de façon indirecte, contrôlée et stratégique : nous explorons progressivement les connaissances générales des périodes de notre vie et des événements généraux qui s'y sont déroulés pour parvenir ensuite aux détails plus spécifiques de l'événement à retrouver. À l'inverse, dans certaines situations, un souvenir surgit inopinément dans notre conscience à la suite d'un processus direct et involontaire : un indice très particulier tel qu'une image, une mélodie, une odeur ou une saveur, sert de révélateur à l'émergence inattendue de la totalité du souvenir.

« Je sais » ou « Je me souviens » ?

L'évocation d'un souvenir personnel passe par un voyage mental dans le temps au cours duquel nous prenons conscience de notre identité tout en expérimentant l'impression, finalement assez subjective, de nous souvenir. Si cette évocation fait référence au contenu du souvenir (« Quoi ? ») ainsi qu'à son lieu (« Où ? ») et son moment (« Quand ? »), il s'y ajoute également la prise en compte du niveau de conscience de cette évocation, élément déterminant pour conclure au caractère épisodique du souvenir.

Ce niveau de conscience s'exprime de deux façons : soit « Je me souviens » (ce que les Anglo-Saxons appellent le *remember*) en cas de récupération contrôlée du contexte initial, soit « Je sais » (ce que les Anglo-saxons appellent le *know*) lors d'un jugement de familiarité sans souvenir réel du contexte.

Les souvenirs sur l'axe du temps

Récupérer un souvenir personnel, c'est déterminer son étiquette temporelle, c'est-à-dire le moment précis de sa survenue. Trois procédures de localisation d'un événement dans le temps ont été identifiées : sa localisation précise (« Je sais que c'était le 29 juillet 2000 »), l'estimation de sa distance temporelle avec le présent (« Il me semble que c'était il y a 4 à 9 ans ») et, enfin, l'estimation de ses relations chronologiques avec d'autres événements (« Je suis sûr que c'était quelques années après la coupe du monde de football de 1998, mais, en tout cas, c'était sûrement avant les attentats du 11 septembre 2001 »[11]).

Plonger dans notre passé, c'est-à-dire localiser chronologiquement un souvenir, résulte vraisemblablement de la conjonction de ces différents mécanismes. La connaissance précise sur l'échelle du temps est vraisemblablement moins utilisée et moins fiable que l'estimation du temps écoulé ou celle de l'ordre respectif des épisodes. Pourtant, ces deux derniers processus ne sont eux-mêmes qu'une reconstruction : l'impression que nous avons d'une organisation ordonnée de nos souvenirs est une « illusion » chronologique », ce n'est pas un savoir strict, mais une reconstitution à partir d'autres informations.

RIEN NE VIENT JAMAIS SEUL

Les personnes qui ont une bonne mémoire des dates et une bonne connaissance de la chronologie des événements ont fréquemment une excellente estimation de la durée du temps écoulé. Ce sont souvent aussi les personnes qui sont le moins en retard à un rendez-vous !

Ni photographie ni enregistrement

Un souvenir est toujours une reconstruction réalisée à un instant donné et dont la qualité est déterminée par le passé, le présent et le futur de l'individu. Le passé est celui des composantes initiales du souvenir et de la nature des processus d'encodage. Le présent s'attache à la nature du processus de rappel, au contexte du rappel et à la personnalité de l'individu, laquelle est faite de croyances, d'affectivité, de désirs, de cohérence interne et de sauvegarde du moi. Enfin, le futur fait référence aux plans d'action de la personne : le souvenir évoqué s'intègre à ses plans, ce qui le rend sensible à des influences chronologiquement fort éloignées de son contexte initial. Un souvenir est ainsi une reconstruction du passé, réalisée lors d'un présent qui n'est pas neutre, tout en étant inspiré par nos objectifs, nos espoirs et nos perspectives concernant le futur.

Si un souvenir ne perdure que si ses éléments constitutifs sont dispersés dans le cerveau, ce système de récupération ne peut malheureusement garantir ni une récupération à coup sûr ni une fidélité absolue. La mémoire n'existe pas en dehors d'un contexte et, hors du présent, la mémoire n'existe pas[12]. Elle combine en effet des éléments du passé et du présent : si ce que nous sommes actuellement est trop différent de ce que nous avons été dans le passé, le souvenir évoqué à l'instant présent risque d'être différent du souvenir initial.

L'évocation d'un souvenir peut être active, consciente, recherchée, désirée, voulue : il s'agit alors d'une remémoration. Elle peut aussi être, tout à l'inverse, involontaire, spontanée, non contrôlée, inconsciente. L'exemple le plus connu de la restitution spontanée et involontaire d'un souvenir est, bien sûr, celui raconté par Marcel Proust dans *Du côté de chez Swann*.

SOUVENIR SPONTANÉ ET REMÉMORATION

Aristote opposait déjà « mémoire » (*mnêmê* en grec) et « réminiscence » (*anamnêsis*). Pour lui, la mémoire est ce qui permet de retenir facilement des choses qui reviennent spontanément à l'esprit, sans effort. La réminiscence est, en revanche, la capacité de retrouver par un effort conscient des choses que l'on sait savoir. Dans ce cas, le rappel peut être libre, facilité par des indices ou encore aidé par la reconnaissance face à un choix multiple de solutions. Nous ne suivrons pas la terminologie d'Aristote, mais on peut retenir son concept de souvenirs spontanés et de remémoration recherchée qui s'apparente partiellement au modèle de Martin Conway.

Un mensonge littéraire ou comment une biscotte se transforma en madeleine...

« Qui, plus que Proust, désire se souvenir de lui-même ? C'est pourquoi il n'est pas d'écrivain plus étranger à l'enregistrement au jour le jour de sa vie. Celui qui veut se souvenir doit se confier à l'oubli, à ce risque qu'est l'oubli absolu et à ce beau hasard que devient alors le souvenir. »

Maurice Blanchot

Il faut toujours relire le texte original

On ne pourra pas l'occulter, il est temps d'aborder la fameuse madeleine ! L'expression « madeleine de Proust » est entrée dans la mémoire collective non seulement des Français, mais aussi de tous les spécialistes mondiaux de la mémoire. Le texte de Marcel Proust (1871-1922) est long, mais je pense utile de le reproduire ici dans sa totalité. Ne serait-ce que parce que tout le monde le cite alors que peu l'ont réellement lu !

PROUST DANS LE TEXTE

« Il y avait déjà bien des années que, de Combray, tout ce qui n'était pas le théâtre et le drame de mon coucher, n'existait plus pour moi, quand un jour d'hiver, comme je rentrais à la maison, ma mère, voyant que j'avais froid, me proposa de me faire prendre, contre mon habitude, un peu de thé. Je refusai d'abord et, je ne sais pourquoi, me ravisai. Elle envoya chercher un de ces gâteaux courts et dodus appelés Petites Madeleines qui semblent avoir été moulés dans la valve rainurée d'une coquille de saint-jacques. Et bientôt, machinalement, accablé par la morne journée et la perspective d'un triste lendemain, je portai à mes lèvres une cuillerée du thé où j'avais laissé s'amollir un morceau de madeleine. Mais à l'instant même où la gorgée mêlée des miettes du gâteau toucha mon palais, je tressaillis, attentif à ce qui se passait d'extraordinaire en moi. Un plaisir délicieux m'avait envahi, isolé, sans la notion de sa cause. Il m'avait aussitôt rendu les vicissitudes de la vie indifférentes, ses désastres inoffensifs, sa brièveté illusoire, de la même façon qu'opère l'amour, en me remplissant d'une essence précieuse : ou plutôt cette essence n'était pas en moi, elle était moi. J'avais cessé de me sentir médiocre, contingent, mortel. D'où avait pu me venir cette puissante joie ? Je sentais qu'elle était liée au goût du thé et du gâteau, mais qu'elle le dépassait infiniment, ne devait pas être de même nature. D'où venait-elle ? Que signifiait-elle ? Où l'appréhender ? Je bois une seconde gorgée où je ne trouve rien de plus que dans la première, une troisième qui m'apporte un peu moins que la seconde. Il est temps que je m'arrête, la vertu du breuvage semble diminuer. Il est clair que la vérité que je cherche n'est pas en lui, mais en moi. [...] Je pose la tasse et me tourne vers mon esprit. C'est à lui de trouver la vérité. Mais comment ? Grave incertitude, toutes les fois que l'esprit se sent dépassé par lui-même ; quand lui, le chercheur, est tout ensemble le pays obscur où il doit chercher et où tout son bagage ne lui sera de rien. Chercher ? pas seulement : créer. Il est en face de quelque chose qui n'est pas encore et que seul il peut réaliser, puis faire entrer dans sa lumière. Et je recommence à me demander quel pouvait être cet état inconnu, qui n'apportait aucune preuve logique, mais l'évidence, de sa félicité, de sa réalité devant laquelle les autres s'évanouissaient. Je veux essayer de le faire réapparaître. Je rétrograde par la pensée au moment où je pris la première cuillerée de thé. Je retrouve le même état, sans une clarté nouvelle. Je demande à mon esprit un effort de plus, de ramener encore une fois la sensation qui s'enfuit. Et, pour que rien ne brise l'élan dont il va tâcher de la ressaisir, j'écarte tout obstacle, toute idée étrangère, j'abrite mes oreilles et mon attention contre les bruits de la chambre voisine. Mais sentant mon esprit qui se fatigue sans réussir, je le force au contraire à prendre cette distraction que je lui refusais, à penser à autre chose, à se refaire avant une tentative suprême. Puis une deuxième fois, je fais le vide devant lui, je remets en face de lui la saveur encore récente de cette première gorgée et je sens tressaillir en moi quelque chose qui se déplace, voudrait s'élever, quelque chose qu'on aurait désancré, à une grande profondeur ; je ne sais ce que c'est, mais cela monte lentement ; j'éprouve la résistance et j'entends la rumeur des distances traversées. Certes, ce qui palpite ainsi au fond de moi, ce doit être l'image, le souvenir visuel, qui, lié à cette saveur, tente de la suivre jusqu'à moi. Mais il se débat trop loin, trop confusément ; à peine si je perçois le reflet neutre où se confond l'insaisissable tourbillon des couleurs remuées ; mais je ne peux distinguer la forme, lui demander, comme au seul interprète possible, de me traduire le témoignage de sa contemporaine, de son inséparable compagne, la saveur, lui demander de m'apprendre de quelle circonstance particulière, de quelle époque du passé il s'agit. Arrivera-t-il jusqu'à la surface de ma claire conscience, ce souvenir, l'instant ancien que l'attraction d'un instant identique est venue de si loin solliciter, émouvoir, soulever tout au fond de moi ? Je ne sais. Maintenant je ne sens plus rien, il est arrêté, redescendu peut-être ; qui sait s'il remontera jamais de sa nuit ? Dix fois il me faut recommencer, me pencher vers lui. Et chaque fois la lâcheté qui nous détourne de toute tâche difficile, de toute œuvre importante, m'a conseillé de laisser cela, de boire mon thé en pensant simplement à mes ennuis d'aujourd'hui, à mes désirs de demain qui se laissent remâcher sans peine. Et tout d'un coup le souvenir m'est apparu. Ce goût, c'était celui du petit morceau de madeleine que le dimanche matin à Combray (parce que ce jour-là je ne sortais pas avant l'heure de la messe), quand j'allais lui dire bonjour dans sa chambre, ma tante Léonie m'offrait après l'avoir trempé dans son infusion de thé ou de tilleul. La vue de la petite madeleine ne m'avait rien rappelé avant que je n'y eusse goûté ; peut-être parce que, en ayant souvent aperçu depuis, sans en manger, sur les tablettes des pâtissiers, leur image avait quitté ces jours de Combray pour se lier à d'autres plus récents ; peut-être parce que, de ces souvenirs abandonnés si longtemps hors de la mémoire, rien ne survivait, tout s'était désagrégé ; les formes – et celle aussi du petit coquillage de pâtisserie, si grassement sensuel sous son plissage sévère et dévot – s'étaient abolies, ou, ensommeillées, avaient perdu la force d'expansion qui leur eût permis de rejoindre la conscience. Mais, quand d'un passé ancien rien ne subsiste, après la mort des êtres, après la destruction des choses, seules, plus frêles mais plus vivaces, plus immatérielles, plus persistantes, plus fidèles, l'odeur et la saveur restent encore longtemps, comme des âmes, à se rappeler, à attendre, à espérer, sur la ruine de tout le reste, à porter sans fléchir, sur leur gouttelette presque impalpable, l'édifice immense du souvenir. »

Marcel Proust, *À la recherche du temps perdu, Du côté de chez Swann.*

Il faut toujours relire les esquisses

Cet épisode archi-célèbre ne comporte pas moins de 17 versions ou « esquisses », selon l'expression de Proust. Ce que l'on sait moins, c'est que l'intention première de Marcel Proust n'était pas celle d'une madeleine, mais… d'une biscotte, que la mère ne figure pas initialement dans la scène et que la cérémonie a lieu initialement tous les jours… Il est ironique de constater que l'une des anecdotes fondatrices de l'évocation inattendue d'un souvenir d'enfance repose sur une tricherie mnésique puisque l'on note trois divergences entre l'esquisse XIII et le texte final.

Une triple tricherie mnésique

L'appendice de l'édition de La Pléiade montre que l'esquisse XIII s'intitulait « La biscotte trempée dans le thé » : « Françoise pour me réchauffer me proposa de me faire du thé : je n'en prends jamais, j'hésitai, j'acceptai. Elle me l'apporta avec une petite biscotte que j'y trempai. Elle était devenue molle si bien qu'<il> y en avait des miettes <dans> la cuillerée du thé que je portai à mes lèvres. Aussitôt qu'elle les eut touchées, je me sentis envahi par une sensation délicieuse. Il me semblait que mon être s'était tout d'un coup rempli d'une essence précieuse inconnue qui donnait à ma vie un prix infini et soustrait à toutes ses contingences. »... Ou encore : « Ce goût du thé mêlé de biscotte amollie, c'est celui que tous les matins je goûtais à Combray, quand aussitôt habillé j'allais dire bonjour à ma tante Léonie qui me donnait une cuiller de son thé. »

À côté du changement de la biscotte en madeleine, la version définitive comporte deux autres différences. Dans l'esquisse XIII, c'est sa gouvernante Françoise qui lui apporte la biscotte, alors que le texte définitif mentionne qu'il s'agit de sa mère. Enfin, la cérémonie du thé a lieu uniquement « le dimanche matin », alors que l'esquisse XIII spécifie « tous les matins ». L'esquisse XIV intitulée « La petite madeleine » consacre la substitution de la biscotte en madeleine.

Pourquoi ces changements ? Proust se serait-il trompé et sa mémoire lui aurait-elle manqué au point de confondre biscotte et madeleine ? Il est plus vraisemblable que, pour des motifs purement littéraires, Proust a relégué au fond du garde-manger la plate et sèche biscotte au profit de la ronde et moelleuse madeleine, beaucoup plus « accrocheuse » en termes littéraires. Cela signifie-t-il que tout l'épisode n'est qu'une pure invention ? Non, Proust s'est sans doute permis une légère escroquerie au rayon biscuiterie. Et puis, argument majeur si ce n'est définitif, imaginez l'effet qu'aurait un conférencier en annonçant : « Et maintenant, je vais vous parler de la biscotte de Proust ! » La biscotte n'aurait pas la noblesse suffisante alors que la madeleine, moins populaire et plus gracieuse, conviendrait mieux à son propos. En un mot, comme diraient les publicistes, la madeleine, c'est plus « sexy » !

Marcel avait tout compris...

Revenons à l'explication de cette éblouissante aventure mnésique. Une entrée sensorielle spécifique est indispensable, celle-ci ne peut être visuelle, car Proust a sûrement vu beaucoup de madeleines. Il faut une entrée sensorielle à la fois plus banale et plus distinctive, en l'occurrence une double stimulation gustative et olfactive. L'originalité de cette stimulation n'est finalement pas due à la madeleine seule, elle est renforcée par le thé puisque Proust indique bien ne pas prendre habituellement de thé. La conjonction de la madeleine et du thé (qui devrait être aussi célébré que la madeleine!) est déterminante pour susciter le premier bouleversement, purement émotionnel, loin du souvenir précis de la scène : « Un plaisir délicieux m'avait envahi, isolé, sans la notion de sa cause. »

À cet embrasement émotionnel succède une impression de familiarité. La restitution définitive du souvenir n'est pas immédiate, on observe un lent cheminement, la description quasi scientifique du passage progressif d'un neurone à l'autre, l'interminable récupération de pièces éparses dont Marcel doit surveiller l'agencement méticuleux jusqu'à l'activation du souvenir. Celui-ci s'impose, comme un flash brutal, une image photographique de la scène : « Et tout d'un coup le souvenir m'est apparu. Ce goût, c'était celui du petit morceau de madeleine... »

Autres réminiscences proustiennes

La mémoire est le thème central de *La Recherche* proustienne. D'autres éléments que la madeleine déclenchent également des évocations fortuites : les dalles inégales qui évoquent Venise et la basilique San Marco, les serviettes empesées qui rappellent Balbec, la sonate de Vinteuil qui fait repenser à Odette de Crécy... Swann a été fortement impressionné par une sonate pour violon et piano, la sonate de Vinteuil, qu'il écoute pour la première fois chez les Verdurin où il se trouve avec Odette de Crécy.

Ces anecdotes littéraires confirment de manière élégante le modèle de mémoire autobiographique de Martin Conway. Le thé (je suis pour la réhabilitation du rôle du thé dans cette anecdote) et la madeleine/biscotte sont des catalyseurs olfactifs et gustatifs. La sonate de Vinteuil est un catalyseur auditif. Ainsi, des souvenirs enfouis peuvent spontanément revenir à la conscience à partir d'indices sensoriels très spécifiques.

LA MUSIQUE DE L'AMOUR

Lorsqu'il entend la sonate, l'expérience de Swann est analogue à celle du petit Marcel (le narrateur) qui goûte la madeleine trempée dans le thé. Chez Swann, le plaisir est définitivement sensuel et les modifications de l'émotion qu'il ressent en écoutant la sonate suivent les changements de son amour pour Odette. « Et avant que Swann eût le temps de comprendre, et de se dire : "C'est la petite phrase de la sonate de Vinteuil, n'écoutons pas!" tous ses souvenirs du temps où Odette était éprise de lui, et qu'il avait réussi jusqu'à ce jour à maintenir invisibles dans les profondeurs de son être, trompés par ce brusque rayon du temps d'amour qu'ils crurent revenu, s'étaient réveillés et, à tire-d'aile, étaient remontés lui chanter éperdument, sans pitié pour son infortune présente, les refrains oubliés du bonheur. »

Marcel Proust, *À la recherche du temps perdu, Du côté de chez Swann.*

La mémoire est sélective : l'exemple au masculin-féminin

« L'homme et la femme sont égaux, mais ils ne seront jamais pareils... »
Charles de Gaulle

En consultation, il m'arrive parfois d'entendre un patient venu seul (ce qui est toujours rassurant) déclarer d'une voix pathétique : « Docteur, j'ai un énorme problème de mémoire ! » Vaguement intrigué, me demandant comme tout médecin si je ne tiens pas enfin la chance de pouvoir décrire la maladie qui portera mon nom, je demande quelques précisions à cette personne au bord du collapsus. L'explication ne tarde pas : « Docteur, j'ai une mémoire sélective ! » Cette phrase inquiète revient souvent en consultation ou lorsque je fais une conférence sur la mémoire. Elle est donnée comme « excuse » par beaucoup de personnes persuadées que leur mémoire devrait avoir la même efficacité dans tous les domaines. En fait, il n'y a pas lieu de s'inquiéter : la mémoire n'étant pas un enregistreur fidèle et précis de toutes nos expériences, elle est influencée par nos expériences, nos attentes, nos centres d'intérêt, nos émotions.

Réalité ou cliché ?

Un cliché populaire bien ancré est celui d'une différence marquée, voire caricaturale, entre la mémoire des femmes et celle des hommes. Ce stéréotype est-il scientifique ? La réponse est oui. Toutefois, ce sujet hypersensible fait perdre la tête et la raison, car les esprits chagrins y décèlent immédiatement des sous-entendus sexistes là où il n'y a que des observations objectives. Une constatation scientifique n'est jamais sexiste, c'est son interprétation qui peut l'être. Dans le domaine de la mémoire, les différences indéniables entre les performances des hommes et des femmes s'expliquent bien souvent par l'acquisition sélective d'expériences mnésiques dans des domaines distincts. À côté de prédispositions biologiques avérées, l'éducation et les activités de groupe renforcent en effet précocement les activités socialement liées au « genre », ce qui facilite une mémorisation sélective, mais potentiellement réversible.

Le point intéressant ici n'est pas de faire un simple catalogue des différences hommes/femmes mais, à partir de ce modèle « expérimental », de démontrer la construction de champs de compétences différents rendant compte de la sélectivité de la mémoire. Du reste, des différences entre les hommes et les femmes ne s'observent pas seulement pour la mémoire, mais également dans certains aspects du langage, des gestes, des mathématiques, de l'analyse de l'espace.

Précisons d'emblée que les ressemblances entre les deux sexes dans le fonctionnement de la mémoire l'emportent dans une large mesure sur les différences. Soulignons aussi que si différences il y a, elles s'expriment lors de la comparaison de groupes de quelques dizaines de sujets et que, bien évidemment, les exceptions sont monnaie courante : une femme peut exceller dans un domaine mémoriel plutôt masculin et inversement. Enfin, certaines expériences ne révèlent de supériorité d'un genre sur l'autre qu'en cas de temps de réponse limité : l'octroi d'un temps de réalisation plus long égalise les performances des deux « genres ».

Les hommes et les femmes n'apprennent pas de la même façon et ne se souviennent pas des mêmes choses !

Les femmes savent où elles se trouvent, les hommes connaissent la direction à prendre !

« Les femmes se perdent toujours ! » Voilà le cliché le plus répandu au sujet des différences entre les deux genres. Qu'en est-il exactement ? Le domaine de la mémoire spatiale, c'est-à-dire de la capacité à mémoriser la succession des directions d'un itinéraire, est celui où apparaît effectivement de manière très significative une supériorité masculine. La distinction est plus subtile car, en pratique, les hommes et les femmes n'apprennent pas de la même façon un itinéraire. L'homme utilisera des repères géométriques qui lui permettront de retenir qu'il faut ici tourner à gauche et là à droite, puis encore à droite. Il se rappelle mieux la géométrie de l'itinéraire, c'est-à-dire la forme du trajet et les directions à prendre. À l'inverse, la femme apprend plus lentement un itinéraire dont elle mémorisera davantage les repères fortement langagiers : tourner à gauche devant l'épicier, puis à droite devant le fleuriste et encore à droite devant la boulangerie. En pleine nature, l'homme sera ainsi avantagé, la femme ayant plus de difficulté à établir des repères verbaux dans un univers de rochers, d'arbres, de champs.

Vie sociale, vie familiale

« Tu as encore oublié mon anniversaire ! », dit la femme à son mari... C'est le second cliché. A-t-il une part de vérité ? La réponse, là encore, est oui.

▸ **De nombreuses études montrent une tendance à la supériorité féminine pour les situations de la mémoire familiale.** En 2007, une étude sur 3 000 Britanniques a ainsi montré que 55 % des hommes se rappelaient la date de leur mariage contre 90 % des femmes[13]. Fillette ou adulte, une femme aura des récits de son passé personnel beaucoup plus longs, plus détaillés, plus cohérents et davantage chargés en émotions que ceux d'un homme.

▸ **Les premiers souvenirs d'enfance des femmes sont aussi plus fournis et plus précoces de 6 mois que ceux des hommes.** Grâce à leur maîtrise précoce du langage, les fillettes développent très tôt des interactions sociales sous la forme de conversations avec leur entourage : il en résulte une plus grande capacité à discuter des événements qu'elles viennent de vivre et de ce fait une plus grande consolidation de leurs souvenirs personnels.

▸ **Une femme a davantage de souvenirs de vie commune et elle a également mieux mémorisé aussi bien les détails que la date de survenue des événements vécus par le couple.** On peut même penser que les femmes feraient de meilleurs témoins oculaires que les hommes...

Positif ou négatif ?

Les femmes ont une efficacité de 15 à 20 % supérieure à celle des hommes pour se souvenir de photographies émotionnellement négatives (cadavre, serpent...) vues trois semaines plus tôt[14]. La mesure de l'activité cérébrale en imagerie par résonance magnétique montre, en outre, que, chez les femmes, les mêmes régions cérébrales s'activent pour réagir à la nature émotionnelle des images et pour prédire leur mémorisation. Chez les hommes, au contraire, les régions engagées dans ces deux processus ne sont pas les mêmes. Cette séparation réduirait chez eux l'adjonction de l'étiquette émotionnelle lors de l'apprentissage des photographies. Il n'est pas exclu, par ailleurs, que la fréquence plus élevée de dépression chez les femmes s'explique par une plus grande aptitude à « ruminer » des souvenirs négatifs dont la nature émotionnelle facilite la mémorisation. En gros, les femmes oublieraient moins que les hommes les épisodes négatifs de la vie.

si elles ne se laissaient pas souvent déborder par leur émotivité – ce qui n'est absolument pas une remarque sexiste !

- **Tout au long de leur vie, les femmes auront une meilleure mémoire généalogique que leurs compagnons.** À la retraite, la grand-mère sera plus à l'aise que le grand-père pour la connaissance des anniversaires, des âges et des prénoms des petits-enfants. Dans un travail personnel, il est apparu que toutes les femmes d'un échantillon qui en comptait 147 connaissaient l'âge de leurs enfants, contre 93,2 % dans un échantillon de 53 hommes. Pour ce qui était de l'âge de leurs petits-enfants, il était connu de 98,1 % des 116 femmes de l'échantillon contre 77,7 % des 44 hommes.

Connaissances et apprentissages

- **Les femmes retiennent mieux un texte ou une liste de mots lors de tests formels où l'on demande un rappel après une dizaine de minutes,** alors que le souvenir d'un roman est identique entre les deux sexes lorsqu'ils sont interrogés des années plus tard. Ce résultat contradictoire montre clairement qu'il faut dissocier les données écologiques de celles issues d'expérimentations. Il est possible que les femmes soient plus appliquées, qu'elles s'impliquent davantage que les hommes lors de la passation de tests.

- **Les femmes se souviennent beaucoup mieux des noms et des visages de leurs anciens camarades de classe.** Précisons, toutefois, que les hommes se rappelleront plus les noms d'hommes et les femmes davantage les noms de femmes. La motivation supérieure pour retenir les noms des camarades de même « genre », avec lesquels on passe, plus de temps, est l'explication la plus plausible.
- **À niveau d'acquisition identique, les souvenirs d'algèbre des femmes sont plus faibles avec le temps.**

Hormones et éducation expliquent ces différences

L'évolution a favorisé les aptitudes cognitives des deux « genres » en raison de l'avantage social indéniable qu'apportaient ces différences complémentaires. L'homme agriculteur, chasseur, pêcheur, guerrier, commerçant, explorateur parcourait un plus vaste espace que les femmes, ces dernières restant dans la caverne, la chaumière, la maison, le village. Pour revenir chez eux, les hommes devaient maîtriser la mémoire des itinéraires ; pour gérer leur maison, les femmes devaient retenir les noms de la famille (ou de la tribu) ainsi que les noms des ustensiles et des provisions. Leur mémoire des histoires et de la généalogie se renforçait tout au long des soirées passées à filer, coudre, tresser. Maintenant, peut-on évaluer la part précise de responsabilité de la société par le biais du contrôle qu'elle exerce dans l'éducation des deux genres ? Quels sont les apports de la génétique, c'est-à-dire en quoi les hormones sexuelles sont-elles déterminantes dans l'explication de ces différences ?

En premier lieu, les hormones

La rétention de l'algèbre et celle d'un itinéraire reflètent de réels processus cognitifs différents, indépendamment d'une quelconque motivation ou du contexte éducatif. Certaines différences cognitives sont fortement liées aux hormones sexuelles (la testostérone, les œstrogènes, la progestérone).

- **Chez les hommes, la testostérone** est l'hormone mâle sécrétée en fortes doses avant et juste après la naissance ainsi qu'à la puberté : elle influence significativement le développement des aptitudes spatiales et mathématiques des hommes. Une sécrétion anormale de testostérone chez des fillettes atteintes d'une hyperplasie congénitale des surrénales sera ainsi responsable d'une augmentation de leurs performances de mémoire spatiale par rapport à la moyenne des fillettes.

- **Chez les femmes, les fluctuations des concentrations d'œstrogènes** lors du cycle menstruel modulent l'aisance du langage, la mémoire d'un texte et la dextérité manuelle. Les changements hormonaux de la ménopause s'accompagnent d'une diminution modérée des capacités de mémoire, baisse à laquelle remédie partiellement le traitement hormonal substitutif.

Ensuite, deux cerveaux légèrement différents

Après une période franchement extravagante dans la comparaison des cerveaux d'hommes et de femmes, où l'on ne tenait pas compte des différences de poids et de taille des personnes, des travaux méthodologiquement plus sérieux ont permis, ces dernières années, de repérer de subtiles différences entre le développement et le fonctionnement des cerveaux masculins et féminins.

Le développement du lobe frontal gauche (celui dominant pour le langage) diffère chez les filles et les garçons[15]. Ensuite, contrairement aux hommes dont les facultés langagières sont plus latéralisées dans l'hémisphère gauche du cerveau, les femmes utilisent davantage leurs deux hémisphères cérébraux pour le traitement de certaines composantes du langage. Cette différence expliquerait la plus grande compétence des femmes lors de tests qui cherchent à évaluer la mémorisation de mots ou de textes.

Enfin, le contexte éducatif

L'identité sexuelle ne dépend pas seulement de facteurs biologiques mais également de l'influence de facteurs éducatifs, sociaux, culturels. L'éducation peut ainsi favoriser des capacités « masculines » ou « féminines » de mémoire : certaines situations éducatives sont d'emblée ou très précocement sexuées. Les adultes valoriseront fortement l'intérêt des garçons pour les voitures ou les jeux de construction et celui des filles pour les poupées ; en revanche, ils décourageront vigoureusement l'attrait des uns pour les jeux de l'autre sexe.

Les enfants sont ainsi progressivement orientés vers des champs d'intérêt qui influenceront de façon déterminante une mémoire liée au genre : les jouets des garçons les encouragent à explorer le monde physique alors que les filles sont poussées vers la découverte du monde social. L'éducation privilégie une meilleure analyse des informations en canalisant progressivement des comportements masculins ou féminins. Selon que les éléments constitutifs d'une situation sont « féminins » ou « masculins », leur rétention sera respectivement plus facile pour les femmes ou les hommes. De cette façon, la motivation renforce souvent des différences d'ordre biologique ou, au contraire, mais plus rarement, les compense.

Vive la mémoire sélective !

Il n'y a rien de péjoratif à souligner les différences cognitives entre les hommes et les femmes. Certaines de ces différences participent d'ailleurs au fonctionnement harmonieux de la vie sociale. Hors de toute polémique sexiste, cette comparaison fournit un modèle de sélectivité mémorielle reposant sur l'association d'éléments innés biologiques et de facteurs socio-éducatifs liés à l'élaboration de l'identité sexuelle. Ces tendances, bien sûr, n'empêchent pas d'observer des exceptions individuelles ! Quelles que soient les parts respectives du biologique et de l'éducation, le point le plus intéressant est la possibilité de constituer des compétences distinctes.

La mémoire est toujours sélective : l'environnement facilite cette sélectivité, car l'usage qu'on fait de sa mémoire renforce certaines aptitudes. Au fil des circonstances de la vie, notre mémoire construit des secteurs privilégiés qui font la richesse et l'originalité de notre personnalité. Vive donc la mémoire sélective, car c'est elle qui construit notre identité !

La mémoire prospective : la mémoire des événements à venir

Se rappeler le futur ?

Envisager qu'existe une mémoire du futur surprend souvent mes interlocuteurs. Pour beaucoup de personnes, la mémoire est uniquement envisagée comme rétrospective, c'est-à-dire comme le moyen de se plonger dans son passé dans une sorte de voyage mental afin d'y récupérer des souvenirs vécus ou des connaissances acquises. Or la mémoire

Savoir se faire aider

Je rencontre souvent en consultation des personnes dont les plaintes de mémoire sont en fait banales. Au cours de la discussion, il apparaît souvent qu'elles se refusent à utiliser un agenda en argumentant que, si elles le faisaient, elles ne stimuleraient plus leur mémoire. Je crois au contraire, comme beaucoup de mes collègues, qu'il faut utiliser au maximum les aides mnésiques externes : pense-bêtes, Post-it® et agendas sont justement là pour décharger notre mémoire d'informations qui ne présentent pas un grand intérêt à être retenues indéfiniment. Tenter de retenir à tout prix toutes les informations relève d'un petit jeu de mémoire qui peut se révéler à la longue masochiste et dévalorisant. En outre, la meilleure façon de se rappeler un rendez-vous est déjà de l'inscrire sur son agenda : en l'inscrivant, on augmente, en effet, le temps passé à mémoriser cette information, tout en ajoutant les effets du geste de l'écriture et de la vision de ce que l'on écrit. Ces quelques instants supplémentaires consacrés à cette information en augmentent fortement la mémorisation. L'apport ponctuel des aides mnésiques externes est inestimable. Pourquoi s'en priver ?

n'est pas qu'un saut dans le passé, elle est également une projection dans l'avenir : acheter du pain avant de rentrer chez soi, penser à emporter ses affaires de sport, téléphoner à une collègue avant midi, remplir à temps un document d'inscription, déposer sa déclaration de revenus avant la date limite… toutes ces situations requièrent de se remémorer des événements à venir, mais préalablement envisagés dans le passé. Ce n'est pas pour rien que les représentations des événements passés et futurs partagent les mêmes structures cérébrales[16]. Cette activation de régions communes indique que la mémoire ne retrouve pas seulement les souvenirs du passé, mais qu'elle projette également dans le futur des scénarios élaborés à partir d'épisodes déjà vécus ou empruntant des détails à des événements réels.

Se rappeler une action à réaliser à un moment déterminé du futur est une capacité tout aussi importante que récupérer des souvenirs passés : c'est le rôle dévolu à la mémoire prospective. Son utilité est capitale, car, sans elle, nous serions incapables de dérouler les étapes successives du quotidien et de nous projeter dans l'avenir. La mémoire prospective, c'est, en somme, lire les pages à venir de son agenda ! L'objectif n'est pas seulement de se souvenir du contenu de ce qui doit être fait mais, ce qui est beaucoup plus subtil, de se rappeler l'intention de faire quelque chose à un moment donné.

Au quotidien, de nombreux indices « externes » permettent de ne pas oublier ce que l'on doit faire de façon inhabituelle par rapport à la vaste routine qui constitue 99 % d'un emploi du temps. Tous ceux qui ont une secrétaire savent combien son rôle est déterminant dans l'efficacité de sa journée mais, attention, si une secrétaire est une aide externe pour son patron, celle-ci utilise de son côté des aides externes sous forme d'agenda ou de Post-it® – comme tous ceux qui n'ont pas de secrétaire ! Le problème de l'agenda est toutefois double : il faut penser à y inscrire ses rendez-vous et, surtout, il ne faut pas oublier de le regarder.

Un fonctionnement délicat

L'intention

Les procédures habituelles de rappel d'une information mémorisée, qu'elle soit personnelle, culturelle ou gestuelle, reposent sur un mécanisme intentionnel personnel ou sur une instruction de rappel générée par autrui : « Qu'ai-je fait hier ? » ou « Qu'avez-vous fait hier ? », « Quelle est la capitale de l'Estonie ? » ou encore « Faites de la bicyclette ! » L'instruction de rappel est explicitement présente dans la question (figure 4).

Dans la mémoire prospective, l'instruction de se rappeler est initialement absente, car elle est interne, autogénérée : c'est donc la plus difficile des situations de rappel.

La mémoire prospective implique, d'une part, de se souvenir de l'action à exécuter et du moment où elle doit l'être, et, d'autre part, de mettre en route cette action au bon moment. Le point crucial n'est donc pas la récupération du contenu de l'acte à réaliser, mais plutôt celle de l'intention de le réaliser au moment approprié. L'expression de la mémoire prospective est parfois liée à un horaire déterminé : « Je dois penser à prendre mes pilules à midi » ou : « Je dois éteindre la Cocotte-Minute à 11 h 15. » Dans d'autres cas, l'action doit être

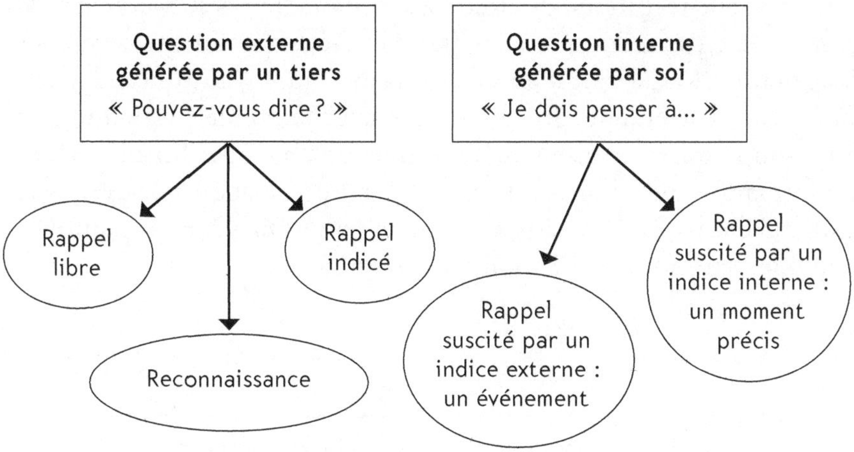

Figure 4. Comparaison d'un rappel déclenché par un intervenant extérieur et d'une évocation engendrée par soi-même

déclenchée lors de la survenue d'un événement : « Je dois penser à acheter du pain », « Je dois éteindre le gaz en partant. »

Dans la mémoire prospective, la motivation et le contexte sont primordiaux : il s'agit de sortir de la routine pour accomplir à un moment précis une action planifiée nouvelle, occasionnelle. Une habitude est malheureusement longue à s'installer et l'on peut oublier régulièrement de prendre ses pilules quotidiennes… sans être obligatoirement amnésique !

Le rôle des indices

Lors d'une question sur une connaissance stockée, la formulation de la question contient des indices facilitant la réponse. Dans le cadre de la mémoire prospective, la récupération du souvenir de l'intention se déclenche à la suite d'indices externes présents dans l'environnement ou bien d'indices internes autogénérés (figures 4 et 5). Le simple fait de passer devant une boulangerie constitue un indice externe permettant de se rappeler la consigne d'achat du pain.

Pour être efficaces, ces indices externes ne doivent pas être trop neutres. La vieille technique du nœud à son mouchoir a eu son heure de gloire : elle est anecdotique, sans grand intérêt et peut même se révéler dangereuse. Il faut tout d'abord remarquer qu'il y a un nœud à son mouchoir ; autrement, on se retrouve avec le même problème que la personne qui ne pense pas à consulter son agenda. Ensuite, faute d'information spécifique sur l'acte à accomplir, on aboutit souvent à la situation cocasse qui consiste à se demander : « Diable, mais pourquoi ai-je donc fait un nœud à mon mouchoir ? »

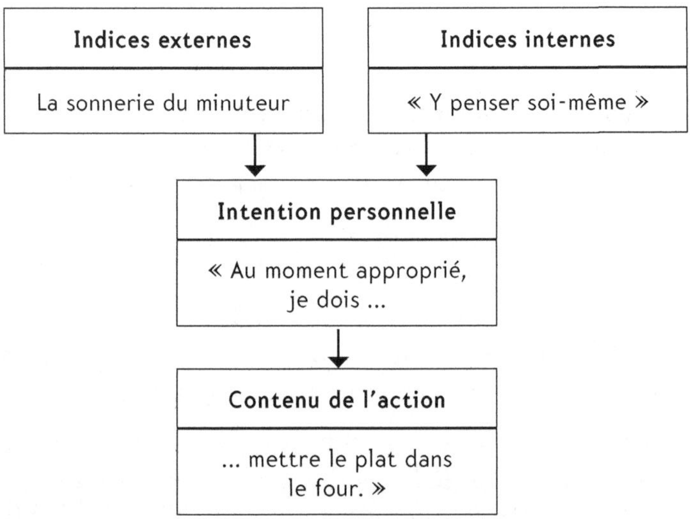

Figure 5. Le fonctionnement de la mémoire prospective

Lorsque l'action à réaliser s'intègre dans une succession d'actions reliées entre elles, il est plus facile de se souvenir de la réaliser : ainsi, on se souviendra davantage d'éteindre le four pour un gâteau qui nous a pris beaucoup de temps de confection que de penser à acheter un gâteau, ce qui représente un acte isolé dans la matinée. En conséquence, en cas d'acte isolé ou de contexte pauvre en indices externes, la mémoire prospective repose principalement sur l'évocation personnelle spontanée de cet acte. Mais se souvenir soi-même exige beaucoup plus d'attention. Il est ainsi facile de comprendre qu'avec l'âge, la mémoire prospective devient plus fragile que d'autres formes de mémoire. À partir de 30 ans, l'agenda est vraiment indispensable. Il est vrai que la vie se complique car travail et famille imposent la gestion simultanée de plusieurs emplois du temps.

« NE PAS OUBLIER D'ACHETER DU PAIN CE SOIR... »

La meilleure façon de se souvenir qu'il faut passer chez le boulanger en sortant du travail n'est pas de se répéter mille fois : « Je dois passer chez le boulanger », mais d'imaginer l'acte lui-même, c'est-à-dire la succession des actions et de leur contexte.

Visualiser la boulangerie, la boulangère, la baguette de pain, éventuellement visualiser le trajet entre le lieu de travail et la boulangerie crée une trace mnésique beaucoup plus forte et, donc, beaucoup plus efficace pour s'en souvenir ultérieurement. Le soir sur le trajet du retour, tous les éléments évoqués mentalement sur le trajet du matin serviront en effet d'indices de rappel en passant simplement devant.

« Je sais que je sais » : la métamémoire

Contrôler ses activités de mémorisation, évaluer l'étendue de ses propres connaissances, estimer ses capacités d'évocation : voilà les 3 registres spécifiques de la métamémoire[17]. Peu connue du public, mais utilisée en permanence, la métamémoire aide à faire à l'instant présent un état des lieux passé, présent et futur de sa propre mémoire.

Un savoir sur son propre savoir

La métamémoire se définit comme la connaissance que nous avons de notre propre mémoire, la conscience subjective que nous développons à son sujet et le contrôle que nous exerçons sur elle. La métamémoire intervient lors de chacune des trois étapes de la mémoire : apprentissage, stockage et rappel.

La métamémoire permet de savoir comment apprendre une information nouvelle, de savoir ce que nous savons et, enfin, de savoir comment retrouver une information précise. De ce fait, une métamémoire efficace est indispensable au bon fonctionnement de notre mémoire et cela pour trois raisons : elle optimise nos stratégies de mémorisation, elle nous évite de rechercher une information que nous ne possédons pas et elle facilite l'évocation de nos souvenirs, car elle nous aide à utiliser des mécanismes de rappel adaptés et pertinents. Une bonne appréciation de ses propres stratégies de mémorisation suscite leur utilisation de manière plus large et plus pertinente. En retour, la métamémoire se renforce au fil de l'utilisation de la mémoire, ce qui améliore le contrôle des capacités d'apprentissage et de récupération des informations.

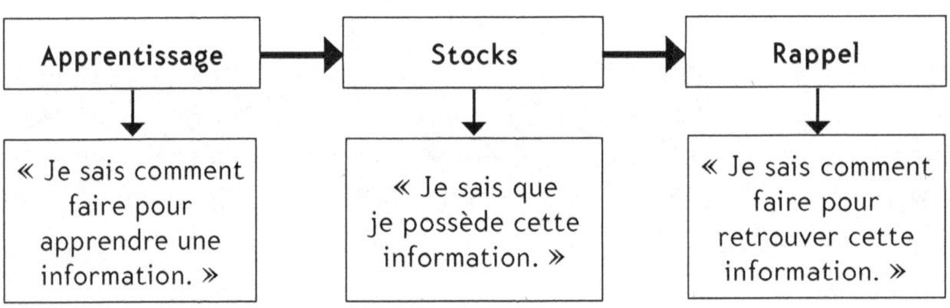

Figure 6. Les trois domaines d'application de la métamémoire

Ces trois domaines nous aident à élaborer une connaissance de notre mémoire personnelle.

Quel est le lieu de naissance de Maria Callas ?

La métamémoire aide à évaluer le degré de certitude que nous avons d'un souvenir ou d'une connaissance. Elle nous indique la probabilité d'être en mesure de répondre à certaines questions. Sans elle, nous nous lancerions à la recherche d'informations absentes de notre mémoire. Certains patients, en particulier ceux ayant des lésions frontales, ont perdu cette introspection et cherchent désespérément la réponse.

Même sans lésion frontale, notre métamémoire ne joue pas toujours efficacement son rôle de garde-fou et ne nous empêche pas de nous lancer dans des réponses hasardeuses. Je suis sûr qu'à la question : « Où est née Maria Callas ? » beaucoup répondront : « À Athènes » pour les plus hardis et : « En Grèce » pour les plus prudents. Sans savoir explicitement où est née Maria Callas, la vraisemblance fait choisir l'une de ces deux réponses, car, débordée par le cerveau déductif, la métamémoire a abandonné toute prudence : en l'occurrence, le cerveau déductif s'est trompé, puisque Maria Kalogeropoulos plus connue sous le nom de Maria Callas est née le 2 décembre 1923... à New York !

Aux deux extrêmes de la vie, une métamémoire plus fragile

La métamémoire des jeunes enfants est imprécise : ils sont longtemps persuadés de ne jamais rien oublier. Cette surestimation dure jusqu'à l'âge de 7-10 ans environ. Le développement efficace de la mémoire de l'enfant sera alors parallèle à la progression de la pertinence de sa métamémoire. À l'inverse, à partir d'un certain âge, il devient difficile d'apprécier les justes limites de ses capacités de mémoire. Même si les seniors ont généralement une intuition exacte de ce qu'ils savent ainsi qu'une bonne capacité à surveiller le déroulement d'une tâche mnésique, ils ont fréquemment une mauvaise estimation de leurs compétences personnelles. La plainte mnésique des sujets âgés découle en partie de cette dévalorisation personnelle liée à la baisse de la perception de leur efficacité mémorielle.

Mémoire rétrospective, métamémoire et mémoire prospective : la mémoire sur l'axe du temps

La mémoire rétrospective, la métamémoire et la mémoire prospective peuvent s'envisager comme trois façons différentes de placer sa mémoire sur un axe temporel. En tant qu'individu pensant et agissant consciemment, notre mémoire nous positionne sur l'axe de notre temps. Elle nous situe par rapport à notre passé où nous pouvons puiser des souvenirs (mémoire rétrospective), mais aussi par rapport à notre avenir dont elle facilite les projets (mémoire prospective) (figure 7).

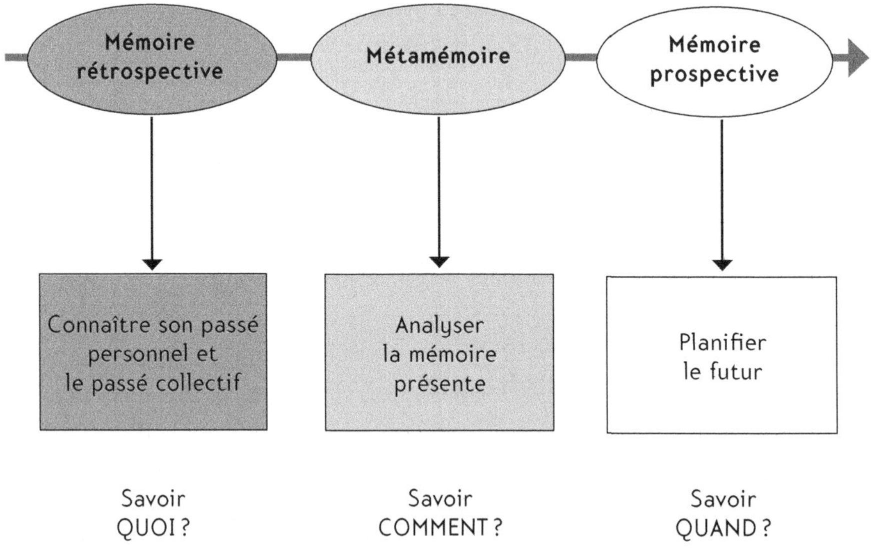

Figure 7. La mémoire et le temps

Sur l'axe du temps, trois fonctionnements de la mémoire s'enchaînent avec des objectifs différents. La mémoire rétrospective s'interroge sur le passé ; la métamémoire s'interroge au moment présent sur les capacités et les contenus ; la mémoire prospective s'interroge sur le futur.

Ainsi, la mémoire rétrospective nous renvoie dans le passé à la recherche d'informations alors que la mémoire prospective nous projette dans l'avenir pour planifier nos actions futures. En complément, la métamémoire nous informe des capacités actuelles de notre mémoire. La métamémoire serait ainsi centrale car, sans elle, point d'analyse de la mémoire du passé, point de planification du futur et point d'introspection de notre mémoire présente.

D'une certaine façon, la psychologie cognitive rejoint la triple mémoire telle qu'elle a été décrite il y a bien longtemps par saint Augustin (354-430) qui parlait de mémoire du passé, de mémoire du présent et de mémoire du futur.

Un peu d'oubli quand même ?

« Guildenstern : De quoi te souviens-tu après que tu aies tout oublié ?
Rosencrantz : Ah oui !... j'ai oublié la question ! »
Tom Stoppard

Quand l'oubli inquiète l'homme

En pratique, même s'il indispose celui qui en prend conscience, l'oubli n'est pas obligatoirement un processus négatif, il n'est pas le côté obscur de notre mémoire.

> **DOCTEUR, DOIS-JE M'INQUIÉTER ?**
>
> Nous sommes tous confrontés à l'oubli et si je n'étais moi-même un neurologue spécialiste de la mémoire, je pense que depuis longtemps j'en aurais consulté un ! Je subis en effet depuis quelques années des difficultés, des ratés qui m'inquiètent parfois : oubli des noms propres, des visages, des conversations, erreurs d'emploi du temps... L'oubli m'assaille et ce malgré un âge que je qualifierais d'encore assez jeune ! Dois-je m'inquiéter ou d'autres doivent-ils s'inquiéter pour moi ?

L'oubli que nous craignons tous montre combien la mémoire est un processus fluide. Pourtant, dans bien des cas, l'oubli est une vertu, une vertu nécessaire, même si elle est bien agaçante. Intuitivement, on peut lui attribuer deux rôles indispensables : l'élimination d'une grande partie des informations traitées quotidiennement et souvent sans grand intérêt pour l'avenir ; le modelage de nos souvenirs en privilégiant les aspects les plus utiles à notre vie, à notre personnalité : ce n'est pas la mémoire, mais l'oubli qui serait alors le gardien de notre identité.

L'oubli fascine et inquiète depuis toujours. Pour Platon, la mémoire se noie dans les eaux du Léthé et il n'est pas anodin que le fleuve de l'oubli se situe dans l'Hadès, la contrée des morts : l'inquiétude liée à l'oubli est implicitement celle de la mort. Très tôt, les hommes se sont penchés sur les moyens de compenser l'oubli en renforçant la mémoire naturelle par l'exercice d'une mémoire artificielle. Le traité de rhétorique intitulé *Ad Herennium* et les méthodes mnémotechniques de *L'Art de la mémoire* reflètent cette inquiétude humaine d'oublier.

Écrire pour pouvoir oublier ?

Historiquement, l'apparition de l'écriture a créé la première situation où l'homme s'est symboliquement inquiété d'une éventuelle atteinte de ses capacités de mémorisation. Il est vrai que l'écriture est la première activité humaine consciemment inventée pour pallier les défaillances mnésiques de l'homme et lui créer une mémoire externe. Ceux qui ont inventé les premiers signes écrits désiraient conserver la trace de leurs lois, de leur comptabilité, de leurs légendes : les inscriptions primitives de Mésopotamie sont ainsi les premiers aide-mémoire de l'humanité. En Égypte, c'est le scribe des dieux, Thot, dieu de la sagesse et de l'intelligence, qui aurait créé l'écriture (ainsi que le calcul et le calendrier) pour l'offrir ensuite aux hommes.

En confiant des informations à un support écrit externe, hors de leur mémoire individuelle, les Égyptiens pressentent vite le risque qu'ils lui font courir. Ils s'alarment, car ils craignent que son usage intensif ne fragilise la mémorisation. Tel Platon dans le *Phèdre*, les Anciens accusent l'écriture de rendre oublieuse l'âme de ceux qui l'ont acquise parce qu'ils cessent d'exercer leur mémoire. En soulageant notre mémoire, l'écriture l'affaiblirait donc ! On retrouvera la même inquiétude avec l'imprimerie de Gutenberg : si le savoir est dans les livres, on n'apprendra plus, on perdra la mémoire !

Doit-on, dès lors, considérer l'écriture, le livre et l'ensemble des aide-mémoire comme des cadeaux empoisonnés ? Étrange inquiétude puisque le premier conseil donné à ceux qui oublient est bien justement d'utiliser notes, agendas et Post-it® afin de pallier leur éphémère mémoire. Que vaut-il mieux faire : écrire au risque de ne plus « faire travailler sa mémoire » ou ne pas écrire et risquer d'oublier un point important ? Personnellement, j'ai fait mon choix depuis longtemps : j'écris !

Oublier, c'est pécher ?

Dans son livre sur les 7 péchés de la mémoire, le psychologue Daniel Schacter a individualisé 7 situations de défaillances de la mémoire[18] :

1. La fugacité par oubli avec le temps.
2. La distraction par manque d'attention.
3. Le blocage quand un souvenir semblable à celui recherché devient envahissant.
4. La méprise par erreur d'attribution.
5. La suggestibilité.
6. Les biais lorsque la réalité est biaisée par des facteurs personnels.
7. La persistance d'événements abominables responsables d'une distorsion négative de la réalité.

L'oubli est donc le premier péché de la mémoire. Avec le temps survient une déperdition naturelle des souvenirs. Disparition ou inaccessibilité ?

Confrontés à un nombre colossal d'informations, soumis aux conséquences d'une vie très (trop) longue, nous payons le prix de l'accumulation des connaissances et des souvenirs qu'elle nous impose.

Aujourd'hui, toutefois, de multiples moyens conservent les connaissances ou facilitent leur accès, et il semble que l'inquiétude de tous est plutôt celle de la conservation de sa mémoire personnelle. Notre inquiétude n'est plus d'oublier les savoirs du monde, mais de nous oublier nous-mêmes. S'agit-il de souvenirs au sens où nous l'entendons habituellement ? Pas vraiment, car notre gêne quotidienne surgit principalement pour les détails – porte fermée ou pas, emplacement d'un objet, action en cours.

Sans que l'on envisage pour l'instant les effets sur la mémoire du temps écoulé à l'échelle d'une vie, c'est-à-dire du vieillissement, il est évident qu'il existe une déperdition naturelle des informations mémorisées après quelques minutes ou quelques heures. Phénoménologiquement, pour chacun d'entre nous, oublier, c'est ne pas se rappeler. Toutefois, si l'échec du rappel est le produit final commun, il relève de différents processus altérant chacune des trois étapes fondamentales de la mémoire. Quand nous disons : « J'ai oublié », ou : « Je ne sais pas », est-ce parce que nous avons mal appris une information, parce que nous l'avons effacée ou parce que nous ne la retrouvons pas ? L'oubli n'est pas univoque. Pourquoi ?

> **LIRE ET RELIRE**
>
> Comme me le faisait remarquer ironiquement un de mes maîtres, le professeur Gilbert Aimard, dont je louais un jour la grande mémoire : « En ne lisant qu'une seule fois, on oublie ! » Il me rappela ensuite le principe qu'il avait respecté toute sa vie : relire 7 fois dans l'année les différents articles médicaux qui l'avaient particulièrement intéressé. Marguerite Yourcenar, aussi, avait coutume de recommencer la lecture d'un livre qu'elle venait de finir. Pour mieux le retenir ou mieux l'apprécier ? Je ne sais pas.

1885 : Hermann Ebbinghaus découvre la fugacité…

« L'oubli est la condition indispensable de la mémoire. »
Alfred Jarry

Un chercheur à la recherche de sa propre mémoire…

Dans les années 1880, le psychologue allemand Hermann Ebbinghaus[19], qui a étudié sa propre mémoire, est le premier à mettre en évidence scientifiquement une courbe de l'oubli proportionnelle au temps écoulé. Ebbinghaus a l'idée d'apprendre des listes de trigrammes : il s'agit de syllabes sans signification, composées de trois lettres [consonne/voyelle/consonne] telles que LOD, MIB, LAZ, GIX, LUV, BUP. Ces syllabes sans signification (en allemand) ne peuvent faciliter la mémorisation, comme le feraient en français les syllabes BAL, LAC ou NOM. Ebbinghaus obtient près de 2 300 trigrammes organisés en listes de 7 à 36 syllabes. Il mémorise ensuite des centaines de listes de ce genre et note s'il est capable de redire ces syllabes à des intervalles de rappel de plus en plus longs, entre quelques minutes et un mois.

La première partie de l'expérience consistait à mesurer sa rapidité à apprendre par cœur une liste donnée jusqu'à pouvoir la réciter deux fois de suite sans erreur. Ebbinghaus constate ainsi que, pour y parvenir, il doit se répéter plusieurs fois la liste. Conclusion naïve pour tout écolier depuis 6 000 ans, mais qu'il était indispensable de démontrer scientifiquement. Après quoi, à intervalles variables, Ebbinghaus mesure le temps qu'il lui faut pour réapprendre sans erreur la liste en la récitant de nouveau correctement deux fois de suite. La comparaison des deux mesures lui permet de calculer ce qu'il appelle le taux d'économie de réapprentissage. S'il a besoin par exemple de 1 500 secondes pour apprendre la liste la première fois, mais seulement de 500 secondes pour la mémoriser une seconde fois 20 minutes plus tard, le taux d'économie (ou encore gain de réapprentissage) est donc de 66,7 % ([1 500 – 500]/1 500). Si, 8 heures plus tard, il lui a fallu, en revanche, 1 000 secondes pour l'apprendre une seconde fois, son gain de réapprentissage est cette fois de 33,3 % ([1 500 – 1 000]/1 500).

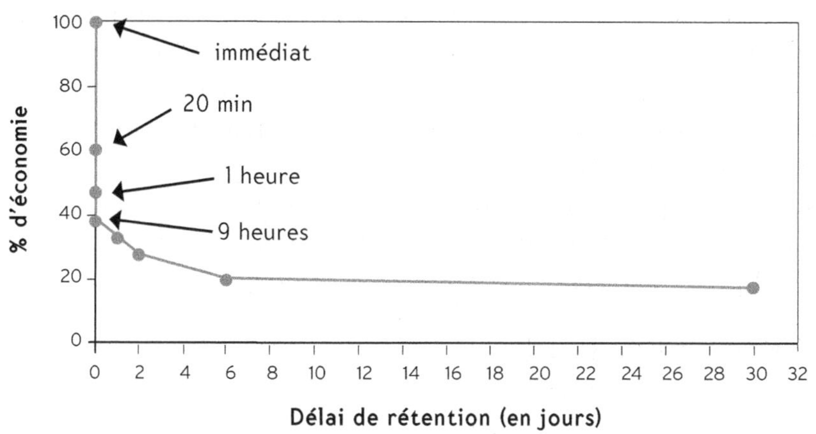

Figure 8. La courbe d'oubli d'Ebbinghaus (1885)

Mise en évidence d'un taux d'économie en fonction du délai de rétention de trigrammes. L'oubli est très rapide dans les premières heures pour se stabiliser après une semaine.

Ebbinghaus observe un déclin initialement très rapide du souvenir des listes avec un taux d'économie de 60 % après 20 minutes, 33 % après 9 heures et 25 % après 8 jours, pour se stabiliser ensuite autour de 20 % un mois plus tard. Ainsi, le souvenir d'une liste s'estompe avec le temps : près de 70 % de la perte d'information s'observent lors des 9 premières heures, alors que la perte ultérieure n'est que d'environ 10 %, sans progression au-delà. La figure 8 montre l'allure de cette courbe d'oubli caractérisée par une décroissance initialement rapide, puis plus lente.

La courbe d'oubli a été largement confirmée lors de nombreuses expériences utilisant des textes ou des listes de mots. Le taux d'oubli est variable d'un individu à l'autre. Chez une même personne, il n'est pas une mesure figée comme la taille, car il peut varier (dans des limites raisonnables) d'une épreuve à l'autre ou d'un jour à l'autre en fonction de la fatigue, du stress, de la motivation.

Cette courbe d'oubli est moins nette lorsque la mémoire est testée avec des souvenirs personnels, dans des conditions moins artificielles qu'avec des trigrammes dépourvus de sens. Avec des syllabes signifiantes ou si les syllabes avaient dû être reconnues parmi d'autres, le rappel aurait été nettement facilité. Enfin, comme nous l'avons souligné, Ebbinghaus n'a pas réellement mesuré un taux d'oubli, mais un taux d'économie de réapprentissage[20]. Ses travaux ne sont donc pas exempts de critiques méthodologiques et il était lui-même conscient du biais d'expérimentation puisque, dans son ouvrage, il demande l'indulgence des lecteurs en précisant bien que « les tests sont tous faits sur moi-même ». Ebbinghaus est néanmoins un des précurseurs les plus illustres de l'expérimentation scientifique en matière de mémoire. Passage obligé…

L'effacement de la trace mnésique : un déclin au fil du temps ?

En prouvant que la probabilité de se souvenir d'une information est fonction du temps écoulé depuis sa mémorisation, Ebbinghaus souscrit à l'opinion commune selon laquelle le temps estompe progressivement les informations apprises. Il démontre également que cet oubli survient rapidement après l'apprentissage.

Cette première théorie de l'oubli repose sur l'effacement progressif de la trace mnésique : les souvenirs s'effaceraient régulièrement au fil du temps écoulé, tout comme une image devient plus pâle avec le temps ou lors de son exposition au soleil et à l'humidité. L'absence ou la rareté des évocations d'une information expliquerait cet effacement par l'absence de renforcement de la trace mnésique. Le niveau d'activation de la représentation mentale d'un souvenir déclinerait spontanément si elle n'est pas régulièrement activée. Ce qui, à l'inverse, suggère, bien sûr, que la répétition des apprentissages ou des évocations est un puissant facteur de consolidation de la trace d'un souvenir. Ainsi qu'Ebbinghaus l'a montré, la durée d'une trace mnésique décline en proportion de l'intervalle temporel entre deux apprentissages : un long intervalle entre deux mémorisations exige plus de temps et d'effort pour le réapprentissage.

Au plan biologique, on peut penser que la force des connexions entre les neurones qui constituent la trace mnésique d'un souvenir diminue ; à l'inverse, la répétition des apprentissages renforcerait la liaison entre les neurones.

Le psychologue canadien Donald Hebb (1904-1985) a effectivement démontré en 1949 que les neurones activés ensemble se connectent entre eux ou renforcent la stabilité de leurs connexions synaptiques et, à l'inverse, que des neurones interconnectés qui ne sont plus activés simultanément perdent leurs interconnexions. Tout comme le trait s'épaissit lors du passage répété d'un crayon, les cartes neuronales deviennent plus marquées au fil de leur réutilisation. Il est important de comprendre que le terme « réapprentissage » ne fait pas uniquement référence aux situations où l'on apprend par cœur consciemment : en fait, toute nouvelle exposition à une information renforce sa consolidation. C'est ainsi que se remémorer mentalement un fait constitue un réapprentissage, c'est ainsi que lire et écrire une information représentent également une situation de réapprentissage même en l'absence d'un comportement volontaire de mémorisation de cette information.

Cette hypothèse de l'effacement progressif de la trace du souvenir lié au temps écoulé n'explique cependant pas tout. Il a été en effet démontré que si on fait réapprendre à un sujet une information dont il ne se souvient apparemment pas, le gain d'apprentissage mesuré est supérieur à celui obtenu avec des informations réellement nouvelles. Le délai temporel entre l'apprentissage et le rappel n'est donc pas la seule cause de l'oubli.

L'information mal apprise

Il est évident qu'une information mal apprise sera plus facilement oubliée qu'une information correctement ancrée. La mauvaise qualité d'un apprentissage résulte de plusieurs mécanismes souvent associés : une attention limitée ; un indiçage incomplet des informations ; un manque de motivation ; un contexte émotionnel trop marqué. Autant d'éléments défavorables qui nuisent à l'efficacité initiale de la mémorisation.

Faire attention, c'est-à-dire ?

• **En premier lieu, il faut être éveillé et vigilant.** Cet état d'attention globale qui maintient éveillés le cerveau et l'individu est complété par un système d'attention-alerte apte à détecter les changements survenus dans l'environnement afin d'analyser les nouvelles informations, de les interpréter, d'y répondre en conséquence et de les mémoriser, si nécessaire.

• **Quand notre activité mentale se concentre spécifiquement sur une information perçue ou sur une tâche à réaliser**. Chacun de nos systèmes sensoriels est en mesure de se concentrer à volonté sur les informations correspondantes du monde extérieur : nous pouvons orienter notre regard vers un objet déterminé ou une personne dont on reconnaît la voix.

• **L'attention, soutenue tout au long d'une tâche, doit également déployer une certaine flexibilité en rapport avec la tâche en cours.** Cette concentration se manifeste sous la forme d'une attention partagée ou d'une attention sélective. L'*attention partagée* permet de se répartir sur plusieurs tâches simultanées, comme écouter la radio tout en cuisinant. Cette répartition n'est pas toujours équitable, ce qui désavantage une des tâches : c'est ainsi que s'explique l'augmentation des accidents de voiture en cas d'utilisation du téléphone portable en conduisant. L'*attention sélective* correspond à l'« effet cocktail party ». Dans l'ambiance bruyante d'un cocktail, il est possible de faire abstraction des conversations environnantes pour se concentrer uniquement sur ce que dit l'un des participants. Grâce à cette attention sélective, nous nous concentrons sur une tâche en excluant d'autres stimulations parasites.

Pas assez d'attention

L'attention est vulnérable, mais qu'est-ce que l'attention ? L'attention est au cœur des activités du cerveau : on peut la définir comme l'ensemble des systèmes maintenant éveillé un individu, le rendant attentif aux sollicitations du monde extérieur et lui permettant ensuite d'analyser correctement les informations perçues ainsi que de soutenir des activités intellectuelles aussi diverses que le langage, le raisonnement ou la mémoire. Grâce à l'attention, une information issue du monde extérieur (bruit, image...) ou produite par notre monde intérieur (désir, pensée, émotion...) est sélectionnée pour son maintien à la conscience : il est alors possible d'analyser cette information, de la comparer à d'autres, de l'apprendre et de la retrouver.

L'attention est un ensemble de systèmes élaborés, associant des processus globaux et des processus plus contrôlés, dont le but est de sélectionner des éléments de l'environnement ou certaines de nos idées afin de les reconnaître, de les mémoriser ou de résoudre un problème. Toutefois, nos ressources attentionnelles ne sont pas illimitées et nous ne contrôlons pas toujours leur répartition. L'attention est, en outre, vulnérable à de nombreuses distractions internes : fatigue, anxiété, stress et soucis, maladies, âge, médicaments, drogues, réalisation concomitante d'autres activités intellectuelles. Oublier ce qu'on vient chercher dans une pièce relève de ce mécanisme : préoccupés par une autre pensée, nous avons mal enregistré l'objet de notre propre recherche. De leur côté, les bruits extérieurs, les interruptions, un environnement trop stimulant sont autant d'éléments parasites externes. Qu'il soit interne ou externe, l'élément distracteur réduit les ressources attentionnelles disponibles.

Indiçage, contexte, motivation, intérêt, émotion...

La sélectivité de l'attention est logiquement conditionnée par notre motivation, l'intérêt que nous portons aux événements, la concordance qu'il peut y avoir avec nos schémas préétablis, la pertinence que nous imputons à une conversation. Lors d'un débat, une réponse tangentielle sera moins mémorisée qu'une réponse cohérente avec le contexte. L'inattendu, la saillance, la pertinence, l'attente, la menace, l'importance d'une situation ou des personnes impliquées, la violation des normes sociales sont des facteurs propres à monopoliser davantage l'attention. En l'absence de ce « starter mémoriel », l'enregistrement correct d'une information est fortement compromis.

Les facteurs positifs de mémorisation qui interviennent dans l'apprentissage peuvent se décliner en négatif. Moins l'information à mémoriser est apprise en profondeur et moins elle sera retenue. Un contexte pauvre rendra également moins forte la trace mnésique de l'information : sans motivation, sans intérêt pour la matière du cours, les élèves savent bien qu'il leur est difficile de bien le retenir. Un stress aigu ou une émotion excessive peuvent également bloquer la mémorisation. Ces situations démontrent que l'oubli n'est pas le résultat d'une simple usure mécanique, mais qu'il s'intègre dans une dynamique mémorielle polyfactorielle.

Un rappel moins efficace

« Sa mémoire ressemble à un débarras :
ce dont on a besoin est toujours enfoui. »
Tolkien

Même des informations *a priori* bien apprises et bien stockées peuvent être imparfaitement évoquées faute de stratégies pertinentes de recherche ou d'indices efficaces de récupération. Une attention réduite, un indiçage de rappel trop pauvre, un contexte différent de celui de la mise en mémoire ou un contexte émotionnel trop fort sont des handicaps à l'efficacité du rappel[21]. Au quotidien, toutes ces explications s'associent souvent.

L'altération du stock des informations

La situation d'oubli la plus riche d'interprétations et la plus souvent incriminée est celle de l'altération du stock d'informations. Différents mécanismes ont été suggérés. Ces théories ne s'excluent pas : selon les circonstances, l'une l'emporte sur l'autre et, bien sûr, leurs effets se cumulent parfois. Outre la théorie d'Ebbinghaus, évoquée plus haut, concernant l'évaporation de la trace mnésique au fil du temps, il est d'autres explications. Voyons les principales.

Interférences proactives et rétroactives

L'interférence se définit comme une compétition entre des souvenirs anciens et des informations nouvelles. Ebbinghaus lui-même suggérait que les images précédentes pouvaient être recouvertes par les suivantes. En réalité, le phénomène fonctionne dans les deux sens. L'interférence proactive correspond à la difficulté à mémoriser des informations nouvelles, car des connaissances plus anciennes interfèrent avec elles :

« MAIS IL LA SAVAIT POURTANT BIEN, SA RÉCITATION, HIER ! »

Une maman s'interroge : son fils Benoît n'a pas pu réciter sa poésie quand il a été interrogé par sa maîtresse devant ses petits camarades; pourtant, hier soir, dans sa chambre, il la connaissait par cœur... Que s'est-il donc passé ? Un trop plein d'émotion, à n'en pas douter. Dix minutes après le passage au tableau et l'impossibilité d'ouvrir la bouche, il est fort à parier que le petit garçon savait de nouveau très bien son poème.

C'est souvent l'émotion de la récitation en public qui inhibe le processus d'évocation. S'y ajoute la différence du contexte topographique – un enfant habitué à réciter dans sa chambre ne sera pas aidé par le décor de la salle de classe. Pour autant, il s'agit d'un déficit momentané du rappel : la poésie n'est pas perdue, elle est mal retrouvée au moment crucial. Elle reviendra plus tard, soit spontanément, soit au moyen d'indices supplémentaires augmentant le champ d'activation autour de l'information à retrouver. Face à ce genre de panne, dire « Détends-toi » n'est jamais d'une grande efficacité; mieux vaut donner les premiers mots du texte. À une époque, pas si lointaine, il suffisait de déclamer « C'était pendant l'horreur d'une profonde nuit... » pour que surgisse immédiatement la suite du songe d'Athalie...

les souvenirs anciens empêchent la mémorisation des faits nouveaux (figure 9, page suivante). À l'inverse, l'interférence rétroactive traduit la difficulté à retenir ou retrouver des informations depuis la survenue d'éléments nouveaux qui les parasitent : des éléments récents empêchent le rappel de faits anciens (figure 10, page suivante).

Le mécanisme d'interférence proactive, en perturbant la mémorisation des faits nouveaux, évite l'effacement des souvenirs anciens constituant la base de nos connaissances. Lors d'une conférence, par exemple, les informations données au début seront bien mémorisées, car notre attention sera maximale mais, après un certain temps, si la conférence est un peu longue, l'acquisition des nouvelles données apportées par le conférencier sera plus difficile, car elles entreront en

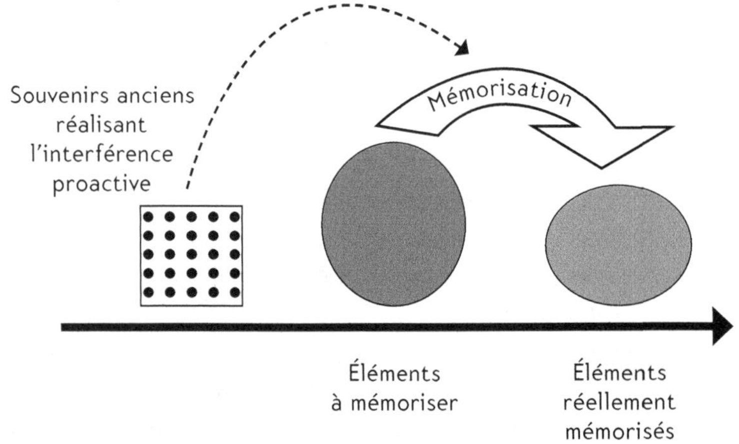

Figure 9. Interférence proactive

L'effacement est causé par une interférence entre des éléments anciens et de nouvelles informations à mémoriser.

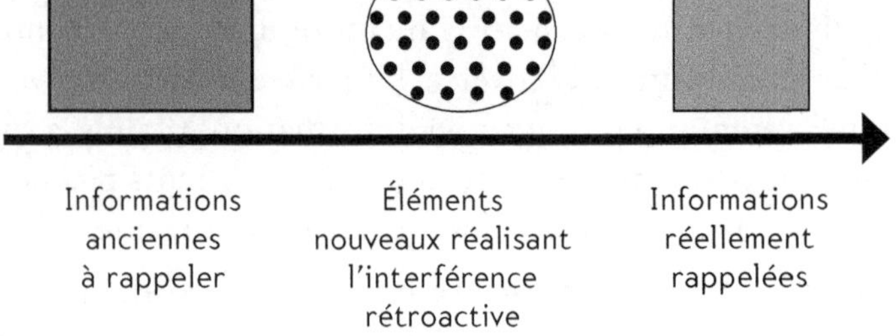

Figure 10. Interférence rétroactive

L'oubli est causé par une interférence entre des éléments récents et des informations anciennes à retrouver.

compétition avec les premières. Cette interférence proactive disparaîtra si le conférencier aborde un sujet nouveau qui se démarque de son propos initial.

- **L'effet d'interférence rétroactive, en perturbant le rappel de faits anciens, permet l'acquisition de souvenirs nouveaux. Prenons l'exemple de joueurs de rugby[22].** Comparativement à ceux jouant fréquemment, les joueurs qui jouent peu se souviennent beaucoup mieux du nom de leurs adversaires des matchs précédents. Comment l'expliquer ? Si seuls le temps écoulé entre les matchs et le rappel des noms rendaient compte de l'oubli, il ne devrait y avoir aucune différence entre les deux groupes de joueurs. S'il s'agissait d'un simple défaut de rappel, il faudrait envisager que les joueurs ayant peu joué disposent d'indices supplémentaires de rappel, ce qui n'est pas le cas en l'occurrence. Enfin, il est impossible d'envisager un mécanisme de répression psychanalytique dans une telle situation. Il est clair que seule l'interférence rétroactive explique cette différence de résultats : les noms des joueurs constituent des informations similaires qui, si elles sont trop nombreuses en raison d'un nombre élevé de compétitions, interfèrent entre elles et gênent l'évocation ultérieure des membres d'une des équipes. Autre exemple caractéristique d'interférence rétroactive : lorsqu'on écoute la météo à la radio, les différentes régions sont passées en revue : après avoir entendu la prévision météorologique de notre région, l'arrivée des prévisions suivantes parasite notre capacité à retenir ce qui vient d'être dit.

Dans une approche évolutive, les processus d'interférence représentent un indéniable avantage, car ils permettent dans certains cas de protéger nos connaissances (interférence proactive) et, dans d'autres situations, de les mettre à jour (interférence rétroactive). Des informations nouvelles peuvent ainsi s'imposer sur des informations anciennes dépassées (actualisation par l'interférence rétroactive) sans pour autant que s'efface le soubassement vital de nos connaissances (protection par l'interférence proactive).

Le refoulement, élément central de la théorie psychanalytique

Sigmund Freud (1856-1939) a suggéré une autre forme d'oubli, le refoulement. Il s'agit, pour lui, d'un oubli actif par lequel la trace mnésique consciente d'une information trop chargée d'émotion, d'un souvenir psychologiquement traumatique ou d'un fantasme culpabilisant est consciemment étouffée, refoulée, enfouie, renvoyée à un niveau inconscient. Le refoulement serait ainsi un mécanisme sélectif de défense protégeant l'individu de souvenirs angoissants, déplaisants, insoutenables dont l'évocation lui est insupportable. Ce processus conscient de répression protégerait le moi. Les racines inconscientes de nos pensées et de nos comportements naîtraient de conflits entre la conscience et des pulsions ou des désirs inconciliables. Le maintien à un niveau inconscient exigerait une énergie considérable. Dans certaines situations, toutefois, le souvenir ressortirait sous forme de lapsus ou d'actes manqués, révélant involontairement nos désirs inconscients. De là, l'oubli d'un rendez-vous avec une personne que l'on craint... De là, l'oubli même de son nom...

De façon plus pathologique, le refoulement de représentations intolérables ou de souvenirs horribles pourrait susciter différents symptômes physiques. L'analyse des rêves, l'hypnose, la méthode des libres associations permettraient de retrouver ces souvenirs refoulés et de supprimer ces symptômes. Actuellement, les psychiatres préfèrent le terme d'« oubli motivé » à celui de « refoulement ».

La théorie psychanalytique est cependant peu compatible avec les données neurophysiologiques actuelles. Tout d'abord, les souvenirs les plus puissants, les plus décisifs, seraient paradoxalement les plus oubliés. C'est possible, ce n'est pas systématique. Il s'agit ensuite de souvenirs en tout ou rien : un événement traumatique refoulé est totalement oublié, mais il peut un jour ressurgir en totalité, comme un diable de sa boîte. Un autre point surprenant est que ces souvenirs récupérés seraient exacts et fidèles, ce qui est loin d'être le cas.

La consolidation

Un souvenir n'est pas définitivement fixé lorsqu'il vient d'être appris. Il est fragile pendant quelques heures, ce qui le rend sensible aux effets d'un traumatisme crânien, de l'alcool, d'un manque de sommeil, d'un choc électrique, de certains médicaments... C'est ainsi qu'aucun spécialiste de la mémoire n'a été surpris qu'à la sortie de son coma, le garde du corps de Lady Diana n'ait pu se rappeler les heures ayant précédé l'accident triplement mortel du pont de l'Alma le 31 août 1997. Son traumatisme crânien avait perturbé la consolidation de ses souvenirs.

Quand les politiques dérapent

Certains lapsus combinent désirs inconscients et proximité des mots. Nous en avons eu un exemple le 29 mars 2006 à l'Assemblée nationale, lors de la crise sur le contrat première embauche (CPE). Évoquant le verdict attendu du Conseil constitutionnel sur le CPE, le Premier ministre Dominique de Villepin déclare : « Nous avons des institutions républicaines et nous devons les respecter. Attendons le Conseil constitutionnel qui prendra sa démission demain... », avant de se reprendre quelques secondes plus tard : « [...] Qui prendra sa décision demain. » Majorité interloquée, opposition hilare.

Les politiques, qui semblent être d'excellents neuropsychologues, ont facilement interprété ce lapsus : « On sait très bien que c'est quand on est hyperconcentré qu'on fait des lapsus [...]. Il ne faut pas surinterpréter, c'est le lapsus de quelqu'un qui est complètement dans son boulot. [...] Quand vous êtes Premier ministre, vous faites rarement des lapsus en utilisant lait concentré à la place de décision. » (H. Mariton), « Il y a des lapsus qui ne sont pas révélateurs. Je souhaite que celui-ci ne le soit pas. » (E. Woerth), « M. de Villepin doit penser très fort à la démission... à celle de Pierre Mazeaud (le président du Conseil constitutionnel), c'est ça ? » (M. Leroy). On peut rappeler également le lapsus de Lionel Jospin pendant la campagne présidentielle de 2002. Après avoir jugé le président Jacques Chirac « vieilli, fatigué, usé », le Premier ministre socialiste avait « appelé de ses *vieux* » sa propre victoire à l'élection présidentielle...

La consolidation est le processus par lequel des informations récemment acquises passent progressivement d'une trace labile à une trace plus définitive. Outre le rôle clé du sommeil, la meilleure façon d'accroître la force d'enregistrement d'une information est de la réapprendre ou de la réutiliser. Il n'est pas toujours nécessaire d'apprendre par cœur (au sens scolaire du terme), car la simple utilisation fréquente d'une information, c'est-à-dire sa mise en pratique régulière, ralentit la dégradation de sa trace en constituant autant de répétitions naturelles d'apprentissage.

Le chercheur John Anderson, de Pittsburgh, a notamment montré que l'apprentissage suit toujours une certaine loi mathématique appelée « loi de puissance de la pratique » (ou de l'apprentissage)[23] : la fréquence d'exposition à un nom propre (conversations, télévision, presse écrite) rend plus facile son évocation. Ceci explique que le nom du président de la République française soit plus rapidement et plus facilement retrouvé que celui d'un obscur secrétaire d'État (figure 11).

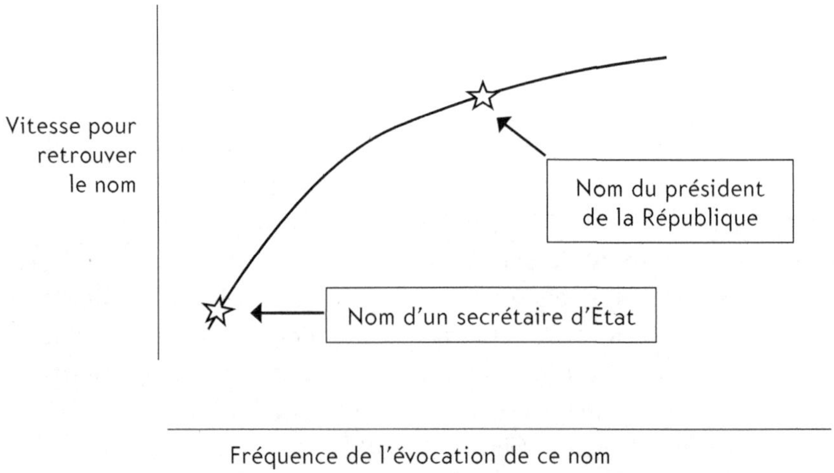

Figure 11. Le principe de puissance de la pratique

Un nom évoqué plusieurs fois est plus rapidement retrouvé qu'un nom rarement utilisé.

La « loi de la puissance de la rétention » (ou de l'oubli) va dans le même sens qui explique qu'un nom propre utilisé il y a longtemps (nom d'une camarade de classe, par exemple) soit plus lentement retrouvé qu'un nom évoqué il y a peu (nom d'une voisine) (figure 12). Faute d'actualisations répétées, un souvenir perd de son accessibilité.

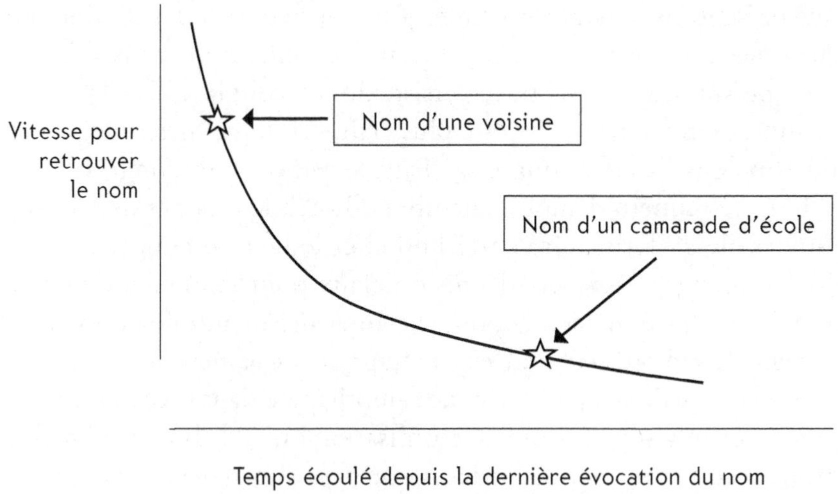

Figure 12. Le principe de puissance de la rétention

Un nom utilisé il y a longtemps est plus lentement retrouvé qu'un nom évoqué il y a peu.

La mémoire Kleenex®

Une information n'est pas immédiatement fixée pour toujours. Plusieurs situations quotidiennes donnent l'impression que nous disposons d'une mémoire à long terme temporaire, utilisable pendant quelques heures, quelques jours, quelques semaines... tant que son contenu nous est nécessaire. Cette mémoire labile permet de suivre un film, une conférence, ou une conversation : son contenu est maintenu tant qu'il nous est utile. Une fois le film terminé, la conférence finie, la conversation achevée, certaines de ces informations s'effacent, car il n'est plus indispensable de les conserver en mémoire. Pour cette raison, je me permets de qualifier cette mémoire jetable de mémoire Kleenex®.

Cette mémoire Kleenex® n'a pas été étudiée de façon expérimentale, mais elle est d'une remarquable utilité au quotidien. Elle traduit la conservation, pendant un temps déterminé, de certaines informations nécessaires à la poursuite d'une activité particulière. En début d'année, nous présentons pendant quelques jours nos vœux à des dizaines de personnes, il est exceptionnel que nous les souhaitions deux fois à la même personne, car cette trace persiste durant tout le mois de janvier. Un autre exemple sera peut-être plus clair, celui que mes collègues et moi appelons l'« effet congrès ». Tout le temps d'un congrès, nous retenons le numéro de notre chambre d'hôtel, le trajet entre l'ascenseur et celle-ci, l'itinéraire entre l'hôtel et le lieu du congrès... Dès la fin du congrès, tous ces détails cruciaux pour la qualité de notre séjour sont effacés, jetés à la poubelle aussi sûrement que l'on vide la poubelle de son ordinateur. Cette métaphore de la mémoire Kleenex® montre l'utilité de la répétition et de la motivation dans la consolidation d'une trace mnésique. Faute de réutilisation ou en l'absence d'intérêt pratique, une information s'effacera ou sera si peu accessible qu'elle donnera l'impression d'avoir disparu.

Concurrences déloyales

« Les gens ont actuellement plus de choses à retenir et ils se reposent plus sur la technologie pour leur mémoire. Malheureusement, moins vous utilisez votre mémoire et plus elle s'appauvrit ! Les personnes de plus de 50 ans qui ont grandi en utilisant beaucoup leur mémoire ont de meilleures performances dans des secteurs où celles de moins de 30 ans utilisent davantage la technologie comme aide-mémoire quotidien !... » Quel crédit accorder à cette déclaration du professeur Ian Robertson du prestigieux Trinity College de Dublin[24] ? Cette affirmation repose sur les résultats d'une enquête que ce professeur de neuropsychologie a pilotée auprès de 3 000 personnes. Il en est ressorti que, pour sa vie quotidienne, un sujet britannique se doit de savoir en moyenne 5 mots de passe, 5 codes PIN, 3 numéros d'identification sécurisés, 3 numéros de comptes bancaires et 2 numéros d'immatriculation (inutile de vous précipiter sur votre calculette : cela fait 18 numéros au total à mémoriser[25] !). Un tiers des personnes de moins de 30 ans se sont révélées incapables de donner le numéro de téléphone de leur domicile sans se référer à leur téléphone mobile ou à un papier. L'enquête du professeur Robertson rapporte aussi que 60 % des personnes interrogées se plaignent d'une « surcharge » d'informations qu'il leur semble impossible de retenir. Pour en pallier les conséquences, plus de la moitié utilisent le même mot de passe dans plusieurs situations *on line*. Jusqu'à 30 % des sujets de moins de 30 ans se servent d'un agenda électronique ou de la mémoire de leur téléphone mobile pour retenir leurs numéros de téléphone. Ce rôle de l'âge s'observe à d'autres niveaux : si seulement 40 % des sujets de moins de 30 ans se souviennent des anniversaires familiaux, le pourcentage s'élève à 87 % pour ceux de plus de 50 ans.

Dates, numéros de téléphone, numéros en tout genre sont désormais engrangés dans nos aide-mémoire externes (téléphones mobiles, blackberries, ordinateurs portables, agendas ou organiseurs électroniques...) qui se substituent à notre propre mémoire. Selon Ian Robertson, tous ces appareils électroniques créeraient une génération incapable de mémoriser les informations les plus élémentaires. Sa conclusion me semble abusive : tout d'abord, les aide-mémoire externes sont là pour être utilisés ; ensuite, le fait de ne pas se rappeler une vingtaine de numéros aussi bien que les seniors ne signifie pas que notre mémoire est amoindrie, elle est seulement plus disponible pour d'autres secteurs davantage adaptés à notre quotidien du IIIe millénaire.

En pratique, l'oubli n'obéit pas à un seul mécanisme

Les mécanismes d'inhibition

Sans que nous en soyons conscients, lors de la récupération d'une information, des mécanismes actifs d'inhibition gérés par les lobes frontaux entraînent l'oubli d'informations concurrentes[26]. Certains de ces processus gravitent autour de la mémoire de travail qu'ils protègent ainsi, soit en empêchant son engorgement grâce à l'interdiction de l'entrée d'informations non pertinentes, soit en éliminant des informations qui ne le sont plus. Un troisième mécanisme inhibiteur empêche l'omniprésence d'informations dominantes trop souvent utilisées, ce qui favorise l'émergence de réponses moins habituelles, mais plus adaptées à la situation. Ces « oublis » sont indispensables au fonctionnement bien huilé de la mémoire ; il s'agit d'oublis certes actifs, mais dans un cadre qui n'est pas consciemment volontaire.

Attention, personnalités oublieuses !

L'intérêt de l'oubli est de filtrer les faits selon leur impact, car oublier ce qui est peu important est souvent salutaire. Ce « philtre d'oubli » subit les aléas de la génétique, de l'émotion, du stress ou de la personnalité, comme l'illustre l'anecdote suivante.

LES OBSESSIONNELS RETIENDRAIENT-ILS TOUT, SAUF L'ESSENTIEL ?

Un de mes collègues sensiblement perfectionniste organisait il y a quelques années une réunion scientifique. Avec sa méticulosité habituelle, il avait plusieurs fois écrit aux conférenciers par les différents moyens que notre monde moderne offre à notre boulimie de communication (courriers, mail, fax...) afin de leur rappeler leur engagement, le thème de leur exposé ainsi que la date et le lieu de la réunion. Lorsque tous les conférenciers et le public sont arrivés devant l'amphithéâtre le jour prévu, ils ont découvert que l'organisateur avait complètement oublié... de réserver la salle de conférences !

« Ai-je fermé ma porte à clé ? »

Comment expliquer qu'on ne se souvienne pas toujours d'avoir fermé à clé la porte de son appartement ?

- **Premièrement,** cette action est faite machinalement sans avoir exigé beaucoup d'attention. Cette action est fichée dans notre système cognitif comme étant d'un intérêt limité : il n'est donc pas nécessaire d'y porter une attention démesurée !
- **Deuxièmement,** notre mémoire contient des milliers de souvenirs de situations identiques où, un petit matin, nous sommes sortis de chez nous et avons tiré la porte que nous avons ensuite fermée à clé : pourquoi et surtout comment exiger que nous retrouvions la trace de cet épisode banal alors qu'il est perdu parmi des milliers d'autres ?
- **Troisièmement,** on ne se souvient pas d'une action routinière parce qu'elle n'est pas forcément mémorisée. Notre système cognitif profite justement de ces situations automatiques pour poursuivre des activités plus utiles, plus complexes, plus préoccupantes, plus exigeantes en attention. Ce raté dont nous nous plaignons amèrement ne signale rien de plus que notre implication dans d'autres tâches cognitives plus fondamentales. Réalisées de façon routinière, de nombreuses actions déchargent notre fonctionnement cognitif conscient afin qu'il puisse se consacrer à d'autres tâches plus indispensables et plus coûteuses en ressources attentionnelles.

Mais regardez-vous donc !

Si vous voulez néanmoins éviter de remonter tous les jours vérifier votre porte, regardez-la un instant lorsque vous la fermez : le simple fait de fixer votre attention visuelle sur vous-même en train de faire le geste suffit dans la plupart des cas à créer une empreinte plus forte. Je ne connais pas de meilleure solution : fixer attentivement un geste est le conseil le plus efficace que l'on puisse donner. Ce conseil est transposable à beaucoup de situations de la vie quotidienne. Il ne sert à rien de tenter de « muscler » la mémoire pour remédier à ces ratés attentionnels.

L'oubli volontaire

« J'ai plus de souvenirs que si j'avais mille ans. »
Baudelaire

« Oubliez, citoyens ! »

Toutes les civilisations, toutes les sociétés, tous les régimes ont tenté depuis des millénaires de modifier la mémoire collective de leurs citoyens en supprimant des inscriptions, en effaçant des textes, en masquant des images, en détruisant des statues. Les exemples de cette volonté abondent dans l'histoire.

• Les Égyptiens étaient connus pour leur pratique d'effacer des murs le nom des pharaons ayant démérité – Akhenaton en est l'exemple le plus illustre à la suite de l'échec de sa religion monothéiste.

• En 494 av. J.-C., lors de la révolte des cités grecques d'Asie Mineure, la ville de Milet fut détruite par les troupes perses de Darius Ier et ses habitants massacrés ou déportés comme esclaves. Hérodote raconte que les Athéniens en furent tellement choqués qu'ils interdirent toute représentation théâtrale de l'événement afin d'en effacer pour jamais le souvenir de leur mémoire collective. Le dramaturge Phrynikhos brava l'interdiction, mais sa pièce fut bannie et il dut payer une amende de 1 000 drachmes.

• En 490, la bataille de Marathon est cette fois l'occasion pour les Grecs d'exalter, par la mémoire et le souvenir, aussi bien la vaillance de la charge des hoplites athéniens pulvérisant le centre perse que l'exploit de la course de Philippidès, mort en apportant à Athènes la nouvelle de la victoire.

• Les Romains avaient coutume de proclamer la *damnatio memoriae* (la « condamnation de la mémoire ») à l'encontre des criminels ayant attenté à la sûreté de l'État : toute mention de leur nom et toute représentation imagée devaient être supprimées.

• Plus récemment, on connaît le goût du régime soviétique du temps de Staline pour enlever le visage des personnalités disgraciées sur les photographies officielles, celles-ci voyant se réduire progressivement le nombre de personnages au fil des purges jusqu'à donner l'impression que Staline était seul au pouvoir[27].

« Je ne peux plus oublier ! »

S'il est possible à une société d'effacer délibérément de la mémoire de ses citoyens un souvenir précis, est-il concevable qu'un individu supprime volontairement un souvenir personnel déplaisant ? Confronté à la masse ahurissante de ses inutiles et encombrants souvenirs, le Soviétique Veniamin, l'homme à la prodigieuse mémoire dont nous raconterons l'histoire plus loin, parvenait à en effacer quelques-uns au prix d'un effort conscient dont l'intensité n'égale que celle que nous, pauvres éclopés de la mémoire, produisons lorsque nous désirons retenir.

Hormis le cas particulier de Veniamin, il ne semble pas techniquement possible d'oublier volontairement, sur commande. Nous pouvons cependant masquer l'évocation de souvenirs pénibles. Nombre d'entre nous ont empiriquement compris qu'une activité très dévorante et captivante est le meilleur moyen d'oublier une situation désagréable. C'est ainsi que les divorcés se plongeront dans un travail absorbant, que ceux qui ont perdu un être cher se lanceront dans une vie associative intense. Il s'agit *a priori* beaucoup plus d'occulter une situation que de détruire un souvenir précis.

« Je ne veux plus me souvenir ! »

En 2004, l'équipe de Michael Anderson et John Gabrieli a publié un travail assez fascinant sur les mécanismes cérébraux responsables de la suppression de souvenirs non désirés[28]. Leur expérience repose sur une procédure appelée *think/no-think* (« penser »/« ne pas penser »). Un groupe de 24 volontaires commence par apprendre 36 paires de mots sans liens (comme jugement-gardon). Ensuite, et tout en ayant leur activité cérébrale enregistrée en IRM fonctionnelle, ces volontaires se voient présenter le premier mot de chaque paire pendant 4 secondes ; ils doivent alors soit retrouver le second mot de la paire, soit s'empêcher de l'évoquer consciemment. Enfin, après cet enregistrement, on leur demande à nouveau de compléter les mots manquants de chaque paire. Ce qui apparaît alors, c'est que les mots dont l'évocation a été inhibée précédemment sont moins retrouvés que les autres : la tâche de suppression du rappel a effectivement empêché les sujets de retrouver les mots appris auparavant.

Sur le plan cérébral, on constate que cette tâche de suppression s'accompagne d'une augmentation bilatérale de l'activité des régions préfrontales et d'une réduction bilatérale de l'activité de plusieurs régions cérébrales dont les hippocampes. L'activation préfrontale est plus marquée lors de la suppression des mots que lors de leur rappel, ce qui suggère que la suppression est un processus actif. Les régions préfrontales auraient ainsi inhibé le rappel des mots non désirés assuré par les régions hippocampiques. Ce mécanisme serait-il un modèle neurobiologique du refoulement freudien et de la répression des souvenirs ?

En 2007, dans un protocole du même genre, on a demandé à des sujets de mémoriser 40 paires de photographies comprenant un visage neutre et une image traumatisante (accident, blessé...)[29]. Confrontés uniquement aux visages isolés, les sujets devaient ensuite soit penser à l'image traumatisante associée, soit ne pas y penser. L'enregistrement de l'activité cérébrale en IRM fonctionnelle a montré des résultats permettant de comprendre l'intervention successive de différentes régions cérébrales lors de la suppression volontaire d'informations mémorisées :

- Les hippocampes et les amygdales assurent l'apprentissage.
- Les lobes frontaux organisent les aspects stratégiques de la mémorisation et du rappel.
- Enfin, les régions cérébrales postérieures conservent les souvenirs.

Dans l'ordre, on observe une augmentation de l'activité de certaines parties du lobe frontal droit, suivie d'une réduction de l'activité dans les régions cérébrales visuelles postérieures (contenant les aspects visuels des souvenirs), puis dans les régions hippocampiques et amygdaliennes.

Si ce travail est confirmé, on aurait là la visualisation chronologique d'un circuit orchestré à partir du lobe frontal et réalisant successivement l'inhibition volontaire des traits visuels des souvenirs, puis celle du système de consolidation.

> **ÉVITER L'EXTRAPOLATION**
>
> Il ne faut pas confondre le fait de ne pas penser « consciemment » et pendant quelques instants à quelque chose et ce qu'on appelle, habituellement, la répression des souvenirs, considérée par Freud comme un processus « inconscient », involontaire, créateur de névroses à partir de souvenirs traumatisants réprimés, portant sur des épisodes de vie et se développant sur plusieurs années. La prudence s'impose lorsqu'on passe de l'inhibition de mots ou d'images à celle de souvenirs personnels dont la charge émotionnelle est bien différente.

Quand il ne doit pas être question d'ours blancs...

Revenons aux pensées réprimées et à l'expérience la plus illustre en ce domaine : l'expérience de l'ours blanc menée par Daniel Wegner[30]. L'idée est partie d'une anecdote concernant le romancier russe Léon Tolstoï : lorsqu'il était enfant, celui-ci avait été forcé par son frère plus âgé à rester dans le coin d'une pièce sans penser à un ours blanc. Pour tenter de reproduire expérimentalement cet épisode, Daniel Wegner a demandé à des étudiants de ne pas penser à un ours blanc pendant 5 minutes. Sans pouvoir le supprimer totalement de leur esprit, il leur a néanmoins été possible de réduire significativement son émergence. Ce qui est fascinant, c'est que dès qu'on leur a demandé de penser à leur gré à un ours blanc pendant 5 minutes, ils ont été submergés par la pensée de l'ours blanc. La tâche de suppression induite a entraîné un effet rebond : les pensées ressurgissent avec force lorsqu'on tente de les écarter. Comment expliquer un tel phénomène ?

Pour Wegner, le processus de suppression des pensées se déroule en deux temps : la première composante nécessite de planifier d'éliminer une pensée de la conscience ; la seconde exige d'exécuter le plan en supprimant tout ce qui concerne cette pensée, y compris le plan initial. Or l'acte mental de se forcer à oublier est en soi un germe de réminiscence pour plus tard[31]. Les sujets s'imaginent, à tort, que plus l'effort de suppression sera intense et plus la suppression sera efficace : en fait, le phénomène inverse survient puisque l'ordre de suppression renforce le niveau d'activation de la pensée à supprimer. Ainsi, en voulant chasser des pensées indésirables de son esprit, on ne fait que les faire apparaître plus souvent. Cela pourrait expliquer la part d'autoentretien dans la dépression réactionnelle, puisqu'en essayant de ne pas penser à l'événement responsable de la dépression (décès, soucis familiaux, difficultés professionnelles), on le rend paradoxalement plus présent à la conscience.

Plus j'y pense...

Quelle est la différence entre la procédure penser/ne pas penser (Anderson) et l'expérience de l'ours blanc (Wegner) ? Dans le premier cas, la tâche impose de ne pas penser à un mot dans le contexte de son association à un autre ; dans le second, en revanche, il s'agit carrément de (tenter de) supprimer un mot de sa conscience et, comme le processus de suppression constitue lui-même un rappel du mot à éviter, il se produit un rebond.

Éviter les intrusions parasites ?

Il est facile de comprendre l'utilité d'inhiber sa mémoire : lors de l'évocation d'un souvenir, il est aussi important d'activer un mécanisme de récupération de ce souvenir que d'inhiber, au même moment, l'émergence d'informations similaires, mais non pertinentes. Si l'intérêt du mécanisme de suppression est primordial dans une perspective autobiographique puisqu'il permet de supprimer des souvenirs désagréables, il est non moins essentiel dans les aspects les plus banals du quotidien. On peut le comparer à ce que nous faisons dans le domaine moteur lorsque, voyant tomber un pot de fleurs, nous interrompons « instinctivement » notre geste réflexe pour le rattraper dès que nous découvrons qu'il s'agit d'un cactus ! Un tel processus actif d'oubli est effectivement indispensable pour inhiber rapidement toute émergence de souvenirs qui gêneraient notre concentration lors d'une tâche donnée.

Toutes les informations ne sont pas bonnes à prendre

Nous recherchons notre numéro de code bancaire, quand surgissent d'autres numéros qui nous parasitent, notre code de portable, notre code bancaire d'avant... Nous discutons des inconvénients du tabac et la conversation nous rappelle un proche décédé d'un cancer du poumon. L'émotion nous envahit et nous ratons une partie de la conversation... Nous regardons le film *Out of Africa*. Les magnifiques paysages du film nous rappellent notre séjour au Kenya, ce qui distrait notre attention et nous fait rater un dialogue clé du film...

Sans un mécanisme actif bloquant l'émergence inattendue d'informations, nous serions perpétuellement envahis de souvenirs nous handicapant dans le déroulement harmonieux de notre journée. Ce mécanisme de « suppression » protège nos actions en cours de l'intrusion d'autres données parasites. Ces souvenirs ne sont toutefois pas vraiment supprimés. Ils ne sont aucunement effacés, c'est leur évocation qui est temporairement masquée.

L'oubli, inévitable, mais indispensable !

« Plus je m'en défie, plus elle se trouble; elle me sert mieux par rencontre. Il faut que je la sollicite nonchalamment, car si je la presse elle s'étonne, et depuis qu'elle a commencé à chanceler, plus je la sonde, plus elle s'empêtre et embarrasse : elle me sert à son heure, non pas à la mienne. »

Montaigne, Les Essais

À la métaphore platonicienne de la dissolution de la mémoire dans les eaux du Léthé, psychologues et biologistes opposent l'hypothèse que les souvenirs ne disparaîtraient jamais et que l'oubli ne serait qu'une difficulté d'accès conscient à la trace mnésique d'un souvenir. Nous savons qu'un souvenir inaccessible lors d'une recherche volontaire ressurgit parfois inopinément à la faveur de contextes sensoriels ou psychologiques fortement liés au souvenir initial.

Cela signifie-t-il pour autant que toutes les expériences de notre vie sont ainsi enregistrées pour toujours, enfouies dans un obscur recoin de notre cerveau, et qu'il suffirait d'appliquer la bonne méthode d'évocation pour qu'elles ressurgissent ? Des techniques particulières d'interrogatoire ou d'introspection faciliteraient-elles l'émergence de n'importe quel souvenir ? Peut-on imaginer disposer un jour de substances chimiques capables d'extirper de la masse des neurones une information *a priori* disparue ? Serait-il raisonnable d'employer de telles clés ? Est-il souhaitable de tout retenir, bon ou mauvais, et de tout retrouver ? À l'inverse, on nous prédit que les neuroscientifiques disposeront un jour de techniques psychologiques ou pharmacologiques susceptibles d'effacer les souvenirs désagréables sans altérer les autres souvenirs ! Attendons sereinement ce moment…

Ce qui permet souvent à l'oubli de progresser, c'est l'inaction de la mémoire. Malgré sa nuisance irritante, l'oubli est le risque que doit courir la mémoire. Sans mémoire pas d'oubli, mais sans oubli pas de mémoire non plus. Loin d'être maléfique, l'oubli est souvent bénéfique. Il permet à notre mémoire consciente de ne pas être submergée par les souvenirs banals et les informations de peu d'importance. À ce titre, l'oubli facilite la rétention de ce qui est essentiel à notre survie et à notre identité en reléguant l'accessoire sans intérêt pour notre avenir.

Les caractéristiques de l'oubli

• **L'oubli est naturel.** Nous devons accepter cette défaillance de la permanence de notre mémoire. Après quelques minutes, quelques heures, quelques jours, nous nous souvenons moins de ce que nous avons vu, dit, vécu, entendu, ressenti.

• **L'oubli n'a pas d'âge.** S'il s'observe à tout moment de la vie, il prend avec les années une plus forte intensité et dessine de notre passé un profil particulier composé de ce que nous conservons à notre sujet et de ce que nous savons encore du monde.

• **L'oubli est complexe**, il ne peut se résumer à un simple effacement de la trace des souvenirs.

• **L'oubli est indispensable.** Pour Bergson, il est une condition de l'action, car son filtre ne laisse passer que les souvenirs utiles à l'action.

La naissance d'un souvenir (c'est-à-dire son apprentissage) et sa mort (c'est-à-dire son oubli) sont solidaires. Les caractéristiques des éléments constitutifs d'un souvenir sont en elles-mêmes porteuses des germes de son oubli. L'acquisition d'une information permet de créer une résonance interne aux souvenirs : le rappel correspond à la reconstitution de cette résonance. En l'absence de récupération d'éléments suffisamment caractéristiques, il sera impossible de rétablir cette résonance et d'éveiller un écho à la conscience de l'individu.

L'oubli est vraisemblablement la clé de notre équilibre cognitif et affectif : sans lui, nos fonctions cognitives seraient engorgées ; sans lui, notre vie affective serait saturée d'émotions ; sans lui, nous resterions immuables et notre personnalité ne profiterait d'aucun acquis. L'oubli, que ce soit l'effacement de certaines informations ou l'absence d'accès à celles-ci, protège notre état de conscience d'un trop grand nombre d'informations parasites, pas toujours essentielles.

Notre désir secret serait de contrôler l'oubli. Est-ce bien sage ? Au même titre que la jeunesse éternelle, la mémoire absolue ne peut nous être accordée. Tant pis, tant mieux. D'ailleurs, comme toute expression de la perfection, la mémoire absolue serait ennuyeuse, tellement ennuyeuse. L'oubli est beaucoup plus excitant ! Il nous offre des défis. Tant mieux !

L'ESSENTIEL

- Le fonctionnement naturel de la mémoire utilise toutes les facettes de ses mécanismes (apprentissage volontaire ou incident) ainsi que le contenu de tous ses stocks (mémoire rétrospective) dans un déroulement harmonieux contrôlé par la métamémoire, et le plus souvent dans une perspective de gestion des activités futures (mémoire prospective).
- L'apprentissage résulte de l'interaction entre les caractéristiques de l'information à mémoriser et les stratégies du sujet, le contexte de l'apprentissage et les connaissances déjà stockées.

- La consolidation repose sur le sommeil et la répétition des apprentissages.
- Le sommeil est l'un des moments clés de la consolidation des informations mémorisées lors de la journée précédente.
- Le rappel volontaire est libre, indicé ou par reconnaissance.
- Les souvenirs ne sont pas stockés en bloc, leurs traits constitutifs sont en fait distribués dans le cerveau et l'évocation d'un souvenir passe par une reconstitution qui n'en garantit pas la fidélité.
- La mémoire est toujours sélective : l'environnement facilite la sélectivité de la mémoire, car l'usage qu'on fait de sa mémoire renforce certaines aptitudes.
- Les hommes et les femmes n'apprennent pas de la même façon et ne se souviennent pas des mêmes choses. Certaines différences sont biologiques, d'autres sont liées à l'éducation et à l'environnement.
- La mémoire prospective permet de se rappeler l'intention de faire quelque chose à un moment donné. La récupération du souvenir de cette intention repose sur des indices externes présents dans l'environnement ou des indices internes autogénérés.
- La métamémoire permet le contrôle des activités de mémorisation, l'évaluation de l'étendue des connaissances et l'estimation des capacités d'évocation.
- La mémoire rétrospective (passé), la métamémoire (présent) et la mémoire prospective (futur) sont trois façons différentes de placer sa mémoire sur l'axe temporel de sa vie.
- L'oubli résulte de plusieurs mécanismes : l'effacement de la trace mnésique, un mauvais apprentissage (attention limitée, indiçage incomplet, manque de motivation, contexte émotionnel trop marqué), une altération du stock des informations (interférences proactives et rétroactives, absence de répétition ou d'utilisation), un accès difficile faute de stratégies pertinentes de recherche ou d'indices efficaces de récupération.
- L'oubli nous offre des défis. Tant mieux!

Encyclopédiques, expertes, prodigieuses : quelles mémoires !

> « Nous savons tous plus que ce que nous croyons savoir. »
>
> Thornton WILDER (1897-1975)

Autant certaines différences biologiques sont acceptées sans difficulté par la plupart d'entre nous, telles que la taille, la couleur des yeux ou la vitesse à la course à pied, autant les inégalités de mémoire sont douloureusement ressenties. Il est vrai que nous avons plus d'identité personnelle dans notre mémoire que dans la couleur de notre iris ! C'est presque sèchement que nous exigeons le droit à une mémoire absolue. Un profond sentiment d'injustice nous agite lorsque nous sommes confrontés à des personnes ayant une mémoire exceptionnelle.

Pendant les dizaines d'années de sa vie, un individu est capable de retenir des millions d'informations sur des faits culturels ou des souvenirs personnels. Certaines de ces informations ont été volontairement apprises ; d'autres l'ont été de manière incidente sans que son esprit n'ait été particulièrement conscient d'avoir enregistré telle image, telle odeur, tel son. Quelle est donc la capacité maximale de notre mémoire à long terme ? Certains chercheurs la considèrent comme illimitée, mais comment la mesurer ? Pour beaucoup d'entre nous, une excellente mémoire constitue une chance et représente un net avantage social. Quelques individus ont même une exceptionnelle maîtrise d'un champ précis de connaissances ; d'autres possèdent une fantastique technique de mémorisation. De tels individus ont été repérés dès l'Antiquité. Plusieurs explications aident à comprendre cette supériorité mnésique : capacités biologiques d'emblée supérieures ; entourage familial très stimulant dans un domaine précis, comme ce qui s'est passé pour Mozart ; constitution précoce d'une base de connaissances qui facilite la structuration d'une mémoire à long terme hyperspécialisée. Ces explications sont-elles suffisantes pour déchiffrer ces mémoires que nous envions ?

Les mémoires encyclopédiques

Wotan à Erda : « Ta pensée est fixée là où des cerveaux réfléchissent : tout, dit-on, t'est connu... »
Wagner

Personnelle ou sociale

Nous avons tous autour de nous des personnes à la mémoire impressionnante. Au premier coup d'œil, certains retiennent pour toujours ce qu'ils lisent. Pour d'autres, il ne s'agit pas d'une exceptionnelle rapidité de mémorisation, mais plutôt de la maîtrise prodigieuse d'un domaine spécifique de connaissances pointues. Celles-ci ont été très souvent acquises avant l'âge de 25 ans, lorsque les dispositifs biologiques cérébraux possèdent des capacités très performantes. Par la suite, ces sujets ne font qu'amasser davantage de savoirs sur un fonds déjà excessivement développé et remarquablement organisé.

Lorsqu'elles sont interrogées sur le secret de leur mémoire encyclopédique, ces personnes indiquent rechercher le dénominateur commun leur permettant de mémoriser une information nouvelle dans leur domaine de prédilection. Bien souvent, ces experts sont incapables d'expliquer un processus de mémorisation qui leur semble aussi naturel que parler ou respirer. L'intérêt et la motivation développés pour ce thème ajoutent une étiquette particulièrement forte qui facilite la mémorisation. La reconnaissance d'un indice pertinent ou d'un ensemble logique facilite la compréhension et, par là même, une meilleure rétention. La réalisation de tests de mémoire classiques chez ces individus réputés pour leur excellente mémoire ne révèle aucune capacité surhumaine : ce n'est pas qu'ils apprennent plus, c'est surtout qu'ils apprennent mieux.

Antiquité, Moyen Âge et Renaissance

Les mémoires encyclopédiques sont connues depuis longtemps. Dès l'Antiquité, les hommes ont été frappés par l'existence de prodigieuses mémoires parmi leurs semblables[1]. Certaines de ces mémoires

Partout et de tout temps

• Pendant des siècles, l'examen d'entrée dans l'administration chinoise exigeait de nombreuses années passées à apprendre des textes.

• Les mémorialistes talmudiques de Pologne, les Shass Pollaks, sont des spécialistes du Talmud. Ils ont une impressionnante capacité de mémoire, mais limitée, si l'on peut dire, aux douze volumes du Talmud babylonien, dont ils peuvent rappeler n'importe quel paragraphe de n'importe quelle page.

• Certains érudits indiens récitent par cœur les 10 000 strophes composant les 1 000 chants du recueil du Rig-Véda.

• Les bouviers Swazi connaissent dans leurs plus infimes détails les caractéristiques de leur bétail ce qui est bien pratique pour les distinguer des autres.

• Les vieillards Itamul de Nouvelle-Guinée savent de manière prodigieuse les généalogies des différents clans, ce qui évite les conflits de propriété.

• Dans tous ces exemples, on notera que le bénéfice des mémoires encyclopédiques est davantage social que personnel.

exceptionnelles étaient naturelles ; d'autres ont bénéficié de procédés mnémotechniques spécifiques liés à la rhétorique et regroupés sous l'appellation d'« art de la mémoire[2] ». L'homme politique et stratège grec Thémistocle (528-462 av. J.-C.) connaissait le nom de chaque citoyen athénien. Comme l'écrit Cicéron : « Rien de ce qui entrait dans l'esprit de cet homme n'en sortait plus jamais ! » Frappé d'ostracisme à la suite de l'ingratitude de ses concitoyens, Thémistocle fut banni d'Athènes et se réfugia dans l'Empire perse où il apprit en un an la langue perse. Lorsque Simonide, l'inventeur du moyen mnémotechnique des *loci*, vint le voir pour lui proposer l'art de tout se souvenir, Thémistocle lui aurait répondu qu'il était davantage intéressé par un art de l'oubli ! Cicéron cite même les deux problèmes majeurs de Thémistocle : « Je retiens même ce que je ne veux pas retenir ; et je ne peux pas oublier ce que je veux oublier. »

Pline l'Ancien rapporte d'autres cas dont la vérification est difficile. Croyons-le sur parole. Selon lui, le roi de Perse Cyrus connaissait le nom de ses 100 000 soldats. Le lendemain de son arrivée à Rome, Cinéas, ambassadeur du roi Pyrrhus, parvint à mémoriser le nom de tous les sénateurs et de tous les chevaliers romains. Maigre exploit, disons-le, si on le compare à Publius Scipion qui aurait connu le nom des 35 000 soldats romains de son armée. D'autres racontent que Mithridate Eupator rendait la justice dans les vingt-deux langues parlées dans son royaume. Enfin, Métrodore de Scepsis pouvait retenir en termes identiques tout ce qu'on lui disait, au point que Cicéron qualifie de « presque divins » les pouvoirs de sa mémoire. Saint Augustin (354-430) dit de son ami Simplicius qu'il « pouvait réciter sur-le-champ et rapidement n'importe quel passage de Virgile, et il pouvait même citer les vers à rebours », ce qui n'a d'ailleurs pas grand intérêt !

Pic de la Mirandole, l'homme qui savait tout

La rareté des livres, dont parfois un seul exemplaire existait dans la bibliothèque d'un monastère perdu, obligeait les universitaires et les étudiants à en mémoriser de longs passages. Pic de la Mirandole (1463-1494), l'auteur du *Discours sur la dignité de l'homme*, sera surnommé « l'homme qui savait tout » par ses contemporains, éblouis par sa science et son esprit lumineux. Il lui prend même l'idée extravagante de vouloir convoquer à Rome les esprits les plus érudits de la chrétienté pour y discuter de 900 thèses personnelles couvrant tous les champs du savoir. Cette érudition superficielle et vaniteuse a entretenu la légende durable, relayée par Blaise Pascal, d'un Pic de la Mirandole capable de discourir « de toute chose connaissable » et moqué plus tard par l'acide Voltaire qui ajoutait « et de quelques autres en plus » !

On vante encore les extraordinaires performances de mémoire de saint Thomas d'Aquin (1226-1274), le docteur angélique. Dès son enfance à Naples, il enregistrait fidèlement tout ce que disaient ses professeurs. Ses contemporains racontaient qu'il n'oubliait jamais rien de ce qu'il lisait. Il put ainsi présenter au pape un recueil de citations des Pères de l'Église sur les Évangiles, recueil constitué non pas à partir de notes, mais uniquement à partir de ce qu'il avait retenu de la lecture des ouvrages qu'il avait consultés dans les monastères.

En 1491, dans son ouvrage *Phoenix, sive Artificiosa Memoria*, Pierre de Ravenne affirme que les meilleurs *loci* sont les églises désertes : il affirme posséder plus de 100 000 *loci* prêts à recevoir du contenu. Sa technique devait être efficace, puisqu'il était capable de réciter 200 discours de Cicéron, l'ensemble du droit canon et 20 000 points du droit civil ! Le philosophe Giordano Bruno (1548-1600), brûlé vif à Rome pour hérésie, était lui aussi doté d'une mémoire prodigieuse lui permettant de réciter 1 000 poèmes d'Ovide ou près de 7 000 passages de la Bible. Moine dans sa jeunesse, il avait appris des dominicains leur art de la mémorisation. Plus tard, d'autres lettrés seront aussi réputés pour leur excellente mémoire comme Jean Racine (1639-1699) capable de réciter une tragédie après seulement une à deux lectures.

Napoléon Ier

« Une tête sans mémoire est une place sans garnison. »
Napoléon Ier

Le mamelouk Ali qui a accompagné Napoléon Ier à l'île d'Elbe, puis à Sainte-Hélène, disait : « L'empereur avait une imagination extraordinaire et une mémoire des plus heureuses. » Tous les contemporains de l'empereur ont été impressionnés par sa mémoire infaillible. Frédéric Masson, l'historien de la vie privée de Napoléon Ier, rapporte qu'« il n'a que rarement besoin de recourir aux archives du Cabinet, moins encore à celles de la secrétairerie d'État. Tout est classé et enregistré en sa mémoire, et sa mémoire est à ce point obéissante qu'elle présente toujours le renseignement dont il a besoin au moment seulement où il en a besoin. Il n'est point obsédé par les réminiscences, pas plus qu'il n'est inquiété par l'obligation de rappeler ses souvenirs. Cela jaillit sans nul effort, sans nulle pression et, ce robinet fermé, Napoléon en ouvre un autre qui s'épanche comme le premier, et puis un autre, un autre encore indéfiniment[3] ». Concernant ses lectures, l'historien continue : « Un livre qu'il a vu et lu ne sort plus de sa mémoire : si le bibliothécaire ne le trouve point du premier coup, Napoléon décrit minutieusement la reliure, indique la couleur des plats et du dos, marque la place où le volume peut avoir été mis et dans quel bureau il doit se trouver. »

Les dictées de Napoléon à Sainte-Hélène confirment son exceptionnelle mémoire, lui permettant aussi bien de discourir de l'intérêt stratégique des différents affluents du Pô que de décrire minutieusement ses batailles ou de rapporter différentes anecdotes. Les noms propres des lieux et des généraux sont corrects, seuls certains chiffres laissent à désirer. Dans le *Mémorial de Sainte-Hélène*, Emmanuel de Las Cases rapporte une anecdote sur sa « bonne mémoire » en juin 1816. Devant l'auditoire des familiers ayant accepté de partager sa captivité, Napoléon raconte un combat survenu au cours de la campagne d'Égypte. Lors de son récit, il identifie par leurs numéros les 8 ou 10 demi-brigades d'infanterie ayant participé au combat. Très impressionnée, Mme Bertrand, l'épouse du grand maréchal du Palais, demande à l'empereur comment il peut encore se rappeler ces numéros dix-huit ans plus tard. Ce à quoi Napoléon lui répond : « Madame, le souvenir d'un amant pour ses anciennes maîtresses ! »

Cette extraordinaire capacité de mémorisation de l'empereur a facilité toute sa vie la constitution d'impressionnants stocks aussi bien de souvenirs personnels que de connaissances encyclopédiques. Comment l'expliquer ? Tout d'abord, une intelligence exceptionnelle faite d'une remarquable organisation, d'une pensée tourbillonnante, d'une évidente acuité intellectuelle et, enfin, d'une insatiable curiosité. Sa mémoire repose sur un enregistrement rapide presque photographique, sur une base de connaissances extrêmement bien structurée et sur une prodigieuse capacité d'encodages élaborés lui permettant de classer domaine par domaine toutes les informations qui lui parviennent. Pour suivre les états de ses armées au régiment près, Napoléon s'était fait fabriquer une grande boîte en bois divisée en casiers : il est fort à parier que sa mémoire était organisée sur un modèle similaire. Nous savons qu'il retenait les noms et les visages d'un grand nombre de militaires et d'officiers, qu'il se rappelait très précisément les rencontres qu'il avait faites et les événements qu'il avait vécus. Le comte Louis-Mathieu Molé raconte que lors des revues sur le Carrousel, « il s'arrêtait devant chaque soldat, examinait sa tenue, appelait par leur nom ceux qu'il reconnaissait, et il y en avait toujours un grand nombre, leur rappelait les affaires où ils s'étaient signalés[4] ».

Certains disent que l'empereur se renseignait auparavant sur le nom et les états de service des soldats qu'il allait passer en revue afin de mieux frapper l'imagination en s'adressant personnellement à eux. Même si cela est vrai, ce n'est déjà pas si mal de se souvenir de tous ces détails, fussent-ils appris une heure plus tôt ! Par ailleurs, d'autres exemples sont suffisamment convaincants pour ne pas sous-estimer cette prodigieuse mémoire.

La mémoire du cœur

Le 23 juin 1816, ayant reçu des livres de France au sujet de l'Égypte, Napoléon parle pendant le dîner des immenses lectures de sa jeunesse. Il est enchanté de constater qu'il n'a rien oublié de ce qu'il a lu autrefois : « Il n'avait rien, dit-il, ou presque rien à corriger de ce qu'il avait dicté sur l'Égypte. » Poursuivant sur le thème de la mémoire, l'empereur ajoute que sa mémoire est « heureuse », qu'elle n'est « point générale, absolue », mais « relative, fidèle » et seulement pour ce qui lui [est] « nécessaire ». Puis il termine en disant que sa mémoire tient « du cœur », qu'elle conserve « le souvenir fidèle de tout ce qui lui [a] été cher ».

La lecture du testament de Napoléon confirme cette fidélité du cœur, car il lègue des sommes d'argent à des personnes qu'il n'a pas revues depuis sa jeunesse et qui lui ont toutes rendu quelque service à l'époque. C'est le cas, par exemple, de ses anciens professeurs comme l'abbé Rocco qui lui a appris à lire et à qui il lègue 20 000 francs[5].

Bien sûr, Napoléon a 51 ans lorsqu'il rédige son testament, il est encore très jeune, mais, en tout cas, à cet âge-là, sa mémoire du cœur égalait celle de ses neurones !

Napoléon a enfin maîtrisé toute sa vie une vaste culture encyclopédique dans la plupart des domaines aussi bien historiques, que géographiques, littéraires ou mathématiques. Cette culture et sa curiosité intellectuelle lui ont permis, cas unique parmi les grands capitaines de l'Histoire, d'élaborer l'expédition d'Égypte de 1798 à la fois comme une campagne militaire et comme une campagne scientifique et artistique.

Les mémoires encyclopédiques pour le plaisir !

« J'ai plus de souvenirs que si j'avais mille ans. »
Charles Baudelaire

Louis XVI petit-fils de Louis XV, Louis XV arrière-petit-fils de Louis XIV...

Si les mémoires professionnelles sont logiques, de nombreuses personnes développent d'impressionnantes mémoires encyclopédiques dans le cadre de leurs loisirs. Par exemple, un de mes amis, passionné de généalogie depuis son adolescence, peut décliner immédiatement les ascendants ou les descendants de n'importe quel souverain européen de ces deux derniers siècles. L'aristocratie française et les princes médiatisés du Saint Empire ne possèdent aucun secret pour lui, et même Stéphane Bern pourrait prendre quelques cours auprès de ce spécialiste ès généalogies. Je l'ai entendu une fois déclarer d'une seule traite, lors d'un dîner où était mentionné le nom de Dimitri de Yougoslavie : « Dimitri de Yougoslavie, né en 1958, est le fils du prince Alexandre de Yougoslavie, de la branche cadette des Karageorgevitch, et de la princesse Maria-Pia de Savoie, fille du roi d'Italie Umberto II et de la reine Marie-Josée. Alexandre de Yougoslavie est lui-même fils du régent Paul de Yougoslavie, cousin germain du roi Alexandre Ier de Yougoslavie, et de la princesse Olga de Grèce et Danemark, le régent Paul étant quant à lui fils du prince Arsène de Serbie et de la princesse Aurore Demidoff de San Donato. » J'ai pris soin de noter discrètement ce texte et d'en vérifier l'exactitude plus tard sur Internet : tout était juste !

> **UNE PASSION PRÉCOCE**
>
> Les mémoires encyclopédiques sont le fruit de passions parfois dévorantes. Elles se construisent très tôt, à la suite d'années de lectures, de rapprochements, de comparaisons qui permettent d'élaborer progressivement une somme considérable de connaissances dans un domaine très spécifique. Le point le plus fascinant n'est pas vraiment cette compétence extrême, mais le pourquoi de son développement : que se passe-t-il soudain dans l'esprit des enfants pour que leur intérêt se porte sur la généalogie des princes, le nom des joueurs de football, la liste des étoiles ou les noms des dinosaures ?

Comment expliquer une telle passion ? Il se trouve que, lorsqu'il avait 10 ans, la grand-mère paternelle de mon ami, ancienne enseignante, lui apprenait les noms des rois et les événements de l'histoire de France. À un âge où d'autres gamins lisaient *Pif-Gadget*, il dévorait toutes les revues comportant des détails sur les familles princières. Si cet ami féru de généalogie est aussi imbattable pour tout ce qui concerne la musique et les vins français, il reconnaît être incapable de retenir les dates historiques. Son histoire montre une hyperspécialisation aux dépens d'autres domaines, il ne s'agit pas d'une mémoire absolue mais d'une mémoire sélective qui ne s'accompagne pas de compétence dans d'autres secteurs du savoir.

13 et 14 septembre 1515 ?

Au sein d'un même domaine, les stratégies employées varient d'une personne à l'autre. Par exemple :

- **Associer un visage et une date.** Pour expliquer sa très bonne capacité de mémorisation des dates, une journaliste me confiait un jour : « J'ai un calendrier dans la tête. Au fur et à mesure des rencontres, les visages des gens s'y inscrivent. » Cette technique, associant un visage à une date du calendrier dont elle possède très certainement une exceptionnelle représentation mentale, lui permet de souhaiter naturellement leur anniversaire en temps voulu à de nombreuses personnes, comme elle l'a fait pour moi un jour.
- **Associer une date historique et une date personnelle.** Étant moi-même relativement compétent pour retenir les dates, je me suis souvent interrogé sur cette aptitude. Celle-ci repose sur mon goût pour l'Histoire, datant de l'époque où l'enseignement de cette discipline n'avait pas encore gommé les références chronologiques. J'ai constitué ainsi un réseau de dates historiques qui me servent de référence sur une sorte de calendrier perpétuel. Lorsque je suis confronté à une date personnelle, que ce soit une date de naissance ou celle d'un événement particulier, mon réflexe immédiat est de l'associer à une date historique que je connais déjà. Il m'est donc facile de retenir l'anniversaire de tel ami né le 10 novembre, date de la Journée des dupes (10 novembre 1630, journée au cours de laquelle Richelieu a été renvoyé le matin par Louis XIII à la demande de sa mère Marie de Médicis, mais réintégré le soir même dans ses fonctions de Premier ministre). Je retiens sans peine éga-

lement l'anniversaire de sa sœur, née le 5 mai, jour de la mort de Napoléon Ier. Ainsi, si cette journaliste et moi-même possédons une bonne mémoire des dates, nous employons des mécanismes différents, mais néanmoins efficaces.

- **Laisser agir le contexte émotionnel.** Dans certaines situations, je retiens des dates indépendamment du contexte historique, simplement parce que cela m'est plus facile et que ces dates ont un poids émotionnel particulier. J'ai ainsi étonné en 2002, année du vingtième anniversaire de notre réussite à l'internat de médecine, certains de mes collègues de promotion, lorsque je leur ai rappelé que nous avions passé les épreuves écrites de l'internat de Lyon les 11 et 12 février 1982, que nous avions eu les résultats de l'admissibilité le 3 avril et enfin les résultats définitifs le 14 mai. Le contexte émotionnel de ce concours a certainement contribué à indicer très fortement ces trois dates dans mon esprit, mais je dois avouer que, pour le 14 mai, c'était assez facile puisqu'il s'agit aussi de la date de l'assassinat du roi Henri IV en 1610 !

Les mémoires des experts

« Il n'y a pas d'expert qui soit absolument compétent. »
Ptahhotep, vizir égyptien

« Il suffirait de presque rien, peut-être dix années de plus, pour que je te dise : "Je sais"... »

Savoir et savoir-faire

En bon français, l'expertise correspond au rapport remis par l'expert, alors qu'en français scientifique, deux acceptions sont admises : la possession remarquable d'un champ de connaissances donné (un savoir) et la maîtrise exceptionnelle d'une technique spécifique de résolution de problèmes (un savoir-faire). Par opposition à un sujet novice, un expert réalise des performances très supérieures dans les tâches cognitives de son domaine d'expertise : la mémoire joue un rôle déterminant dans cette supériorité, car l'expert possède de remarquables capacités de mémorisation et de résolution de problèmes.

La mémoire des experts est supérieure à celle des novices à 3 niveaux.

1. Les experts se concentrent mieux sur le matériel de leur expertise et le manipulent plus facilement.

2. Les experts mémorisent beaucoup mieux les informations relevant de leur domaine d'expertise, car ils utilisent en routine des schémas spécifiques de représentation des connaissances grâce auxquels ils apprennent et retrouvent plus rapidement les informations de leur domaine particulier.

3. Les experts se constituent très tôt une base de connaissances mieux structurée et plus fournie que celle des novices. Sans cette base, les novices manquent des informations élémentaires nécessaires à la résolution des problèmes inhérents à un domaine donné. Il est certain que la répétition de l'apprentissage et l'utilisation régulière des données renforcent aussi bien quantitativement que qualitativement cette base de connaissances.

Deux avantages décisifs découlent de cette supériorité. Grâce à des stratégies d'élagage superficiel, les experts évitent d'explorer exhaustivement une situation déjà connue. Ils ont aussi la possibilité de mettre en route plus rapidement et plus efficacement des stratégies d'exploration en profondeur d'un problème.

DEVENIR EXPERT

Une expertise n'est pas « magique ». Elle exige au moins 10 ans de pratique intensive, correspondant à un grand nombre d'heures de travail explicites (l'entraînement) et implicites (la mise en pratique de cette activité). Au fil du temps, l'expert améliore son aptitude à se représenter les problèmes, à les résoudre, à maîtriser l'interaction la plus adéquate entre la rapidité et l'exactitude : ces stratégies deviennent de plus en plus efficaces et sont elles-mêmes des objets de mémorisation.

Nous sommes tous des experts malheureux

Les experts sont souvent bien incapables d'expliquer la constitution et le fonctionnement de leur expertise. Leurs interprétations décevantes ne permettent que rarement à un tiers de maîtriser un savoir-faire comparable. Augmentant sa sélectivité, un expert va immédiatement à l'essentiel, sans s'attarder sur des détails qui lui paraissent moins intéressants alors qu'ils sont mieux analysés par des sujets moins expérimentés. Très curieusement, et malheureusement pour eux, les experts ne transfèrent pas leurs capacités à d'autres domaines d'expertise, ils ne possèdent pas de compétences plus développées dans d'autres domaines. Ni leur quotient de mémoire ni leur quotient intellectuel, qui évaluent l'un et l'autre des aptitudes globales, ne sont significativement différents de ceux des novices. En revanche, des tests de mémoire spécifiquement élaborés dans leur domaine d'expertise leur permettent d'obtenir des résultats significativement supérieurs à ceux des novices.

Il faut distinguer les « mémoires expertes » des « mémoires des experts ». Dans le premier cas, il s'agit d'individus dont le niveau de mémorisation est nettement supérieur à celui des novices lors de tâches spécifiques : c'est l'expertise mnésique spécifique des serveurs de restaurant ou des acteurs professionnels. Le second cas correspond aux performances mnésiques associées à une expertise cognitive comportant la résolution de problèmes. Dans ce cas-là, il s'agit des joueurs d'échecs ou de bridge, des joueurs de basket-ball ou des patineurs, des spécialistes en électronique ou en informatique, des médecins ou des calculateurs prodiges.

Garçon, s'il vous plaît !

Les serveurs de café ou de restaurant ont typiquement développé une remarquable expertise dont ils ne sont pas conscients lorsqu'on les interroge. On m'a raconté l'histoire de Simone, employée du bar d'un centre de recherche international en France qui, lorsqu'elle voit arriver de loin un groupe de chercheurs, commence immédiatement à préparer leurs cafés sans se tromper entre les différentes possibilités : expresso, capuccino, grand, petit ou moyen, allongé ou pas, avec ou sans lait, avec ou sans sucre. Elle connaît, en outre, les noms et les prénoms de la plupart des chercheurs, ce qui est remarquable dans un centre où se côtoient Italiens, Anglais, Américains, Allemands, Français, Thaïlandais, Iraniens, Pakistanais, dont les noms ne sont pas toujours phonétiquement faciles !

De nombreux serveurs de café mémorisent par cœur les boissons commandées par leurs clients. Si le nombre de boissons est inférieur à 6 ou 7 (la valeur de l'empan), il n'est habituellement pas difficile de les retenir, mais les garçons de café sont fréquemment interpellés par les clients des autres tables, ce qui perturbe leur rétention des boissons en mémoire à court terme. Par conséquent, quel que soit le nombre de boissons, ils doivent s'organiser pour les retenir rapidement. Lors de leur formation, les apprentis-serveurs apprennent principalement à regrouper par types de clients (enfants, femmes, hommes) et par types de boissons (chaudes, froides, alcool, pression...)[6].

Clients et boissons

• **La méthode des *loci*** : les garçons de café répartissent mentalement les boissons commandées dans différentes cases et n'ont plus ensuite qu'à les évoquer en parcourant mentalement ces cases.

• **La stratégie de classement liée au type d'alcool** (boissons non alcoolisées, boissons peu alcoolisées comme le pastis ou la bière, boissons plus alcoolisées comme le whisky ou le cognac). Chaque boisson correspondant en général à un verre particulier, les barmen s'aident souvent de la forme ou de la taille des verres : en les plaçant tous d'emblée sur le comptoir, ils préparent ensuite les boissons en progressant des verres les plus petits jusqu'aux plus grands.

• **La venue régulière d'un client** favorise, par sa répétition, la mémorisation de sa boisson préférée.

Les serveurs de restaurant sont également dotés d'une bonne mémoire professionnelle. Ils doivent en effet prendre différentes commandes de plats et de boissons, et les servir au fur et à mesure de leur préparation. Bien évidemment, ces commandes sont écrites sur un papier qu'ils laissent sur la table tout en emportant un double en cuisine. L'effort de mémorisation est donc moindre. Néanmoins, les serveurs compétents se font un devoir de retenir la correspondance entre plats et convives.

Le psychologue suédois K. Anders Ericsson (1985) a particulièrement étudié le cas du garçon de restaurant J.-C.[7]. Celui-ci était remarquablement expert dans ce domaine puisqu'il pouvait retenir jusqu'à 20 menus complets. Face à une situation expérimentale créée dans un laboratoire de psychologie cognitive, J.-C. s'est révélé beaucoup plus performant qu'un groupe contrôle d'étudiants aussi bien pour mémoriser rapidement les menus que pour les restituer correctement. La combinaison des différentes propositions d'entrées, de viandes, de salades et d'entremets ne créait pas moins de 600 possibilités de menus ! La stratégie de mémorisation de J.-C. différait très nettement de celle des étudiants : alors que ceux-ci mémorisaient les menus sous la forme de listes successives, J.-C. les rassemblait par catégories en utilisant le moyen mnémotechnique du regroupement des initiales de chacun des plats de la catégorie considérée.

Convives et plats

Dans un restaurant gastronomique, il est clair que le serveur ne peut arriver en demandant : « C'est pour qui le foie gras ? » Bien sûr, des trucs sont en général employés, le plus facile étant de noter la disposition des convives en prenant un repère et d'inscrire ensuite la commande dans le sens des aiguilles d'une montre. La disposition spatiale des convives autour de la table est donc fondamentale, puisque le serveur prendra la commande dans un ordre donné et parcourra cette disposition dans le même ordre pour poser les plats. Il peut y rajouter certains indices personnalisant chaque convive, afin d'éviter la catastrophe du changement de place d'un des convives en cours de repas. Cette situation est celle que redoutent le plus les serveurs. Le souvenir des commandes ne dure pas que le temps d'une soirée : certains serveurs sont encore en mesure de réciter le lendemain les commandes des différentes tables qu'ils ont servies la veille, ce qui représente parfois une trentaine de menus différents.

« Trop de notes, mon cher Mozart[8] ! »

En janvier 2005, j'ai entendu sur France Musique Jean-Pierre Brossman, directeur du théâtre musical de Paris au Châtelet, raconter que depuis qu'il avait pour la première fois assisté à un opéra à l'âge de 6 ans (*Faust* de Gounod), il connaissait la distribution, le chef et le metteur en scène de tous les opéras auxquels il avait assisté. Une autre mémoire extrêmement impressionnante est celle des chanteurs d'opéra et des musiciens, que ce soit par leur maîtrise vocale ou instrumentale hautement technique, leurs capacités exceptionnelles de mémorisation, ou la connaissance remarquable d'un répertoire étendu. À l'Académie de musique de Berlin, des violonistes au potentiel de solistes de niveau international âgés d'une vingtaine d'années ont déjà accumulé plus de 10 000 heures de travail à raison de 30 heures minimum d'entraînement par semaine[9]. À l'âge de 13 ans, ils s'entraînaient déjà 12 heures par semaine. Au même âge, leurs collègues violonistes qui s'orienteront vers l'enseignement n'auront accumulé que 4 000 heures de pratique à raison de 10 heures par semaine.

Mozart et le *Miserere* d'Allegri

L'anecdote très connue du *Miserere* illustre les exceptionnelles capacités de mémorisation de Mozart. Le *Miserere* du compositeur Gregorio Allegri (1582-1652) était uniquement chanté par les castrats de la chapelle Sixtine deux fois par an, le mercredi Saint et le vendredi Saint. Cette œuvre musicale très courte, d'environ 11 minutes, est assez complexe : deux chœurs la chantent, chacun d'entre eux comprenant 4 à 5 parties. Le *Miserere* était la propriété exclusive du Vatican : les partitions étaient enfermées à clé et il était interdit de les recopier ou de les sortir du Vatican sous peine d'excommunication. Les chanteurs ne devaient pas non plus donner la moindre indication susceptible de le reconstituer. Lors d'un séjour à Rome à l'âge de 14 ans, Mozart n'est pas spécialement impressionné par les célèbres fresques de Michel-Ange de la chapelle Sixtine, mais plutôt par le *Miserere* qu'on y chante. Ne pouvant en obtenir une transcription, il le reconstitue de mémoire sans la moindre erreur, après l'avoir entendu seulement deux fois lors de la semaine sainte d'avril 1770[10]. Son entourage est ébloui par sa facilité à mémoriser ces 11 minutes de musique. En pratique, cet indiscutable exploit illustre la mémoire de Mozart, mais aussi sa connaissance du contrepoint…

La capacité mnésique de Mozart est, bien sûr, liée à sa compétence musicale générale et à son intérêt passionné en ce domaine. À 14 ans, Mozart avait déjà acquis une expérience musicale incomparable dans les domaines de la composition et de l'exécution instrumentale. Sous la férule de son père, il baignait dans un monde permanent de musique. Sa mémoire musicale était déjà remarquable à 8 ans puisque l'un des frères Grimm notait : « Ce qui est incroyable, c'est de le voir jouer de tête pendant une heure de suite. »

Le génie de la structure

J'ai récemment entendu une conférence sur Mozart par l'un de mes collègues, neurologue à Toulon, le Dr Pierre Lemarquis. En décortiquant avec sagacité le *Miserere*, il a démontré que l'effort de mémoire de Mozart n'était pas si exceptionnel. Le *Miserere* comporte 20 versets : une introduction polyphonique, 18 versets et un verset final. L'introduction contient 12 mesures ; les 18 versets suivants alternent 9 versets pairs et 9 versets impairs. Les versets pairs correspondent à un récitatif grégorien très simple que Mozart connaissait déjà, tandis que les versets impairs contiennent 14 mesures en polyphonie de style Palestrina : à chaque reprise, les ornementations des castrats deviennent plus complexes, mais le fond reste le même et se répète donc 9 fois. Enfin, le dernier verset comporte une coda de 7 mesures identiques aux 7 premières mesures des versets polyphoniques. Au total, Mozart n'aurait réellement mémorisé que l'organisation générale du *Miserere* plus quelques mesures qui tiennent sur une seule page. Facile, n'est-ce pas ?

De même que les joueurs d'échecs identifient des configurations particulières de pièces sur un échiquier, le jeune Mozart a reconnu au sein du *Miserere* des structures musicales hautement familières, lui évitant de retenir individuellement chaque note. Il ne s'agit pas d'une mémoire sensorielle auditive comme s'il avait simplement enregistré le *Miserere* tel un magnétophone, mais d'une mémoire constituée d'accords et de regroupements signifiants[11]. Enfin, sans vouloir diminuer l'exploit de Mozart, l'accès des partitions étant interdit, la seule façon de vérifier l'exactitude de sa transcription de mémoire est de se fier aux dires d'un des chanteurs de la chapelle Sixtine : on ne peut mettre en face la partition originale et la transcription pirate de Mozart pour repérer d'éventuelles différences mineures…

Alexandre Glazounov, Glenn Gould et Arturo Toscanini

Comme cela est classique chez les experts, Mozart avait à la fois une excellente capacité de mémorisation des informations musicales et un impressionnant stock de compositions musicales. Le compositeur russe Alexandre Glazounov (1865-1936) était, lui aussi, réputé pour sa mémoire : Alexandre Borodine (1833-1887) étant mort en laissant inachevé son opéra *Prince Igor*, Glazounov parvint à reconstituer de mémoire l'ouverture et certaines parties de l'œuvre que Borodine avait autrefois jouées au piano devant lui[12].

De nombreux musiciens ont également une connaissance approfondie du répertoire. Le pianiste canadien Glenn Gould (1932-1982) arrêta les concerts publics en 1964 pour se consacrer uniquement à l'enregistrement en studio : on dit qu'il savait par cœur pratiquement tout le répertoire pour le piano. Le célèbre chef d'orchestre italien Arturo Toscanini (1867-1957) connaissait par cœur 117 opéras de 53 compositeurs différents et plus de 500 œuvres non lyriques de 175 compositeurs différents. On ne sait s'il utilisait des astuces particulières de mémorisation ; quant à son talent de direction d'orchestre, il avouait un secret tout simple : « Il est très facile d'être chef d'orchestre, tout ce que vous avez à faire est de jouer toutes les notes ! » Son premier trou de mémoire musicale survint, si l'on peut dire, à 87 ans lors de son dernier concert radiophonique sur la NBC le 4 avril 1954 : ce concert étant en direct, le programme d'œuvres de Richard Wagner fut remplacé par un concert déjà enregistré. Il est logique d'attribuer une origine émotionnelle à ce trou de mémoire.

Kirsten Flagstad, Maria Callas, Natalie Dessay

La Norvégienne Kirsten Flagstad (1895-1962) a été la plus prodigieuse soprano wagnérienne de l'histoire. Comme nombre de grands chanteurs, elle possédait une exceptionnelle mémoire musicale qui lui permit de maîtriser très rapidement tous les grands rôles wagnériens : les trois Brünnhilde (*La Walkyrie*, *Siegfried*, *Le Crépuscule des dieux*), Isolde, Elsa, Sieglinde, Kundry, Senta, mais aussi d'autres rôles non wagnériens tels que Fidelio, Alceste ou la Maréchale du *Chevalier à la Rose*. Cette mémoire s'était manifestée très tôt, puisque, à l'âge de 10 ans, elle avait mémorisé le rôle d'Elsa dans *Lohengrin*. Plus tard, au début de sa carrière, elle apprit en onze jours la totalité du rôle de Kundry dans *Parsifal*. Les mauvaises langues diront cependant qu'à l'acte III, Kundry se contente de prononcer deux mots, ce qui réduit sensiblement sa charge mnésique ! Il s'agit néanmoins d'une indiscutable performance, car Kundry est présente dans la totalité de l'acte II. On raconte également que, sollicitée pour remplacer au pied levé une collègue indisposée, elle aurait appris par cœur dans le train, l'ensemble du rôle qu'elle devait chanter quelques heures plus tard.

Lorsqu'on lui demandait quel était son secret pour chanter de façon aussi sublime les grandes héroïnes wagnériennes, sa réponse était surprenante et bien peu cognitive : « Toujours porter des chaussures confortables... ! » Le chef d'orchestre Hans Knappertsbusch (1888-1965) disait aussi qu'elle était bâtie comme un cuirassé : cette remarque peu délicate ne faisait pas uniquement référence à son physique, mais surtout à sa résistance vocale. Il est vrai qu'il s'agit de la seule manière d'assurer avec aisance les exigences vocales et dramatiques des rôles wagnériens. On racontait d'ailleurs que, contrairement aux autres sopranos dont la voix tentait péniblement de « traverser » les redoutables masses orchestrales des œuvres de Wagner, la voix de Kirsten Flagstad se contentait de « passer au-dessus » !

Autre prodige : Maria Callas (1923-1977), dont la carrière aurait eu son impulsion déterminante en 1949 lorsqu'elle fut capable, alors qu'elle chantait Brünnhilde dans *La Walkyrie*, de remplacer une soprano défaillante en apprenant en trois jours l'intégralité du rôle d'Elvira dans *I Puritani* de Vincenzo Bellini (1801-1835). La mémoire est certes nécessaire, mais non indispensable, au talent et à la virtuosité. J'ai entendu à la radio la soprano colorature Natalie Dessay avouer ne pas avoir de mémoire : elle déclarait avoir besoin de 1 à 2 mois pour apprendre un rôle que d'autres chanteuses mémorisaient en une semaine. Cette « mauvaise » mémoire ne l'empêche pas d'élever magiquement sa voix jusqu'aux contre-fa du second air de la Reine de la Nuit dans *La Flûte enchantée* de Mozart !

LE SECRET D'UNE PRODIGIEUSE MÉMOIRE MUSICALE

Ainsi que cela est souvent observé chez les chanteurs ou les compositeurs (Bach ou Mozart en sont des exemples fameux), la mémoire musicale de Kirsten Flagstad s'est développée dans une ambiance familiale propice : son grand-père jouait du cor, son père était violoniste et sa mère chef de chœur. Son enfance a ainsi été bercée par les répétitions de choristes chez ses parents ou par des concerts dominicaux de musique de chambre organisés par sa famille. Dans la plupart des cas de mémoire musicale exceptionnelle, un indéniable don est sublimé par un contexte familial et un entraînement massif, soutenu et très motivé. Comme toujours, l'inné et l'acquis...

La stratégie des acteurs : ne pas apprendre par cœur

Si une mémoire fait bien l'admiration de tous, c'est sûrement celle des acteurs de théâtre. De façon étonnante, les acteurs professionnels de théâtre interrogés par la psychologue Helga Noice ont déclaré éviter d'apprendre par cœur[13] ! Ils ont décrit plusieurs stratégies.

Plutôt que d'être ânonnée, une réplique doit se présenter avec l'aisance naturelle d'une phrase adaptée à la situation. Les acteurs ne sont pas des experts en mémoire, mais des experts en analyse[14]. Ils n'apprennent pas les mots : ce sont les mots qui leur apprennent. La meilleure façon de maîtriser son texte est sans doute d'oublier qu'on le sait afin qu'il s'écoule naturellement. Parmi les stratégies employées à cette fin, on peut citer :

- **L'immersion dans la psychologie d'un rôle** afin d'en comprendre les motivations et les caractéristiques, c'est la stratégie la plus efficace : un acteur mémorise la façon dont son personnage influence les autres et est lui-même influencé en retour par eux.
- **La lecture du texte à plusieurs reprises** pour essayer de comprendre et prédire les répliques du personnage.
- **L'apprentissage simultané des répliques et des gestes** les accompagnant, ce qui facilite leur mémorisation réciproque.

Ces stratégies sont indispensables lorsqu'il s'agit de théâtre en prose. Le théâtre classique en vers est plus difficile en raison d'une syntaxe désuète, mais les rimes et la métrique des vers fournissent des points d'ancrage qui facilitent l'apprentissage et le rappel d'une tirade. D'autres acteurs ou des chanteurs ayant un répertoire de 600 chansons m'ont indiqué utiliser une méthode de correspondances entre certains mots du texte et une couleur, ou un son, voire une odeur, dans une approche quasiment synesthésique.

Le comédien Jean Piat racontait ainsi que la mémoire des acteurs partait des sentiments et qu'ensuite venaient les mots[15]. Un synonyme permet toujours de rattraper un trou sur un mot précis. Il expliquait que son grand secret était de jouer tous les jours depuis trente ans ! Il reconnaissait l'importance de l'entraînement et des répétitions ainsi que celle des moyens mnémotechniques comme « enregistrer » les premières syllabes des vers d'un poème. Mais, comme tout le monde, Jean Piat admettait avoir tendance à oublier les noms propres et les numéros de téléphone, et être plus gêné pour retrouver ce qu'il avait appris à partir de 40 ans...

Trac et trou

Paroles...

La mémoire des acteurs et des chanteurs n'est toutefois pas infaillible et leur terreur du trou de mémoire justifiait la présence autrefois indispensable du souffleur, ne serait-ce qu'à titre préventif, contre-phobique. Contrairement à l'opinion répandue, les trous ne surviennent pas tellement lors des premières représentations où les acteurs sont plus concentrés, mais plutôt lorsqu'un certain automatisme s'est installé et qu'ils relâchent leur attention.

En cas de trou de mémoire, leurs collègues peuvent leur souffler leur réplique et, bien souvent, le public ne remarque même pas le petit décalage qui en résulte. Lors d'une représentation théâtrale, les deux célèbres acteurs anglais John Gielgud (1904-2000) et Ralph Richardson (1902-1983) ont malheureusement vécu un trou de mémoire qui manqua de discrétion : trois fois, le souffleur leur souffla la phrase sans qu'aucun d'eux ne repartît, jusqu'à ce que, dans le plus grand silence, ils se tournent vers le souffleur en lui disant : « Nous savons bien la réplique mais nous ne nous rappelons plus lequel d'entre nous doit la dire ! »

Les souffleurs ayant disparu, comment pallier la mémoire défaillante des acteurs de théâtre ? Les représentations en 2004 de la pièce *La Bête dans la jungle*[16] ont malencontreusement mis en lumière les bafouillages et les silences gênés de Gérard Depardieu. Ses trous de mémoire en scène sont bien connus et, à leur sujet, l'acteur a un truc que l'on peut conseiller à tous : « J'attends que ça revienne, sans me dire : "Merde ! qu'est-ce que je dois dire ?" » La pièce *La Bête dans la jungle* a montré, dans une ambiance de miniscandale, deux solutions pour compenser les trous de mémoire : l'une consistait à disposer sur scène des bouts de papier au moment des changements de décor, ce qu'un critique a appelé de « vulgaires antisèches comme dans les plus mauvaises caricatures de séries produites par la ZDF » ; l'autre moyen était plus technologique, l'acteur étant connecté par une oreillette qui lui transmettait son texte au prix de ce qu'un critique a appelé « un retardement dans la bouche de Gérard » ! Pour justifier ces aide-mémoire, Jacques Lassalle, le metteur en scène de la pièce, a écrit : « Les acteurs, passé la cinquantaine, ont souvent des problèmes de mémoire... » Comme tout le monde...

... et musiques

Beaucoup de représentations ont été discrètement sauvées par une audacieuse improvisation ou une décision inspirée. C'est ce qui s'est produit en 1960 à New York lors d'une représentation du *Don Giovanni* de Mozart : un Don Ottavio un peu trop ému inversa l'ordre de ses deux arias, chantant d'abord « Il mio tesoro » au lieu de « Dalla sua pace ». Le chef d'orchestre Julius Rudel, et les musiciens suivirent instantanément, tournant précipitamment les quelques dizaines de pages qui séparent les deux airs dans la partition. L'ensemble se fit avec un tel brio que le public fut persuadé que les deux airs avaient été volontairement inversés.

Toujours recommencer depuis le début

Le trou de mémoire correspond à l'impossibilité brutale d'accéder à une information bien connue, mais tellement automatisée qu'elle est habituellement délivrée inconsciemment. Il est difficile alors de reprendre au milieu d'un passage dont le souvenir repose souvent sur une logique scénique, une dynamique et un rythme qui laissent peu de chance à une reprise à partir de n'importe quel endroit. Chacun d'entre nous l'a constaté lorsque nous apprenions des poésies : il était plus facile de réciter le poème en commençant par son premier vers qu'au beau milieu du sonnet. Une manière de le vérifier est de tenter de compléter des proverbes : il est toujours plus aisé et plus rapide de le faire lorsqu'on dispose du début d'un proverbe (comme « Tout vient à point... ») plutôt que de sa fin (comme « ... ne profite jamais »).

En mai 1983, au Royal Opera House de Covent Garden à Londres, j'ai été le témoin d'un trou de mémoire dans l'air de Beckmesser à l'acte II des *Maîtres-Chanteurs de Nuremberg* de Richard Wagner. À la stupéfaction du public, le baryton Geraint Evans s'est soudainement interrompu au milieu de sa sérénade à Eva. Le chanteur n'a pu retrouver la suite de son air malgré plusieurs reprises de l'orchestre à l'endroit où il s'était arrêté. Le chef d'orchestre a alors repris au tout début de l'air et Geraint Evans a pu chanter avec succès ce passage où sa mémoire lui avait fait défaut. Inutile de préciser qu'en un tel lieu, ce chanteur gallois très aimé du public britannique n'a été l'objet d'aucune manifestation déplaisante de la part de la salle. Un public italien aurait plus vigoureusement réagi comme cela est arrivé une fois à Parme où les spectateurs ont repris eux-mêmes en chœur le grand air de la Loreley d'Alfredo Catalani (1854-1893) que la cantatrice ne parvenait pas à chanter !

Les joueurs d'échecs

« La vie est une sorte de jeu d'échecs. »
Benjamin Franklin (1706-1790)

Des experts biscornus

Dans son numéro du 29 décembre 1883, le *Canadian Illustrated News* rapportait l'entrevue du Dr Zukertort, célèbre joueur d'échecs qui pouvait jouer simultanément 16 parties sans regarder les échiquiers. Le Dr Zukertort déclarait : « J'ai un moyen de photographier l'échiquier dans mon esprit et, les échiquiers étant numérotés, dès qu'on fait référence à un échiquier, l'image des positions qu'occupent les pièces sur cet échiquier me vient instantanément à l'esprit tandis que le dernier échiquier disparaît. Je ne vois jamais deux échiquiers devant moi au même moment. »

Le génie et la folie : Paul Morphy

La carrière officielle de ce joueur d'échecs aura duré, en tout et pour tout, 18 mois. Reprenons son histoire. À 10 ans, Paul Morphy maîtrise parfaitement les règles du jeu d'échecs qu'il a déduites en regardant jouer son père. Deux ans plus tard, il bat son oncle en jouant les parties en aveugle. À l'université, sa mémoire se révèle prodigieuse : il mémorise en une seule fois un livre ou une symphonie, et peut réciter tout le code civil de la Louisiane. Aux échecs, il joue plusieurs parties en aveugle contre des joueurs réputés à qui il offre parfois le choix de la couleur ou bien accorde un pion d'avance. Ses réponses aux coups que ses adversaires ont parfois mûris pendant une heure sont rapides, voire instantanées. Puis, de façon foudroyante, Paul Morphy devient fou et arrête de jouer...

Lors d'une émission radiophonique, le champion d'échecs Bachar Kouatly a déclaré que, chez les professionnels, la réflexion n'intervient que dans des situations critiques alors que l'amateur découvre à chaque fois de nouvelles combinaisons, de nouvelles situations. Là réside le secret ! L'expert se repose beaucoup sur sa mémoire à long terme de combinaisons connues, tandis que le novice sature continuellement sa mémoire de travail dans sa recherche de solutions potentielles.

De Groot, Chase et Simon

Depuis les années 1940, une abondante littérature scientifique s'est intéressée à l'étude cognitive de la pratique du jeu d'échecs. Les joueurs d'échecs ont été depuis longtemps reconnus comme les experts les plus intéressants à étudier pour comprendre les mécanismes cognitifs impliqués dans les situations de résolution de problèmes. L'un des éléments clés de la pertinence d'évaluation des joueurs d'échecs tient à l'existence d'un classement des joueurs baptisé ELO. Celui-ci repose sur le calcul du niveau des joueurs à partir de leurs performances lors des compétitions, le score tenant compte du résultat de la partie jouée et du classement de l'adversaire. Ce classement ELO offre un outil de comparaison fiable des joueurs d'échecs qui participent à des protocoles expérimentaux de psychologie cognitive. Les autres situations d'expertise manquent malheureusement d'un tel système de classement, ce qui rend plus difficiles les comparaisons objectives des experts entre eux.

Le « grand maître » de l'observation scientifique des joueurs d'échecs est le psychologue hollandais Adriaan de Groot, lui-même joueur de stature internationale. La première et surprenante constatation à laquelle il a abouti découle de l'analyse du raisonnement à voix haute qu'il a demandé à des joueurs d'échecs, experts ou novices, de réaliser lors de leurs parties – les techniques introspectives peuvent fournir quelques informations utiles, mais elles sont insuffisantes pour analyser objectivement le fonctionnement des mécanismes cognitifs. Il est apparu à cette occasion que les projections stratégiques des experts n'étaient pas beaucoup plus complexes que celles des joueurs novices : devant une configuration, ils n'envisageaient qu'environ 4 coups alternatifs et leur anticipation globale dépassait rarement 6 coups.

> **La clé du succès**
>
> Pour de Groot, le grand spécialiste cognitif de la pratique des échecs, l'expertise indéniable des joueurs professionnels repose sur leur mémoire avec une capacité supérieure pour se rappeler ou reconnaître un vaste nombre de configurations de parties qu'ils ont eux-mêmes jouées ou étudiées dans des ouvrages spécialisés. Leur supériorité résulterait donc de leur aptitude à passer d'une position à une autre position plus avantageuse dont ils connaîtraient déjà la résolution.

Autre expérience d'Adriaan de Groot[17], confirmée ultérieurement par les psychologues William Chase et Herbert Simon[18] : on présente à 5 novices et à 5 grands maîtres des configurations de parties d'échecs réelles obtenues après 20 coups de jeu. On leur demande ensuite de replacer sur l'échiquier les pièces de la configuration de jeu qu'ils ont examinée pendant seulement 5 secondes. Au premier essai de reconstitution, les grands maîtres replacent correctement 90 % des pièces contre 40 % pour les novices. D'emblée, les experts sont supérieurs aux novices. L'expérience se poursuit en enlevant les pièces mal placées et en demandant aux joueurs de continuer à retrouver l'emplacement exact des pièces : il faut environ 6 à 7 essais pour que les joueurs novices puissent approcher le pourcentage de réussite initiale des maîtres. De Groot s'est alors demandé si la supériorité des maîtres dépendait d'une meilleure stratégie d'estimation ou d'une meilleure mémoire. Il est apparu que l'estimation des maîtres n'était que légèrement supérieure à celle des novices. La suite logique et astucieuse de l'expérimentation a consisté à demander aux joueurs de reconstituer des configurations aléatoires de pièces d'échecs qu'ils examinaient là aussi pendant 5 secondes. Dans ces situations où la position des pièces ne résultait pas de la logique d'une partie, la mémoire des maîtres et des novices était comparable… c'est-à-dire faible.

Échecs et *chunks*

Si la supériorité des joueurs experts sur les novices n'est ni stratégique ni mnésique, où se situe-t-elle ? Tout le problème réside dans ce qu'on appelle mémoire : s'agit-il d'une capacité d'apprentissage

« désincarnée » ou bien de l'utilisation astucieuse de connaissances préalables ? En fait, la supériorité des experts ne repose pas sur une capacité à mémoriser n'importe quoi, mais sur une certaine façon d'organiser leur mémoire à long terme dans le domaine spécifique des échecs, aussi bien lors de l'apprentissage d'une configuration ayant du sens que lors de son rappel.

En effet, les grands maîtres reconnaissent immédiatement, en 5 secondes, des regroupements familiers de quelques pièces correspondant à des configurations connues, probables et logiques, ayant un sens particulier dans leurs bases de connaissances des échecs. Ces regroupements portent le nom de *chunks*. Ils ont été principalement étudiés dans les travaux sur la mémoire à court terme, mais constituent aussi un élément fondamental d'organisation de la mémoire à long terme.

MAÎTRES ET NOVICES

Les maîtres d'échecs ne sont supérieurs aux novices que pour des positions ayant du sens dans la logique du jeu et dans le contexte d'une partie réaliste : ces positions ne sont pas, pour eux, une simple juxtaposition de pièces sans lien entre elles, mais un ensemble cohérent de groupes cohérents de pièces. Les experts aux échecs analysent la configuration d'un échiquier en un nombre de coups d'œil similaire à celui des novices (environ 7), mais ils passent moins de temps à regarder la disposition des pièces qu'ils regroupent en un seul coup d'œil.

D'autres expérimentations plus complexes ont montré que le *chunking* (opération consistant à former des *chunks*) ne correspond pas à une simple opération de décomposition, puis de reconstitution visuelle et spatiale, mais plutôt à une décomposition en groupes porteurs de sens, nantis d'une logique interne. Par exemple, devant un échiquier, un joueur d'échecs expérimenté ne retient pas « tour en e1 » et « roi en g1 » ; il retient « position du roi roqué », ce qui lui est beaucoup moins coûteux en termes d'énergie de mémorisation ! Cette logique interne n'est pas figée, puisque les *chunks* ont entre eux des relations de recouvrement spatial ou d'emboîtement hiérarchique.

Les psychologues William Chase et Herbert Simon ont aussi montré que les maîtres d'échecs mémorisaient plus de catégories que les joueurs moins expérimentés et que leurs catégories contenaient en moyenne plus de pièces. En se fondant sur des simulations par ordinateur, ces deux chercheurs estiment qu'au moins 50 000 *chunks* doivent être stockés en mémoire à long terme pour atteindre le niveau d'expertise d'un grand maître d'échecs. Certains en auraient même emmagasiné près de 100 000 ! Avantage supplémentaire : les maîtres d'échecs accèdent à ces *chunks* beaucoup plus rapidement que les novices.

L'expertise au jeu d'échecs ne consiste donc pas en la mémorisation d'un nombre élevé de configurations complètes de parties d'échecs (ce qui relèverait d'une invraisemblable capacité), mais en la mémorisation d'un nombre très élevé de *chunks*, eux-mêmes susceptibles de participer à la composition de ces configurations de parties d'échecs.

Comment gagnent-ils alors ?

Si les joueurs experts disposent d'un stock phénoménal de *chunks*, comment font-ils finalement pour gagner ? L'habileté échiquéenne revient davantage à passer progressivement à des positions déjà connues pour leurs conclusions victorieuses qu'à évaluer des milliers de positions possibles ainsi que le font les ordinateurs programmés pour jouer aux échecs. L'expertise est donc un processus qui s'acquiert progressivement et qui n'a rien à voir avec une capacité de déduction « magique ». Le développement, l'organisation et l'entretien de la base de *chunks* reposent sur des années de travail. Au fur et à mesure de la répétition des parties d'échecs, le joueur mémorise et consolide des configurations prototypiques qui lui permettent de se constituer dans sa mémoire à long terme une base de données des *chunks* les plus familiers et les plus pertinents.

Les structures de récupération

Des modèles plus complexes de compréhension de l'expertise échiquéenne ont été développés depuis une dizaine d'années[19]. Leur originalité est de supprimer la distinction rigide entre mémoire à court terme et mémoire à long terme au profit d'un système plus fluide, plus dynamique avec une interaction permanente entre les deux mémoires. Les connaissances stockées dans la base de l'expert comportent des indices et des structures de récupération spécifiquement activés par l'information que le sujet est en train de traiter.

Pièces, déplacements et contrôles

Pour un joueur expérimenté, un *chunk* sur un échiquier est instantanément reconnu comme ayant du sens et, à sa seule vue, le joueur récupère immédiatement dans sa mémoire la disposition respective de chacune des pièces. En même temps, le joueur ne se contente pas de retenir la position abstraite d'une configuration, mais aussi les caractéristiques proprement sémantiques qu'elle possède en fonction de sa position, c'est-à-dire les caractéristiques de force ou de faiblesse d'un *chunk* disposé à tel endroit de l'échiquier. Ainsi, la configuration d'un *chunk* de « roi roqué » génère l'ensemble des possibilités dynamiques de déplacements et de contrôles potentiels des pièces. Un *chunk* n'est pas une position statique : c'est une action potentielle[20].

Ces indices de récupération pourraient être temporairement stockés dans une sorte de mémoire de travail à long terme (ou mémoire de travail épisodique) qui autorise les allers-retours entre l'analyse en cours et les connaissances stockées.

La mémoire de travail permettrait ainsi la prise en compte plus ou moins simultanée :

1. Des informations en cours dans le système de mémoire à court terme.
2. Des connaissances préalables en mémoire à long terme.
3. Du but à atteindre et des différentes étapes de raisonnement à poursuivre pour y parvenir.

L'imagerie fonctionnelle cérébrale s'est intéressée aux échecs

Tous ces travaux scientifiques sur la pratique du jeu d'échecs ont eu un impact considérable sur la méthodologie et la théorie des sciences cognitives dans le domaine de la résolution de problèmes. Au niveau des échecs, les habiletés cognitives principalement employées par les experts correspondent aux stratégies d'analyse et de traitement visuo-spatiaux, aux capacités d'imagerie mentale, aux données de la base de connaissances et aux possibilités de calculs et de planification.

Échec aux femmes ?

Un étonnant paradoxe marque les échecs : la pièce la plus puissante de l'échiquier est la reine, mais seulement 5 % des joueurs d'échecs sont des femmes. Pendant 500 ans, les échecs ont été joués en Inde, en Perse et dans le monde arabe sans la reine : à sa place se trouvait une pièce représentant un général ou un vizir. La reine fit timidement son apparition sur l'échiquier en Europe, aux alentours de l'an 1000. Sa puissance était limitée puisqu'elle ne pouvait se déplacer que d'une seule case et encore uniquement en diagonale. C'est en 1497, lors du règne d'Isabelle la Catholique, que la reine acquit des capacités qui en firent la redoutable pièce maîtresse que l'on connaît. Son apparition, puis l'augmentation de sa puissance sont vraisemblablement liées au développement de l'amour courtois et à la présence d'exceptionnelles souveraines au sein du monde médiéval. Comme le souligne Marilyn Yalom, universitaire à l'Institute for Women and Gender de Stanford, la reine est ainsi devenue une métaphore de l'ascension du pouvoir de la femme dans le monde occidental[21].

L'exploration cérébrale par des techniques d'imagerie fonctionnelle a confirmé les différences entre amateurs et joueurs professionnels. L'IRM fonctionnelle a permis d'enregistrer l'activité cérébrale de 10 joueurs professionnels et de 10 amateurs, tous opposés à des ordinateurs[22]. Des différences significatives sont apparues entre ces deux types de joueurs. Alors que les amateurs activent des régions cérébrales intervenant dans la mémoire à court terme et l'apprentissage d'informations récentes (régions temporales internes), les experts activent les cortex pariétaux et surtout frontaux utilisés lors de l'évocation d'informations anciennes. Ayant mal intégré les configurations, les amateurs réalisent uniquement un apprentissage immédiat et un traitement en mémoire à court terme. En revanche, les experts échiquéens qui ont emmagasiné de 50 000 à 100 000 configurations activent directement les régions frontales qui leur permettent d'évoquer spécifiquement ces configurations déjà stockées.

Cette caractéristique fait gagner un temps considérable aux joueurs professionnels qui, connaissant déjà des milliers de configurations, recherchent immédiatement en mémoire à long terme les stratégies potentielles de jeu, alors que l'amateur, privé de cet avantage, analyse davantage la situation de jeu pour élaborer une réponse.

Il est intéressant de noter que, dans ce protocole expérimental, les amateurs aussi bien que les professionnels avaient 10 ans d'expérience. Il est évident que ces dix années n'avaient pas été utilisées de la même façon en termes d'heures de pratique, ce qui a permis aux professionnels de construire un redoutable avantage « naturel ».

Même si on ne peut nier l'existence de certains dons spontanés, ces derniers sont entretenus au fil de l'expérience et de la pratique, et, souvent, ce qu'on appelle don naturel n'est que la manifestation d'une synergie entre l'enthousiasme du joueur et sa persévérance par un travail régulier pendant des milliers d'heures.

L'expertise des médecins

Après les échecs, de nombreuses études ont évalué l'expertise dans différents domaines ludiques (bridge, jeux intellectuels – on attend le sudoku !), sportifs (paris de courses de chevaux, figures de patinage, séquences de jeu d'un sport collectif, commentateurs sportifs), artistiques (figures de danse), scientifiques (électronique, interprétation de radiographies, rappels de programmes informatiques, analyse de circuits électriques, cartes géographiques). Paradoxalement, il apparaît que les experts deviennent à la longue moins efficaces pour la prise en compte de certains détails moins pertinents.

Les limites de l'expertise médicale

Le rappel d'informations médicales liées à un diagnostic varie selon une courbe dite en U inversé : les médecins ayant une expertise médicale moyenne rappellent plus d'informations que des sujets totalement novices mais, surtout, davantage que des médecins plus expérimentés. Le moindre rappel de ces derniers serait dû à une augmentation de leur sélectivité : allant immédiatement à l'essentiel, les médecins experts seraient moins attentifs aux détails qui leur apparaissent moins pertinents[23].

Les radiologues expérimentés retiennent ainsi des radiographies anormales beaucoup mieux que des novices, alors qu'ils sont moins performants pour mémoriser des radiographies normales. Comme si les radiologues chevronnés avaient inconsciemment banalisé les radiographies normales : l'absence d'étiquette motivationnelle défavorise leur mémorisation alors qu'ils retiennent mieux les radiographies pathologiques davantage porteuses d'informations pertinentes[24].

Le flair médical, comme l'intuition que l'on observe d'ailleurs dans n'importe quelle profession, relève certainement de l'accès instantané et inconscient à une solution déjà connue lors d'un « raisonnement » qui n'en est pas un, les étapes intermédiaires étant sautées.

Les sportifs : des intellectuels qui s'ignorent ?

Le domaine sportif est également un lieu de développement de savoir-faire spécifiques. Des joueurs experts dans un sport collectif se rappellent mieux les séquences de jeu (emplacements initiaux et déplacements des joueurs) présentées sur une bande-vidéo que des amateurs ou des débutants. Des figures de gymnastique ou de patinage sont aussi mieux retenues par les sportifs eux-mêmes ou des journalistes commentateurs de cette discipline. Cette supériorité est, là aussi, limitée au sport de leur compétence et uniquement pour des séquences de jeu ayant une cohérence dans la logique du sport en question. On retrouve ici des données déjà signalées chez les joueurs d'échecs.

Plus précisément, l'expertise footballistique implique :

- **Une meilleure mémoire explicite.** Des chercheurs ont analysé l'expertise de footballeurs chevronnés, d'entraîneurs et de joueurs novices devant les photographies de différentes situations de jeu : tous devaient décider de la meilleure action pour le joueur ayant le ballon, le passer, le garder ou bien tirer au but[25]. Ce travail a bien évidemment confirmé l'existence, comme chez tout expert, d'une meilleure mémoire explicite reposant sur une base de connaissances de schémas de jeu stéréotypés et facilement accessibles de manière volontaire. Ces schémas de jeu correspondent à des *chunks* au même titre que les configurations de pièces de jeu d'échecs.
- **Une meilleure mémoire implicite.** Les mêmes chercheurs ont également démontré que les experts footballeurs enregistraient inconsciemment les situations de jeu, puisque leur temps de réponse était accéléré

lorsqu'une même photographie leur était de nouveau présentée et alors même qu'ils ne s'en rendaient pas compte. Les footballeurs disposent ainsi d'une meilleure mémoire implicite dans leur domaine.

Une mémoire de travail allégée. Dans un autre protocole, la même équipe de chercheurs a montré que les joueurs prenaient des décisions pertinentes en dépit d'une saturation de leur mémoire de travail par des tâches verbales ou visuelles contrairement aux novices chez lesquels la surcharge de la mémoire de travail réduisait la pertinence des décisions. Les footballeurs ont ainsi la possibilité de littéralement court-circuiter leur mémoire de travail lors de la prise de décision alors que les novices, manquant de schémas préétablis, se reposent énormément sur leur mémoire de travail dans une situation d'analyse et de décision. On pourrait en déduire la formule paradoxale suivante : l'expert ne décide pas parce qu'il raisonne correctement, mais parce qu'il connaît inconsciemment la meilleure solution !

Les nez : des experts olfactifs

« L'odeur et la saveur restent encore longtemps, comme des âmes, à se rappeler, à attendre, à espérer, sur la ruine de tout le reste, à porter sans fléchir, sur leur gouttelette presque impalpable, l'édifice immense du souvenir. »
Proust

Un autre savoir-faire exceptionnel est celui de la mémoire olfactive. Comme le dit l'anthropologue de la mémoire Joël Candau, les odeurs sont des « forteresses de souvenirs[26] ». Elles ont une exceptionnelle puissance d'évocation en relation avec le rôle majeur de l'olfaction dans le règne animal : les odeurs alarment les proies et alertent les prédateurs. Les odeurs de l'enfance impriment des souvenirs indélébiles. Enfin, des individus possèdent une étonnante mémoire olfactive au cœur de certaines professions. L'expertise olfactive professionnelle ne s'exerce pas uniquement dans le registre agréable des parfums et des arômes, mais aussi dans celui des odeurs agressives.

Le langage des odeurs composant un parfum est sans doute le plus riche en épithètes. Dans le monde de la parfumerie, un « nez » est un spécialiste des essences qui composent un parfum. Ce roi des odeurs est en mesure d'identifier et de mémoriser les 1 500 substances de base entrant dans la formule complexe d'un parfum. Fort de cette mémoire, un nez évalue la qualité des parfums ; il est aussi capable d'en élaborer de nouveaux en choisissant les senteurs de base et la dominante jusqu'à obtenir l'équilibre raffiné du futur parfum qui fera rêver les femmes et les hommes. Par la pratique régulière et l'échange constant avec leurs collègues, les nez en parfumerie créent un consensus sur des adjectifs communs à leur profession.

▸ **L'œnologie** est également un formidable secteur de mémoire olfactive. L'Américain Robert Parker est mondialement connu dans le domaine du vin, il fait et défait les réputations de dizaines de crus. Son ancienne collaboratrice Hanna Agostini déclare que « personne n'est capable de déguster un vin comme il le fait. Il peut déguster de 60 à 100 vins par jour, parfois davantage. Et le plus extraordinaire, c'est qu'il peut à la fin d'une telle journée, lors d'un dîner, identifier la quasi-totalité des vins qu'on lui présente à l'aveugle sans se tromper sur le domaine ni sur le millésime. Derrière le mythe Parker, il y a un palais et un odorat exceptionnels[27] ».

Du talent et du travail

Il existe une réelle mémorisation collective de repères olfactifs. On estime que 15 à 20 éléments composent un parfum, un vin, un plat. Le plaisir résulte de cette combinaison et décomposer celle-ci a un intérêt primordial pour ces professionnels de l'odeur. Comment s'acquiert cette expertise ? Au début existe sûrement une perception olfactive privilégiée à laquelle s'ajoute un savoir appris, partagé et transmis d'un maître à son élève. Il faut commencer jeune et, en les interrogeant, on découvre que ces spécialistes font souvent référence à des souvenirs personnels de leur enfance. Le partage est essentiel, mais difficile car on ne montre pas une odeur du doigt ! Progressivement se constitue un référentiel personnel qui devient de moins en moins partageable, fait de souvenirs personnels, de perception sensorielle subtile et d'une forte richesse nominale.

▸ **Le domaine des odeurs pour les sapeurs-pompiers** est totalement différent. Cette expertise répond à une fonction d'alerte, d'information. Point n'est besoin de repérer les différents composants d'une odeur. Ça sent, voire ça pue. Dans leur métier, les sapeurs-pompiers ont une expertise d'odeurs professionnelles assez simples, mais fondamentales : gaz, essence, gasoil, mazout, matières plastiques, le sang aussi et le cadavre... Tout est immédiatement décelé et reconnu.

Il existe tout un monde d'odeurs hospitalières. Tout d'abord, chaque hôpital a son odeur propre que seuls perçoivent ceux qui y viennent pour la première fois. Je ne ressens plus depuis longtemps l'odeur de l'hôpital neurologique où je travaille depuis 1984, alors que je me sens agressé par les odeurs des autres hôpitaux où je me rends. Certains organes et de nombreuses maladies ont aussi leurs odeurs spécifiques. L'odeur fade et métallique du sang est reconnaissable partout, que ce soit à l'état pur ou dans un produit d'émonctoire. Les escarres, une cirrhose, certains cancers, la gangrène ont des odeurs caractéristiques que l'étudiant en médecine, l'élève infirmière ou aide-soignante apprennent vite à connaître... et à reconnaître. On raconte qu'un chirurgien lyonnais se plaçait autrefois à midi au centre de l'hôpital où il travaillait, humait aux quatre vents et repérait ainsi les pavillons où se trouvaient des patients ayant une gangrène gazeuse. Ces odeurs médicales ne s'apprennent pas, elles se subissent et ne se partagent pas, par pudeur. Ce qui importe dans ces odeurs c'est le résultat qui alerte; pas le détail sordide de leur composition.

Les physionomistes

« Je n'oublie jamais un visage, mais je ferai une exception dans votre cas. »
Groucho Marx

J'ai le souvenir d'avoir lu qu'il y aurait eu autrefois à la préfecture de police de Paris une employée de l'identité judiciaire très renommée pour son exceptionnelle mémoire des visages et des photographies de son service. Même grimé, elle pouvait reconnaître n'importe quel criminel dont elle avait vu une fois la photographie. Les systèmes automatisés de reconnaissance des visages sont loin d'avoir atteint la perfection humaine. L'expertise de ces physionomistes professionnels est, elle aussi, très impressionnante. Elle est utilisée dans différents domaines, comme nous allons le voir.

Des experts visuels

Des physionomistes sont employés par les services de sécurité lors des matchs de football afin de repérer d'une compétition à l'autre les individus violents comme les hooligans. Il existe même des physiono-

Alain S., physionomiste de casino depuis 21 ans

Le rôle d'Alain S. est de dépister les tricheurs ou les interdits de jeu volontaires désirant être protégés de leur dangereuse passion. Il raconte par exemple qu'il a pu reconnaître un interdit volontaire 17 ans plus tard : malgré sa fausse pièce d'identité, il l'a démasqué en lui rappelant son nom réel ainsi que le détail de la petite tortue verte porte-bonheur qu'il a toujours comme fétiche dans sa poche. Au total, il aurait répertorié 5 000 à 10 000 visages avec leurs noms, leurs prénoms et quelques signes distinctifs qu'il note sur un petit carnet.

Pour mémoriser un visage, Alain S. doit réaliser un effort très soutenu de concentration, pendant 2 à 3 minutes, car la moindre interférence semble empêcher l'enregistrement du visage et de ses caractéristiques : « Müller, Martin, chauve, moustache. » Il doit aussi s'entraîner dès que l'occasion se présente. Parfois un détail ou certains éléments d'une conversation banale lui permettent de retrouver petit à petit l'ensemble des informations dont il dispose sur une personne. En revanche, il lui arrive d'échouer parfois dans l'enregistrement d'un visage quand celui-ci est banal, que le nom de famille est passe-partout ou quand il s'agit de clients sans caractéristiques spéciales. Comme chez tout individu et pour n'importe quel acte de mémorisation, le physionomiste doit s'aider d'indices d'apprentissage particuliers : la mémoire du physionomiste est certes visuelle, mais n'est pas celle d'un instantané photographique inaltérable.

mistes professionnels lors des matchs de football en Angleterre et en Allemagne, et ce rôle est souvent rempli par des policiers habitués au contact avec la foule. Comme le précise un commandant de CRS, par ailleurs professeur des universités à Paris-V : « Le physionomiste est en quelque sorte la mémoire de cette violence (des matchs de football). Il travaille aux abords et dans les stades, incognito, comme un caméléon. Son objectif : repérer les hooligans et les désigner aux forces de l'ordre, si possible avant qu'ils ne pénètrent dans l'enceinte. »

- **Les sociétés de surveillance, de gardiennage et de filtrage d'accueil** recherchent aussi des physionomistes.

Les établissements de jeu sont un autre secteur professionnel où existe une tradition ancienne de physionomiste. Celui-ci y est un employé à part entière, comme le définit d'ailleurs la convention collective du 28 août 1997.

Qu'y a-t-il dans un visage ?

Contrairement à ce que beaucoup pensent, un visage est extrêmement difficile à décrire par des mots. Ce qui est le plus aisément décrit correspond en fait davantage aux attributs du visage qu'aux traits eux-mêmes : lunettes, moustache, barbe ou sourcils, grain de beauté.

Un enfant développe très tôt des capacités de reconnaissance des visages, il serait même extrêmement physionomiste puisque, entre 6 et 9 mois, il distinguerait plus facilement les visages que ne le fait un adulte.

VOIR SANS RECONNAÎTRE

À la suite de lésions cérébrales, la reconnaissance et la mémoire des visages peuvent être spécifiquement perdues sans qu'aient disparu le nom des personnes ou les informations les concernant : ce syndrome rare, mais impressionnant, porte le nom de prosopagnosie. Les patients ayant une prosopagnosie ne reconnaissent plus les visages familiers qu'ils voient, alors qu'ils identifient immédiatement les personnes au son de leur voix, à leur silhouette, à leur démarche, voire à certains attributs très caractéristiques du visage tels qu'une grosse moustache, d'épais sourcils ou une chevelure particulière.

C'est dans l'hémisphère droit que se trouvent stockées les unités de reconnaissance faciale grâce auxquelles nous identifions les visages familiers à partir de l'analyse visuelle de traits élémentaires difficilement verbalisables. Cette capacité ne concerne pas seulement les traits des visages humains, elle porte également sur les caractéristiques élémentaires d'autres formes visuelles complexes. C'est ainsi qu'ont été rapportés le cas d'un patient suisse qui reconnaissait sans peine sa famille, mais pas les vaches de son troupeau, et le cas d'un ornithologue réputé devenu incapable d'identifier visuellement des dizaines d'oiseaux qu'il reconnaissait immédiatement à leur chant. Encore plus étonnant, des chercheurs britanniques ont découvert en 2001 que les moutons disposaient également des moyens de mémoriser 25 paires de faces de moutons, ces informations pouvant être retenues pendant près de 800 jours[28] !

L'expertise des visages est hautement spécialisée, mais limitée par des éléments ethniques, ce qui correspond au phénomène du biais de la race d'appartenance. Tout un chacun a remarqué la difficulté à différencier les visages des membres d'un groupe ethnique différent du sien. Un individu de race blanche en voyage en Asie ou en Afrique trouve semblables tous leurs habitants. Si nous possédons l'expertise, qui nous semble assez banale, de différencier les membres de notre groupe ethnique sans avoir celle de distinguer facilement ceux des autres groupes, l'expérience montre qu'il est possible de développer une nouvelle expertise pour les Africains ou les Asiatiques si nous vivons quelques années dans ces pays.

Langues et langages

Le langage est une expertise

Les membres d'un groupe social partagent des expertises spécifiques dans plusieurs domaines : langue maternelle, conventions sociales, panneaux de signalisation...

Notre langue maternelle contient des dizaines de milliers de mots. Chaque mot est en fait un *chunk* investi d'un sens propre dans notre système d'expertise linguistique. En effet, si nous ne réagissons pas devant la série de lettres S I A N O M, nous reconnaissons immédiatement que les mêmes lettres disposées dans le sens M A I S O N correspondent à un mot de notre langue avec ses caractéristiques grammaticale (nom commun féminin singulier) et sémantique (édifice construit pour servir d'habitation à l'homme).

Aptitudes linguistiques prodigieuses

La connaissance de plusieurs langues est une autre compétence enviée. Alors qu'il nous semble si laborieux d'apprendre l'anglais, on ne peut qu'être stupéfait des nombreux exemples historiques d'enfants ayant eu une phénoménale maîtrise des langues[29].

33 LETTRES À LA SUITE

Voici un exemple qui démontre bien l'intérêt du regroupement en *chunks* rapidement décelables et porteurs de sens. Je pense que vous auriez beaucoup de difficultés à mémoriser la liste des 33 lettres suivantes : UOEDLJENISAEANSTNRSESDOAILUNÉELIL.

Disposées différemment, ces 33 lettres vous poseraient un peu moins de problèmes, car vous auriez vite remarqué que certaines lettres se regroupent en unités ayant du sens (des mots ou des syllabes) : JARDINLEOISEAUUNENSOLEILLÉDANSEST.

Il est toujours difficile de les retenir sauf si l'on passe à l'étape suivante : UNOISEAUESTDANSLEJARDINENSOLEILLÉ.

Ces 33 lettres sont encore plus faciles à retenir puisqu'elles constituent non seulement des mots, mais aussi, disposées de la sorte, une phrase ayant un sens. Toutefois, pour ceux qui auraient des difficultés à réaliser mentalement l'espacement intermots, la disposition suivante est évidemment plus simple pour mémoriser ces mots constitutifs d'une phrase : UN OISEAU EST DANS LE JARDIN ENSOLEILLÉ.

Le spécialiste des langues indo-européennes Georges Dumézil avouait que le plus difficile était d'apprendre les huit premières langues ! Les caractéristiques communes des langues française, italienne et espagnole, toutes issues du latin, facilitent bien évidemment leur apprentissage. Plus on sait et plus il est facile de savoir : tel est bien le secret de la mémoire et de l'expertise.

Développer une expertise : le cas étrange de S.F.

Dans certaines situations, une mémoire experte relève d'un processus sophistiqué d'encodage de l'information permettant de stocker rapidement des informations dans un domaine spécifique. Il semble possible de développer à n'importe quel âge des techniques un peu élaborées s'apparentant à des moyens mnémotechniques en grande partie fondés sur l'imagerie mentale ou le raisonnement instantané. Dans les deux cas, ces indices sont suffisamment pertinents pour faciliter le rappel explicite des informations mémorisées. En ce domaine, l'exemple le

L'ENFANT ET LES LANGUES

• Au XVIIe siècle, François de Beauchâteau connaissait à 8 ans le français, le grec, le latin, l'italien et l'espagnol.

• Henrich Heineken mourut malheureusement à l'âge de 4 ans et 4 mois, mais il démontra pendant sa courte existence une prodigieuse habileté linguistique : il savait à 10 mois le nom des objets autour de lui et récitait des poèmes et des textes en prose ; il maîtrisait vers 2 ans le latin et le français ; au début de sa quatrième année, il parlait l'allemand et possédait d'exceptionnelles connaissances en histoire et géographie qui émerveillèrent la cour de Danemark.

• Au XIXe siècle, Karl Witte lisait à 7 ans et 10 mois l'allemand, le français, le grec, le latin, l'anglais et l'italien.

• À la même époque, l'Irlandais William Hamilton lisait la Bible à 3 ans ; il connaissait à 5 ans l'hébreu, le grec, le latin ; à 7 ans, le français et l'italien ; à 9 ans, le sanscrit et l'arabe. Le chaldéen, le persan, le syriaque, l'hindoustani, le malais, le mahratte, le bengali et un peu de chinois complétèrent son bagage linguistique.

plus célèbre, toutes catégories confondues, reste celui de l'étudiant, coureur à pied, connu par ses initiales, S.F., qui a été étudié par William Chase et Anders Ericsson (1981 et 1982)[30].

Voulant découvrir si l'on pouvait augmenter la capacité de la mémoire à court terme au moyen d'un entraînement spécifique, ces deux psychologues de l'Université Carnergie-Mellon commencent par soumettre deux étudiants à des sessions quotidiennes au cours desquelles ils doivent répéter des séries croissantes de chiffres – je rappelle que le chiffre moyen du rappel immédiat d'une série de chiffres après une seule présentation est de 7 (7 ± 2). Les premières semaines n'aboutissent à aucune amélioration, ce qui lasse un des étudiants. Tenace, S.F. poursuit l'expérience et augmente progressivement le nombre de chiffres qu'il est capable de répéter immédiatement après une première présentation. Cette augmentation prend des proportions impressionnantes puisque, après 250 heures d'entraînement, S.F. est en mesure de répéter 81 chiffres dans l'ordre, immédiatement après les avoir entendus, à raison d'un chiffre par seconde.

Malheureusement pour ceux qui penseraient possible une sorte de culturisme de la mémoire à court terme, cette spectaculaire amélioration est en fait la conséquence de l'emploi systématique de moyens d'apprentissage très sophistiqués. S.F. s'y prenait, en effet, de la manière suivante. Il commençait par regrouper instantanément les chiffres en groupes de 3 ou 4, puis il utilisait sa compétence de coureur à pied pour transposer ces groupes en temps de course à pied pertinents. C'est ainsi qu'il constitua 22 groupes de structures de rappel associant les chiffres présentés avec des temps de course. Lorsqu'il voulait retenir la série « 4 - 1 - 2 - 5 », il mémorisait de façon très rapide la phrase « 4 minutes et 12 secondes et demie pour un mile, pas mal pour moi un jour de vent ». La série « 3 - 5 - 9 - 6 » devenait « 3 minutes 59,6 secondes, ou juste en dessous de 4 minutes pour courir un mile ». Lorsqu'il ne pouvait employer cette technique pour un groupe de chiffres, S.F. les interprétait comme des âges. S'il y a eu musculation cognitive chez ce coureur à pied, ce n'est pas d'une façon purement mécanique, mais au niveau de la stratégie d'indiçage des informations à mémoriser, et encore dans le domaine très restreint des chiffres. La preuve en est que son empan de lettres, c'est-à-dire sa capacité à répéter des séries croissantes de lettres après une seule présentation, n'avait pas du tout augmenté à la suite de ce surentraînement sur les chiffres : S.F. rappelait 81 chiffres, mais il ne pouvait pas rappeler plus de 7 lettres ! La technique sophistiquée qu'il avait mise au point pour répéter des séries de chiffres n'était pas transposable à la répétition de séries de lettres, car il ne pouvait faire aucun lien entre M - H - L - C et ses performances sportives. Faciliter la mémorisation de séries de chiffres en les regroupant en nombres porteurs de sens est une procédure que nous utilisons tous spontanément en nous aidant par exemple des numéros des départements : le code 6915 peut être retenu sous la forme « Rhône-Cantal ».

Les mémoires exceptionnelles des chiffres et du calcul

Ne quittons pas les chiffres. Si certains individus développent précocement un don pour la mémorisation des chiffres, d'autres se révèlent être des calculateurs prodiges dont le don ne repose pas en fait sur d'extravagantes aptitudes de calcul mental, mais sur de remarquables capacités mémorielles. Celles-ci ne s'exercent malheureusement que dans un unique secteur, leur mémoire étant normale par ailleurs : l'évaluation de leurs compétences de mémoire dans un autre domaine comme l'apprentissage d'un texte, d'une liste de mots ou d'une disposition spatiale ne démontre pas de performances supérieures à celles de sujets normaux.

L'un des plus célèbres calculateurs prodiges reste le Piémontais Jacques Inaudi (1867-1950) dont la mémoire exceptionnelle dans le domaine des nombres s'accompagnait d'ahurissantes capacités de calcul mental facilitées par des moyens mnémotechniques compliqués qui ne sont pas obligatoirement utilisables par toute personne désireuse de développer sa mémoire des chiffres.

Rajan Mahadevan, un prodige de la mémoire des chiffres

« Lorsque je n'ai rien à faire, je mémorise un millier de chiffres de Pi. »
Rajan Mahadevan

La capacité de Rajan Mahadevan à retenir des chiffres s'exerce déjà lorsqu'il est enfant puisqu'il peut retenir n'importe quel nombre, aussi bien des numéros de téléphone que des horaires de chemins de fer. À 5 ans, il mémorise les numéros d'immatriculation des 30 voitures garées devant la maison où ses parents donnent une fête. Conscient de son extraordinaire capacité, Rajan Mahadevan veut déterminer lui-même l'étendue de cette mémoire des chiffres. Il apprend en quelques mois les 31 811 premières décimales du nombre Pi, ce qui lui permet en 1981 d'entrer dans le *Livre Guiness des records*. Il met trois heures à les décliner.

Rajan ne crée pas de liens particuliers entre chaque chiffre et une information signifiante (mot, idée, image...). Un entraînement régulier et certaines dispositions biologiques qui s'expriment précocement suffisent à consolider sa mémoire au moyen d'une méthode particulière d'agencement des chiffres au sein d'une matrice. Chaque chiffre est ainsi défini par sa position dans un système de lignes et de colonnes. La preuve en est que Rajan, pour les 5 000 premières décimales du nombre Pi, fournit le chiffre correspondant à une position dont on lui donne les références au sein de cette matrice. Il lui est aussi possible, lorsqu'on lui donne les 5 premiers chiffres d'une séquence de 10, d'en donner les 5 derniers. En revanche, il avoue ne pas être très bon pour retenir les mots : « Les mots embrouillent mon système de mémorisation. Pour les chiffres, je n'ai aucun problème. » Pour cette raison, il reconnaît qu'il ne pourrait apprendre que l'annuaire d'un village, avec uniquement deux pages de numéros de téléphone à trois chiffres – les noms lui poseraient des problèmes en cas de liste plus longue !

Rajan a été délogé de sa place dans le *Guiness* en 1987, lorsque Hideake Tomoyori, un Japonais de 78 ans, est parvenu à réciter les 40 000 premiers chiffres de Pi en 17 h 21, avec des pauses totalisant 225 minutes ! Ce Japonais a un truc à lui : comme au Japon, chaque nombre est associé à un mot, au lieu de retenir les nombres, il mémorise une histoire contenant la séquence des mots correspondant aux nombres. L'histoire n'est sûrement pas de la haute littérature, mais ses bizarreries doivent justement en faciliter la mémorisation. Lorsqu'il veut rappeler les chiffres de Pi, Hideake Tomoyori se rappelle l'histoire et ses mots, à partir desquels il récupère ensuite les nombres. Facile !

En 1995, un autre Japonais Hiroyuki Goto a réussi à réciter les 42 195 premières décimales du nombre Pi. En 2005, le record mondial passe aux mains d'un psychiatre japonais de 59 ans Akira Haraguchi, qui parvient à énumérer les 83 431 premières décimales du nombre Pi en 13 heures. Akira Haraguchi pulvérise lui-même son record en 2006 en récitant 100 000 décimales pendant 16 heures, record mondial là aussi homologué par le *Guiness des records*. L'épreuve s'est déroulée dans la salle de conférences de la mairie de Kisarazu, sous le contrôle de fonctionnaires municipaux, avec une pause de 10 minutes toutes les 2 heures. J'ai personnellement rencontré Akira Haraguchi à Tokyo et je sais que sa technique est identique à celle de son compatriote Hideake Tomoyori : elle consiste à associer nombres et mots, ce qu'il résume poétiquement en disant : « Je ne cherche pas simplement à mémoriser des chiffres, j'aime chercher une histoire dans Pi. » Depuis, il continue à apprendre 20 000 nouveaux chiffres de Pi par an, toujours sous la forme d'une histoire…

L'énigme des calculateurs prodiges

Les calculateurs prodiges

Les calculateurs prodiges sont connus depuis longtemps. Leur don est souvent précoce, apparaissant vers l'âge de 3-4 ans, alors même qu'ils ne savent ni lire ni écrire des chiffres. Leur milieu familial n'a souvent pas particulièrement favorisé le développement de cette aptitude. Leur capacité de manipulation des nombres repose sur une mémoire des chiffres au support visuel, auditif ou tactile. Comme Inaudi, il leur faut parfois entendre les chiffres pour les retenir, alors que d'autres ont besoin de les voir inscrits sur leur peau ou devant eux. Certains calculateurs prodiges ne possèdent souvent que ce talent, étant malheureusement affligés de maladies cérébrales comme l'autisme. Dans le film *Rain Man* (1988), l'autiste joué par Dustin Hoffman est un exemple de ces « savants idiots ». Des calculateurs prodiges dotés d'une intelligence normale ont été utilisés dans certaines entreprises ou administrations en raison de leur extraordinaire talent. Les calculateurs prodiges peuvent exécuter à une vitesse ahurissante des opérations arithmétiques extrêmement compliquées. Alors qu'extraire la racine carrée de 9 ne pose aucun problème pour la majeure partie de la population, l'extraction de la racine cubique de 27 nécessite un petit peu plus de temps sauf si l'on connaît déjà la réponse. Imaginez alors pour la racine cubique de 729 !

Si nous savons tous nos tables de multiplication (vraisemblablement plus pour très longtemps en raison de l'invasion fracassante des calculatrices de poche), cette connaissance ne dépasse que très rarement la table de 11 ou 12. Avec un peu d'habitude, il est assez facile de déduire la table de 25 ou celle des multiples de 10. Par exemple, faire mentalement la multiplication de 9 fois 90 se résume à connaître la table de multiplication de 9, ce qui permet d'obtenir 9 x 9 = 81 et de rajouter le 0, donnant ainsi la réponse de 810. Cet exemple, un peu simplet mais qui n'est plus maîtrisé par les jeunes générations, montre qu'en fait une bonne partie du calcul mental se résume à la manipulation d'informations stockées depuis longtemps en mémoire à long terme (les tables de multiplication), de l'application de quelques règles arithmétiques très simples connues depuis longtemps et stockées elles aussi en mémoire à long terme et, enfin, de leur utilisation conjointe dans le système temporaire de la mémoire de travail qui permet de manipuler simultanément les données immédiates du problème, les informations anciennes et les règles de raisonnement arithmétique. Pour la plus grande partie d'entre nous, cette capacité de calcul mental est malheureusement limitée : les multiplications ou les divisions de grands nombres posent un problème immédiat qui ne peut être résolu que par l'utilisation d'une calculatrice ou d'un papier et d'un crayon. Par ailleurs, les extractions carrées ou cubiques se résolvent difficilement par la méthode du papier-crayon, sauf si l'on connaît d'avance certaines réponses évidentes concernant des petits nombres et que la réponse tombe pile sans décimale.

Nous ne sommes plus ici dans le cas de Rajan Mahadevan, qui n'était pas un calculateur prodige mais un prodige de la mémoire des chiffres. Comme la plupart des experts, les calculateurs prodiges possèdent une compétence particulière, soit au niveau de leur mémoire à court terme et de leur mémoire de travail, soit au niveau d'une fantastique base de connaissances qui leur donne les solutions de n'importe quel type de calcul, soit au moyen d'une extravagante compétence mettant en jeu l'ensemble des capacités précédentes – mémoire de travail, mémoire à long terme, raisonnement mathématique. Les calculateurs prodiges détiennent aussi une capacité décrite par Ericsson : celle d'une mémoire de travail à long terme (voir chapitre « Comment fonctionne la mémoire ? »).

Pour la plus grande gloire des chiffres

Ces dernières années, le cas du jeune Allemand Rüdiger Gamm a défrayé la chronique aussi bien dans son pays que lors de ses passages en France, au point de bénéficier d'investigations très complètes réalisées par des psychologues et des spécialistes de l'imagerie cérébrale. À 4 ans, Rüdiger Gamm impressionne son entourage en lisant à vitesse normale un texte qu'il commence par la fin. Ses résultats scolaires en mathématiques sont médiocres, mais il a déjà remarqué qu'il sert de répertoire téléphonique à sa famille. Il prend pleinement conscience de sa mémoire numérique à 21 ans lorsqu'il découvre qu'il peut restituer correctement une très longue liste de chiffres lue la veille. Malheureusement, si Rüdiger Gamm intéresse les scientifiques, son ambition est plutôt dans le domaine commercial. Il a animé des kermesses, des inaugurations, des animations dans des magasins ou des émissions de télévision locale ou nationale et son désir de gloire et de reconnaissance ne passe pas par les publications scientifiques qui lui ont été consacrées.

Rüdiger Gamm sous l'œil des psychologues

Après l'avoir longuement étudié, l'équipe belge de Mauro Pesenti a découvert différents points fascinants chez cet homme[31].

• Rüdiger Gamm possède une excellente mémoire des chiffres et des nombres, et maîtrise très bien les opérations arithmétiques élémentaires ainsi que des algorithmes de résolution.

D'ÉTONNANTES FACULTÉS DE CALCUL MENTAL : LE CAS RÜDIGER GAMM

• Rüdiger Gamm ne met qu'une seconde pour indiquer, bien sûr sans calculatrice et sans papier, que « 53 puissance 9 » font « 3 299 763 591 802 133 ».

• En moins de 4 secondes, Rüdiger Gamm trouve que « 37 x 62 » font « 2 294 ». Alors que cette multiplication oblige les adultes normaux à une coûteuse opération de calcul mental, la réponse de Rüdiger Gamm est quasiment instantanée, sans grand effort apparent, sans saturation évidente de sa mémoire à court terme.

• Les multiplications entre eux de nombres à 3 chiffres ne posent aucun problème non plus à Rüdiger Gamm.

• Rüdiger Gamm peut également calculer jusqu'à la puissance 15 de tous les nombres à 2 chiffres. Il en est de même pour le calcul des racines ou des sinus.

• Aucun problème non plus pour les divisions de 2 nombres premiers entre eux dont Rüdiger Gamm peut aligner le résultat avec plus de 60 décimales correctes.

• La mémoire à court terme de Rüdiger Gamm est, pour les chiffres, très supérieure à la norme puisqu'il répète correctement une série de 11 chiffres à l'endroit (moyenne des sujets contrôles de son âge = 7,2) et de 12 chiffres à l'envers (moyenne des témoins = 5,8).

• Si, comme le coureur à pied S.F., Rüdiger Gamm a une impressionnante optimisation de sa mémoire à court terme, cette capacité supérieure n'existe que dans son domaine d'expertise numérique, elle ne s'applique pas à d'autres éléments comme les lettres ou les dispositions visuospatiales.

• Nous connaissons tous par cœur un nombre raisonnable de tables de multiplication et de tables de puissance, mais Rüdiger Gamm connaît, lui, de mémoire toutes les puissances des nombres à 2 chiffres ainsi que de nombreuses autres informations numériques (cubes, racines, raccourcis de calcul...).

• Enfin, Rüdiger Gamm s'entraîne quotidiennement plusieurs heures à apprendre et répéter des connaissances numériques : l'acquisition, l'entretien et le maintien d'une expertise exigent un travail quotidien permanent au détriment d'autres domaines.

Rüdiger Gamm sous les projecteurs de l'imagerie fonctionnelle

Au cours d'un examen d'imagerie fonctionnelle par tomographie d'émission de positons (TEP), des chercheurs belges et français ont analysé le fonctionnement cérébral de Rüdiger Gamm lors d'opérations arithmétiques complexes[32]. Rappelons que le principe de l'examen par TEP repose sur le postulat qu'une tâche cognitive particulière entraîne l'activation spécifique de la région cérébrale impliquée, ce qui se traduit par une augmentation localisée du flux sanguin ou du métabolisme neuronal.

Rüdiger et 6 volontaires non experts en calcul mental ont donc dû résoudre des problèmes arithmétiques simples et complexes. Les problèmes simples exigeaient simplement la récupération de résultats numériques déjà stockés en mémoire. La résolution des problèmes arithmétiques simples et complexes comportait certains aspects communs. La soustraction de l'activité cérébrale enregistrée lors de la TEP pendant ces 2 types de tâches a permis d'isoler les régions cérébrales spécifiquement impliquées dans l'expertise de Rüdiger.

Il est ainsi apparu que Rüdiger Gamm et les calculateurs ordinaires activaient de façon comparable les régions postérieures pariétales et occipitales des 2 hémisphères cérébraux ainsi que les régions frontales gauches. L'activation postérieure correspond à celle du réseau impliqué dans la mémoire de travail visuospatiale et l'imagerie mentale visuelle nécessaires à la résolution de problèmes complexes. L'activation du lobe frontal gauche reflète, elle, l'apprentissage des données du calcul complexe ainsi que le rappel de certaines informations arithmétiques connues depuis longtemps. En revanche, Rüdiger Gamm présentait une activation supplémentaire dans la région frontale droite interprétée comme la manifestation du rappel épisodique des calculs intermédiaires qu'il réalisait pour parvenir au résultat. Il activait également une certaine région frontale appelée cortex cingulaire antérieur dont le rôle est de détecter et de corriger les inévitables erreurs de calcul qui surgissent lors de calculs aussi complexes.

Comme les autres experts, Rüdiger Gamm a développé des stratégies cognitives différentes de celles des calculateurs ordinaires. Ces derniers n'utilisent que leur mémoire de travail dont on sait qu'elle est vite saturée. Rüdiger en dépasse les limites en mettant temporairement en mémoire à long terme les résultats intermédiaires des calculs complexes et en réalisant vraisemblablement des autocorrections plus rapides et plus pertinentes qui lui permettent d'ajuster ses calculs.

Une mosaïque de compétences

L'aptitude à réaliser très rapidement des allers-retours pertinents entre une mémoire de travail à court terme surdimensionnée et une mémoire à long terme remarquablement structurée est fondamentale chez les experts. Ces allers-retours s'effectuent vraisemblablement au moyen de cette structure intermédiaire encore mal connue que K. Anders Ericsson a appelée « mémoire de travail à long terme » et qui s'apparente vraisemblablement au *buffer* épisodique d'Alan Baddeley. Confrontés à une saturation rapide de leur mémoire de travail à court terme, les experts n'ont d'autre solution que d'exploiter l'énorme base de connaissances qu'ils ont progressivement développée en mémoire à long terme. Ils bénéficient aussi d'un encodage plus rapide et plus performant des informations récentes par l'intermédiaire de procédures élaborées d'indiçage dont ne disposent pas les novices.

Néanmoins, la supériorité écrasante de Rüdiger Gamm sur les calculateurs ordinaires dépasse le simple fonctionnement des régions de la mémoire de travail et repose sur l'activation et la collaboration d'autres aires cérébrales impliquées dans la mémoire à long terme : cela suggère l'application d'une mémoire de travail à long terme, ou *buffer* épisodique. Dans une vision très simpliste de ce processus, on peut imaginer des sortes d'allers-retours prodigieusement rapides et efficaces entre sa mémoire à court terme (qui a déjà un empan digital supérieur à la normale) et sa mémoire à long terme caractérisée par une exceptionnelle structuration des connaissances numériques et arithmétiques. Sans parler de don au sens d'une capacité innée quasiment magique, Rüdiger Gamm bénéficie assurément d'une prédisposition à partir de laquelle se construit, et se maintient, une exceptionnelle compétence à la suite d'un travail quotidien intensif.

Somme toute, Rüdiger Gamm combine différentes compétences : une excellente base de connaissances numériques et arithmétiques, une très bonne mémoire à court terme des nombres, une excellente capacité d'apprentissage d'informations numériques récentes, et une remarquable maîtrise des procédures de calcul. Ce profil est comparable à celui que nous avons décrit chez les maîtres aux échecs.

Une mémoire prodigieuse : Veniamin, l'homme qui retenait tout

« Avoir une bonne mémoire tout le temps,
ça doit être affreusement monotone ! »
Jacques-Marie Paul, philosophe trévoltien (1758-1849)

Les mémoires expertes, ou encyclopédiques, nous semblent souvent « prodigieuses ». Pour être exact, ce qualificatif devrait être réservé aux individus qui ont des compétences réellement spectaculaires. L'hypermnésie partielle des experts n'est jamais responsable d'un handicap social, car les techniques de mémorisation employées s'appliquent à un domaine restreint. Le Soviétique Veniamin présentait, lui, une hypermnésie totale, réellement « prodigieuse » et, à la longue, très handicapante.

Maintenant, comment peut-on définir précisément le caractère prodigieux, absolu d'une mémoire ? Nous l'avons vu, la consolidation à long terme d'une série d'informations nécessite généralement de répéter l'apprentissage. Chez de très rares personnes, en revanche, une seule présentation suffit pour les inscrire profondément et indéfiniment dans la mémoire à long terme, avec la possibilité de les évoquer à volonté, sans effort, même plusieurs années après. Ce qui renforce le caractère exceptionnel de ces individus est que leur extraordinaire compétence s'applique à des quantités parfois démesurées d'informations. Initialement, on a cru chez eux à l'existence d'une mémoire absolue de type photographique ; les études ont montré, en réalité, que de tels individus employaient, en fait, des moyens mnémotechniques sophistiqués.

Ni notes ni agenda

C'est dans les années 1920, que le neuropsychologue russe Alexandre Luria fait la connaissance de Solomon Veniaminovitch T., plus connu sous le pseudonyme de Veniamin. Sa fascination pour ce cas exceptionnel est telle qu'il va l'étudier pendant plusieurs années.

Veniamin est un journaliste que lui a adressé son rédacteur en chef, surpris de constater qu'il ne prenait jamais aucune note lors des réunions, qu'il n'utilisait pas d'agenda, qu'il se rappelait sans aucune difficulté les différents rendez-vous de son emploi du temps et qu'il retenait aussi celui de ses collègues ! Bien qu'il n'ait jamais été conscient d'avoir une très bonne mémoire, Veniamin accepte de se rendre dans le laboratoire de Luria. Pendant près de trente ans, Luria et Veniamin se rencontrent ou échangent une correspondance, ce qui permet d'accumuler un nombre considérable d'informations sur cette invraisemblable mémoire[33].

Très vite, Luria détermine que les capacités de mémorisation de Veniamin sont illimitées. Il a beau allonger la liste de mots ou de chiffres qu'il lui demande de retenir, Veniamin ne paraît avoir aucune difficulté à les apprendre et à les réciter ensuite. Même des listes de 70 mots ou chiffres ne lui posent aucun problème. Veniamin écoute Luria avec beaucoup d'attention, demande parfois qu'on lui répète un mot ou un chiffre, puis, une fois la lecture terminée, réalise une sorte de vérification mentale avant de répéter sans erreur la liste. Cette fantastique capacité s'exerce aussi bien avec des mots qu'avec des chiffres ou encore des termes inventés ou inconnus. Que la liste soit présentée oralement ou par écrit ne change rien au résultat. Enfin, Veniamin répète les listes aussi bien dans l'ordre qu'à l'envers. Il lui est aussi possible de citer le mot avant ou après le mot indiqué au hasard par Luria.

Après de nombreuses expériences, Luria en conclut qu'il faut reconnaître que la mémoire de Veniamin n'a « pas de limites définies, ni dans son étendue ni dans sa constance ». En effet, Veniamin ne se contente pas de répéter immédiatement ces listes ; il peut aussi les redire sans aucune erreur quelques heures, quelques mois ou quelques années plus tard, tout en rappelant le lieu où s'est fait l'apprentissage de la liste et la façon dont était habillé Luria ce jour-là.

Comment expliquer cette prodigieuse mémoire ?

Une fois établi le caractère illimité de cette mémoire, Luria tente d'en percer les mystères. Il remarque vite qu'au fil du temps, Veniamin acquiert certains procédés pour faciliter l'apprentissage ou le rappel de ces listes. Par exemple, il utilise un mécanisme élaboré d'encodage et fixe attentivement le tableau noir sur lequel sont inscrits les chiffres en ouvrant et fermant alternativement les yeux, vraisemblablement pour vérifier sa mémorisation. Ce processus prend un certain temps, mais, de façon déconcertante, se révèle étonnamment efficace. Un tableau de 20 chiffres demande une quarantaine de secondes, alors que 50 mots exigent 150 à 180 secondes, et il faut donc 2 à 3 secondes par mot pour le fixer de façon indélébile. La récitation orale des chiffres prend aussi un certain temps selon qu'il doit restituer la totalité des chiffres d'un tableau ou seulement une des colonnes, une des diagonales ou les chiffres en bordure du tableau. Quelques mois plus tard, Veniamin est en mesure de réciter rapidement et exactement tous les chiffres du tableau ; seul le processus de reconstitution du contexte d'apprentissage de ce tableau prend un petit peu plus de temps. Veniamin a le sentiment d'avoir mentalement devant les yeux une feuille de papier couverte des chiffres du tableau et il n'a qu'à la lire, aussi facilement que vous êtes en train de lire cette page : alors que notre mémoire à tous est rarement photographique, celle de Veniamin l'est en partie.

Ce n'est que tardivement que Luria découvre une très étrange particularité de Veniamin : celui-ci est affecté de synesthésie. La synesthésie est une condition physiologique rare, mais non exceptionnelle (un individu sur 200) qui met en relation deux sensations (voire plus) habituellement séparées. Ce phénomène est secondaire à l'interaction d'aires sensorielles qui normalement n'interagissent pas entre elles. C'est ce qu'Arthur Rimbaud a décrit en 1871 dans son poème *Voyelles* – « A noir, E blanc, I rouge, U vert, O bleu.../ A, noir corset velu des mouches éclatantes... » Chaque voyelle suscite dans l'esprit du poète une couleur parce que l'aire de la couleur est anormalement « câblée » avec celle des lettres. Chez Veniamin, la synesthésie est apparue dès son plus jeune âge sous la forme de visualisation de nuages vaporeux, ou d'éclaboussures colorées, chaque fois qu'il entend certains sons, certains mots ou certaines voix. Lorsque plus tard on lui fait entendre différents sons, on découvre que chaque fréquence et chaque puissance en décibels sont associées à des bandes de différentes couleurs. Comme il l'indique lui-même : « Je vois d'abord la couleur de la voix », mais, dans certains cas, il ne peut reconnaître une voix parce que la voix de la personne change trop souvent au cours de la journée. Les mots, les voyelles ou les consonnes, les chiffres ou les noms se présentent tous sous la forme d'éclaboussures colorées ou géométriques : « 8, explique-t-il ainsi, est inoffensif d'un bleu laiteux, cela ressemble à de la chaux. »

Pour Luria, ces associations synesthésiques constituent une composante fondamentale de la mémoire de Veniamin, surtout dans les premiers temps, avant qu'il ne développe d'autres systèmes de mémorisation. Ces synesthésies ajoutent une résonance spécifique, colorée ou géométrique, qui renforce la mémorisation des mots ou des chiffres. Loin de surcharger sa mémoire, ces indices supplémentaires la consolident. Elle constitue une technique spontanée, particulièrement efficace dans son cas, qui diffère des encodages mis au point par les experts habituels. Avec les mots, Veniamin a, en outre, une capacité d'imagerie mentale particulièrement précise, forte et stable : il conserve une image indélébile de l'objet correspondant au mot, parfois sous la forme de petites saynètes. Enfin, contrairement au commun des mortels qui ne conservent que peu de souvenirs de leur petite enfance, Veniamin peut évoquer de nombreux souvenirs très précis de cette période. Son premier souvenir infantile remonte à l'âge de 1 an, ce qui est rare. Là aussi, ces images très nettes s'accompagnent d'impressions synesthésiques. Tous ces procédés, aussi bien les synesthésies que l'imagerie mentale, suffisent à Veniamin pour retenir la plupart des listes de mots. Une liste trop longue l'oblige toutefois à utiliser spontanément la méthode des *loci* utilisée dès l'Antiquité par les orateurs. Il aligne alors mentalement les images des mots, et s'imagine parcourir une rue de sa ville natale ou une rue de Moscou.

Comme le souligne Luria, Veniamin n'apprend pas par cœur en répétant mentalement les mots (comme nous, nous le ferions) ; il se « contente » d'enregistrer les listes qui persistent ensuite indéfiniment dans sa mémoire. L'analyse des erreurs qu'il commet confirme ce mécanisme. S'il est parfois incapable de restituer certains mots, c'est très souvent parce qu'il n'a pas pu les apercevoir en déambulant dans la rue Gorki en raison d'un éclairage insuffisant ou d'un fond peu contrasté. Ses erreurs sont davantage des défauts de perception mentale qu'un oubli par effacement de la trace mnésique. Il confond

Moscou, rue Gorki

Lorsqu'il descend mentalement la rue Gorki, Veniamin associe successivement l'image de chaque mot à un détail de la rue – porte, fenêtre, vitrine, palissade. L'association très forte qu'il crée entre un mot et un élément de la rue lui permet ensuite de retrouver chaque mot uniquement en parcourant de nouveau mentalement la rue Gorki, dans un sens, ou dans l'autre, selon qu'on lui demande la liste à l'endroit ou à l'envers. Si on lui demande de citer le mot qui se trouve après un mot précis, il lui suffit de retrouver l'image du mot indiqué en parcourant de nouveau la rue, et ensuite de regarder à côté de cette image. Alors que la plupart d'entre nous devraient réaliser un effort intense pour parvenir à un tel résultat, Veniamin se contente, lui, de parcourir une succession d'images avec autant de facilité que nous en aurions à relire la liste disposée sur une feuille de papier. Toutefois, pour que ces images soient très fortement mémorisées, Veniamin a besoin d'un temps important de concentration : les mots doivent être prononcés distinctement et lentement, faute de quoi l'image est floue et, donc, ininterprétable par la suite.

ainsi un crayon avec les lignes verticales d'une barrière ou un œuf avec la blancheur du mur auquel il l'a associé. Enfin, une voix peut déclencher un phénomène synesthésique responsable d'une tache, d'éclaboussures ou de nuages vaporeux qui rendent moins discernables les syllabes ou les images. Un parfait alignement des images est nécessaire pour que Veniamin puisse reconstituer correctement son cheminement mental. Il arrive parfois que la signification des mots à mémoriser soit si distante qu'il en résulte d'extravagants voyages mentaux l'amenant de la place Maïakovski au Kremlin, puis du Kremlin à la place Pouchkine et, pour finir, en Amérique après avoir lancé « une corde à travers l'océan ».

Au fur et à mesure de son travail de mnémoniste professionnel, Veniamin a simplifié ses techniques de mémorisation. Il a ainsi agrandi mentalement certains objets, il en a abrégé d'autres – ne retenant, par exemple, que le pied avec un éperon pour le mot « cavalier ». Lorsque ces différents procédés de simplification ou de symbolisation sont insuffisants, en particulier pour la mémorisation de phrases étrangères, il utilise avec virtuosité une technique de « sémantisation » qui consiste à évoquer des mots russes de prononciation similaire : « On me dit : *ibi bene ubi patria*. Je ne sais pas ce que cela veut dire… et voici qu'apparaissent *benia* (« bene ») et *pater* (« père »)… et je retiens : ils sont dans une petite maison quelque part en forêt et ils se disputent… » Contrairement aux moyens mnémotechniques que nous employons régulièrement et qui reposent sur une très forte logique, Veniamin utilise une technique imagée et imaginative sans réelle logique personnelle. La logique interne du matériel à mémoriser peut lui échapper : « Même si l'on m'avait donné à lire l'alphabet, dit-il, je ne m'en serais pas aperçu et l'aurais appris consciencieusement… » Une succession logique, même grossière, de chiffres comme « 3, 6, 9, 12… », peut pareillement lui échapper.

Léthotechnie

Veniamin utilise différents procédés qu'il a progressivement enrichis au fur et à mesure. Il utilise sa mémoire visuelle spontanée pour retenir les chiffres, alors que l'imagerie mentale et l'alignement lui permettent de mémoriser les mots ; enfin, les phénomènes synesthésiques l'aident à se souvenir des sons. Pour les textes dans une langue étrangère, il emploie sa technique de sémantisation. Lorsque les textes en russe sont longs, Veniamin est incapable d'en extraire les éléments marquants, technique que nous utilisons tous sans peine pour mémoriser un texte. Il est, en outre, submergé par tous ces mots qui, à la longue, suscitent chez lui trop d'images ou de sensations synesthésiques.

Face à cette invraisemblable mémoire, se pose la question de la possibilité de l'oubli. Alors que notre souci est habituellement d'apprendre, Veniamin connaît le problème inverse : il veut oublier, mais peut-on apprendre à oublier ? À l'évidence, oui et, pour décrire les stratégies qu'il utilise, Luria invente même le terme de « léthotechnie », qui fait pendant à celui de mnémotechnie. Veniamin dispose de plusieurs techniques pour cela. La simplification des images lui permet ainsi de supprimer progressivement la multitude de détails qui bloquent la perception des autres mots. Pour effacer les longues séries de chiffres inscrites dans son esprit, il s'y prend autrement et peut, par exemple, noter ce qu'il doit oublier sur une feuille de papier, qu'il jette ou brûle ensuite ; il peut aussi recouvrir mentalement d'une pellicule opaque le tableau noir sur lequel ont été tracés les chiffres à apprendre ; il peut enfin bloquer la réapparition d'une liste de chiffres, tout simplement en « décidant » qu'elle n'apparaîtra pas...

Un étrange raisonnement

Conséquence de son extravagante mémoire, les processus intellectuels de Veniamin sont assez étonnants. Son raisonnement ne repose pas sur des opérations mentales logiques, mais sur une suite complexe d'opérations d'imagerie mentale visuelle, ce que Luria appelle la « pensée-vision » ou la « pensée imagée ».

Combien de roubles, combien de kopecks ?

Comme le dit lui-même Veniamin : « Les autres pensent, mais moi je vois! » En voici un exemple, qu'il raconte lui-même : « On me pose le problème suivant : "Le livre relié coûte 1 rouble 50 kopecks. Le prix du livre est de 1 rouble supérieur à celui de la reliure. Combien coûte le livre et combien coûte la reliure ?" Je l'ai résolu tout simplement. J'ai devant les yeux un livre relié en rouge ; le livre coûte 1 rouble de plus que la reliure. J'arrache une partie du livre et me dis qu'elle coûte 1 rouble. Reste la partie du livre qui est égale au prix de la reliure, 50 kopecks. Ensuite j'ajoute cette partie du livre – cela donne 1 rouble 25 kopecks[34]. »

Cette pensée imagée s'est malheureusement retournée contre Veniamin. L'afflux d'images brouille sa pensée. Les mots d'un texte évoquent chez lui des images si puissantes que celles-ci le détournent de la réflexion. Pour cette raison, la poésie est un épouvantable casse-tête, car d'absurdes images s'entrechoquent, créant des situations chaotiques qui ne conduisent à aucun plaisir. Dernier paradoxe : Veniamin a souvent été confronté à des situations de conflit entre son monde imaginaire et le monde réel. Il a par exemple perdu une fois un procès parce que la salle du tribunal qu'il avait imaginée s'était révélée totalement différente dans la réalité, en particulier au niveau de la disposition du juge et de la sienne. Cette discordance l'a gêné lorsqu'il a dû plaider son cas. Sa trop grande mémoire se révèle parfois un handicap cognitif !

Avoir une mémoire exceptionnelle n'est pas enviable

Si nos souvenirs ne sont pas aussi stables qu'on le souhaiterait, c'est vraisemblablement en raison d'un phénomène d'évolution adaptative qui se révèle extrêmement utile en pratique. L'accroissement démesuré des capacités de mémoire de Veniamin n'aura été qu'une curiosité propre à alimenter sa vie d'artiste de théâtre, lui accordant peu de bénéfices réels. Avoir une trop bonne mémoire, c'est se couper de possibilités adaptatives fondamentalement utiles à notre quotidien. Veniamin s'est exclu du monde réel, car celui-ci envahissait de manière indélébile sa vie mentale. Avec beaucoup de tristesse, Luria conclut son livre en écrivant : « Il serait difficile de dire ce qui avait pour lui plus de réalité : son univers imaginaire dans lequel il vivait, où le monde réel, où il n'était qu'un passant… » Veniamin est, finalement, devenu prisonnier de sa mémoire.

Le drame de la mémoire absolue

En 1942, bien avant la publication de Luria qui date de 1968, l'écrivain argentin Jorge Luis Borges raconte l'histoire d'un jeune homme à la mémoire absolue. Irénée Funès est un jeune paysan inculte devenu paralysé à la suite d'un accident : une blessure à la tête a créé chez lui une capacité absolue de mémorisation – je précise qu'il n'y a aucune explication scientifique : les traumatismes crâniens n'entraînent jamais d'hypermnésie. Quoi qu'il en soit, dans la nouvelle, cette hypermnésie permet d'apprendre quatre langues en un tournemain et de mémoriser, comme Veniamin, des listes invraisemblables de mots et de chiffres. Elle permet aussi à Funès de retenir indéfiniment la configuration des nuages à n'importe quel moment de n'importe quelle journée… Comme il le déclare au narrateur : « Ma mémoire, Monsieur, est comme un tas d'ordures. » La profusion de détails enregistrés dans sa mémoire absolue est un obstacle à sa réflexion : comment former des concepts ? comment raisonner lorsque l'esprit est envahi d'images ? Pour oublier, Funès doit s'imaginer une rangée de maisons noires dont les ténèbres absorbent ses souvenirs encombrants. Une autre technique consiste à évoquer mentalement un fleuve dont le courant emporte le trop-plein de souvenirs. Même s'il s'agit d'une fiction, la nouvelle de Borges résume assez bien l'atroce condition de ces personnes à la mémoire absolue.

Vienamin possède une compétence certes spectaculaire, mais finalement sans intérêt au quotidien. Son histoire montre combien de tels « dons » ne rendent pas forcément service. La connaissance absolue qui maîtrise tout ne facilite pas toujours l'efficacité : un excès de souvenirs peut nuire à la prise de décision. Les histoires abondent d'érudits qui n'ont pu avoir le destin de décideurs ou de politiciens qu'on leur aurait imaginé. D'autres dimensions cognitives que le savoir sont, en effet, indispensables, comme la capacité d'entreprendre, de mettre en action, de décider. Choisir, ce n'est pas seulement agir vite et tomber juste ; c'est aussi faire un choix entre plusieurs solutions déjà connues. Paradoxalement, trop de solutions disponibles handicapent un choix raisonné. Veniamin dans la réalité, comme Funès dans la fiction, en sont deux exemples pathétiques.

Comment devenir un expert ?

L'expertise n'est pas un don magique

La mémoire est inévitablement sélective. Cette sélectivité s'acquiert volontairement, mais au prix d'un travail précoce, soutenu et long. L'usage régulier et répété, intensif et motivé de la mémoire conduit inévitablement à sa spécialisation, aussi bien dans la maîtrise exceptionnelle de stratégies de mémorisation que dans la possession spectaculaire d'un champ particulier de connaissances et dans l'efficacité de leur rappel. Il s'y associe inévitablement des techniques spécifiques de résolution de problèmes. Nous sommes tous experts dans un domaine de mémoire : les uns pour les anecdotes ou les histoires drôles, d'autres pour les dates de naissance ou la généalogie familiale, d'autres encore pour les acteurs ou les films. J'ai même des collègues imbattables sur les horaires de chemin de fer ou le nom des saints du calendrier. À côté de ces expertises naturelles, on individualise des mémoires expertes réellement exceptionnelles, ne résultant ni d'un don magique ni d'une inspiration divine mais d'un savoir-faire particulier, privilégié très tôt dans la vie et régulièrement entretenu.

Même si quelques experts ont les deux facettes, on peut distinguer d'une part les apprentissages exceptionnels et d'autre part les stocks exceptionnels. Dans certaines situations, comme celles du serveur, de l'acteur ou du chanteur, l'expert a développé des trucs, des astuces, des moyens mnémotechniques qui lui permettent de mémoriser rapidement un grand nombre d'informations qu'il ne conservera pas pour un temps illimité. D'autres experts possèdent une mémoire encyclopédique par l'accumulation d'un nombre colossal de connaissances – c'est la mémoire encyclopédique du collectionneur, du chauffeur de taxi, du spécialiste d'un domaine culturel précis : la constitution progressive du stock s'accompagne de révisions intensives permanentes qui renforcent l'ancrage des connaissances dans un contexte de très haute motivation. C'est toujours avec amour et passion que le numismate parcourt régulièrement sa collection de monnaies et relit ses ouvrages...

Dans le domaine d'expertise des collectionneurs, leur mémorisation incidente, c'est-à-dire sans effort volontaire conscient, est souvent d'une efficacité équivalente à leur mémorisation intentionnelle. Tout s'enregistre naturellement tant est élevé l'indice d'intérêt associé aux informations. La mémoire des collectionneurs est également caractérisée par un meilleur classement des éléments de leur collection. Enfin, ils utilisent des structures de rappel soit spontanées, car naturellement fournies par leurs domaines, soit relevant d'un effort délibéré d'organisation.

L'expertise : la mémoire au service de la décision

L'expert est plus rapide pour identifier, mémoriser et retrouver des configurations propres à son domaine de savoir-faire. C'est un atout inestimable lors d'une prise de décision. L'expert a également les moyens de reconnaître automatiquement certaines situations, ce qui accélère aussi sa prise de décision et pourrait s'apparenter à ce que d'autres appelleraient l'intuition. Même si sa mémoire de travail est plus développée dans son domaine (comme l'empan direct de 11 chiffres de Rüdiger Gamm), il est possible à un expert de la court-circuiter et d'accéder directement et rapidement à ses connaissances, ce qui accélère ses réponses lors d'une prise de décision et rend disponibles ses ressources cognitives, soit pour traiter des données supplémentaires, soit pour anticiper sur la situation en cours. Enfin, si l'on rajoute une motivation supérieure, un indéniable plaisir et l'assurance que leur procurent des milliers d'heures de pratique, les experts ont une incontestable supériorité cognitive qui n'a rien de magique.

Pourquoi les experts sont-ils supérieurs aux novices ?

• Les experts disposent d'une base de connaissances organisée progressivement et structurée avec soin.

• Créée précocement, cette base nécessite environ dix années de travail pour s'élaborer efficacement.

• Ces connaissances stockées en mémoire à long terme peuvent être rappelées temporairement dans une mémoire de travail qui permet aux experts d'accéder facilement à ces informations.

• La sollicitation régulière d'une tâche cognitive particulière, comme la résolution de problèmes, développe des capacités d'imagerie mentale rendant plus rapide et plus pertinent l'accès à des images particulièrement bien consolidées – l'image de la configuration du roi roqué est ainsi plus explicite et plus détaillée chez un maître d'échecs.

• L'ensemble aboutit chez ces experts à un accès beaucoup plus rapide à leurs connaissances au moyen de structures spécifiques de rappel, appelées aussi « plans ou cadres de récupération ». Les experts ont non seulement stocké des dizaines de milliers de configurations spécifiques (*chunks*) mais ils organisent plus rapidement et plus efficacement ces informations en des groupes cohérents. Globalement, plus une personne est compétente dans un domaine, et plus il lui est facile d'enrichir et de structurer sa base de connaissances. La conclusion éducative serait de favoriser très tôt chez l'enfant la constitution d'une base de connaissances ainsi que l'apprentissage rapide des moyens de catégorisation qui permettent une meilleure rétention du matériel à mémoriser.

On ne peut cependant exclure, un petit quelque chose en plus, un scintillement neuronal supplémentaire qu'on pourrait qualifier d'étincelle du génie. Il est probable que cette étincelle sera un jour visualisée par l'imagerie fonctionnelle cérébrale. Je doute néanmoins qu'on puisse extraire son secret. Si Isaac Newton (1642-1727) a pu établir sa théorie de l'attraction universelle, ce n'est pas parce qu'une pomme est tombée sur une tête vide, mais parce qu'elle est tombée sur la tête d'un savant cherchant depuis 20 ans à résoudre un problème. Les pommes tombent des arbres, le génie ne tombe jamais du ciel… En l'absence de ce petit quelque chose en plus, on peut au moins s'appuyer sur 3 principes généraux qui facilitent le développement d'une mémoire experte et, à tout le moins, l'amélioration de la capacité d'apprendre chez n'importe qui :

1. La mise au point d'un encodage porteur de sens qui utilise les connaissances préexistantes comme instruments de mémorisation des nouvelles informations.

2. La création d'un cadre de rappel attaché aux nouveaux matériels et d'indices facilitant la récupération ultérieure de l'information.

3. la pratique d'un entraînement régulier et durable : rien ne s'obtient sans effort et la mémoire entraîne la mémoire !

L'ESSENTIEL

- Les mémoires absolues ne sont pas l'expression d'un don magique.
- Les individus ayant une mémoire absolue sont souvent malheureux.
- Les mémoires professionnelles et les mémoires encyclopédiques sont fréquentes, mais limitées à des domaines spécifiques.
- Il faut distinguer les experts à stocks exceptionnels et les experts à apprentissages exceptionnels.
- La mémoire d'un expert n'est impressionnante que dans son domaine.
- Les experts organisent le matériel à mémoriser sous la forme de regroupements particuliers (*chunks*).
- Les structures de rappel, ou plans de récupération, facilitent l'évocation des informations : ils constituent des cadres porteurs de sens pour ces experts.
- Les experts ont une double compétence : ils ont à la fois une excellente mémoire des connaissances de leur domaine (ils s'en souviennent bien) et une excellente capacité de mémorisation de ce type d'informations (ils les apprennent bien).

3

« Il n'imprime pas, ce qui est le comble pour un imprimeur. »

Une épouse inquiète

La merveilleuse architecture de la mémoire est fragile. La confiance que nous inspirent ses exceptionnelles capacités est rapidement ébranlée à la moindre défaillance, immédiatement vécue comme une cruelle trahison. L'émotion est un formidable modulateur de la mémoire – leur intrication est forte, elle est même indispensable, fondamentale, cruciale –, mais l'émotion est à double tranchant, tantôt promnésiante, tantôt amnésiante, et cela aussi bien dans notre quotidien banal que dans des conditions pathologiques comme l'anxiété, la dépression ou la survenue d'un stress aigu.

La situation la plus terrifiante que peut subir un souvenir est sans aucun doute celle de sa modification. L'existence de distorsions des souvenirs

Les trahisons de la mémoire

confirme qu'ils ne sont pas figés : l'évocation d'un souvenir passe toujours par une reconstruction et cette recomposition entrouvre malheureusement la porte à des intrusions préjudiciables à sa fidélité. De nombreuses affaires judiciaires ont montré qu'il ne fallait pas se fier absolument aux souvenirs en dépit du fort sentiment de certitude que nous pouvons avoir à leur égard.

L'oubli est naturel, fréquent, indispensable. Sans oubli, notre mémoire serait engorgée. Il est malheureusement rare que nous appréciions à leur juste valeur les aspects bénéfiques de l'oubli. Au contraire, nous ressentons durement la survenue des premières difficultés d'apprentissage et d'évocation accompagnant l'avancée en âge dès... la trentaine. ■

La mémoire en émoi : émotions et stress

> « Tout ce qui part du cœur s'inscrit dans la mémoire. »
>
> VOLTAIRE

> « La mémoire est toujours aux ordres du cœur. »
>
> RIVAROL

Émotion et mémoire

L'émotion a des droits sur la mémoire

Nous ressentons des émotions, nous avons des sentiments, nous sommes hantés par le désir – bref, nous sommes humains. Mémoire et émotion sont étroitement liées. Est-il besoin d'être un grand scientifique pour deviner ce lien intime ? Notre simple bon sens et le souvenir de quelques épisodes marquants de notre vie démontrent aisément que notre vie émotionnelle est un des grands chefs d'orchestre de notre mémoire. C'est ainsi la très forte charge émotionnelle de nombreux événements les rend particulièrement inoubliables : accident, mariage, réussite ou échec à un examen, rencontre ou rupture sentimentales, voyage exceptionnel, humiliation par des collègues, spectacle émouvant… La joie et la peur ancrent plus durablement en mémoire les scènes vécues que la sérénité ou la tristesse.

Certaines situations constituent un véritable orage émotionnel aux conséquences catastrophiques. Un patient que je suis pour une maladie d'Alzheimer a été fusillé et laissé pour mort en 1944 : depuis qu'il est malade, il revit la scène de son exécution pratiquement chaque nuit. Toujours en 1944, une de mes patientes a échappé par miracle à un tri qui comportait trois options : l'exécution immédiate, la déportation ou la vie sauve. Jusqu'à l'âge de 50 ans, elle a subi des cauchemars récurrents au cours desquels elle voyait tirer les mitraillettes. Atteinte actuellement d'une forme légère de maladie d'Alzheimer, elle me répète plusieurs fois cette histoire lors de chaque consultation. Dans ces deux cas, la cicatrice des corps ne compte pas, c'est celle de l'esprit qui apparaît la plus traumatisante.

Émotions et sentiments

Les émotions facilitent l'épanouissement personnel et la survie collective[1]. Certains sons, certaines images, certaines situations génèrent des émotions. Selon le cas, ces émotions sont positives (joie, plaisir) ou négatives (peur, dégoût).

Si la plupart des émotions s'acquièrent, quelques réactions émotionnelles sont innées. Prenons l'exemple de la peur, la plus indispensable des émotions[2]. Un bébé chimpanzé sera terrifié par la vue d'une sinusoïde qui évoquera immédiatement l'image d'un serpent, même s'il n'en a jamais vu. La frayeur à la vue des serpents ou des araignées relèverait donc d'une peur innée, alors que c'est l'éducation qui apprend à un enfant que le feu ou une prise électrique sont dangereux. Par ailleurs, et chacun de nous peut en faire le constat, les images ne suscitent pas les mêmes émotions chez tout le monde : la photographie d'une femme nue suscitera davantage de désir chez un homme hétérosexuel que chez une femme hétérosexuelle. Enfin, selon le contexte, une même situation ne provoquera pas la même émotion : la vue d'un gâteau au chocolat suscite du désir à jeun, mais du dégoût une fois rassasié...

Certaines émotions, comme la culpabilité ou le mépris[3], sont, en fait, des sentiments. Sentiment est le terme général utilisé pour qualifier la prise de conscience plus ou moins explicite de son ressenti émotionnel. Comme l'a brillamment démontré le neurologue américain Antonio Damasio, l'émotion et la rationalité sont paradoxalement liées de façon intime : prendre une décision rationnelle exige un fonctionnement correct du système cérébral des émotions[4]. Damasio a une phrase qui résume joliment sa conception de l'émotion et des sentiments : « Les émotions, écrit-il, se manifestent sur le théâtre du corps ; les sentiments sur celui de l'esprit. » Les émotions seraient ainsi du domaine public, en ce sens que leur ressenti se traduit par des réactions neurovégétatives et comportementales en grande partie visibles par l'entourage. Ces

Comment définir une émotion ?

Il n'existe pas de définition consensuelle de l'émotion. On peut tenter de la définir comme une expérience affective subjective associée à des brusques perturbations mentales et physiologiques en réponse à des modifications de l'environnement. Plus précisément, Olivier Koenig, professeur de psychologie cognitive à Lyon, utilise une déclinaison en trois E : expérience, évaluation, expression.

• **L'expérience émotionnelle** est une expérience subjective consciente au cours de laquelle on ressent une émotion, c'est-à-dire la perception d'un état particulier du corps produit par l'activation de structures cérébrales spécifiques en réponse à certaines situations.

• **L'évaluation émotionnelle** permet de catégoriser un stimulus, une situation, une attitude, un visage : il s'agit d'un jugement cognitif grâce auquel on classe, par exemple, la situation comme agréable ou désagréable.

• **L'expression émotionnelle**, enfin, permet de communiquer ses émotions à autrui au moyen d'une expression faciale (rictus, sourire), de la modification de l'état somatique (tremblement, sueurs), d'une posture avenante ou agressive, de la mélodie de la voix...

réactions émotionnelles du corps sont automatiques et inconscientes. De leur côté, les sentiments correspondent à une représentation cognitive des émotions sous la forme d'un changement mental dans l'esprit de celui qui éprouve des émotions. Les sentiments naissent lorsque nous prenons conscience de la présence d'émotions corporelles. Voilà pourquoi on peut considérer qu'elles appartiennent au domaine privé.

De façon générale, les émotions interviennent à tous les stades de la mémoire. Elles jouent un rôle déterminant lors de l'apprentissage et du stockage des expériences personnelles. Elles leur attachent en effet une étiquette spécifique qui participe au contexte du souvenir au même titre que le moment et le lieu de son déroulement. Le phénomène de la « dépendance à l'humeur » fait partie d'un effet déjà abordé, celui de la dépendance au contexte : des informations sont d'autant mieux récupérées qu'on se trouve, lors de cette restitution, dans le même état affectif que celui dans lequel on était lors de la phase de mémorisation. Ainsi, des mots mémorisés dans un état affectif joyeux seront mieux recouvrés lorsque le sujet sera dans le même état joyeux. Cette dépendance au contexte affectif est plus nette en cas d'humeur joyeuse que d'affect négatif.

Le traitement de la mémoire épisodique est modulé de deux façons par l'émotion. D'une part, celle-ci apporte une coloration sentimentale aux réseaux qui permettent la récupération des épisodes. D'autre part, l'émotion active les régions cérébrales impliquées lors du traitement des situations émotionnelles vécues. Le traitement de l'information émotionnelle active les mêmes régions cérébrales lors des situations vécues et lors du processus de récupération des souvenirs émotionnels[5]. Cela aide à mieux comprendre les phénomènes de blocage mnésique ou d'hypermnésie observés lors de situations personnelles fortement émotionnelles.

L'ÉMOTION, C'EST DU CORPS

L'émotion est associée à des états particuliers du corps qu'on peut qualifier de marqueurs somatiques (Antonio Damasio). Il s'agit de la trace mnésique de différents états neurovégétatifs (donc, des marqueurs du corps) acquis à la suite de l'exposition répétée à des situations ou des scénarios agréables ou désagréables. Ce sont des sortes de savoirs émotionnels associés à des situations ou des objets particuliers de l'environnement. Lors d'une nouvelle confrontation à une situation comparable, ces marqueurs somatiques constituent autant de signaux d'encouragement ou d'alarme qui facilitent l'action et la décision : sans empêcher un raisonnement logique conscient forcément plus lent, ces raccourcis décisionnels facilitent inconsciemment la rapidité, la précision et la sélectivité du choix.

L'empire des émotions

Indépendamment de ses caractéristiques propres, la consolidation, puis le rappel d'un de nos souvenirs reposent largement sur nos expériences passées, nos connaissances préalables, nos attentes et notre identité psychologique, affective, émotionnelle.

Une même situation émotionnelle peut donc avoir des effets diamétralement opposés. Un événement ou une information accompagnés d'une émotion intense sont susceptibles de s'ancrer définitivement en mémoire, suscitant des réminiscences extrêmement vivaces. Il s'agit alors de souvenirs flashes, c'est-à-dire de situations où est réalisé l'enregistrement véritablement photographique du contexte au cours duquel on a appris, souvent brutalement, un événement très surprenant, qui a déclenché une forte émotion individuelle ou collective (voir aussi chapitre suivant). Dans le syndrome de stress post-traumatique, l'événement qui a mis en jeu l'intégrité physique et psychique d'un individu (et pas seulement chez des personnalités psychopathologiques) aboutit ainsi à une représentation excessive du souvenir de l'événement. À l'inverse, certaines situations émotionnelles comparables ne s'inscriront jamais en mémoire ou seront plus difficiles à retrouver. C'est tout le paradoxe de l'émotion : selon le contexte, un individu fixe bien, retrouve mal, retient trop, ou n'apprend rien !

Hippocampe, amygdale et lobe frontal : une force d'action rapide

Mémoire et émotion sont étroitement liées au plan anatomique. Le contrôle automatique de l'émotion dépend plus précisément de l'amygdale, petite structure cérébrale située juste à côté de l'hippocampe, qui est la composante clé de la mémorisation. Ces deux structures, étroitement interconnectées, sont situées sur la face interne des régions temporales. Branché sur le monde extérieur qui l'inonde d'informations, l'hippocampe bénéficie de la gestion émotionnelle du monde intérieur réalisée par l'amygdale.

Outre l'hippocampe et l'amygdale, intervient également le lobe frontal. Antonio Damasio insiste sur leur fonctionnement intégré. Face à une expérience agréable ou dangereuse, les riches interconnexions de ces trois structures permettent à un individu de réagir rapidement en choisissant parmi différents scénarios d'actions possibles. Les lobes frontaux ont préprogrammé au fil du temps des situations et des réactions prototypiques que les émotions amorcent afin de permettre une prise de décision rapidement pertinente en réponse à une situation particulière. Le lobe frontal joue également un rôle plus sophistiqué dans la détection de la signification émotionnelle « sociale » de scènes complexes plus élaborées que la vision d'un simple serpent.

Les informations du monde extérieur analysées par l'hippocampe et celles du monde intérieur évaluées par l'amygdale engagent le déploiement d'une force d'action rapide adaptée, sous le contrôle du lobe frontal. Ce mécanisme rapide est salutaire, car il évite de reproduire une autre fois une situation dangereuse. Lorsque ce mécanisme de sauvegarde est submergé, il se retourne malheureusement contre l'individu. La survie de l'individu et, par là même, de l'espèce humaine bénéficie de cette collaboration entre l'hippocampe, l'amygdale et le lobe frontal.

La couleur affective d'un souvenir

Apprendre une information à forte charge émotionnelle est plus facile que mémoriser une information neutre. L'amygdale est une sorte d'interface entre les *stimuli* sensoriels, principalement visuels ou auditifs, et un déclenchement émotionnel dominé par les émotions négatives comme la peur, la colère, la rage et le dégoût, avec leur accompagnement neurovégétatif (sueur, rougeur, palpitations, respiration rapide). L'amygdale est aussi très sensible à ce qui est nouveau et inattendu.

Mémoire et états psychopathologiques

« Dans les moments de grande tension, l'esprit se fixe sur un détail sans importance dont on se souvient parfaitement bien longtemps après, comme si l'anxiété nous l'avait à jamais gravé dans le cerveau. »
Agatha Christie

Que se passe-t-il dans un cerveau inquiet ou déprimé ?

Selon une enquête récente, 11 % des Français auraient connu récemment un épisode dépressif et 12,8 % une bouffée d'anxiété généralisée. Les femmes sont toujours plus affectées : 13 % pour les épisodes dépressifs (contre 8,9 % d'hommes) et 14,6 % pour les troubles anxieux (contre 10,9 % d'hommes). De tels chiffres confirment que l'anxiété et la dépression sont les états psychopathologiques les plus fréquents dans la population française.

> **Pourquoi un tel déferlement ?**
>
> L'inquiétude des anxieux et des déprimés est à l'origine de nombreuses consultations auprès des spécialistes de la mémoire. Dans les premiers temps de la consultation de mémoire que j'assure depuis 1990 à l'hôpital neurologique de Lyon, 16 % des patients avaient des plaintes mnésiques en rapport avec des troubles anxieux ou dépressifs isolés. En 1997, après ses deux premières années de fonctionnement, la consultation spécialisée de mémoire de l'équipe neurogériatrique de Toulouse parvenait à 30,4 % de troubles de l'humeur et 9,3 % de troubles anxieux...

Émotions et sentiments insèrent dans les mécanismes de mémorisation des interférences internes dont la maîtrise devient le principal problème des anxieux et des dépressifs. La souffrance mentale chronique de ces derniers est responsable de difficultés attentionnelles qui pénalisent leur mémoire au quotidien sans que les tests de mémoire ne laissent apparaître le plus souvent de réelles anomalies. Il est même souvent difficile de convaincre l'anxieux et le déprimé que, si leur mémoire leur joue des tours au quotidien, elle n'est pas réellement déficitaire lors des tests. La mécanique de la mémoire est en fait peu altérée ; c'est son usage spontané qui est grippé par la réduction attentionnelle suscitée par les phénomènes émotionnels.

Mémoire et anxiété

« Tant que l'homme sera mortel, il ne sera jamais décontracté. »

Woody Allen

Qu'est-ce que l'anxiété ?

L'anxiété est la représentation mentale « négative » d'une situation non présente ou d'une perception excessive du monde extérieur – l'appréhension d'être en retard, de rater un examen, d'être agressé[6]. Pour le *DSM-IV*, manuel américain de classification des maladies psychiatriques, l'anxiété est plus précisément un affect pénible survenant après, pendant ou avant (anticipation) une agression somatique ou émotionnelle, qu'elle soit réelle ou imaginaire[7]. Pour le psychanalyste français Alain Braconnier, l'anxiété serait même à la sensibilité ce que le doute est à l'intelligence, c'est-à-dire la représentation affective de l'incertitude.

Toute réponse anxieuse comporte trois types d'aspects : des aspects subjectifs verbalisables (indices cognitifs), des aspects somatiques sous la forme d'indices neurovégétatifs (accélération cardiaque, sueur) et des aspects comportementaux non verbalisables (fugue, agitation, agressivité, réaction de catastrophe, sidération motrice ou mentale).

On peut être anxieux sans être malade...

Il est classique d'opposer deux types d'anxiété : l'anxiété-état qui est un état aigu, réactionnel à une situation de vie mal maîtrisée, et l'anxiété-trait qui correspond à une anxiété permanente, quasiment constitutive de la personnalité (trait de personnalité). Cette classification n'est pas reconnue par tous les psychiatres, mais elle a le mérite de distinguer les situations occasionnelles des états chroniques.

Toute personne au quotidien peut ressentir une inquiétude naturelle avec des épisodes d'accentuation réactionnelle en cas de situation particulièrement pénible (examen, cérémonie, etc.). Dans cette anxiété banale, les soucis sont contrôlables, l'inquiétude est modérément envahissante, il n'y a pas d'urgence mentale. Cette forme d'anxiété prend parfois une tournure fortement pathologique. Alors, et alors seulement, on subit un handicap psychique considérable : à ce stade, l'anxiété rend malade. Signalons, enfin, que l'anxiété peut alimenter différents types de troubles, comme les phobies, les états de panique, les troubles obsessionnels-compulsifs, le trouble anxieux généralisé, le stress post-traumatique, sans oublier l'anxiété des dépressifs et des psychotiques.

Que pensent les anxieux de leur mémoire ?

L'esprit d'un anxieux est perturbé par des sujets d'inquiétude qui occupent une partie de l'espace attentionnel de leur mémoire à court terme. Celle-ci est envahie de pensées, mais vide d'informations... L'émotion submerge l'anxieux et lui masque l'existence d'un monde dont il ne retient pas les messages. D'où sa difficulté à retenir – au double sens de la mémorisation et de la fuite – le monde extérieur, occulté qu'il est par son propre monde intérieur. L'anxieux se concentre sur son anxiété, et pas sur sa mémoire. Une patiente anxieuse, très inquiète de sa mémoire, me confiait ainsi : « À mon mari, je ne repose pas les questions, mais je le fais dans ma tête... »

C'est dans un tel contexte qu'intervient la peur d'être atteint d'une maladie de mémoire, et bien sûr, du fait de sa médiatisation, d'une maladie d'Alzheimer. Les spécialistes de la mémoire connaissent bien cette inquiétude qui sous-tend toute consultation autour de la cinquantaine. Avouée d'emblée ou révélée au cours de la consultation, cette crainte est d'autant plus intense qu'un proche est atteint de la maladie d'Alzheimer.

Les sujets anxieux que nous voyons en consultation mémoire rapportent généralement une plainte de mémoire ancienne de plus de cinq ans, mais parfois, c'est toute leur vie qu'ils décrivent comme le théâtre désespérant de cette gêne. Ces plaintes mnésiques sont extrêmement fréquentes. Elles relèvent essentiellement de difficultés de concentration, d'oublis immédiats, voire d'authentiques trous de mémoire. Quand on recueille leurs plaintes, ces patients rapportent une plus grande sensibilité aux interférences extérieures, une gêne à réaliser plusieurs tâches simultanément et une fuite des idées qui leur fait perdre le fil de leur pensée à la moindre interruption. Ces plaintes, qui traduisent des difficultés attentionnelles, sont cependant disproportionnées par rapport à la gêne quotidienne réelle.

Un comportement caractéristique

Le comportement des anxieux lors d'une consultation de mémoire est caractéristique. Leur entrée en matière se fait souvent sur le mode cataclysmique : « Docteur, j'oublie tout ! » Cette affirmation autoritaire pose déjà un rapport de forces subliminal – « Et ne venez pas me contredire ! » Ces patients ne sont pas étonnés de la discordance entre leur allégation péremptoire et le fait qu'ils soient souvent venus seuls à la consultation, ce qui implique une autonomie incompatible avec une amnésie totale.

Quelques anxieux ont un comportement d'étalage quasi complaisant et caricatural de leurs oublis : de mémoire (ce qui est toujours un indicateur rassurant) ou aidés de petits papiers qu'ils sortent de toutes les poches de leurs vêtements, ils racontent avec un grand luxe de détails tous les oublis qu'ils ont subis lors des derniers mois. Assez rapidement, il apparaît que de nombreux anxieux sont là, non pas pour relater leurs difficultés de mémoire, mais pour raconter leur histoire de vie. Avec un discours souvent difficile à canaliser, l'anxieux ne répond pas toujours aux questions ou alors de façon très indirecte. Il n'écoute pas, il est dans son monde, il se focalise sur des détails, il perd le fil directeur du récit au bénéfice hasardeux de détours personnels : l'anxieux quitte l'autoroute pour des routes secondaires sans intérêt : la consultation s'étire en longueur.

Pour le spécialiste, le déroulement de la consultation est donc le meilleur indice de la difficulté psychocognitive du patient à contrôler sa mémorisation. Les questionnaires de plainte mnésique, comme celui de McNair, révèlent que 80 % des anxieux se plaignent quand il s'agit de rubriques évaluant l'attention ou l'exécution de tâches simultanées – liste de courses, concentration, impression de tête vide, rangements des objets, noms propres, mémoire prospective…

Quand l'anxiété sature la mémoire de travail

De nombreux travaux contradictoires ont analysé la mémoire des anxieux. Le bilan est le plus souvent normal, et on note davantage d'anomalies qualitatives que quantitatives. Ainsi, leurs tests sont émaillés de remarques négatives du style : « Je ne sais plus rien », « Je ne sais pas », « Je n'ai rien retenu », reflétant la peur de ne pas se rappeler.

Les anxieux rappellent autant de mots que des sujets normaux ou, en cas d'oubli de quelques mots, il leur est possible de les retrouver avec l'aide d'indices facilitant leur récupération. Lorsqu'une liste comporte des mots menaçants (à forte connotation anxieuse ou en rapport avec leurs préoccupations), ils les retiennent parfois mieux que les témoins. Les « arachnophobiques » analysent ainsi préférentiellement et plus rapidement des termes comme « araignée » ou « pattes velues », car ils focalisent inconsciemment leur attention sur ces *stimuli* menaçants.

Une information nouvelle, ambiguë ou menaçante, est presque toujours détectée de façon exacerbée. Les détails émotionnels d'une histoire lue sont soit trop bien retenus, soit oubliés.

Ces plaintes, je l'ai dit, sont anciennes et inchangées depuis de nombreuses années. En dépit de gênes parfois importantes, le retentissement sur le quotidien est cependant minime. Les anxieux ont souvent le même niveau global de plaintes que les non-anxieux de leur entourage, mais ils se sentent en perdition par rapport à eux. Autrement dit, les plaintes sont les mêmes ; c'est leur vécu qui diffère.

Les tests cognitifs chez les anxieux

L'anxiété handicape les opérations cognitives globales ainsi que le fonctionnement de la mémoire de travail, en particulier l'administrateur central qui gère la répartition des ressources attentionnelles. L'angoisse mobilisant une partie de ces dernières, les anxieux ont la plus grande difficulté à gérer simultanément, d'une part, l'activité affective liée à l'anxiété et, d'autre part, l'activité cognitive nécessaire au traitement de l'information nouvelle à mémoriser ou du souvenir ancien à retrouver[8]. La mémoire de travail est ainsi envahie par des informations concurrentes qui masquent les informations pertinentes.

Lorsque je demande à des anxieux de me répéter une histoire que je viens de leur lire, j'observe deux situations caractéristiques. La première est celle d'un blocage immédiat qui fait dire à l'anxieux : « Je n'ai rien retenu », ce qui est, bien sûr, impossible, car même un patient amnésique

Panique à bord

Chez les anxieux, on observe d'importants troubles d'attention et de concentration : diminution des ressources attentionnelles en mémoire de travail ; mauvais contrôle attentionnel ; augmentation de la distractibilité. L'état d'anxiété se caractérise par une situation de double tâche permanente, avec compétition entre les informations pertinentes et les informations inadéquates, qui envahissent néanmoins l'espace attentionnel. Si les tests qui imposent un temps de réponse rapide sont, pour cette raison, moins bien réussis par les anxieux, il suffit d'enlever la contrainte psychologique de la réponse chronométrée pour que les anxieux deviennent aussi performants que les non-anxieux. Précisons encore que les tests de la mémoire de travail ne sont altérés que dans l'anxiété-état et pas dans l'anxiété-trait.

serait en mesure de fournir deux ou trois éléments de cette histoire. La seconde situation est celle d'une mobilisation efficace des ressources attentionnelles sur la première moitié de l'histoire, puis d'un relâchement sur la suite de l'histoire : les éléments de la première moitié du texte restent plus facilement en mémoire que ceux de la seconde.

Il ne sert à rien de dire à un anxieux que sa mémoire est normale...

La plainte de mémoire de l'anxieux est subjective, elle exprime une souffrance. Il peut donc sortir mécontent d'une consultation de mémoire qui se veut rassurante sur l'existence éventuelle d'un trouble organique, mais qui n'est pas assez explicative sur la mémoire elle-même. Le plus difficile est finalement de convaincre un anxieux que sa mémoire n'est fondamentalement pas déficitaire, que c'est l'usage qu'il en fait qui pose un problème. Dire que sa mémoire est normale ne suffira pas ; il faut expliquer et dédramatiser, en sachant que ce sera d'autant plus difficile que la plainte de mémoire s'intègre dans un processus de blessure narcissique. Il est indéniable que la gêne au quotidien est un trouble invalidant, mais sa prise en charge ne relève pas d'une rééducation de mémoire au sens neurologique du terme. Quoi qu'il

Des bienfaits cognitifs de l'anxiété

Il peut arriver que l'anxiété augmente les capacités mnésiques en raison de l'hypervigilance et de la motivation accrue qu'elle entraîne, mais, pour cela, il faut qu'elle soit maintenue à un niveau modéré. L'efficience mnésique idéale se trouve dans la situation intermédiaire entre l'absence et l'excès d'anxiété. Cet état intermédiaire favorise une performance optimale, il ne concerne pas seulement la mémoire, mais l'ensemble des fonctions cognitives, comme la disponibilité attentionnelle, la fluidité du raisonnement, la pertinence du jugement ou l'adéquation langagière. Un acteur, un chanteur, un orateur seront toujours aidés par un zeste d'anxiété. Il est très vraisemblable qu'au cours de l'évolution, notre espèce a réussi à éviter les conséquences délétères des stimulations émotionnelles extrêmes pour maîtriser un état intermédiaire propre à lui permettre d'atteindre des objectifs efficaces et pertinents pour sa survie.

en soit, il est important d'éviter, par un soutien psychologique adapté, que la plainte mnésique devienne un point d'ancrage supplémentaire chez l'anxieux dont on connaît la propension à envisager le pire sur le plan de sa santé.

La mémoire des dépressifs

Qu'est-ce qu'un épisode dépressif caractérisé ?

Tout le monde peut ressentir un peu de déprime, tout le monde peut souffrir psychiquement d'un deuil, d'un licenciement, d'une grave maladie, mais tout le monde n'est pas obligatoirement dépressif au sens psychiatrique du terme.

Dès l'Antiquité, les troubles de l'humeur ont été reconnus comme associés à une gêne intellectuelle. Actuellement, les troubles cognitifs constituent même un des critères diagnostiques de la dépression. Ces troubles cognitifs affectent la mémoire, la concentration et la prise de décision dans le cadre de ce que l'on appelait autrefois le ralentissement psychomoteur ou l'inhibition psychomotrice.

Les critères du *DSM-IV*

La dépression se définit comme une vision pessimiste et douloureuse de soi, des possibilités actuelles et futures qu'offrent sa vie ou la vie des autres. Elle altère de manière significative la qualité de vie des sujets qui en souffrent.

Pour le *DSM-IV*, une personne présente un épisode dépressif caractérisé[9] si elle est porteuse de 5 des 9 symptômes suivants : humeur dépressive ; diminution marquée de l'intérêt ou du plaisir ; perte ou gain de poids significatifs ; insomnie ou hypersomnie ; agitation ou ralentissement psychomoteur ; fatigue ou perte d'énergie ; dévalorisation ou culpabilité excessive ; diminution de l'aptitude à penser ou à se concentrer ; pensées de mort ou idées suicidaires.

Ces symptômes doivent être d'une durée supérieure à 2 semaines, représenter un changement dans la manière d'être antérieure, entraîner une souffrance ou une altération significatives du fonctionnement et persister pendant plus de 2 mois si l'épisode est consécutif à un deuil.

Les plaintes de mémoire sont constantes en cas de dépression, elles sont proportionnelles à sa sévérité et disparaissent souvent avec elle. N'oublions pas, toutefois, que la dépression est un cadre hétérogène. Selon qu'il s'agit de tableaux unipolaires ou bipolaires, selon que la dépression est légère, modérée ou sévère, les plaintes et les troubles de mémoire n'auront pas la même intensité.

Que pensent les dépressifs de leur mémoire ?

Les plaintes de mémoire sont fréquentes, presque banales, dans les états dépressifs. Comment en serait-il autrement chez des personnes dont la vie psychique est sidérée par une souffrance intense ? Dans le cas d'une dépression réactionnelle à un événement très lourd de la vie (décès d'un proche, par exemple), les pensées récurrentes liées à ce décès viennent limiter les capacités attentionnelles nécessaires à la mémorisation incidente du quotidien. Quel poids peut avoir ce que dit une voisine au sujet de ses vacances, ou ce que raconte un journaliste sur la guerre en Irak quand on est envahi par la douleur du décès ?

Les plaintes mnésiques d'un dépressif sont davantage liées à son humeur qu'à sa performance. Cette humeur négative amplifie les conséquences des difficultés qu'il rencontre ou noircit les conclusions qu'il tire de ces difficultés – la moindre erreur est ainsi généralisée comme étant la preuve d'un dysfonctionnement général de sa mémoire. Un dépressif a une représentation négative de lui-même, du monde, de son avenir. Ces représentations envahissent ses préoccupations et réduisent son intérêt pour le reste du monde. Lors d'un test de répétition de séries croissantes de chiffres (empan digital), une patiente s'est ainsi soudainement interrompue pour me dire : « J'ai plein de flashes, je vois mon père qui est handicapé mental et qui vit chez moi, il arrive, il me prend mes chiffres… »

Les tests cognitifs chez les dépressifs

L'examen d'un patient dépressif révèle des troubles de l'attention et de la concentration : diminution de l'attention soutenue ; diminution des ressources attentionnelles exigeant un effort ; ralentissement de la vitesse de traitement des informations. Les déprimés ont des performances identiques à celles des non-déprimés pour des tâches d'attention focalisée, alors qu'ils s'effondrent pour des tâches d'attention non focalisée.

Une pensée qui vagabonde

Si les déprimés ont des performances comparables à celles des non-déprimés lors de tests imposant de maintenir un niveau élevé d'attention, ils sont gênés pour maintenir spontanément ce niveau élevé d'attention. Il n'y a pas de réelle diminution de leur capacité de mémoire de travail, mais plutôt une modification de son contenu : les pensées des déprimés vagabondent ou s'interrompent, ce qui les empêche d'inhiber les informations non pertinentes pour le travail cognitif en cours. Précisons que ces troubles ne sont pas spécifiques de la dépression puisqu'ils s'observent également chez les anxieux ou les personnes âgées. Ces difficultés attentionnelles retentissent, en outre, sur la gestion des capacités de planification, de flexibilité intellectuelle, de jugement, de résolution de problèmes et d'adaptation face à la nouveauté.

Lors d'un test, la mémorisation est plus superficielle, par manque de motivation. Le rappel spontané d'une liste de mots ou d'une histoire est donc plus difficile, leur évocation est d'autant plus perturbée que l'apprentissage a requis une analyse approfondie du matériel (mémoriser une liste de mots en les regroupant par catégories) ou que le rappel exige des opérations cognitives complexes. À l'inverse, le rappel sera sensiblement facilité par tout ce qui peut aider le patient – indices de rappel, répétition des apprentissages, ou automatisation de la tâche. De façon générale, un dépressif abandonne plus rapidement le test, fait peu d'efforts pour le réussir ; il est également plus prudent et répond volontiers : « Je ne sais pas », « Je n'ai rien retenu », « J'ai tout oublié », « Je n'en ai aucune idée », « Je suis perdu », « Tout est brouillé ». En lui redonnant confiance et en la stimulant, on améliore nettement les performances mnésiques d'une personne déprimée.

Au quotidien, les souvenirs personnels douloureux d'un déprimé sont mieux retenus et plus accessibles à la conscience que les souvenirs heureux, ce qui ne fait qu'amplifier et entretenir le syndrome dépressif. Si, par exemple, l'amie dépressive que vous avez emmenée au restaurant pour la distraire tache malencontreusement son chemisier, elle aura vite fait d'oublier l'invitation sympathique, le cadre agréable, le menu original, le service impeccable ou la conversation détendue : le seul souvenir retenu du dîner sera la tache sur son chemisier. Une de mes patientes a un jour terminé ses tests de mémoire en disant à la neuropsychologue : « J'oublie tout, mais ce que m'a fait mon mari, je ne l'oublierai jamais ! »

De quelle humeur êtes-vous ?

La mémoire révèle une certaine sélectivité correspondant au phénomène de « congruence d'humeur » : une personne déprimée mémorisera ainsi plus facilement les mots ou les informations dont la valence affective est la même que celle de son état affectif actuel – le terme de valence affective renvoie à la puissance d'attraction (valence positive) ou de répulsion (valence négative) que suscite une information donnée. Lorsqu'une liste de mots contient un mélange de mots positifs (soleil, joie, paix, bonheur) et de mots négatifs (peur, larmes, noir, mort), quelqu'un de triste retient mieux les mots à valence négative, alors qu'une personne qui va bien mémorise mieux les mots à valence positive[10]. De façon générale, on mémorise et on se rappelle plus facilement les informations congruentes à son humeur. J'ai le souvenir d'un ancien médecin qui, très affecté par la maladie grave de son épouse, revivait sous forme de cauchemars les situations un peu pénibles de son existence comme son baccalauréat et son concours de l'internat des hôpitaux. La résurgence de ses souvenirs désagréables était facilitée par son humeur dépressive.

Comment expliquer les troubles cognitifs lors des tests ?

Différentes hypothèses ont été proposées pour expliquer les perturbations enregistrées lors des tests de mémoire.

- **1. La première hypothèse** est celle d'une absence de motivation et d'un manque de confiance altérant sérieusement la mise en route et le déroulement des mécanismes cognitifs.
- **2. La deuxième hypothèse** postule un dysfonctionnement des processus cognitifs qui sont parasités par des pensées interférentes et vidés de ressources attentionnelles efficaces (figure 1, page suivante).

3. La troisième hypothèse est celle d'une atteinte anatomique depuis que l'on sait que des épisodes dépressifs répétés entraînent des modifications morphologiques au niveau cérébral, en particulier au niveau de l'hippocampe, de l'amygdale et du lobe frontal.

Lors de dépressions récurrentes, des travaux récents ont en effet révélé une atrophie de l'hippocampe, une perturbation de la neurogenèse et des modifications de la neuroplasticité[11]. La neurogenèse est la capacité du cerveau à développer de nouveaux neurones à partir de neurones souches, ceux-ci étant en grande partie localisés dans l'hippocampe. L'importance de l'atrophie de l'hippocampe est proportionnelle à la durée des épisodes de dépression. Les dépressions traitées rapidement n'entraîneraient pas d'atrophie hippocampique. Enfin, les antidépresseurs rétabliraient la neurogenèse.

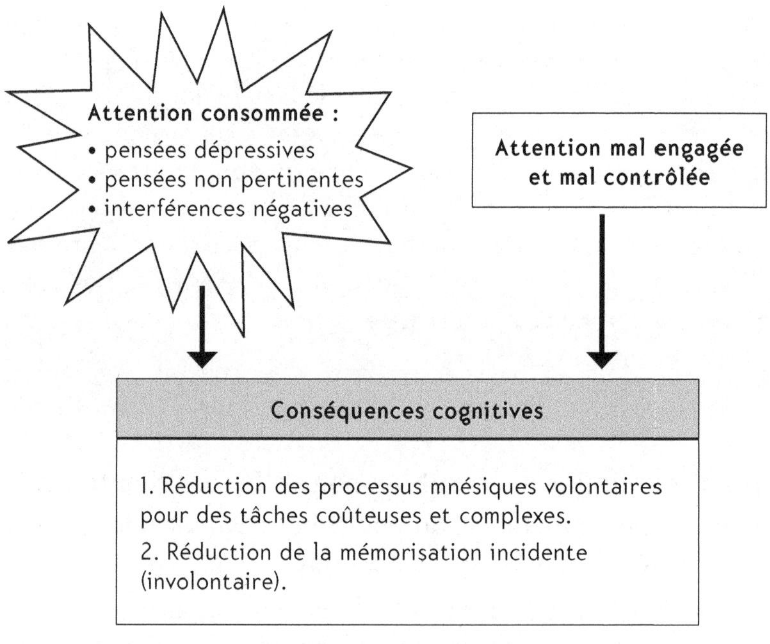

Figure 1. Les troubles cognitifs de la dépression

Ces trois hypothèses ne sont, bien sûr, pas exclusives les unes des autres : il est logique d'imaginer qu'une faible motivation, une concurrence cognitive et des séquelles biologiques hippocampiques s'associent lors d'une dépression chronique. Alors qu'un seul épisode dépressif a peu de conséquences définitives, une dépression chronique s'accompagnera d'un certain coût neuronal et cognitif à long terme.

Tête trop vide, tête trop pleine

Ainsi, dans l'anxiété comme dans la dépression, les systèmes cognitifs, en particulier la mémoire de travail, sont envahis par des informations certes pertinentes si on se réfère à l'histoire de l'individu, mais non pertinentes en ce qui concerne la tâche et la situation présentes. Ces informations « trop » pertinentes concurrencent les informations à mémoriser.

Anxieux et dépressifs se plaignent de leur mémoire sans que celle-ci soit toujours l'objet de troubles avérés. Ces plaintes sont volontiers exagérées par un élément d'autodépréciation qui renforce l'inquiétude face à une gêne qui donne l'impression, au fil du temps, d'un grand vide de souvenirs personnels. Dans ces situations psychiatriques chroniques, la vie émotionnelle « interne » sature l'écoute du monde extérieur.

Les capacités de mémorisation incidente du monde sont réduites chez ces personnes dont la vie intérieure n'est pas en mesure de rendre disponibles leurs fonctions de mémorisation. L'anxieux se plaindra d'avoir la tête pleine (d'idées angoissantes) ; le dépressif d'avoir la tête vide (vidée par la souffrance). L'objet, les soucis, les motifs du déprimé seront dans le passé ; ceux de l'anxieux dans l'avenir. Au présent, leur mémoire enregistrera peu et mal. Il ne faut pas mettre de larmes dans le moteur de la mémoire !

Mémoire et événements « traumatiques »

Le stress

Abandonnons le domaine des situations chroniques. Le monde extérieur peut assaillir brutalement un individu dans un contexte qui n'est pas seulement celui physique d'une blessure corporelle, mais celui d'une agression psychologique : il y a menace de l'intégrité corporelle et psychique. Nous voici dans le domaine du stress.

Les effets du stress

• **Sur le plan cognitif,** le stress a trois effets directs majeurs totalement bénéfiques : il élève le niveau de vigilance et focalise l'attention sur la situation menaçante ; il mobilise les ressources cognitives (flexibilité mentale, anticipation, jugement, raisonnement) ; enfin, il incite à la décision et à l'action[12]. Cette action peut aussi bien être l'attaque que la mise à l'abri, voire la fuite. La question n'est donc pas celle du courage moral, mais de la cohérence contextuelle.

• **Sur le plan physique,** le stress est caractérisé par d'intenses réactions neurovégétatives qui se déclenchent spontanément et presque instantanément dès la perception du stimulus menaçant : pâleur, transpiration excessive, accélération de la respiration, de la fréquence cardiaque et de la pression artérielle, frissons et tremblements incontrôlables[13], serrement de gorge et sécheresse de la bouche, diarrhée et besoin impérieux d'uriner avec parfois une perte incontrôlée des selles et des urines. Ces réactions neurovégétatives sont incontrôlables et de courte durée. Elles sont la conséquence de la libération de tout un ensemble d'hormones et de substances vaso-actives.

Le stress a pour premier objectif d'élever des barrières défensives au bénéfice des composantes physiques et psychiques de notre organisme. Il est d'une certaine façon subjectif : ce qui peut être perçu comme stressant pour un individu ne l'est pas obligatoirement pour un autre ; ce qui sera stressant à un moment donné peut ne pas l'être à un autre moment chez une même personne. Enfin, les conséquences du stress ne sont pas les mêmes dans le temps. Fondamentalement, le stress est un système majeur de sauvegarde d'un individu et de l'espèce. Sans le stress, d'autres espèces auraient balayé l'homme de l'histoire de la Terre. Toutefois, si le stress est dans un premier temps à l'origine de modifications adaptatives, il est parfois secondairement néfaste.

Le stress est un phénomène physiologique dont l'objectif est de rétablir l'équilibre rompu par des agressions extérieures, mais la réaction d'adaptation au stress peut être dépassée de façon chronique ou de manière aiguë en cas d'événement brutal, inattendu, impliquant personnellement l'intégrité physique ou psychique. Que se passe-t-il alors sur le plan cognitif? Le stress provoque classiquement des troubles mnésiques et ce sont les événements dont l'évocation est stressante qui sont le plus souvent oubliés. Il peut aussi arriver que l'événement traumatisant s'inscrive irrémédiablement dans la mémoire. On individualise généralement quatre situations différentes au cours desquelles la mémoire est spécifiquement impliquée dans les processus liés au stress : le stress chronique, l'ictus amnésique, les amnésies psychogènes et, enfin, le syndrome de stress post-traumatique.

« Qui m'a interrogé ? »
Le stress chronique

Les personnes témoins d'une scène violente, comme un crime, subissent éventuellement deux types de conséquences au regard de la mémoire : l'oubli d'éléments importants de la scène; la distorsion de certains de ses aspects. Pour un certain nombre de scientifiques, il est possible de perdre le souvenir d'un événement pénible sans qu'il soit nécessaire d'envisager la théorie psychanalytique d'un souvenir réprimé et refoulé au fond de la conscience. Sirham Sirham n'a ainsi aucun souvenir d'avoir assassiné Robert F. Kennedy en 1968.

Des distorsions mnésiques et des amnésies d'épisodes traumatisants ont été rapportées lors de la guerre de Corée et de la guerre du Koweït, aussi bien chez des combattants que chez des prisonniers[14]. L'armée américaine a coutume de déclarer que le premier rapport d'un combat n'est jamais correct : encore sous le choc psychologique de la fureur de la bataille, les soldats ne peuvent raconter correctement le déroulement du combat et il faut attendre le lendemain, après une nuit de repos, pour obtenir des éléments plus véridiques ou un récit plus complet.

Des chercheurs de l'Université Yale se sont intéressés à la mémoire des soldats américains ayant participé à la guerre du Golfe de 1991. Ils ont interrogé 150 militaires à leur retour du Koweït, en leur demandant s'ils avaient essuyé le feu ou assisté au décès d'un camarade. Six ans plus tard, lorsque les mêmes questions sont posées, les chercheurs notent près de 15 % de discordances pour un événement aussi marquant que le décès d'un ami sous leurs yeux : certains soldats ont répondu avoir vu mourir deux ou trois amis (au lieu d'un seul), voire n'avoir jamais assisté au décès d'un ami !

La même équipe américaine a étudié 500 soldats, marins et aviateurs, participant à un stage de survie dans une « école » simulant les conditions d'un camp de prisonniers[15]. Les soldats étaient entraînés à résister au stress mental et physique d'une éventuelle capture. Après 48 heures sans nourriture ni sommeil, ils étaient l'objet d'un interrogatoire « intense ». La moitié d'entre eux étaient même physiquement menacés, ce qui entraînait tous les signes physiologiques d'un stress considérable (accélération de la fréquence cardiaque, taux élevés d'adrénaline et de cortisol, etc.). Vingt-quatre heures après leur « libération » du camp, les soldats devaient identifier ceux qui les avaient interrogés selon trois procédures : les reconnaître parmi 15 personnes alignées (comme les parades judiciaires), ou sur une série de photographies disposées simultanément, ou bien encore parmi une série de photographies montrées l'une après l'autre. Ils devaient également coter sur une échelle de 1 à 10 leur niveau de certitude d'identification. Les résultats ont été de 30 % de reconnaissance en cas de personnes alignées, de 34 % pour les photographies disposées simultanément et de 49 % pour les photographies montrées l'une après l'autre. Certains des soldats se sont même trompés quant au genre de la personne qui les interrogeait. Les soldats soumis à une menace physique ont eu des performances pires que les autres.

Tous ces travaux sont d'une importance majeure. Ils démontrent clairement que ce n'est pas parce que les témoins d'un crime ou d'une scène violente pensent qu'ils s'en souviendront ultérieurement ou affirment qu'ils s'en souviennent, qu'ils ont en fait fidèlement enregistré les détails de la scène vécue. La mémorisation de la scène a été perturbée par son contexte émotionnel terrifiant. Dans certains cas, la qualité même du souvenir est altérée au point de produire des faux souvenirs.

Aucun apprentissage pendant quelques heures L'ictus amnésique

« J'ai eu une brusque éclipse de mémoire d'environ deux heures. »
Victor Hugo, 83 ans

Décrit à Lyon et à New York en 1956

D'origine émotionnelle une fois sur deux, l'ictus amnésique est le plus fréquent et le plus impressionnant des troubles transitoires de mémoire. D'installation brutale et de disparition rapide, en quelques heures, il est toujours bénin et ne laisse aucune séquelle. Il ne doit faire craindre ni une attaque cérébrale ni une maladie d'Alzheimer. L'ictus amnésique a été décrit simultanément en 1956 à Lyon par un neurologue (le Pr Courjon) et un psychiatre (le Pr Guyotat) et à New York par un neurologue (le Dr Bender).

La moitié des ictus amnésiques surviennent après un facteur déclenchant psychologique autour d'une vive émotion (découverte d'un vol, dispute, mauvaise nouvelle) et un quart d'entre eux apparaissent dans un contexte neurovégétatif (effort physique inhabituel, exposition brutale au froid ou au chaud, douleur aiguë, rapport sexuel). L'ictus amnésique est habituellement observé entre 50 et 80 ans, l'âge moyen étant de 61-62 ans. On note une petite prédominance féminine[16]. On observe généralement un profil d'anxiété, d'instabilité émotionnelle, de perfectionnisme ou encore un contexte de surmenage. Des antécédents de migraine sont notés dans près de 25 % des cas alors qu'il n'y a aucun lien avec les facteurs de risque cardio-vasculaires.

Le déroulement d'un ictus amnésique est stéréotypé

L'ictus amnésique a un déroulement parfaitement stéréotypé, caractérisé par l'installation rapide d'un défaut total de mémorisation de toutes les informations nouvelles. Cette amnésie antérograde est sévère : pendant quelques heures, tout ce qui est vécu, entendu et vu est oublié 1 à 2 minutes plus tard. L'information ne peut être ni rappelée ni reconnue. La personne peut néanmoins poursuivre sans erreur ni dommage une activité complexe (conduite automobile, exercice professionnel), sauf si celle-ci nécessite de retenir une information nouvelle.

Il en résulte parfois des situations franchement étranges : un de mes patients s'est retrouvé en train de peindre un appartement qu'il ne connaissait pas, il a alors décroché le téléphone pour avertir son épouse (ce qui démontrait qu'il se rappelait bien son propre numéro). En fait, il avait constitué son ictus alors qu'il repeignait l'appartement de son futur gendre.

Les personnes atteintes d'un ictus amnésique sont inconscientes de leur amnésie, mais présentent une perplexité anxieuse. Oubliant tout, elles posent et reposent des questions sur la date, le lieu, une préoccupation actuelle, un événement récent. Il s'agit parfois d'un véritable leitmotiv figé sur la situation déclenchante comme s'il existait une hypermnésie inconsciente de l'événement causal. Ainsi une de mes patientes, dont l'ictus était survenu après avoir constaté qu'elle avait été cambriolée, répétait-elle inlassablement : « Mais pourquoi la porte était-elle ouverte ? »

Aucun traitement ne permet d'accélérer le retour de la mémoire. L'épisode se termine progressivement, la personne ayant parfois l'impression de se « réveiller ». La mémoire récupère en quelques jours toutes ses potentialités, sans aucune séquelle hormis une amnésie de la durée de l'ictus, d'environ 2 à 12 heures. Le scanner cérébral et l'IRM sont toujours normaux, mais l'examen des débits sanguins cérébraux ou du métabolisme cérébral montre pendant le déroulement de l'ictus et les quelques jours suivants des anomalies temporales ou frontales. Un mois plus tard, tout est redevenu normal.

La récidive d'un ictus amnésique est rare, le taux variant de 2 à 23 %. En moyenne, une récidive survient dans moins de 5 % des cas et, de toute façon, elle ne survient qu'un à deux ans après le premier épisode. Lors d'une récidive, le patient peut se souvenir de l'épisode précédent : une de mes patientes ne cessait de répéter lors de son second ictus amnésique : « Ne vous inquiétez pas, je fais un ictus amnésique, il faut prévenir le Dr Croisile ! »

L'ictus amnésique ne doit pas être confondu avec les troubles transitoires de mémoire liés à l'utilisation de benzodiazépines ni avec ceux qui surviennent à la suite d'un accident vasculaire cérébral, d'une crise d'épilepsie ou d'une commotion crânienne bénigne.

Une absence sans suite

Un ictus amnésique ne correspond ni à une attaque vasculaire cérébrale ni à une crise d'épilepsie. Les caractéristiques de l'amnésie et les données de l'imagerie cérébrale indiquent un dysfonctionnement transitoire des régions hippocampiques qui auraient été bloquées par une libération neuronale excessive d'un neuromédiateur, le glutamate. Ce blocage interrompt transitoirement la mémorisation de nouvelles informations et rend plus difficile l'accès à certains souvenirs. Fort heureusement, ce blocage est transitoire et sans séquelle hormis l'amnésie définitive de l'épisode.

Quand le passé personnel disparaît Les amnésies psychogènes

« Ce n'est pas parce qu'un problème n'a pas été résolu qu'il est impossible à résoudre. »
Agatha Christie (1890-1976)

Qu'est devenue Agatha ?

L'amnésie d'identité la plus célèbre est celle vécue en décembre 1926 par la grande dame du roman policier, Agatha Christie. Profondément affectée par le décès de sa mère et sa rupture avec son mari, le colonel Archibald Christie, qui la quitte pour la jeune Nancy Neele, la romancière disparaît de son domicile du Berkshire le 3 décembre 1926 et reste introuvable pendant onze jours. Après une véritable « chasse à la femme », menée par tous les policiers, détectives et journalistes du Royaume-Uni, Agatha Christie est retrouvée le 14 décembre 1926 dans un hôtel au bord de la mer à Harrogate. Elle y est inscrite sous le nom de Teresa Neel, nom assez proche de celui de la maîtresse de son mari.

Diverses hypothèses ont été proposées pour expliquer cette étrange disparition. On a d'abord cru que son mari l'avait assassinée ; lorsqu'elle a été retrouvée, on a pensé qu'il s'agissait d'une forme de vengeance à l'encontre de son époux qu'elle aurait voulu embarrasser en laissant des indices suggérant un crime. On a ensuite envisagé un simple coup publicitaire de la part d'une romancière connue depuis la publication de son premier roman en 1920 (*La Mystérieuse affaire de Styles*).

Agatha et Archibald ont divorcé en 1928. La romancière s'est remariée en 1930 avec l'archéologue Max Mallowan de quatorze ans son cadet. Jusqu'à la fin de sa vie, Agatha Christie a refusé de commenter sa disparition. Il est plus que vraisemblable que l'intense stress conjugal qu'elle a subi a déclenché une amnésie « psychogène ». Le choix du nom de famille de la maîtresse de son mari colle parfaitement avec cette hypothèse : les personnes souffrant d'amnésie psychogène conservent, en effet, des îlots de connaissance de leur identité, laquelle n'est qu'imparfaitement effacée.

Qu'appelle-t-on amnésie psychogène ?

Perdre son identité (nom, prénom, adresse, passé personnel familial, professionnel, amical) est une situation que nous avons tous envisagée avec angoisse. Rassurez-vous, cette éventualité est exceptionnelle même si la littérature romanesque a abondamment illustré l'incapacité à retrouver son passé personnel. C'est ainsi que l'on retrouve une amnésie d'identité dans *Siegfried et le Limousin* de Jean Giraudoux (1882-1944), une fugue dissociative dans *Le Voyageur sans bagage* de Jean Anouilh (1910-1987) ou un syndrome des personnalités multiples dans *Docteur Jekyll et Mister Hyde* de Robert L. Stevenson (1850-1894). Plus près de nous, on peut citer Jason Bourne, le héros de Robert Ludlum dans *La Mémoire dans la peau,* et le cultissime Jason Fly, *alias* XIII, dans la bande dessinée imaginée par Jean Van Hamme. Dans ces deux derniers exemples, l'amnésie d'identité est mise sur le compte d'une blessure, ce qui est techniquement impossible sur le plan neurologique. Une lésion cérébrale limitée ne peut pas entraîner une perte d'identité. Il faudrait, en effet, la destruction de telles quantités du cerveau que d'autres fonctions seraient également altérées de façon majeure, rendant impossible la conservation d'activités de vie normales. L'amnésie d'identité est et reste d'origine « psychiatrique », même si le choc psychologique qui en est habituellement responsable aboutit à cet oubli dévastateur par le biais d'un dysfonctionnement biologique neuronal désormais bien établi.

Obusites et *shell shocks*

Pendant la Première Guerre mondiale, les amnésies d'identité occasionnées par l'effroi provoqué par les bombardements ont été appelées « obusites » par les Français et *shell shocks* par les Britanniques. Des milliers de soldats en ont souffert, le plus célèbre étant Anthelme Mangin découvert le 1er février 1918 sur le quai de la gare des Brotteaux à Lyon, après le passage d'un convoi de prisonniers rapatriés d'Allemagne[17]. Sa photographie est publiée par la presse et affichée à la porte des mairies. Quelques centaines de familles le reconnaissent comme leur fils, mari ou frère disparu. Son identité est même disputée devant les tribunaux lors d'un procès à rebondissements qui voit s'opposer une vingtaine de familles. Cette histoire est doublement fascinante : à l'amnésique traumatisé par le fracas des armes s'opposent les hypermnésies de reconnaissance de centaines de personnes également meurtries par la disparition d'un être cher. Le « soldat inconnu vivant », comme le baptise la presse, décédera en 1942 à l'hôpital psychiatrique Sainte-Anne, sans avoir recouvré la mémoire.

En 1945, Fischer a rapporté d'autres cas de fugues psychiatriques intervenus durant la Seconde Guerre mondiale. Il en distingue 3 types :

- **Les pertes d'identité avec conscience de la perte,** la personne posant des questions sur qui elle est.
- **Les pertes d'identité avec modification de la personnalité,** la personne étant persuadée d'être quelqu'un d'autre.
- **Les pertes d'identité avec amnésie rétrograde** isolée d'une portion de sa vie. Dans ces cas de fugues, les patients sont retrouvés errant à plusieurs kilomètres de chez eux ou du cantonnement de leur unité.

Ces fugues d'identité, au cours desquelles des pans autobiographiques entiers sont masqués, se révèlent pratiquement toujours d'origine psychiatrique. Elles sont impressionnantes, fréquentes en temps de guerre, mais très rares actuellement – tout juste une dizaine de cas recensés chaque année en France.

Une terminologie changeante

La terminologie des amnésies autobiographiques a beaucoup changé au cours des ans : conversion hystérique pour Sigmund Freud (1856-1939) et Pierre Janet (1859-1947) ; confusion mentale émotive pour Jean Delay (1907-1987) ; amnésies transitoires affectives pour le neuropsychiatre lyonnais Jean Guyotat ; amnésies dissociatives dans la classification du *DSM-IV*. Ces amnésies font partie de ce que le psychologue américain Daniel Schacter a nommé amnésies fonctionnelles, soit des amnésies sans lésions apparentes du système nerveux, mais survenant dans un cadre pathologique de « cul-de-sac » émotionnel sévère[18]. Le qualificatif d'amnésie psychogène est aujourd'hui sans doute le plus utilisé avec celui d'amnésie d'identité.

Autrefois très usitée, l'expression « troubles de mémoire hystérique » est désormais abandonnée, car elle comporte la connotation, erronée, que ces personnes auraient une personnalité hystérique. Les amnésies psychogènes peuvent survenir chez des individus sans personnalité psychologique particulière. Il n'y a de psychiatrique que le contexte qui sert de déclenchant émotionnel. On pourrait d'ailleurs définir ces amnésies comme des « amnésies neurobiochimiques à déclenchement psychologique ».

Une présentation impressionnante

Ces amnésies sont caractérisées par une incapacité soudaine de se rappeler son passé personnel (amnésie rétrograde). Elles concernent plus souvent les souvenirs personnels, autobiographiques, de la mémoire épisodique que les connaissances culturelles de la mémoire sémantique. Elles touchent des événements ou des périodes de vie à forte charge affective. Le langage, les gestes naturels (voiture, habillage, ustensiles de cuisine, ordinateur, téléphone portable) sont, en revanche, conservés.

L'oubli peut durer plusieurs heures, plusieurs mois, plusieurs années. En fait, les souvenirs n'ont pas été effacés, ils sont inaccessibles. Contrairement aux amnésies rétrogrades dans les pathologies neurologiques, il n'y a pas de gradient temporel, c'est-à-dire que les souvenirs anciens ne sont pas mieux retrouvés que les souvenirs récents. Ce n'est que très rarement que la personne a du mal à mémoriser certaines informations nouvelles.

Certains gestes très spécifiques sont parfois oubliés et doivent être réappris, surtout s'il s'agit de gestes en relation avec l'événement déclenchant de l'amnésie d'identité. Des îlots de souvenirs agréables peuvent persister, maigre archipel au sein d'un sombre océan. Les facteurs déclenchants de ces amnésies sont variés : viol, combat, agression, catastrophe naturelle, décès, difficultés familiales ou professionnelles particulièrement prononcées…

Faut-il vraiment se souvenir de tout ?

La récupération des souvenirs personnels est brutale ou progressive, sous la forme de souvenirs paraissant très « lumineux », très détaillés. Certaines scènes reviennent sous la forme de flashes au réveil. Une anecdote en appelle souvent une autre et les souvenirs se déroulent comme le fil d'un écheveau. Un contexte très significatif, parfois un détail, les rêves ou encore l'hypnose peuvent faciliter cette récupération. Pour ce qui est des savoirs qui paraissaient totalement effacés, leur récupération est assez étonnante : ils sont réappris rapidement et facilement. La grande question qui se pose ici est, bien sûr, la pertinence de tout retrouver de son passé dans de telles circonstances. Faut-il à tout prix permettre de recouvrer le souvenir de l'épisode traumatisant ? Ne faut-il pas respecter cette « solution amnésique », tant il est clair que l'amnésie dissociative protège d'une certaine façon l'intégrité et la cohérence du moi ?

On distingue habituellement différents types d'amnésies dissociatives selon la durée de l'amnésie ou le type d'oubli. L'amnésie peut n'affecter qu'un fragment du passé, de quelques minutes à quelques années ; elle peut concerner la vie entière et correspondre à une réelle amnésie d'identité dans un contexte de fugue dissociative (« le voyageur sans bagage »). L'oubli peut être sélectif et concerner uniquement :

• Le facteur déclenchant et les événements ultérieurs.

• Un événement précis comme dans le cas d'Irène, décrit par Pierre Janet en 1894, où la jeune femme oublie la mort de sa mère survenue dans ses bras.

• Les informations précises d'un secteur de connaissances (amnésies sémantiques). Ces oublis sélectifs ne sont jamais affectivement neutres, ils concernent l'événement déclencheur ou un pan culturel en relation avec le contexte psychologique initiateur de l'amnésie.

L'imagerie cérébrale est anormale

Le neurologue allemand Hans Markowitsch (1998) a rapporté l'histoire d'un homme de 23 ans qui, après avoir vu son grenier en flammes, a développé brutalement une amnésie lacunaire portant sur les six dernières années de sa vie[19]. La psychothérapie entreprise lui a permis de se souvenir d'avoir vu, à l'âge de 4 ans, brûler une personne dans une voiture… De manière fascinante pour un tableau étiqueté « psychiatrique », la tomographie d'émission de positons réalisée durant l'amnésie de ce patient a montré une réduction bilatérale du métabolisme temporal et frontal. Markowitsch suggère que le blocage fonctionnel de la mémoire résulterait du stress lié à un contexte ou à des pensées provoquant une modification du métabolisme des glucocorticoïdes. Selon le cas, ces situations de stress aboutiraient soit à des blocages temporaires, soit à des troubles cérébraux irréversibles. Il apparaît clairement que les observations d'amnésies psychogènes n'ont de psychiatrique que le déclenchement « psychologique » : le soubassement explicatif est bien celui d'une souffrance neurobiologique de régions cérébrales vulnérables aux hormones du stress.

Et Piano man simule…

La question naturelle que le médecin se pose face à une amnésie psychogène est, bien sûr, celle d'une éventuelle simulation par le patient. Tout le monde se souvient de l'histoire mondialement médiatisée en 2005 de ce jeune homme surnommé « Piano man », l'« homme piano ». Ce mystérieux jeune homme avait été trouvé le 7 avril 2005, dégoulinant d'eau, errant sur l'île de Sheppey (Kent, Angleterre). Il avait été emmené au Medway Maritime Hospital où, confronté à un mutisme tenace qui rendait impossible toute communication, le personnel lui avait tendu de quoi écrire ; au lieu de quoi, il avait dessiné l'image assez remarquable d'un piano à queue. Emmené à la chapelle où se trouvait un piano, il s'était mis à jouer de l'instrument d'une manière décrite comme virtuose. Certains journaux ont déclaré par la suite qu'il se serait, en fait, contenté de jouer continuellement la même note. On sait maintenant que cet homme avait tenu la chronique locale de la musique pop d'un journal de Ratisbonne et que ses parents lui avaient fait cadeau d'un synthétiseur…

L'histoire de Piano man a fait la une des journaux du monde entier. De nombreuses théories ont envahi les médias, faisant de lui un Canadien, un Norvégien, un musicien des rues français, un concertiste tchèque. Des milliers d'appels, de lettres et de courriers électroniques sont venus du monde entier, de la part de personnes le « reconnaissant » ou cherchant à l'identifier. Le lundi 22 août 2005, la presse annonçait que l'homme avait rompu son silence. Alors qu'une infirmière lui demandait : « Allez-vous vous décider à parler ? », l'homme mystérieux avait tranquillement répondu : « Je crois bien ! » On a ainsi appris qu'il était bavarois, qu'il avait 20 ans, qu'il se prénommait Andreas et qu'il essayait de se suicider lorsqu'il avait été trouvé par la police britannique. Sans nier son désespoir, il me semble évident qu'il y a eu une tentative délibérée de sa part de cacher son identité : si l'on peut comprendre qu'il se soit tu pour des raisons psychologiques, Piano man ne remplit pas les critères d'une amnésie psychogène et, s'il y a amnésie dans son cas, elle est volontaire, certes amplifiée par sa détresse psychologique, mais en aucun cas de nature dissociative.

Un patient atteint d'amnésie d'identité n'a aucune raison de mettre au point volontairement une telle mise en scène : il ne cherche pas à dissimuler son identité , il l'a égarée dans un vaste bouleversement émotionnel. Faut-il dire pour autant que Piano man est un imposteur qui a cherché à attirer l'attention sur lui ? Je ne le crois pas : une réelle détresse l'a poussé à envisager un suicide et c'est cette souffrance psychologique qui l'a ensuite entraîné dans une spirale volontairement manipulatoire, sans remplir les critères d'une amnésie psychogène.

BIZARRE, BIZARRE

Dans l'histoire de Piano man, deux éléments m'avaient troublé au point de les avoir soulignés lors d'une émission de radio avec Fabienne Chauvière le 19 août 2005, c'est-à-dire trois jours avant la révélation médiatique de la supercherie. En tant que neurologue, j'avais d'abord été assez surpris par son mutisme. Un mutisme neurologique par lésion cérébrale se serait accompagné d'autres symptômes qui auraient rapidement amené à porter le diagnostic d'une maladie organique. En outre, les patients atteints de mutisme neurologique cherchent à communiquer par tous les moyens, comme l'écriture (plus efficace que le dessin d'un piano !) ou la désignation d'un lieu sur une carte ou de mots sur un texte. Par ailleurs, les patients atteints d'amnésie psychogène perdent rarement leurs acquis sémantiques et, en particulier, le langage, qui est toujours conservé. Dans le cas de Piano man, le mutisme empêchait la découverte de sa langue nationale, ce qui aurait orienté les recherches vers l'Allemagne.

Le second point surprenant était que ceux qui l'avaient trouvé au mois d'avril avaient constaté que les étiquettes de ses vêtements étaient arrachées ce qui, pour moi, confirmait un désir conscient et volontaire de ne pas être identifié. *A posteriori*, on comprend que ces étiquettes auraient révélé sa nationalité allemande, tout comme son langage s'il n'avait pas été muet !

Et les simulateurs simulent... mal !

Il existe d'autres situations plus tranchées où des personnes tentent de simuler une amnésie pour un bénéfice personnel, soit juridique, en feignant d'avoir oublié les circonstances d'un crime, soit dans le cadre d'une expertise afin d'obtenir une indemnisation. La distinction entre amnésies réelle et simulée est parfois difficile et le spécialiste chevronné de la mémoire s'aide de plusieurs indices pour repérer une amnésie intentionnelle : le bénéfice légal ou financier évident du patient à simuler une amnésie ; une amnésie trop « belle », voire caricaturale ; des discordances entre la sévérité apparente des tests et une autonomie relativement conservée ; un manque de coopération lors des tests ; parfois, une attitude étrange, l'insolence d'un regard, une revendication appuyée...

Les simulateurs échouent également dans les tests qu'un amnésique modéré réussit facilement. Lors de tests de reconnaissance où il faut choisir la bonne réponse sur un choix de deux possibilités (la bonne réponse et une réponse fausse), un amnésique a un taux de bonnes réponses de 50 %, alors qu'un simulateur force son amnésie en choisissant systématiquement la réponse fausse, ce qui aboutit à un taux ridiculement faible de bonnes réponses. Heureusement, l'expérience et quelques tests simples parviennent à repérer et piéger les simulateurs qui en font trop… car ils ne connaissent pas suffisamment le fonctionnement réel de la mémoire ! Il arrive toutefois qu'un patient ayant une amnésie psychogène accentue « en toute bonne foi » son amnésie pour convaincre davantage son entourage, ce qui donne une fausse impression de simulation.

Quand un souvenir indésirable devient une idée fixe Le syndrome de stress post-traumatique

« Il n'y a pas un jour où je ne pense à la guerre,
à mes amis tués, à ce que j'ai vécu… »
M. Jean P.

« Un bruit indescriptible qui ne s'oublie pas. Le bruit de l'horreur,
le bruit de la mort… »
Un rescapé du tsunami du 26 décembre 2004

Guerre et psychiatrie : la mémoire à l'épreuve du feu

Dans son magnifique livre *Forgotten Lunatics of the Great War*, le psychologue Peter Barham rapporte une histoire, malheureusement trop souvent survenue lors de la Première Guerre mondiale[20]. En 1915, l'artilleur britannique Braines, soldat d'une conduite exemplaire jusqu'alors, commence à avoir un comportement étrange : il tremble, est dépressif et se promène à demi-nu sur le front. Une cour martiale le condamne à 18 mois de travaux forcés au cours desquels son attitude bizarre se poursuit, ce qui ne milite pas en faveur d'une simulation. Son capitaine envoie plusieurs lettres en sa faveur au quartier général, car il ne pense pas que Braines feint la folie pour échapper au service actif. Le cas est réévalué par une commission militaire, et Braines guérit après trois mois de congé. Cas unique, le patient aurait lui-même baptisé sa maladie : lorsqu'on lui a demandé de quoi il souffrait, il aurait répondu d'un *shell shock*, alors que ses médecins utilisaient, eux, le terme de névrose traumatique, introduit en 1884 par le psychiatre allemand Oppenheim…

Naissance d'une psychiatrie de l'avant

L'intensité du stress subi en permanence par les troupes dans les tranchées lors de la Première Guerre mondiale a déclenché un nombre impressionnant de troubles psychiatriques aigus, aboutissant parfois à des cas extrêmes de conversions hystériques au cours desquelles les hommes présentent des manifestations motrices (paralysies) ou sensorielles (cécité) d'origine purement psychologique. Sans envisager d'explications neurobiologiques, Peter Barham attribue ces pertes « psychiatriques » à la conjonction de facteurs personnels (pauvreté, complexe d'infériorité sociale ou psychologique) et d'un contexte générateur d'une frayeur intense et brutale sur fond de souffrance chronique. L'indifférence bureaucratique a été extrême, il est clair que les esprits meurtris attiraient moins la compassion que les membres déchiquetés.

Cette indifférence a été facilitée par un préjudice de classe, de nombreux officiers aristocratiques de l'armée britannique étant persuadés qu'il s'agissait de simulations chez des idiots congénitaux. Néanmoins, la plupart des psychiatres militaires des deux camps ont vite reconnu la réalité de ces tableaux psychiatriques et ils ont expérimenté dès 1915 une « psychiatrie de l'avant ». Cette prise de conscience et l'efficacité des mesures ont beaucoup frappé le psychiatre américain Salmon, venu étudier le conflit avant l'intervention officielle des États-Unis le 2 avril 1917, au point qu'il a établi des recommandations pour prévenir et réduire les névroses de guerre dans le futur corps expéditionnaire américain[21]. Il a fallu ensuite la Seconde Guerre mondiale pour que les névroses traumatiques soient pleinement attribuées au stress des combats et reconnues comme équivalentes à des blessures corporelles.

Et avant ?

Les névroses traumatiques n'ont pas attendu les guerres du XXe siècle pour survenir chez les soldats. Sans en individualiser le concept clinique, Hérodote (484-425 av. J.-C.) et Lucrèce (95-53 av. J.-C.) rapportent, pour le premier, une cécité « hystérique » à la suite d'un combat et, pour le second, des cauchemars répétitifs chez des hommes ayant accompli des actions violentes[22]. À une époque où la psychologie n'est pas codifiée, Dominique Larrey (1766-1842), chirurgien en chef de la Grande Armée de Napoléon Ier, emploie l'expression « vent du boulet » pour qualifier les conséquences mentales des combats.

Depuis plusieurs décennies, historiens et médecins essayent d'identifier rétrospectivement dans l'histoire des guerres des situations comparables, mais méconnues. Cela a été fait récemment, par exemple, avec la guerre de Sécession[23]. Quoi qu'il en soit, et même s'ils ont certainement été négligés, ces tableaux sont logiquement moins fréquents que ceux observés lors des conflits du XXe siècle. La Première Guerre mondiale, avec ses bruits, ses peurs, ses tranchées, le feu constant de ses obus et de ses mitrailleuses, constitue indubitablement un tournant.

Le vent du boulet

Certains historiens ont avancé que les comportements tactiques et stratégiques incohérents du maréchal Michel Ney à Waterloo en 1815 pourraient être la conséquence d'une névrose traumatique ou d'un syndrome de stress post-traumatique (SSPT). Le maréchal aurait développé ce syndrome au cours de la retraite de Russie en 1812 pendant laquelle il s'illustre en dirigeant de façon remarquable l'arrière-garde des restes de la Grande Armée, mais dans des conditions particulièrement éprouvantes. C'est ce SSPT qui aurait été réactivé lors de la bataille de Waterloo le 18 juin 1815, bataille pendant laquelle pas moins de cinq chevaux sont tués sous lui[24]. Son équilibre psychique à la fin de la bataille est sûrement altéré. En témoignent les deux phrases qu'il hurle aux soldats autour de lui : « Venez voir comment meurt un maréchal de France ! » et : « Je voudrais que tous ces boulets m'entrassent dans le ventre ! »

Et maintenant ?

Les situations de guerre sont responsables d'une grande variété de désordres psychologiques et psychiatriques, immédiatement ou au décours des combats. Ces troubles ont suscité de nombreuses recherches pour les comprendre. Le plus étudié est actuellement le syndrome de stress post-traumatique (SSPT). Au moment de la guerre du Vietnam, la presse américaine a créé le terme de « syndrome de la guerre du Vietnam ». On a calculé que 25 à 30 % des vétérans américains souffrent de difficultés psychiatriques, dont un bon nombre sont des SSPT.

L'ARMÉE AMÉRICAINE EN IRAK

Les statistiques concernant la guerre d'Irak, pour la période opérationnelle de mars à mai 2003 qui a conduit à la prise du pays, sont aujourd'hui connues. On estime que 17,1 % des soldats de l'armée de terre ont souffert de diverses formes de troubles psychiatriques pendant cette période (SSPT, dépression anxiété généralisée[25]) ; chez les Marines, plus aguerris, le chiffre est de 15,6 %. Quant au taux de SSPT, il est de 12,9 % chez les soldats et de 12,2 % dans la marine.

Le développement d'un SSPT en Irak est nettement proportionnel au nombre d'engagements. Voici, en effet, les scores obtenus : 4,5 % en l'absence de combat ; 9,3 % pour 1 à 2 combats livrés ; 12,7 % pour 3 à 5 combats ; 19,3 % pour plus de 5 combats. Le taux de 4,5 % en l'absence de combat est particulièrement intéressant, car il est proche du chiffre de 5 % de SSPT habituellement observé dans les forces armées américaines et dans la population américaine tout-venant. Les psychologues de l'armée américaine redoutent donc les prochains chiffres concernant les forces d'occupation en Irak, car celles-ci sont composées en grande partie de réservistes et de gardes nationaux, psychologiquement plus fragiles que les Marines ou l'armée régulière et moins bien préparés au combat.

Le syndrome de stress post-traumatique : une hypermnésie résiduelle

Des SSPT ont été décrits en France après l'attentat du RER à la station Saint-Michel (25 juillet 1995), au Japon après les attentats au gaz sarin dans le métro de Tokyo par la secte Aum (30 mars 1995), en Ossétie après le massacre d'une centaine d'enfants de Beslan par un commando tchétchène (1-3 septembre 2004). À la suite de différents attentats, un rapport de l'Inserm a révélé que 31 % des personnes exposées souffraient de SSPT (63 % de détresse psychologique et 48 % de dépression). Un an après un accident de circulation, 25 à 35 % des personnes impliquées développent un syndrome psychiatrique et la moitié correspondent à des SSPT.

Les critères du *DSM-IV*

Le SSPT est un des tableaux majeurs des pathologies psychiatriques secondaires à l'expérience vécue d'un événement traumatique. Pour le *DSM-IV*[26], un événement est envisagé comme « traumatique » lorsqu'il implique un risque de mort ou une menace grave à l'intégrité physique de la victime et qu'il entraîne une peur intense, une impression d'impuissance ou un sentiment d'horreur. Il ne s'agit donc pas d'un événement traumatique physique, mais d'une agression psychologique affectant la vie mentale – pour cette raison, il serait plus juste de dire « traumatisant » que « traumatique ».

Sont considérés comme potentiellement traumatiques les événements suivants, qu'ils soient vécus individuellement ou collectivement :

1. des actes de violence entre deux personnes (viol, vol, séquestration, torture) ;

2. des erreurs techniques ou des catastrophes causées par l'homme (accidents de transports collectifs ou individuels, explosions, accident de travail, désastre écologique) ;

3. des catastrophes naturelles (incendie, inondation, tornade, tremblement de terre, tsunami).

Il faut savoir que les victimes d'un même événement traumatique ne développent pas toutes un SSPT et l'intensité des symptômes n'est pas la même d'une victime à l'autre. Cette variabilité a de multiples causes qui résultent de la combinaison personnalisée de trois types de facteurs[27] :

- **Au centre,** il y a l'événement traumatique et tout ce qui l'accompagne : caractéristiques de l'expérience traumatique (violence, menace vitale, déshumanisation de la victime par son agresseur), émotions ressenties, similitudes avec d'autres expériences.

- **En amont,** figurent les facteurs prédisposants qui accentuent l'impact de l'événement traumatique : un anxieux est plus susceptible d'ancrer la scène dans ses souvenirs ; un idéaliste ressentira un sentiment d'injustice – il est évident qu'un événement traumatique s'inscrit à un moment donné dans une histoire de vie individuelle.
- **En aval,** on trouve les facteurs qui influencent le maintien des séquelles : manque de soutien de l'entourage, absence de réparation sociale, injustice, séquelles physiques visibles, auto-attribution d'une responsabilité potentielle.

L'HÉROÏQUE RÉSISTANCE DES ANGLAIS

Étrangement, les populations civiles britanniques ou allemandes qui ont subi des bombardements aériens très durs lors de la Seconde Guerre mondiale ont développé beaucoup moins de SSPT qu'on ne pouvait s'y attendre, et ce dans un rapport parfois vingt fois moindre[28]. Au lieu de démoraliser les habitants des villes, ces bombardements semblent avoir renforcé la cohésion sociale et l'esprit de résistance. Bien que survenant de façon imprévisible, leur éventualité était présente dans l'esprit de la population qui, d'une façon inconsciente, s'en protégeait mentalement. Ni Hitler ni Churchill n'avaient sans doute imaginé que l'objectif déclaré de briser le moral des populations civiles par des bombardements massifs déclencherait un sentiment national de résistance.

Les personnes souffrant de SSPT subissent un état anxieux permanent grevé d'insomnies, de cauchemars et de sursauts au moindre bruit. L'événement traumatique est constamment revécu sous la forme de rêves récurrents pénibles, de souvenirs répétitifs et envahissants qui s'imposent en pleine journée comme des flash-backs brutaux. Ces images à répétition surgissent spontanément lors de la confrontation avec des indices évoquant un aspect de l'événement traumatique initial : un objet, un lieu, une ambiance dont on a conservé la trace mnésique. S'y associent des sentiments intenses de détresse psychique, car les victimes craignent que l'agression ne se renouvelle. Ces indices sont d'autant plus facilement repérés par les patients traumatisés que quelques-uns d'entre eux ont une hypervigilance permanente. Lors de l'exposition à ces indices, une réactivité physiologique très intense peut également survenir sous la forme de troubles neurovégétatifs (palpitations, sueurs, tremblements, respiration rapide, troubles du sommeil). Les souvenirs irrépressibles ne sont pas toujours des épisodes réels. Parfois, il peut s'agir de l'amplification d'un sentiment de menace personnelle dont l'intensité donne l'impression d'une scène réellement vécue. On craint, de façon irraisonnée mais tenace, de revivre la même situation ou des angoisses analogues. Cette invasion perpétuelle de l'esprit par le souvenir traumatique y dépose un sentiment de tristesse ou d'indifférence menant à la dépression. En raison de leur anxiété et de leur distractibilité accrues, les personnes souffrant de SSPT éprouvent de façon presque logique des difficultés de mémorisation au quotidien. Pour reprendre la formule d'un victimologue, le choc a interrompu la chaîne du sens autour de laquelle chacun de nous construit son histoire personnelle[29] : le monde extérieur a brutalisé le monde intérieur du sujet.

Raconter ou ne pas raconter, quel est le risque ?

Les rescapés de situations horribles en parlent peu, cela a été constaté chez les survivants de l'Holocauste. On peut mentionner trois raisons à cela. L'une est biologique : car le stress peut effectivement effacer le souvenir de monstruosités vécues. Une autre raison est plus psychologique avec le désir des victimes de vouloir volontairement oublier, en refusant d'en parler, car toute évocation ultérieure est non seulement psychologiquement néfaste, mais renforçatrice de la trace du souvenir. La dernière raison, enfin, est que les survivants de l'horreur ne sont pas forcément crus par ceux à qui ils racontent… Le risque de l'éventuelle transmission du SSPT d'une génération à la suivante a été suggéré dans ces familles de survivants : en racontant leur témoignage de façon obsessionnelle ou, au contraire, en gardant un silence absolu sur la question, il se pourrait que les victimes suscitent chez leurs descendants des traumatismes indirects, dits empathiques ou secondaires[30].

Le traitement du SSPT installé

Outre la reconnaissance sociale et juridique qui facilite la réinsertion symbolique des patients, le traitement d'un SSPT repose sur deux approches. Un traitement médicamenteux à base d'anxiolytiques et d'antidépresseurs est indispensable. Parallèlement, une thérapie cognitive et comportementale (TCC) a pour objectif de désamorcer le conditionnement délétère, c'est-à-dire l'association « privilégiée » entre les neurones ayant encodé le contexte de la catastrophe et ceux ayant suscité la réaction de frayeur. Les psychothérapies d'inspiration cognitivo-comportementale déconditionnent la peur et le flot de pensées de la victime. En gros, le thérapeute désinstalle le logiciel de la peur : l'objectif est que la victime réduise ses comportements d'évitement, qu'elle ne réagisse plus négativement lors de la confrontation à un contexte similaire à celui de l'accident, qu'elle diminue l'intensité de ses réactions émotionnelles. Cette thérapie cognitive et comportementale est une véritable intrusion apaisante dans les systèmes de mémoire des victimes. En ce sens, c'est une manipulation thérapeutique de la mémoire.

Existe-t-il une attitude préventive en cas de traumatisme psychologique ?

Bien avant la Seconde Guerre mondiale, les psychiatres militaires ont remarqué que le fait de parler très vite de l'expérience émotionnelle vécue, souvent en groupe de victimes, apportait un soulagement incontestable. Dans les années 1980, le psychiatre américain Jeff Mitchell a proposé un suivi des personnes exposées à des scènes horribles, qu'il s'agisse des victimes ou de leurs familles, voire des personnels de secours que leur profession expose à des scènes tout aussi terrifiantes. Les médecins disposent désormais d'une moisson d'informations sur les avantages indéniables de l'aide psychologique d'urgence à l'occasion de conflits, d'attentats terroristes, de prises d'otages, de détournements d'avions, de rapatriements en catastrophe, de suicides spectaculaires. Il en ressort que le débriefing évite la culpabilité des sauveteurs, des militaires ou des victimes, sans empêcher toutefois l'exacerbation mémorielle ultérieure d'images atroces[31].

Doit-on considérer comme anormales les réactions immédiates des victimes, réactions de choc qui constituent peut-être une défense spontanée de l'esprit ? En dépit des meilleures intentions du monde, faut-il apporter chez toutes les victimes une compassion psychologique en urgence ? L'aide psychologique d'urgence soulage effectivement les réactions psychiatriques aiguës ; elle oriente également la colère des victimes et des familles. Si elle ne désamorce peut-être pas la survenue ultérieure d'un SSPT, elle avertit les victimes et leurs familles du risque potentiel de SSPT. Néanmoins, dans l'urgence d'une catastrophe, comment savoir qui solliciter plus particulièrement ? Il n'y a pas actuellement de réponse absolue à cette question, tant sont variables les réactions selon les victimes et les circonstances. Qu'on se souvienne de l'expérience des forces armées américaines qui avaient installé lors de la guerre du Vietnam un système efficace de prise en charge psychologique immédiate. Si ces cellules d'urgence ont bien réduit les réactions psychiatriques aiguës, il est clairement apparu que cette « psychiatrie de l'avant » n'a pas limité chez les vétérans du Vietnam l'occurrence ultérieure de séquelles psychotraumatiques tardives sous forme d'anxiété résiduelle ou de cauchemars de reviviscence[34]. Les SSPT ont, en outre, été particulièrement importants chez ces soldats qui, après avoir vécu des combats difficiles, n'ont trouvé à leur retour aucun soutien moral de la part de leurs concitoyens, les parades triomphales de bienvenue ayant été remplacées par des marches de protestation contre la guerre... Il risque d'en être de même pour les vétérans d'Irak.

Ni pour ni contre ?

Les débriefings réalisés en urgence sur les lieux mêmes de la catastrophe pourraient paradoxalement ancrer trop fortement le souvenir traumatisant et aggraver, voire susciter un SSPT. Ce point a été confirmé lors d'une méta-analyse[32] qui montre que le risque de SSPT n'était pas modifié 3 à 5 mois après[33]. Pire, chez les personnes ayant bénéficié d'un débriefing psychologique, on a constaté un risque significativement multiplié par 2,9 de développer un SSPT un an après l'événement traumatique. L'explication avancée en est que l'évocation mentale de l'événement traumatisant, aussi près de sa survenue (1 à 7 jours le plus souvent), constitue un second traumatisme exacerbant les symptômes psychologiques. Actuellement, il est donc impossible de faire la moindre recommandation en faveur ou en défaveur de l'aide psychologique d'urgence : indubitablement utile à court terme pour rassurer et déculpabiliser les victimes en état de choc, le débriefing faciliterait éventuellement le SSPT à plus long terme.

Stress et mémoire : action directe ?

Les axes du mal

Chair de poule, sueurs froides, peur au ventre, estomac noué, cheveux dressés sur la tête, cœur battant la chamade, poumons prêts à exploser... : chacun peut connaître cet emballement incontrôlable du corps lorsque l'état émotionnel est brutalement et intensément sollicité par des « agents stresseurs » physiques, psychiques ou sociaux.

Le stress modifie profondément le fonctionnement neurophysiologique de l'organisme par l'activation de quatre axes biologiques : les deux axes hormonaux catécholaminergique et corticotrope, le système des peptides opiacés et le système immunitaire. La fonction initiale de ces axes est défensive, et leur activation, dans un premier temps, est bénéfique à l'individu : la libération d'hormones et de substances catécholaminergiques vaso-actives (comme la noradrénaline et l'adrénaline) favorise l'adaptation en urgence de l'organisme à un environnement en cours de modification. Certaines des réactions neurovégétatives observées, comme l'accélération cardiaque et ventilatoire, rendent l'organisme plus disponible pour réagir efficacement. D'autres neuromédiateurs comme la neurotensine, la vasopressine ou les endorphines sont aussi impliqués, particulièrement en cas de douleur aiguë. La perception du stimulus émotionnel déclenche automatiquement et instantanément ces réactions neurovégétatives dont l'évolution spontanée se fait rapidement vers le retour à la normale.

En revanche, la prolongation ou la répétition du stress peut avoir des conséquences biologiques nocives. On sait ainsi qu'une libération cérébrale massive de glucocorticoïdes (dont le cortisol) et de glutamate (neuromédiateur important pour la mémoire) entraîne des altérations neuronales délétères. Le stress déclenche également des changements plus ou moins bénéfiques au sein du système immunitaire en fonction de sa durée et des perspectives finales entraperçues. Ces réactions immunologiques varient selon qu'il s'agit de prendre la parole en public, de passer un examen, de survivre à une catastrophe naturelle ou de subir un stress chronique comme s'occuper d'un parent atteint d'une maladie incurable. Globalement, les capacités défensives de l'individu sont alors atténuées, quand elles ne s'effondrent pas.

Quelles conséquences pour la mémoire ?

La production excessive et brutale de ces substances au niveau des régions hippocampiques semble interrompre transitoirement la mémorisation de nouvelles informations. Le stress déclenche un afflux massif de glucocorticoïdes. Or il se trouve que les zones cérébrales où la concentration des récepteurs de glucocorticoïdes est la plus élevée sont justement celles qui sont à l'origine des circuits de mémorisation (lobe temporal antérieur, amygdale, hippocampe). La libération massive de glutamate bloque aussi le fonctionnement des systèmes de mémorisation. L'augmentation aiguë et intense de glucocorticoïdes empêcherait enfin la neurogenèse, c'est-à-dire la capacité du cerveau à développer de nouveaux neurones à partir de neurones souches.

Les deux versants contradictoires du stress sur la mémoire ont une explication neurobiologique satisfaisante : selon le cas, le blocage inhibe la fixation d'un souvenir ou, au contraire, l'ancre trop fortement. Les conséquences au long terme du stress pourraient être visibles avec l'IRM cérébrale puisqu'on a démontré une atrophie de près de 25 % de l'hippocampe chez des personnes présentant un SSPT[35]. L'imagerie fonctionnelle a également mis en évidence une activation de l'amygdale lors du rappel d'événements traumatiques[36].

Comment se constitue le souvenir d'un événement traumatique ?

Les travaux du neurobiologiste américain Joseph LeDoux ont été déterminants pour comprendre les liens entre émotion et mémoire[37]. Les informations visuelles et sonores de l'événement traumatique sont transmises aux thalamus (noyaux de neurones situés dans la profondeur des hémisphères cérébraux), puis aux amygdales qui gèrent les réactions émotionnelles, en particulier la peur. Le contexte de la scène dramatique (gare, aéroport, station de métro) ou certains détails habituellement rassurants (une poubelle, un escalier, un mur de briques) sont également enregistrés grâce au système hippocampique. Les amygdales créent alors un lien très puissant (voire indélébile) entre la terreur ressentie et le contexte ou les détails de l'événement traumatique initial. Cette association privilégiée constitue un conditionnement spécifique de même nature que le réflexe conditionné des chiens du physiologiste russe Ivan Pavlov (1849-1936).

Le neuromédiateur clé de cette transmission est le glutamate, grâce à son rôle dans un système fondamental de la mémorisation, la potentialisation à long terme, dont le but est de renforcer l'intensité et la rapidité de réponse électrochimique d'un neurone lors de stimulations identiques ultérieures. Ce renforcement des connexions synaptiques crée un réseau de propagation privilégié des informations : ce réseau sera préférentiellement activé lorsque le patient se retrouve dans un contexte comparable à celui de l'événement traumatique ou qu'il est confronté à certains des détails identiques à ceux de la catastrophe initiale. Chez une des anciennes victimes de l'attentat du RER en 1995, la simple vue d'une station de métro ou d'un banc peut, par exemple, réactiver le souvenir douloureux et déclencher une peur panique incontrôlable : le drame se rejoue à guichets fermés pour le bénéfice exclusif et horrible de la victime.

Émotion et stress

« Les bons souvenirs durent longtemps; les mauvais plus encore. »
Proverbe tchèque

Psychogène, psychologique, neurologique ?

Les expressions « amnésie psychogène » ou « traumatismes psychologiques » sont ambiguës. Elles semblent écarter le cerveau et sa biologie du champ explicatif. La nature psychologique du déclenchement de l'oubli ne doit pas amener à négliger son mécanisme biologique. Toute situation de stress aigu est accompagnée, voire caractérisée, par des modifications neurovégétatives importantes aux conséquences majeures sur les systèmes cognitifs de mémoire.

Une amnésie psychogène, ou un SSPT, relève de mécanismes neurobiologiques indiscutables qui en font d'authentiques « amnésies organiques », même si l'usage est de les appeler « amnésies fonctionnelles », faute d'observer des lésions visibles au scanner, ou à l'IRM. L'imagerie cérébrale fine commence depuis peu à montrer des dysfonctionnements cérébraux réels aussi bien en termes d'atrophie hippocampique que de modifications métaboliques. Que des situations « psychologiques » déclenchent un tableau amnésique ou une persistance mémorielle n'implique pas que le « cerveau organe » est exclu du cadre du « cerveau mental ». Certains cas d'amnésies psychogènes démontrent bien la nécessité impérieuse d'une prise en charge globale et mixte, neurologique et psychiatrique. Après tout, la neurologie et la psychiatrie sont deux disciplines séparées par un même cerveau !

Les émotions façonnent l'évolution et la cognition

L'émotion au service de l'évolution

Qu'elles soient négatives ou positives, les émotions sont indispensables à l'ensemble du fonctionnement de la cognition. Charles Darwin (1809-1882) l'a bien montré : les émotions négatives (ou aversives) ont facilité la survie de l'espèce en induisant des comportements défensifs qui ont renforcé nos dispositifs d'alerte et de survie. La peur est ainsi responsable d'un comportement salutaire de fuite face au danger ; la colère incite à l'attaque ; enfin, le dégoût empêche de manger des aliments potentiellement dangereux... De leur côté, les émotions positives ont un impact sur l'efficacité cognitive au quotidien : flexibilité mentale supérieure, utilisation de stratégies plus globales (moins

Dans un choix, la raison laisse toujours une place à l'émotion

De telles dispositions sont particulièrement cruciales lors de la prise de décisions dont les ressorts ne sont pas purement et totalement logiques. L'émotion se révèle notamment être un acteur inattendu dans le domaine économique, donnant même lieu à la « théorie de la perspective » (*prospect theory*) élaborée par Amos Tversky et Daniel Kahneman (prix Nobel de sciences économiques en 2002)[39]. Par exemple, la formulation d'une question influe sur toute décision impliquant un bénéfice ou une prise de risque : on préfère ainsi éviter de prendre un risque si la question suggère un bénéfice (aversion au risque en cas d'espoir de gain) alors qu'on prend davantage de risque en cas de formulation évoquant des pertes (prise de risque en cas d'inquiétude de perte). Comme le dit élégamment Antonio Damasio : « Raison et passions, au lieu de s'opposer, s'épousent en permanence dans nos neurones pour nous permettre de raisonner. »

de détails) mais aussi plus stéréotypées, pensées plus clairvoyantes, résolution de problème plus rapide, meilleure imagination, mémoire souvent plus efficace[38].

L'émotion au service de la décision : une préférence ne résulte pas d'un choix

Il peut arriver que les émotions positives aient occasionnellement des conséquences moins intéressantes, une humeur positive entraînant un jugement trop optimiste, une sous-estimation de la possibilité d'événements négatifs (maladie, accidents), une surestimation de l'obtention de bons résultats, un risque de ne pas prendre les précautions nécessaires ou bien de sélectionner des buts inappropriés. En dépit de ces inconvénients, toutefois, mieux vaut être bien dans sa tête et développer une aptitude au bonheur, car c'est ainsi qu'on organise au mieux sa réflexion, qu'on augmente son imagination, qu'on déploie durablement des scénarios d'actions et qu'on répond plus rapidement à des agressions.

Souvenir et oubli : une carte d'identité émotionnelle

Les situations de stress ont des conséquences variables sur la mémoire. Dans l'ictus amnésique, un événement personnel brutal, mais ne mettant pas en danger l'intégrité corporelle, entraîne pendant quelques heures une difficulté à mémoriser le quotidien. Un stress aigu peut diminuer dans d'autres situations la qualité de l'enregistrement de la scène vécue. Dans le cas des amnésies psychogènes, une impasse émotionnelle intense suscite une amnésie du passé personnel. Enfin, le SSPT observé au décours de situations comportant un risque personnel de mort aboutit à une hypermnésie d'éléments de la scène menaçante. Pour être complet, dans le cadre d'un souvenir flash, la survenue d'un événement public brutal ayant une implication personnelle modérée semble fixer de manière photographique le contexte de son annonce.

L'émotion a un pouvoir considérable dans le domaine de la mémoire et de la prise de décision. Sentiments, émotions, motivation, intérêt : voilà les véritables contrôleurs de la mémoire ! Ces formidables modulateurs réalisent l'ancrage le plus puissant ou, au contraire, l'effacement le plus redoutable d'une information. Pour cette raison, le plus utile ne serait pas de mesurer la puissance potentielle de notre mémoire en termes de nombre de mots que nous pouvons retenir, mais plutôt de tenter d'apprécier l'intimité relationnelle entre notre mémoire et nos émotions. Tous les parents d'enfants le répètent : « Il ne retient que ce qui l'intéresse ! » Tous les quinquagénaires inquiets de leur mémoire l'affirment en consultation (curieusement, de manière catastrophée) : « Ah, ce qui est important, je ne l'oublie jamais ! » Toutes les familles de patients atteints de maladie d'Alzheimer le disent : « Il retient mieux ce qui est important ! »

La persistance d'un souvenir fournit une empreinte émotionnelle dont l'analyse permet au détective, qu'il soit psychanalyste ou neuroscientifique, de définir les axes de la personnalité d'un individu. Dis-moi ce que tu retiens et je te dirai qui tu es. Dis-moi ce que tu oublies et j'en saurai encore plus sur toi. Comme le souligne le psychologue américain Daniel Schacter, le but de la mémoire n'est sans doute pas de rappeler avec une exactitude absolue tous les détails de notre vie, mais plutôt d'en retrouver les événements émotionnellement importants. L'émotion est un filtre pour notre mémoire.

L'ESSENTIEL

- L'émotion est une arme à double tranchant : elle peut faciliter la mémorisation ou, au contraire, perturber l'apprentissage ou le rappel.
- Les émotions facilitent l'épanouissement personnel et la survie collective.
- L'anxiété et la dépression sont responsables de difficultés attentionnelles qui retentissent directement sur la mémoire en raison de l'interférence qui se fait entre les pensées négatives et les informations à mémoriser.
- La mémorisation incidente du quotidien est souvent affectée chez les anxieux et les dépressifs; s'ils se plaignent de leur mémoire, leurs tests sont habituellement normaux, sauf pour la mémorisation d'informations complexes, exigeantes en concentration.
- Les dépressifs retiennent mieux les souvenirs personnels douloureux.
- Le stress est à l'origine de manifestations adaptatives bénéfiques, mais également nocives pour la mémoire.
- Le stress aigu ou chronique interfère de différentes façons avec la mémoire. Lors d'un ictus amnésique, l'enregistrement est interrompu pendant quelques heures. Un stress intense peut pareillement perturber la mémorisation d'une scène vécue. Lors d'une amnésie psychogène, un événement traumatisant est oublié ainsi que tout un pan, voire la totalité du passé personnel. Lors d'un syndrome de stress post-traumatique, les personnes subissent des cauchemars récurrents ou des flash-backs en plein éveil, tous centrés sur la scène traumatisante initiale.
- Le stress est responsable de la libération brutale d'hormones et de neuromédiateurs qui interfèrent avec le fonctionnement des hippocampes et des amygdales, bloquant le système de mémorisation de la scène vécue ou celui de l'accès à des souvenirs passés.
- S'il ne faut pas mettre de larmes dans le moteur de la mémoire, l'émotion sert globalement de filtre pour la mémoire.

Faux souvenirs et distorsions : quand la mémoire invente

> « Le lecteur ne croira pas que de telles choses aient pu se produire, mais j'y étais et je l'ai vu. »
>
> Izaak WALTON (1593-1683)

> « Le plus surprenant, ce n'est pas tout ce que j'ai oublié, mais tout ce que je crois me souvenir… »
>
> Mark TWAIN (1835-1910)

Tout souvenir a ses revers

« Je m'en souviens très bien… » : rien n'est moins sûr !

La plus étonnante mystification que nous subissons de la part de la mémoire est de nous faire croire à la durabilité et à l'exactitude de nos souvenirs. L'oubli est agaçant au quotidien et la perspective de perdre la mémoire est, à juste titre, un sujet constant d'inquiétude. Peu de personnes s'imaginent toutefois que nos souvenirs risquent non seulement de s'effacer (le phénomène « en moins » de l'oubli) mais également de se modifier (le phénomène « en plus » de la distorsion mnésique). Si l'oubli est rapidement repéré comme une faiblesse précoce de notre mémoire, il est rare que nous soyons conscients de la malléabilité parfois dramatique de nos souvenirs. Notre mémoire est doublement fragilisée : elle n'est ni un enregistrement définitif ni un enregistrement fidèle. Même deux individus ayant vécu ensemble un événement pourront avoir des souvenirs respectifs des détails sensiblement, voire radicalement différents et carrément contradictoires. Avec le temps, personne ne saura jamais lequel a raison et lequel a tort ; chacun aura sa propre version sur laquelle il campera fermement. Il est vraisemblable qu'aucun des deux ne raconte la réalité de l'événement et que la vérité siège entre leurs deux versions…

Mensonges, fabulations, distorsions, faux souvenirs

Qualifiées de mensonges ou de fabulations (qui sont en fait des situations volontaires et conscientes), les distorsions de la mémoire sont un sujet fascinant, aux implications majeures et aux conséquences parfois désastreuses.

Un audacieux précurseur

En 1932, dans son livre *Remembering* (« Se souvenir »), le psychologue britannique Frederick Bartlett défend l'idée, provocante à l'époque, que la mémoire n'est pas immuable, qu'elle n'évoque pas obligatoirement des traces identiques au souvenir initial et qu'elle est « contaminée » par la mémoire de tous les jours. Bartlett postule, en outre, que le rappel d'un souvenir ne correspond pas à la réactivation fidèle de traces figées, comme si l'on imprimait un texte enregistré sur un ordinateur ; il envisage plutôt la remémoration comme « une reconstruction imaginative... composée de réactions anciennes ou d'expériences, en relation avec un petit détail saillant, apparaissant généralement sous la forme d'image ou à travers du langage ». Vu ainsi, le souvenir n'est que rarement fidèle : la mémoire se construit au fur et à mesure et son organisation est en grande partie liée aux « schémas » du moment. Les enseignements de Bartlett ont été oubliés jusqu'à ces vingt dernières années où s'est ravivé l'intérêt des chercheurs pour les distorsions de mémoire.

Notre mémoire peut doublement nous trahir, non seulement du fait d'oublis, mais également par des croyances erronées ou des modifications subtiles ou grossières de détails d'un souvenir. Dans certaines situations, nous sommes même sincèrement persuadés de la réalité d'un souvenir très différent de l'événement vécu. C'est ce que le psychologue américain Daniel Schacter appelle le « péché de biais égocentrique[1] ». Ses conséquences peuvent être terrifiantes comme le montre régulièrement l'actualité judiciaire[2].

Au-delà de situations judiciaires extrêmes, se pose, bien sûr, le problème de la fidélité banale de nos propres souvenirs dont on sait maintenant qu'ils sont influencés par notre personnalité ainsi que par nos connaissances préalables, nos autres souvenirs ou encore les faits acquis depuis notre souvenir initial. De façon comparable à ces modifications naturelles survenant chez n'importe lequel d'entre nous, des maladies neurologiques ou psychiatriques altèrent parfois la mémoire de manière pathologique, sous la forme d'amnésies ou de distorsions mnésiques. En pathologie, les distorsions mnésiques sont appelées des « confabulations », terme dangereux, car il laisse à penser qu'il s'agit d'inventions volontaires, alors que ce sont des distorsions mnésiques réellement inconscientes.

Suggestibilité ou faux souvenirs ?

Il faut distinguer ce qui est du ressort de la suggestibilité et ce qui est du registre des faux souvenirs. La suggestibilité survient dans le cadre d'un événement réellement vécu par une personne (fût-ce par le truchement d'une bande-vidéo) dont l'interrogatoire modifie les réponses ou le contenu du souvenir de cet événement. Lors d'un faux souvenir, en revanche, ce sont des événements qui n'ont jamais eu lieu qui sont implantés de toutes pièces. En gros, la suggestibilité est une illusion (trace ancienne déformée) alors que le faux souvenir est une hallucination (trace nouvellement créée).

Les faux souvenirs affectent habituellement la mémoire autobiographique d'une personne. Des distorsions surviennent également au niveau de nos propres connaissances des faits du monde. À ce titre, ces falsifications sont partagées avec celles de groupes d'individus, sous la forme d'idées reçues ou de fausses croyances, et relèvent dans ce cas de la mémoire sémantique sociale et collective.

L'OUBLI DE LA SOURCE EST SOUVENT À LA SOURCE DE LA DISTORSION

Les distorsions résultent de la combinaison d'informations anciennes correspondant à des faits réels et d'informations nouvelles soit spontanément acquises par le sujet, soit suggérées par un tiers.

Le contexte d'acquisition d'une information joue un rôle majeur : l'expression « source du souvenir » qualifie les éléments du lieu et du moment de son acquisition. Toute altération de la qualité de la trace d'un souvenir rend possible sa distorsion. Certains éléments de la source peuvent être perdus ou remplacés par des événements concurrents, ce qui altère nos souvenirs sans nous faire perdre pour autant l'intime conviction de leur fidélité. C'est en toute bonne foi que nous croyons à la réalité de nos distorsions de mémoire.

Les témoignages oculaires

« Que vous le vouliez ou non, la mémoire est juste une source supplémentaire de fiction. »
Paul John Eakin, spécialiste de l'autobiographie

Les années 1980-1990 ont été marquées aux États-Unis par différentes affaires ayant défrayé la chronique judiciaire. Des interrogatoires d'enfants ou d'adultes conduits de manière trop directive ont fortement influencé leurs témoignages et abouti à des erreurs judiciaires dramatiques.

Parallèlement, de nombreuses affaires ont rapporté le cas de souvenirs d'inceste « retrouvés » lors d'une psychanalyse ou d'une psychothérapie, souvenirs qui se sont ultérieurement révélés implantés par le thérapeute à la suite de questions trop suggestives.

Le point de départ de ces manipulations involontaires est la croyance commune, d'origine psychanalytique, en l'existence de souvenirs masqués, réprimés, refoulés. Sur ce postulat, des enquêteurs policiers ou judiciaires, des travailleurs sociaux ou des psychologues ont utilisé des techniques d'interrogatoire qui, au lieu de faire émerger un souvenir refoulé, ont implanté un souvenir qui n'existait pas.

La relative validité des témoignages oculaires : trois anecdotes

La déformation d'un souvenir est un mécanisme banal qui peut survenir dans n'importe quelle circonstance en fonction du contexte et de la personne. Trois anecdotes illustreront la facilité avec laquelle de faux souvenirs surviennent au quotidien.

La première m'a été racontée par un ami québécois dont un collègue avait été agressé alors qu'il retirait de l'argent à un distributeur de billets. Il était allé porter plainte et avait minutieusement décrit son agresseur. La scène avait été filmée par la caméra de surveillance de la banque : la comparaison du témoignage et de la bande-vidéo a montré des différences grossières, l'individu de petite taille, habillé de vêtements clairs, étant en réalité un homme de grande taille et habillé de noir !

Une amie, ancienne résistante lyonnaise, m'a raconté l'histoire suivante. Il y a quelques années, une de ses collègues lui a affirmé se souvenir d'avoir vu au lycée à Lyon pendant la Seconde Guerre mondiale deux camarades juives portant l'étoile jaune. Ne se rappelant pas en avoir vu sur les vêtements des juifs lyonnais, mon amie résistante s'en est ouverte à sa collègue pour se faire brutalement répondre : « Vous me traitez de menteuse ! » Intriguée, mon amie est allée vérifier ses propres souvenirs auprès de la documentaliste du Centre d'histoire de la résistance et de la déportation de Lyon. Il lui a été confirmé que sa collègue ne pouvait avoir aucun souvenir d'écolières juives portant l'étoile jaune à Lyon car, si la loi imposant le port de l'étoile jaune a bien été prise pour l'ensemble du territoire français, le décret d'application a été pris uniquement pour la France occupée et pas pour la zone libre, même après son occupation par les Allemands. Il est vraisemblable que les souvenirs d'enfance de sa collègue ont été infiltrés à son insu soit par des photographies ou des films sur la Seconde Guerre mondiale, soit par la croyance que tout écolier juif devait porter une étoile jaune.

Enfin, lors d'un dîner, trois de mes amis rapportent un petit incident qui leur est arrivé lors d'un voyage en canoë vieux de quelques mois. L'histoire prend corps, chacun ajoutant un détail, jusqu'au moment où l'un d'eux remarque soudainement qu'ils racontent, comme s'ils l'avaient vécue, une anecdote issue d'un livre qu'ils avaient tous les trois lu au cours de leur balade.

Ces trois histoires sont démonstratives : aussi clairs qu'ils nous paraissent, nos souvenirs ne sont pas ce qu'ils nous semblent car notre cerveau peut les transformer et nous duper en toute bonne foi en créant des informations fictives parfois fort éloignées de la réalité. Ces anecdotes illustrent trois mécanismes différents de déformation d'un souvenir.

• L'agression dans le distributeur de billets démontre l'enregistrement erroné d'une scène dans le contexte émotionnel d'une agression.

• L'histoire de l'étoile jaune montre que des connaissances acquises après l'enregistrement d'un souvenir modifient ultérieurement son évocation.

• Enfin, l'histoire de la balade en canoë prouve la facilité avec laquelle des témoins peuvent mutuellement se persuader d'avoir vécu un fait qu'ils ont en fait lu.

Quel que soit leur mécanisme explicatif, ces souvenirs imprécis, inexacts ou faux sont à l'origine de situations délicates, voire catastrophiques lors de certaines affaires judiciaires.

Les faux souvenirs en matière judiciaire

Elizabeth F. Loftus professeur de psychologie à l'Université de Washington à Seattle et ancienne présidente de l'Association américaine de psychologie, est une spécialiste mondiale du problème des faux souvenirs. Elle rapporte avec Hunter Hoffman l'histoire suivante : un homme, Mike, assiste à un cambriolage chez un droguiste, le voleur s'enfuit avec l'argent de la caisse et s'empare en partant d'une calculette et d'un marteau[3]. Avant l'arrivée de la police, Mike a le temps de discuter avec Maria, jeune femme également présente lors du vol, celle-ci lui raconte avoir vu le voleur partir avec une calculette et… un tournevis. À l'arrivée de la police, Mike décrit le vol, l'arme du voleur, l'argent et la calculette. Lorsqu'on lui demande quel outil a été dérobé, il répond « un tournevis ! ».

Les auteurs retiennent quatre explications pour comprendre comment Mike a pu affirmer avoir « vu » un tournevis.

La première explication est simple : Mike n'a rien vu et mentionne le tournevis uniquement parce qu'il a entendu Maria en parler.

Dans la deuxième explication, Mike a bien aperçu le marteau, mais ayant entendu Maria citer le tournevis, il a plus fait confiance à la mémoire de la jeune femme qu'à la sienne.

Dans la troisième explication, Mike n'a pas discerné le marteau, il n'a pas entendu Maria mentionner le tournevis et s'est contenté de supposer que l'outil était un tournevis.

Dans la quatrième explication, le mot « tournevis » cité par Maria s'est inconsciemment substitué au souvenir du marteau dans l'esprit de Mike, bien qu'il ait vu initialement le marteau.

Quels mécanismes conduisent aux erreurs de témoignage ?

La situation de témoignage oculaire est typiquement en mesure de produire des faux souvenirs. Lors de la mémorisation d'une information, nous ne nous contentons pas d'enregistrer ses caractéristiques ; nous retenons également le contexte, aussi bien interne (notre psychisme, nos connaissances) qu'externe (l'environnement topographique, l'entourage).

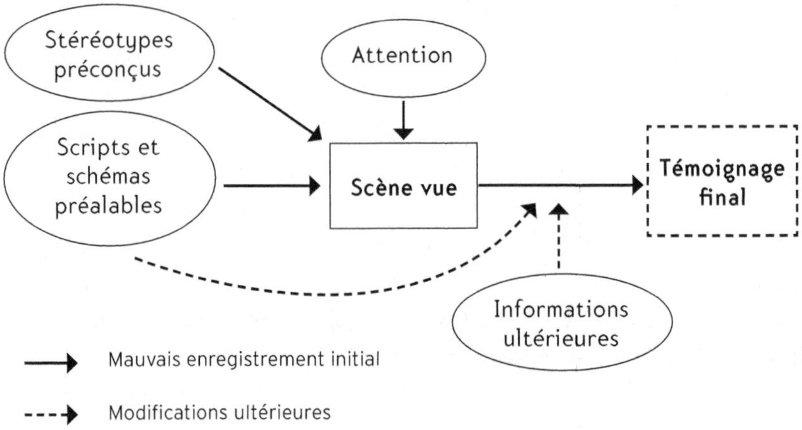

Figure 1. Les situations concourant à la modification d'un témoignage

Un trouble attentionnel initial; des connaissances préalables ou des idées préconçues (interférence proactive); l'apport ultérieur d'informations suggestives relevant aussi des idées préconçues d'un enquêteur (interférence rétroactive).

La construction naturelle de distorsions mnésiques résulte d'un enregistrement d'emblée erroné de l'épisode critique ou de la déformation ultérieure d'un enregistrement initialement exact (figure 1). Au fil des interrogatoires successifs, des détails seront oubliés, ajoutés, déformés, et, dans certains cas, ces modifications concerneront des points majeurs de la scène. Les préjugés, les attentes et les centres d'intérêt, aussi bien des témoins que des enquêteurs, bref, tout ce qui est regroupé sous le nom de schémas cognitifs préalables, influenceront profondément la restitution de la scène vécue par le témoin.

Les caractéristiques des témoins

L'alcool, les âges extrêmes (enfants et personnes âgées), la fatigue, le désintérêt, une personnalité psychologique (anxieux chronique, dépressif) fragilisent l'enregistrement et sont susceptibles de créer des témoignages erronés. Le biais de race d'appartenance influence aussi le témoignage. Les témoins ont plus de mal à enregistrer les traits des membres d'un autre groupe ethnique que le leur. La description puis l'identification du coupable en deviennent nécessairement plus difficiles.

Les stéréotypes raciaux

S'ajoutent également les conséquences désastreuses des stéréotypes raciaux. En 2001, Keith Payne a notamment établi que les stéréotypes associant les jeunes Noirs à la violence influençaient significativement les témoignages en leur défaveur[4]. Face à des visages d'individus blancs ou noirs, suivis de photographies d'outils ou de revolvers à identifier le plus vite possible, les volontaires distinguaient d'autant plus rapidement un revolver que le visage qui le précédait était celui d'un Noir. Plus grave encore, de simples outils étaient fréquemment identifiés comme étant des revolvers quand ils étaient précédés par un visage noir. Précision importante : le taux d'erreurs d'identification augmentait si les volontaires étaient forcés de répondre très rapidement alors qu'il diminuait s'ils pouvaient prendre leur temps. Clairement, nous ne voyons pas les choses telles qu'elles sont réellement, mais telles que nous nous attendons à les voir. Pour cette raison, un raciste aura toujours plus facilement l'impression d'avoir été agressé par un étranger...

Attention aux détails !

L'inattention explique de nombreux oublis au quotidien. La quantité limitée d'attention dont nous disposons est naturellement susceptible d'entraver l'enregistrement de la scène vécue d'un crime ou d'un délit. Ces notions élémentaires, bien connues des scientifiques, ne sont malheureusement pas toujours maîtrisées par ceux qui interrogent des témoins.

Le bruit et la lumière – ou, inversement, l'obscurité – constituent ainsi des obstacles à la mémorisation correcte d'une scène criminelle. Pire, les ressources attentionnelles ne seront pas réparties de façon équivalente entre l'élément central et les détails accessoires. En effet, les limites physiologiques de nos capacités attentionnelles ne permettent pas de porter la même attention à tous les éléments d'une scène, phénomène qui sera encore accentué par le stress, lequel réduit la disponibilité attentionnelle. De même, trop d'attention portée à certains détails diminue l'observation des autres. Bien rappeler de nombreux détails accessoires impressionne favorablement les enquêteurs sur les qualités mémorielles du témoin, mais ne garantit pas une fiabilité comparable du souvenir en ce qui concerne les éléments fondamentaux.

À l'inverse de cette dispersion attentionnelle, l'expression « tunnel mémoriel » (*tunnel memory*) décrit la focalisation du champ attentionnel sur un élément « central » composé des détails les plus riches en émotion, sans qu'il s'agisse obligatoirement des détails les plus pertinents[5]. Ce tunnel est comparable à l'effet d'un faisceau lumineux qui concentrerait la lumière sur une certaine partie de la scène criminelle, laissant dans l'obscurité les autres portions. Le stress produit par le contexte menaçant réduit encore davantage le tunnel mémoriel et exclut ainsi d'autres détails qui sont moins bien mémorisés que la partie au centre du tunnel mémoriel. Ainsi, les témoins se focaliseront sur la mare de sang ou l'arme du crime, sans examiner le visage ou les vêtements du criminel. Plusieurs expériences ont reproduit cet effet de focalisation, les personnes testées ayant concentré leur attention sur l'arme et non sur les autres éléments de la scène[6].

Canoë ou barque ?

Le premier chercheur à avoir insisté sur le rôle fondamental des connaissances préalables dans la reconstruction d'un souvenir a été, je l'ai dit, Frederic Bartlett. Ce dernier a défini sous la notion de schéma un agencement d'expériences personnelles passées, desquelles l'esprit extrait une structure cognitive générale afin de représenter des fragments particuliers de ces expériences.

Plus court, plus personnel, plus typé

L'une des expériences restées les plus célèbres a consisté à faire lire à des étudiants de Cambridge un conte amérindien intitulé « La guerre des fantômes » dont le style inhabituel et les faits relatés étaient éloignés de la culture britannique des étudiants. À intervalles irréguliers, le premier survenant 20 heures après la lecture du conte et les autres variant de plusieurs semaines à quelques années, ces étudiants devaient raconter l'histoire par écrit. Au fil du temps, il est apparu que l'histoire avait raccourci, passant de 330 à 180 mots. Beaucoup plus impressionnant, les étudiants avaient modifié progressivement le contenu de l'histoire, en enlevant des faits ou en incorporant des éléments personnels ou des éléments compatibles avec leurs propres convictions. Des mots plus modernes (comme « barque ») remplaçaient des mots de la légende (« canoë »). L'histoire devenait parfois une sorte de conte de fées, beaucoup plus dans la note du folklore habituel des étudiants dont certains rajoutaient même une morale. Bref, à l'arrivée, le conte était raccourci et mélangeait des éléments réels de la légende et des idées schématiques.

En 1964, Ian Hunter a reproduit l'expérience originale de Bartlett avec la même histoire de « La guerre des fantômes ». Il a confirmé que celle-ci raccourcissait au fil de six ou sept rappels ; il a également observé qu'en dépit des modifications de détail, elle devenait plus cohérente dans un cadre narratif stéréotypé. Le récit devenait aussi plus conventionnel, car les détails rapportés étaient en harmonie avec le fonds culturel des participants testés. À la fin, l'histoire était une sorte de cliché traditionnel très éloigné du texte original.

Toute expérience nouvelle interagit avec les informations contenues dans ces schémas anciens et, de cette interaction, surgiront d'éventuelles distorsions de ce nouveau souvenir. Plusieurs des expériences de Bartlett reposent sur la reproduction sérielle d'une histoire ou d'un dessin comme dans ce jeu bien connu où un premier participant raconte une histoire à un deuxième qui la raconte à un troisième et ainsi de suite. Bartlett a ensuite comparé l'histoire initiale avec celle rapportée par le septième participant, ce qui lui a permis de reproduire expérimentalement le mécanisme de distorsion progressive d'une rumeur ou d'une légende au fil des générations. Bartlett a aussi eu l'intuition de la nature reconstructive de la mémoire : celle-ci n'accumule pas les souvenirs comme autant de livres dans une bibliothèque, mais les recompose chaque fois qu'ils doivent être évoqués en incorporant éventuellement aux éléments du texte des connaissances personnelles passées ou actuelles.

Quand le cerveau invente ou complète : les connaissances préalables

Nos connaissances sont organisées sous forme de structures schématiques qui correspondent au souvenir standardisé de situations répétées plusieurs fois. Un script (ou un scénario) est ainsi une séquence hiérarchisée d'événements sociaux se déroulant selon une procédure immuable et dans un temps déterminé : certains sont banals comme faire sa toilette, préparer le petit déjeuner; d'autres sont plus rares comme rédiger une lettre de candidature ou passer un entretien d'embauche. Le contenu prévisible des scripts et des schémas facilite aussi bien la reconnaissance rapide d'une situation familière que sa mémorisation ou sa production en influençant inévitablement son interprétation, son abstraction et son intégration.

Les scripts et schémas ont une utilité majeure puisque leur automatisation rend possible notre vie mentale : nous pouvons réfléchir à notre programme de la journée tout en faisant notre toilette ou en prenant notre petit déjeuner. Grâce à ces schémas, le cerveau humain a également la propriété de combler les épisodes manquants d'une action séquentielle bien connue en inférant des événements qui ont dû logiquement se dérouler. L'expert spécialisé dans un domaine y trouve son avantage, car il gagne ainsi en rapidité et en efficacité lors de l'exercice de son expertise.

Ces schémas peuvent malheureusement induire spontanément des faux souvenirs. C'est ce qu'ont démontré Bower, Black et Turner en 1979 dans une expérience au cours de laquelle ils ont fait entendre à des volontaires le récit de la visite de quelqu'un chez le dentiste. Lorsque les personnes testées ont ensuite évoqué ce récit, elles ont rapporté des détails absents du texte initial, mais parfaitement compatibles avec ce qui peut se dérouler chez un dentiste[7]. L'audition d'un récit, comme sa lecture d'ailleurs, active donc bien un schéma type dont les éléments stéréotypés complètent inconsciemment les données du texte.

Sharon Hannigan et Mark Reinitz (2000), psychologues aux universités de Boston et du Puget Sound, ont projeté à trois groupes de volontaires des diapositives montrant les différentes étapes de la commande d'un repas au restaurant. Le premier groupe voit une diapositive montrant un événement « causal » : le vin est renversé. Un deuxième groupe voit une diapositive montrant un événement « conséquence » : le vin est épongé. Un troisième groupe contrôle voit les deux diapositives, l'événement « causal » et l'événement « conséquence ». Les personnes ayant seulement vu l'événement « causal » (le vin renversé) repéraient aisément que manquait la diapositive de l'événement « conséquence » (le vin épongé). À l'inverse, les personnes qui avaient seulement vu l'événement « conséquence » (le vin épongé) étaient persuadées d'avoir vu la diapositive de l'événement « causal » (le vin renversé)[8].

Observer un effet sans avoir vu sa cause est suffisamment persuasif pour induire chez certaines personnes l'impression d'avoir vu cette cause. Ainsi, nos attentes, conditionnées par des schémas préétablis, induisent chez nous le sentiment d'avoir vu ce qui n'a pas été montré mais était en harmonie avec l'épisode. La mémoire ne se contente pas d'enregistrer des événements, elle enregistre également notre interprétation de ces événements. On peut se poser la question de l'utilité pratique de ce phénomène de remplissage des épisodes manquants : s'il aboutit parfois à la création de faux souvenirs, il permet en fait au cerveau de gagner du temps face à la masse de problèmes qu'il doit résoudre quotidiennement. La présentation incomplète des éléments d'un schéma induit un complément rapide, mais adéquat qui fait fi d'une analyse approfondie des éléments réels. Ces remplissages automatiques expliquent certaines erreurs dans l'armée ou l'aviation. Les scripts stéréotypés sont, en effet, des éléments fondamentaux du déroulement d'une opération militaire ou du fonctionnement du contrôle aérien : lors d'une situation d'urgence, le remplissage automatique n'est pas toujours adapté à la situation et il en résulte plus facilement une catastrophe.

Dans le cadre d'un témoignage oculaire, si le souvenir d'un événement est trop imprécis, un témoin aura tendance à « compléter » de bonne foi sa description par des informations erronées afin de donner un sens à l'histoire vécue. C'est ainsi qu'une conséquence induit le faux souvenir de sa cause si celle-ci est absente : un effet suggère sa cause ! Là aussi, schémas cognitifs préconçus, attentes contextuelles, connaissances antérieures et interrogatoires suggestifs fourniront des détails qui combleront abusivement les trous et influenceront le souvenir.

L'influence des questions formulées : l'effet de désinformation

Alors que la scène d'un acte criminel a été correctement enregistrée, son souvenir peut être inconsciemment modifié lors d'un interrogatoire, soit parce que les questions des enquêteurs ont apporté des informations qui sont subrepticement intégrées dans le souvenir, soit parce que des connaissances antérieures ont influencé ultérieurement l'interprétation de la scène vécue. Plusieurs expériences ont prouvé que des consignes trop suggestives influençaient la récupération du souvenir en y incorporant des détails absents de la scène mais directement inspirés par les questions posées.

L'OUBLI PLUTÔT QUE LA DISTORSION

Nous sommes dans un système judiciaire où l'on attache plus de prix à la reconnaissance (qui peut se révéler erronée) d'un suspect par un seul témoin qu'à l'absence de sa reconnaissance par plusieurs autres. On aura tendance à attribuer cette absence de reconnaissance au fait que la mémoire peut faillir par oubli, sans s'imaginer que la distorsion des souvenirs est une autre défaillance possible de la mémoire.

De façon générale, l'oubli est mieux connu et plus accepté que la distorsion, et cette dernière sera admise comme véridique du fait des accents de vérité du témoin. On attribue en effet davantage de crédit au témoin qui dit : « Je l'ai vu, c'est lui ! » qu'à celui qui dit : « Je ne l'ai pas vu, je ne pense pas que ce soit lui. » D'autant plus que c'est en toute bonne foi que le premier témoin décrit ce qu'il a vu, il n'a aucune intention malveillante, il se contente de rapporter fidèlement ce que sa mémoire infidèle lui indique ! Ce n'est en aucune façon un menteur conscient, c'est un menteur honnête !

Humain, trop humain...

La mémoire est pragmatique. La mémorisation s'appuie autant sur les caractéristiques propres de l'information à enregistrer que sur nos schémas préétablis. Les notions préconçues que l'on a d'un individu ou d'une situation priment nettement sur l'objectivité de nos capacités d'observation. Selon les cas, l'information l'emportera heureusement sur les schémas préétablis ou, inversement, ces derniers influenceront malencontreusement l'enregistrement au détriment des caractéristiques réelles de l'information initiale.

Au niveau plus spécifique des témoignages oculaires, les conséquences de telles distorsions sont épouvantables. Les préjugés des témoins, leurs attentes, voire leurs centres d'intérêt influent profondément sur l'évocation de leurs souvenirs d'une scène criminelle.

« Je n'ai rien fait, mais je dirai tout » : les fausses confessions

Rocambolesque hypnose

Même l'aveu n'est pas une preuve. S'il faut craindre les témoignages oculaires, le « bon sens » nous porterait à accorder du crédit aux aveux d'un individu. L'aveu était d'ailleurs autrefois considéré comme la « reine des preuves ». Rien n'est moins sûr pourtant, comme le révèle un entrefilet du journal lyonnais *Le Progrès* en date du 20 février 2002 (voir encadré page suivante).

Une abondante littérature scientifique a démontré l'intérêt de l'hypnose pour faciliter l'évocation de détails. Daniel Schacter rapporte ainsi qu'un chauffeur de bus a pu sous hypnose retrouver 5 des 6 numéros de la plaque d'immatriculation de la voiture de trois bandits qui l'avaient enlevé avec les 26 enfants qu'il emmenait. De tels résultats doivent être cependant modulés par d'autres anecdotes au cours desquelles l'hypnose a provoqué des dépositions floues malheureusement perçues comme plus crédibles par les jurés toujours impressionnés par la technique hypnotique ou l'assurance du témoin hypnotisé.

Un aveu sous hypnose doit rendre méfiant en raison du risque élevé de suggestibilité : contrairement à l'image véhiculée dans la conscience du public, même correctement utilisée, l'hypnose ne fait pas surgir la vérité des vagues de l'inconscient !

Aveux sous hypnose : le meurtrier présumé libéré

La chambre de l'instruction de la cour d'appel de Lyon a ordonné hier la remise en liberté d'un homme, mis en examen dans le Gard, pour le meurtre et le dépeçage de son épouse. L'individu s'était accusé en garde à vue, puis devant le juge d'instruction, d'être responsable de la mort de sa femme, dont le cadavre mutilé avait été découvert vingt mois plus tôt dans un bois. Des aveux qu'il avait passés sous hypnose. La justice lyonnaise a estimé que cette « méthode de coercition par manipulation de l'esprit » employée par les gendarmes, est une cause de nullité de l'ensemble de la procédure. Une première judiciaire. « L'interrogatoire hypnotique n'est heureusement pas admis en France alors qu'il occupe encore une place de choix lors de l'interrogatoire des témoins dans certains États américains. »

Je m'accuse !

Rappelons-nous encore récemment l'affaire Patrick Dils. Celui-ci avoua à l'âge de 16 ans un double crime dont il fut innocenté quinze ans plus tard sur la base d'une impossibilité temporelle. Au prisme de ce que nous savons de la mémoire et à la suite de nombreuses affaires judiciaires, il est clair pour la communauté scientifique qu'un aveu (même hors du cadre de l'hypnose) ne constitue en aucune manière une preuve définitive et absolue de quoi que ce soit. En effet, si nul d'entre nous n'imaginerait *a priori* confesser un crime qu'il n'aurait pas commis, il faut savoir qu'une fausse confession est loin d'être un phénomène rare.

Bien évidemment, nous ne faisons pas référence aux aveux forcés au cours desquels un suspect « avoue » un crime qu'il n'a jamais commis afin d'échapper aux pressions psychologiques ou physiques d'un interrogatoire excessif. Des fausses confessions relèvent cependant de cette situation lorsque les suspects en viennent à douter de leur mémoire sous l'effet des questions trop pressantes des enquêteurs. De nombreux cas de fausses confessions ont eu lieu dans des circonstances dramatiques qui auraient pu aboutir à l'exécution de l'autoaccusé. L'analyse des procès pour meurtre dans un comté de l'État américain de l'Illinois par le *Chicago Tribune* au cours d'une décennie a révélé 247 cas d'auto-accusations rejetées par la cour ou le jury. En janvier 2003, George Ryan, gouverneur de ce même État, a commué en emprisonnement à vie la peine de 150 condamnés à mort, en partie pour des incertitudes liées à leurs aveux.

Comme l'a démontré le psychologue américain Saul Kassin, les fausses confessions surviennent plus fréquemment chez des personnes jeunes, anxieuses, manquant de confiance en elles, facilement suggestibles, ayant un faible quotient intellectuel, parfois droguées ou alcooliques[9].

L'EXPERTISE AMÉRICAINE

Le cas de la femme jogger de Central Park à New York a défrayé la chronique. En 1989, cette femme est battue et violée alors qu'elle fait son jogging. À la suite d'interrogatoires ayant duré entre 14 et 30 heures, cinq adolescents âgés de 14 à 16 ans avouent être les auteurs de cette agression. Ces adolescents sont condamnés à des peines de prison variant de 6 ans à 11 ans et demi jusqu'à ce que Mathias Reyes, déjà emprisonné pour meurtre et viols, reconnaisse en 2002 être le seul auteur de l'agression de la femme de Central Park. La police a d'abord cru qu'il s'autoaccusait pour obtenir un changement d'établissement pénitentiaire, mais une analyse ADN indiscutable a confirmé ses aveux. L'évolution de la justice américaine vers la découverte de preuves matérielles indiscutables est bien reflétée par les séries télévisées racontant les exploits des médecins légistes et autres experts de Las Vegas, Miami ou New York !

Comment améliorer les témoignages oculaires ?

Les témoignages oculaires se révèlent trop succincts, imprécis, parfois exagérés, inexacts, voire totalement faux. Ni le caractère détaillé d'une description ni les accents de vérité d'un témoin ne garantissent la fidélité et l'exactitude du souvenir d'un crime ou d'un délit. Peut-on remédier à l'imprécision d'un témoignage ? Les psychologues anglo-saxons ont depuis longtemps travaillé sur le problème des témoignages oculaires, d'une part afin de permettre aux témoins oculaires de retrouver plus facilement certains détails de la scène qu'ils ont vécue, et d'autre part afin d'éviter d'implanter chez eux de faux souvenirs à la suite d'un interrogatoire trop suggestif. L'enjeu est double, améliorer le souvenir réel tout en évitant les distorsions.

L'entretien cognitif

Désireuse d'améliorer la véracité des témoignages oculaires, l'équipe d'Edward Geiselman et Ronald Fisher (Los Angeles) a mis au point une méthode d'interrogatoire connue sous le nom d'« entretien cognitif[10] ». Cette technique moins conventionnelle que l'interrogatoire habituel devrait systématiquement être employée, car elle optimise significativement la fiabilité des témoignages. L'idée de base est de favoriser le récit libre et de gommer les éléments suggestifs d'interrogatoires orientés. L'enregistrement vidéo de l'interrogatoire du suspect est tout d'abord indispensable. Celui-ci exonérera les policiers de l'accusation de pressions excessives et l'enregistrement permettra également de reconstituer *a posteriori* le mécanisme de création d'un faux souvenir à partir d'une session trop suggestive.

- **Il faut laisser au témoin la possibilité de dire « Je ne sais pas »,** sous peine de le voir inconsciemment combler son ignorance face à un représentant de l'autorité qui en général ne supporte pas la notion du « Je ne sais pas ». Une question trop souvent répétée risque d'implanter dans le souvenir du témoin l'information qu'elle contient, comme si cette question était un élément réel du fait criminel auquel il a assisté.
- **Le témoin doit aussi pouvoir s'exprimer dans son vocabulaire usuel** et, dans le même ordre d'idées, il faut être conscient que la méconnaissance de certains termes lors d'une question peut l'inciter à répondre de façon inappropriée. Peu de témoins disposent d'une agrégation de sémantique et de grammaire !
- **Le témoin doit se représenter le contexte** global de l'épisode, aussi bien l'environnement que ses émotions et son humeur à ce moment.
- **Le récit du témoin ne doit pas être interrompu,** car, en conduisant librement sa description, il active progressivement certains éléments qui resteraient autrement dans l'ombre. Le soumettre à une avalan-

> ### De l'art de poser les questions
> L'interrogatoire ne doit jamais être directif. Même si différents travaux ont montré que la question : « Que s'est-il passé ? » a plus de chances d'éviter un témoignage orienté, elle n'améliore pas toujours la fiabilité qualitative et quantitative des témoignages. Les questions doivent être ouvertes, c'est-à-dire qu'elles ne doivent pas comporter de réponse potentielle dans leur formulation. Il faut abandonner des questions tendancieuses du style : « A-t-il fait ceci ou cela ? » Des questions trop dirigées, même posées de bonne foi, risquent d'occulter définitivement certains détails. Une question à choix multiple est dangereusement inductrice : « Était-il habillé en bleu ou en rouge ? » exclut d'emblée la possibilité d'une autre couleur de vêtement. Les questions formulées de façon négative (« Il n'était pas là ? ») sont à proscrire, car elles induisent inévitablement des réponses négatives. D'autres sont trop sophistiquées (« Ne pourrait-on dire qu'il était habillé en vert ? ») pour être facilement comprises par un témoin encore en état de choc.

che de questions sans pause après chaque question inhibera là aussi l'émergence de certains détails. Après tout, même la question la plus anodine peut exiger un certain temps d'incubation.

- **Le témoin doit être encouragé à rapporter toutes les informations qui lui viennent à l'esprit,** même les plus insignifiantes, car un détail de peu d'importance pour le témoin peut se révéler majeur pour l'enquête. De façon comparable, un détail dont il n'est pas trop sûr est en mesure d'être parfaitement véridique. Hercule Poirot nous a habitués à cette recherche méticuleuse de détails *a priori* mineurs et qui n'acquièrent de signification que chez l'enquêteur qui dispose de la totalité des éléments. Le témoin doit être encouragé et rassuré, non pas induit et canalisé !
- **Dans un premier temps, le récit doit être chronologique** afin de respecter le cheminement mental du témoin lié au déroulement de l'épisode vécu. On demande ensuite au témoin (sauf si c'est un enfant) de reconstituer les faits en changeant de perspective, habituellement en commençant par la fin, voire en prenant la place du criminel. Enfin, les enquêteurs suggèrent souvent aux témoins de

citer tout ce qui leur vient à l'esprit, quel que soit l'ordre des faits, afin de retrouver des éléments atypiques qu'une première description aurait occultés.

Cette technique de l'entretien cognitif augmente de 30 à 47 % le nombre d'informations obtenues lors d'un interrogatoire. Elle améliore significativement les performances des témoins plus sensibles à des questions dirigées (enfants, personnes âgées, sujets psychologiquement ou mentalement fragiles). Cette technique réduit la suggestibilité des interrogatoires classiques et ses performances sont comparables, qu'elle ait été employée tout de suite après la scène criminelle que quelques semaines plus tard.

L'efficacité de l'entretien cognitif est telle qu'il pourrait s'étendre à de nombreuses situations du quotidien aussi banales que la recherche de clés égarées. Plutôt que de se répéter : « Où sont mes clés ? », il est de loin préférable de se replonger dans la scène et de reconstituer mentalement l'enchaînement des actions réalisées au moment où nous les avions. Une telle démarche d'approche progressive par autocorrections est aussi bénéfique lors de la recherche d'un nom propre en évoquant des détails au sujet de la personne plutôt que de s'acharner sur son nom lui-même (« C'est une amie québécoise, elle a les yeux verts, elle est grande et sportive, son nombre fétiche est le 29… »).

« C'est lui ! »

En règle générale, la question fondamentale posée à un témoin n'est pas vraiment : « Que s'est-il passé ? » mais plutôt : « Quel est l'auteur de ce qui s'est passé ? » L'identification du coupable est donc primordiale. Il en découle deux techniques bien connues, les portraits-robots et les parades d'identification de suspects.

La reconstitution de mémoire d'un visage, éventuellement avec l'aide du portrait-robot, est une tâche difficile. Une description purement orale d'un visage est aussi efficace, voire supérieure, à ce que peut donner un portrait-robot. Cela peut surprendre, car il est toujours difficile de décrire les composantes du visage, alors que les indiquer sur des échantillons d'yeux, de bouches et de nez paraît plus aisé. Une technique classique pour améliorer la description orale d'un visage est d'inverser la tendance naturelle qui consiste à commencer à partir du haut : débuter par le menton en remontant aux cheveux augmente, semble-t-il, le nombre d'informations évoquées.

La question de l'auteur d'un crime se pose avec encore plus d'acuité en cas d'arrestation d'un suspect. Elle conduit alors à la fameuse séance d'identification illustrée par de nombreux films américains comportant la scène où différentes personnes sont alignées face à un témoin placé derrière une glace sans tain. Ces parades d'identification de suspects reposent sur le principe de la reconnaissance, celle-ci associe un processus conscient de récupération de détails et un processus moins conscient de familiarité. Le processus de familiarité peut se révéler dangereux. Si le criminel est parmi les personnes qui lui sont présentées, il est possible que le témoin soit parfaitement en mesure de le reconnaître. Or supposons que le criminel ne se trouve pas parmi les personnes présentées, comme le postulat d'une parade est que le coupable s'y trouve, le témoin sera naturellement enclin à choisir celle qui lui paraît le plus ressembler au criminel. C'est en toute bonne foi que le témoin recherchera les similitudes entre les suspects présentés et le criminel qu'il a aperçu. Or un suspect ayant des traits communs avec ceux d'un coupable éveillera naturellement un sentiment de familiarité dont résultera une reconnaissance erronée par le témoin. C'est ainsi que dans les années 1970, un témoignage oculaire avait abouti à l'arrestation de George Morales pour vol et à celle de Lawrence Berson pour viol. Richard Carbone, le vrai coupable, a avoué ces crimes quelques années plus tard : les trois hommes partageaient certains traits au niveau des lunettes, de la moustache, de la forme du visage, des cheveux[11]. C'est malheureusement en toute bonne foi que le témoin avait reconnu sur les visages de Morales et Berson des traits que possédait également le visage de Carbone.

Il est clair qu'une parade d'identification dans laquelle se trouve le coupable est bien moins « dangereuse » qu'une parade dans laquelle ne se trouve pas le coupable mais, par malchance, un individu ressemblant au coupable. Prenons l'exemple d'un criminel de petite taille et d'une parade d'identification qui présenterait quatre individus de grande taille et un cinquième (innocent) de petite taille : confronté à quatre grands et un petit, le témoin choisirait inévitablement l'individu de petite taille. Par la nature même de cette technique des parades d'identification, les témoins seront abusés par une ressemblance générale.

Le biais de race d'appartenance influence également l'identification d'un coupable : les témoins identifient plus facilement des membres de leur propre groupe racial que ceux d'un autre groupe ethnique. Faute de percevoir leurs différences de traits de visage, il sera plus difficile à un Blanc de reconnaître un Asiatique (ou un Noir) coupable parmi d'autres ou, au contraire, un Asiatique innocent sera faussement identifié parmi d'autres Asiatiques.

Une analyse rétrospective des photos de parades d'identification a montré que plus des deux tiers n'étaient pas fiables. Pour atténuer le poids de ces jugements par familiarité, le psychologue Gary Wells a suggéré que le témoin ne donne pas son sentiment après avoir vu l'ensemble des suspects de la parade mais qu'il indique immédiatement pour chacun d'entre eux s'il correspond ou pas au coupable qu'il a vu[12]. L'autre façon de réduire le risque de fausse reconnaissance est de demander au témoin une description préalable du criminel et de mélanger le suspect avec d'autres individus ayant les mêmes caractéristiques rapportées par le témoin. Si le témoin a des souvenirs effectivement précis et fiables, il identifiera sans peine le coupable, en revanche, si ses souvenirs sont imprécis, il ne pourra pas distinguer un suspect des autres individus, ce qui ne permettra peut-être pas de repérer le suspect criminel, mais protégera d'une erreur judiciaire les suspects innocents.

Les 5 critères de la Cour suprême

La Cour suprême des États-Unis a déterminé, en 1972, 5 critères de validité d'un témoignage oculaire lors d'une séance d'identification : la possibilité qu'a eu le témoin de bien observer le coupable lors des faits (distance témoin/criminel courte et temps d'observation élevé) ; un niveau d'attention élevé du témoin lors du crime ; le temps écoulé entre les faits et la première confrontation ; la primauté de l'exactitude de la première description du criminel ; enfin, le niveau de confiance affichée par le témoin au moment de la première confrontation. Ce cinquième critère est maintenant fortement remis en question.

Incertaine certitude

Des travaux récents montrent une relation assez faible entre l'exactitude d'un témoignage et la conviction du témoin[13]. De nombreuses affaires policières et judiciaires ont malheureusement démontré que les policiers, les avocats, les magistrats et les jurés sont très sensibles à la certitude affichée par un témoin, les fameux « accents de vérité »! Dans les années 1980, l'existence d'un lien significatif entre l'assurance affichée par un témoin et l'exactitude de son témoignage était considérée comme avérée par 73 % des policiers, 75 % des magistrats de la partie civile, 40 % des avocats et 56 % des jurés. Il est, par conséquent, indispensable d'éduquer systématiquement ces professions et d'enseigner aux jurés un minimum de connaissances sur la mémoire et ses travers.

Un innocent peut s'accuser d'un crime en toute bonne foi. Considérer à notre époque que le fait d'être innocent est un rempart suffisant pour empêcher un individu de s'accuser d'un crime qu'il n'a pas commis relève d'une perception aussi naïve que lorsque l'on pensait dans l'Antiquité et au Moyen Âge qu'une personne innocente mais faussement accusée serait miraculeusement protégée lors d'une ordalie[14]. Cela renvoie au problème plus général de la confiance à accorder à l'exactitude et à la précision de nos propres souvenirs. La forte conviction que nous pouvons avoir d'un souvenir évoqué ne garantit pas sa fiabilité. Chacun d'entre nous peut, en toute bonne foi, être persuadé de se souvenir fidèlement d'un épisode alors même que ce souvenir sera inexact. La certitude affichée par un individu ne prouve rien… si ce n'est qu'il croit fortement à ce qu'il dit.

Oublis et résurgences de souvenirs réprimés : du mauvais usage de la théorie du refoulement

« Nous ne voyons pas les choses telles qu'elles sont.
Nous les voyons telles que nous sommes. »
Le Talmud

Des psychothérapies trop suggestives, reposant souvent sur l'hypnose, ont réussi à autoconvaincre des patients qu'ils avaient subi des sévices sexuels de la part de membres de leur entourage. Ces faux souvenirs d'abus sexuels sont la conséquence de psychothérapies reposant sur la théorie de la mémoire recouvrée, théorie selon laquelle la souffrance mentale d'un patient résulte du souvenir refoulé d'une expérience psychologiquement traumatisante survenue dans l'enfance. Deux exemples américains ont défrayé la chronique, ceux de Nadean Cool et Beth Rutherford.

Des thérapies douteuses

Nadean Cool

Nadean Cool est une aide-soignante vivant au Wisconsin. Bouleversée par un événement survenu à sa fille, elle consulte en 1986 un psychiatre qui est vite persuadé qu'elle a été victime d'un abus sexuel dans son enfance. Le psychothérapeute a alors recours à l'hypnose et à différentes techniques de suggestion à la suite desquelles il réussit effectivement à lui faire se remémorer de terrifiants souvenirs supposés surgir de son inconscient qui les aurait refoulés. Nadean Cool se « souvient » que les membres d'une secte satanique l'ont tout d'abord violée puis forcée à manger des bébés et à avoir des relations sexuelles avec des animaux. Elle aurait ensuite développé des personnalités multiples, pour un nombre total de 120, en prenant l'identité d'enfants, d'adultes, d'anges et même celle d'un canard !

Nullement surpris par l'horreur ou l'absurdité de tels souvenirs, le psychiatre réalise des séances d'exorcisme à coups d'eau bénite afin de faire sortir Satan du corps de la jeune femme. Au bout d'un certain temps, Nadean Cool comprend que ces faux souvenirs lui ont été implantés par son psychothérapeute qu'elle poursuit devant les tribunaux. En mars 1997, elle obtient du psychiatre une indemnité de 2,4 millions de dollars dans le cadre d'un règlement à l'amiable.

Beth Rutherford

En 1992, âgée de 19 ans, Beth Rutherford travaille dans un service de cancérologie du Missouri. Le stress occasionné par son travail est responsable d'insomnies. Beth est affiliée à l'Église Assemblies of God dont son père est pasteur. Ses parents lui conseillent de consulter Donna Strand, une psychothérapeute également affiliée à cette Église. Alors que les premières séances apportent un indiscutable soulagement, la thérapeute l'interroge sur ses rêves. Beth Rutherford rapporte des cauchemars dans lesquels son père lui lance des ours : ces rêves sont interprétés par la psychothérapeute comme caractéristiques de viols refoulés. Beth n'ayant aucun souvenir d'avoir été violentée par son père, sa psychothérapeute lui conseille de lire des livres sur les abus sexuels. Elle commence alors à rêver de manière abondante, de choses souvent horribles telles que de viols qu'elle aurait subis avec des amies, en présence de son père. La thérapeute lui affirme qu'il ne s'agit pas de rêves, mais de flash-backs de scènes réellement survenues. Elle lui affirme, en outre, que ses bonnes notes à l'école confirment bien qu'elle a été violée, car son investissement scolaire était le moyen de faire face à l'horreur de ce souvenir qu'elle a refoulé dans son inconscient. Après 64 sessions, Beth se « souvient » d'avoir été plusieurs fois violée par son père entre 7 et 14 ans. L'histoire devient de plus en plus abominable, puisque la jeune femme se rappelle également s'être avortée elle-même avec un cintre, après avoir été enceinte deux fois des œuvres de son père. La thérapeute et son époux, lui-même pasteur, informent alors le conseil général des Assemblies of God où travaille le père de Beth et celui-ci doit quitter son ministère.

Ce n'est qu'en 1995, sur les conseils d'un avocat spécialisé dans les affaires de faux souvenirs, que deux éléments permettent de prouver la manipulation de la mémoire de Beth : Beth était toujours vierge et son père avait eu une vasectomie alors qu'elle avait 4 ans ! La psychothérapeute a été poursuivie en justice et condamnée à verser à Beth un million de dollars de dédommagements ; Tom Rutherford a réintégré son ministère et Beth s'est réconciliée avec ses parents. Donna Strand exerce toujours son activité de thérapeute…

Le syndrome des faux souvenirs

John F. Kihlstrom, professeur de psychologie à l'Université Yale, définit le « syndrome des faux souvenirs » (*false memory syndrome*) comme une situation au cours de laquelle l'identité d'une personne et ses relations interpersonnelles sont centrées sur le souvenir d'une expérience traumatisante qui est objectivement fausse mais à laquelle la personne croit profondément[15]. Soulignons que le problème n'est pas uniquement celui d'un faux souvenir, situation à laquelle nous sommes tous confrontés, mais celui d'un faux souvenir tellement bien implanté qu'il oriente toute la vie et la personnalité tout entière, créant ainsi une situation psychologique pathologique. La personne concernée n'est plus alors en mesure de mettre en doute la pertinence et l'existence du faux souvenir qui devient autonome, s'enkyste et résiste à toute tentative de correction ou de soin.

L'ampleur du phénomène a été considérable. Il existe même depuis 1992 à Philadelphie une Fondation du syndrome des faux souvenirs dont l'objectif est de conseiller les familles confrontées à de telles situations. Plus de 18 000 familles auraient ainsi contacté la Fondation. Journalistes et juristes se sont emparés de ce syndrome dont la médiatisation a même suscité certains cas où de rusés « patients » ont accusé des psychothérapeutes de leur avoir implanté des faux souvenirs... afin d'obtenir un dédommagement financier[16] !

Au Royaume-Uni, le British Royal College of Psychiatrists recommande depuis 1997 à ses membres d'éviter les techniques de récupération de souvenirs à la recherche d'abus sexuels supposés. Sont ainsi nommément proscrits, l'hypnose, les thérapies de régression progressive ou d'imagerie mentale, l'interprétation des rêves, les interrogatoires facilités par l'emploi de médicaments[17]. Le texte des recommandations indique qu'il n'est pas prouvé que l'utilisation de ces techniques puisse révéler ou récupérer des informations au sujet de n'importe quelle expérience passée y compris des abus sexuels de l'enfance[18]. En France, le syndrome des faux souvenirs est pris en compte par la justice depuis la loi du 17 juin 1998 relative à la prévention et à la répression des infractions sexuelles. Malgré tout, l'affaire d'Outreau a été un exemple où la justice française a été dramatiquement dépassée.

La mémoire refoulée existe-t-elle ?

La méconnaissance qu'ont certains psychothérapeutes des mécanismes biologiques de la mémoire, combinée à l'utilisation excessive de la théorie du refoulement, facilite la survenue du syndrome des faux souvenirs chez des personnes souvent vulnérables (par définition, puisqu'elles sont déjà dans une relation de soin), très désireuses de trouver une réponse à leurs difficultés et promptes à plaire inconsciemment au psychothérapeute ou à respecter aveuglément son expérience professionnelle.

Au cœur de la théorie psychanalytique : l'oubli

Pour Freud, on le sait, l'oubli ne signifie pas la destruction des souvenirs. Rien de ce qui a été formulé une fois par l'esprit ne disparaissant, tout survit d'une manière ou d'une autre. Ces traces mnésiques peuvent ressurgir sous certaines conditions. L'oubli est au cœur de la théorie psychanalytique qui y voit un processus actif, régi par des motifs inconscients qu'il convient de disséquer. Dans *Psychopathologie de la vie quotidienne*, l'oubli est vu comme s'adressant préférentiellement à ce qui est douloureux.

Cette formule a malheureusement été souvent interprétée en référence à des situations consciemment désagréables. Dans l'esprit de Freud, l'oubli est gouverné par le désir d'éviter l'émergence de conflits ou d'idées à connotation douloureuse : ceux-ci se trouvent donc « réprimés ». La répression permettrait ainsi d'éloigner certaines situations déplaisantes du champ de la conscience et d'éviter leur rappel conscient. Il s'agit pour Freud davantage d'une possibilité versatile, voire imprédictible, d'un individu à l'autre et d'une situation à l'autre, que d'une règle absolue, soumise à des contraintes scientifiques reproductibles et intangibles.

Oubliant les acquis de sa formation initiale de neurologue, négligeant, au moins dans ses écrits, les aspects physiologiques de la mémoire, Freud réduit l'explication de l'amnésie infantile et de l'oubli des rêves ou des épisodes désagréables à des facteurs purement psychologiques. L'erreur serait de penser qu'il y aurait un cerveau psychologique différent d'un cerveau neurologique. Les productions mentales ou comportementales ont bien évidemment un substratum biologique que les neurosciences mettent en évidence. Contenu mental et fonctionnement neurologique partagent le même organe et des supports biologiques similaires. Le fait qu'un contexte dit psychiatrique ou psychologique entraîne une amnésie n'exclut en aucune manière un désordre biologique sous-jacent, qu'il soit visible ou pas.

Le fantasme est traumatisant

En 1895, Freud a la surprise de découvrir que ses patientes souffrant de formes graves d'hystérie ont pour la plupart des souvenirs d'abus sexuels subis dans leur enfance. Il suppose alors que ses patientes refouleraient de leur conscience, pour les recéler dans l'inconscient, les souvenirs trop pénibles de ces traumatismes sexuels. Ces souvenirs inconscients produiraient des comportements injustifiés de peur, d'anxiété, de phobie ou bien des réactions somatiques surnommées conversions hystériques. Ils s'échapperaient de temps à autre de l'inconscient, s'exprimant sous forme de rêves, de lapsus, d'actes manqués à décoder. Assez vite, toutefois, Freud reconnaît qu'il ne peut y avoir autant d'incestes ou d'abus sexuels d'enfants dans la société viennoise. Il interprète les souvenirs racontés par ses patientes comme des fantasmes et non comme le récit d'abus réels. Il formule alors en 1897 une autre hypothèse, point essentiel de sa théorie psychanalytique sur la sexualité infantile et le complexe d'Œdipe : il n'est point besoin de la survenue d'un événement réel, car le fantasme d'un événement est en lui-même source de traumatisme psychologique.

Revenons à nos deux histoires. Comment expliquer la dramatique manipulation de la mémoire de Nadean Cool et Beth Rutherford ? Face à la souffrance de leurs patients, certains thérapeutes ont trop rapidement évoqué le refoulement d'un traumatisme sexuel dans l'enfance. Mal conduite, leurs psychothérapies ont pu donner corps à un fantasme et créer ainsi un faux souvenir.

Ce qui est abusif, c'est de croire que l'on peut récupérer à l'âge adulte des souvenirs des événements de la petite enfance. On sait que les circuits anatomiques de la mémoire n'ont pas atteint leur pleine maturité, ce qui rend illusoire et dangereux de vouloir accéder aux souvenirs de cette époque. Une psychothérapie trop directive et des suggestions répétées remplissent insidieusement les vides naturels de la mémoire personnelle et ce d'autant plus que les personnes sont déjà en situation de fragilité psychologique.

MÉMOIRE ET REFOULEMENT

L'existence du refoulement divise actuellement les psychanalystes. Existe-t-il réellement ? Est-il aussi caricatural qu'on le présente ? Est-il moins fréquent qu'on ne l'a pensé ?

Il est clair que l'inconscient est sensible à l'imaginaire et à l'imagination, aussi bien du patient que de son psychothérapeute. Alors que l'on pensait autrefois que la théorie psychanalytique apportait beaucoup à la compréhension de la mémoire, il est plus juste de penser que ce sont actuellement les théories de la mémoire qui apportent désormais à la compréhension de la psychanalyse.

Comment créer de faux souvenirs ?

« L'imagination est plus importante que la connaissance. »
Albert Einstein

De nombreuses expériences ont permis de modifier le souvenir de sujets volontaires au moyen de trois grandes techniques, celles de la question inductrice, de l'information erronée et de l'affirmation autoritaire.

La question inductrice : « À quelle vitesse ? »

Les psychologues américains Elizabeth Loftus et John Palmer (1974) ont montré que la manière de poser une question modifiait radicalement la réponse[19]. Leur démonstration repose sur l'expérience suivante : 5 groupes de 9 étudiants volontaires ont assisté à la projection de 7 films courts montrant des accidents de voiture. Après chaque film, ils devaient décrire la scène et répondre à plusieurs questions dont l'une demandait d'estimer la vitesse à laquelle roulaient les voitures entrées en collision. Dans les faits, le verbe de la question « Quelle était la vitesse des voitures lorsqu'elles… ? » changeait d'un groupe à l'autre. Il est apparu que plus le verbe utilisé exprimait une certaine force, plus la vitesse estimée s'élevait. Les réponses moyennes données ont été : 51 km/h pour « sont entrées en contact », 55 km/h pour « se sont heurtées », 61 km/h pour « se sont rentrées dedans », 63 km/h pour « sont entrées en collision » et, enfin, 66 km/h pour « se sont écrasées l'une contre l'autre » En revanche, sur des films contrôles où la vitesse des voitures variait de 32 à 64 km/h, les estimations ont respectivement été de 61 à 64 km/h. Les estimations n'étaient donc pas liées à la vitesse réelle du véhicule, mais à la force du verbe employé dans la question !

Comment expliquer que la simple forme d'une question puisse aboutir à des variations significatives des vitesses (de 51 à 66 km/h) ? Deux hypothèses ont été proposées. Dans la première, le verbe utilisé dans la question aurait simplement influencé la réponse des volontaires, réellement ignorants de la vitesse exacte. Dans la seconde, la question aurait eu un impact plus profond en modifiant définitivement le souvenir de la scène. On retiendra de cette expérience que seul un petit nombre de personnes sont capables d'évaluer la vitesse réelle d'un véhicule[20] : le seul fait d'utiliser certains verbes plutôt que d'autres dans une question influence inévitablement la réponse d'un grand nombre de témoins.

Dans un autre test montrant un accident impliquant plusieurs véhicules, la question était : « À quelle vitesse les voitures roulaient-elles lorsqu'elles se sont heurtées ? » La vitesse moyenne a été estimée à 13 km/h. Une semaine plus tard, 14 % des personnes étaient persuadées d'avoir vu du verre brisé sur les lieux de l'accident, alors qu'on ne voyait aucun bris de glace sur le film. À la question : « À quelle vitesse les voitures roulaient-elles lorsqu'elles se sont écrasées les unes contre les autres ? », la vitesse était jugée plus rapide et estimée à 17 km/h ; cette fois, 32 % des personnes affirmaient avoir vu du verre brisé. Le verbe employé ne s'était donc pas contenté d'influencer la réponse ; il avait, là encore, modifié la représentation mémorielle de l'accident chez certains volontaires, en ajoutant le faux souvenir du verre brisé.

MAIS PUISQUE JE VOUS DIS QU'IL Y AVAIT UNE GRANGE !

Les expériences de questions inductrices montrent qu'on peut se tromper de couleur, d'outil, de forme de chevelure, voire être persuadé de la présence d'une grange. Dans ce dernier exemple, on projette un petit film et on demande incidemment : « À quelle vitesse la voiture roulait-elle lorsqu'elle est passée devant la grange sur cette route de campagne ? » On réserve cette autre question à un autre groupe de personnes : « À quelle vitesse la voiture roulait-elle lorsqu'elle est passée sur cette route de campagne ? » Une semaine plus tard, 17 % du premier groupe affirmaient avoir bien vu une grange dans le film, contre 3 % seulement dans l'autre groupe. Bien évidemment, aucune grange n'était présente sur le film !

Qu'on soit policier, magistrat ou simple témoin, le point important à retenir est qu'une information apportée postérieurement à une scène vue ou vécue influe « en toute innocence » sur les réponses aux questions posées. Savoir s'il s'agit d'une simple induction de la réponse ou d'une modification définitive du souvenir ultérieur de la scène n'est actuellement pas tranché.

L'information erronée : « Ah oui, c'est ce panneau... »

L'équipe d'Elizabeth Loftus a conçu une autre expérience afin de démontrer, cette fois, qu'une information présentée secondairement pouvait se glisser à la place d'une première information correcte[21]. Au cours de cette interférence rétroactive, on voit une information nouvelle modifier et remplacer définitivement une information ancienne. Plus précisément, on voit sur une diapositive un accident de voiture à un croisement qui comporte un panneau « Stop ». Des informations supplémentaires sous forme de compte rendu sont ensuite apportées sur l'accident. Certaines sont partiellement fausses par rapport à la scène originale : à la place du panneau « Stop », on indique par exemple la présence d'un panneau « Céder le passage ». Quand il faut décider s'il y avait un panneau « Stop » ou « Céder le passage », 15 à 20 % des personnes interrogées, qui ont vu le panneau « Stop » mais qui ont, plus tard, entendu « Céder le passage », affirment avec un degré de confiance important (donc, injustifié) que la scène de l'accident comportait le panneau « Céder le passage ». Dans certains cas, on constate même qu'elles répondent plus vite pour une information incorrecte (panneau « Céder le passage ») que correcte (panneau « Stop »).

Même si cette expérience a été reproduite de nombreuses fois avec des résultats identiques, on peut se demander si, obligées de deviner, des personnes n'ayant aucun souvenir du panneau visible sur la diapositive n'ont pas, en toute bonne foi, accepté comme correcte l'information ultérieurement apportée par le compte rendu. Dans ce cas, il n'y aurait donc pas substitution d'une information correcte (panneau « Stop ») par une information incorrecte (panneau « Céder le passage »), mais simplement incrustation de cette information incorrecte dans l'espace vide laissé par le souvenir du panneau. En outre, la confusion peut être favorisée par le fait que les deux panneaux ont une signification voisine puisque l'un comme l'autre obligent un conducteur à laisser passer la voiture qui arrive : une telle proximité sémantique est moins susceptible d'alerter et, donc, plus propice à faire accepter inconsciemment l'information erronée. Quoi qu'il en soit, et c'est la conclusion capitale, une personne est capable d'affirmer qu'elle a vu un panneau qu'elle n'a jamais vu…

L'affirmation autoritaire : « Je vous ai vu ! »

De faux souvenirs peuvent être créés lorsqu'une tierce personne affirme avec une forte conviction avoir assisté à une action imaginaire. C'est ce qu'a bien montré l'équipe du psychologue américain Saul Kassin lors d'une expérience très simple[22]. Des étudiants qui doivent taper des listes de lettres sur un ordinateur ont pour consigne absolue de ne jamais utiliser la touche Alt sous peine de « planter » l'ordinateur. Alors qu'aucun étudiant n'a appuyé sur cette touche, ils sont tous accusés de l'avoir fait par l'expérimentateur, accusation qu'ils réfutent tous. C'est alors qu'un complice de l'expérimentateur affirme avoir lui-même vu de ses yeux certains étudiants appuyer sur la touche prohibée…

Au bout du compte, 69 % des étudiants finissent par avouer qu'ils ont utilisé la touche Alt et signent même des aveux en ce sens. En particulier, les étudiants ayant tapé plutôt vite les listes de lettres reconnaissent tous leur erreur, vraisemblablement parce que la rapidité de leur dactylographie les incite plus facilement à admettre la possibilité d'une faute de frappe. Résultat encore plus étonnant, non seulement certains étudiants sont convaincus d'avoir appuyé sur la mauvaise touche, mais 35 % d'entre eux décrivent de façon détaillée cet acte qu'ils n'ont jamais réalisé… Cette expérience est, bien sûr, transposable à toute situation réelle où une personne investie d'une certaine autorité morale, administrative, religieuse ou politique affirme un fait à une autre personne en position inférieure. L'expérience de Kassin montre qu'il ne s'agit pas uniquement d'une simple obéissance, mais de l'implantation d'un souvenir fictif puisque certains inventent même des détails pour une action qu'ils n'ont jamais réalisée.

Souvenirs d'enfants, souvenirs d'enfance, souvenirs d'adultes…

Si les enfants sont aisément influençables (voir chapitre « Mémoires et souvenirs d'enfants »), les adultes le sont aussi, qui sont capables d'accepter comme leurs tant des souvenirs récents que des souvenirs erronés de leur enfance. En 1995, Loftus et Pickrell ont ainsi suggéré à des adultes qu'ils s'étaient perdus à l'âge de 5 ans dans un centre commercial et qu'ils avaient été ensuite secourus par une personne âgée : de façon étonnante, près de 25 % des personnes interrogées ont admis avoir vécu cette anecdote[23]. Dans d'autres expériences, on a réussi à convaincre des adultes qu'ils avaient renversé une jatte de punch sur les parents de la mariée lors d'un mariage auquel ils avaient assisté étant enfant[24], qu'ils avaient serré la main de Mickey Mouse lors d'une visite à Disney World ou encore qu'ils y avaient rencontré Bugs Bunny – ce qui est proprement inimaginable s'agissant du lapin vedette de la Warner[25].

Réalité et imagination : une limite floue

Le pouvoir de l'imagination est stupéfiant et… dangereux. Il est fréquent que des policiers demandent à des témoins d'imaginer un crime afin de récupérer des détails oubliés. De façon comparable, des

« Mais puisque je vous dis que j'y étais... »

Pour réussir, toutes ces expériences se déroulent de la même façon. Dans un premier temps, les chercheurs s'assurent auprès de l'entourage que les adultes testés n'ont jamais vécu telle situation donnée – ils ne se sont jamais perdus dans un centre commercial, ils n'ont jamais renversé de bol de punch et ils n'ont jamais serré la main de Mickey Mouse dans un parc d'attractions. L'interrogatoire des adultes confirme qu'ils n'ont aucun souvenir de ces événements.

La phase expérimentale consiste alors à raconter à chacun d'eux une anecdote réelle de son enfance, survenue vers l'âge de 5 ans, et obtenue grâce aux parents, puis d'y ajouter l'élément fictif tout en veillant à ce qu'il s'intègre parfaitement à l'anecdote. Si, lors du premier entretien, les individus testés se souviennent de l'anecdote dans plus de 80 % des cas, aucun ne se « rappelle », et pour cause, l'élément inventé. En revanche, lors du deuxième entretien, ils sont déjà plus de 20 % à incorporer l'événement fictif dans leur réponse : celui-ci est devenu partie intégrante de leur souvenir d'enfance.

Chaque nouvel entretien s'accompagne ainsi d'une augmentation du nombre de participants se rappelant le faux souvenir. Ils affirment même l'avoir vécu avec beaucoup de conviction et l'enjolivent parfois en ajoutant au fil des entretiens des détails supplémentaires de leur cru – sur les vêtements, le lieu, les personnes impliquées. Par la suite, il devient impossible de les convaincre qu'il s'agit de souvenirs inventés tant est forte leur certitude à leur égard.

Pour Elizabeth Loftus, le mécanisme de cette implantation de souvenirs entièrement artificiels repose, d'une part sur l'encouragement explicite, voire la pression des chercheurs sur les participants à se souvenir et, d'autre part, sur une consigne induisant à s'imaginer ces événements d'enfance. Le contexte très particulier de l'expérimentation facilite la création de faux souvenirs. Spontanément, c'est-à-dire en dehors d'un cadre fortement suggestif, notre mémoire n'est pas aussi aisément créatrice de faux souvenirs. Rassurant, n'est-ce pas ?

psychothérapeutes incitent des patients à imaginer des événements de leur enfance afin d'extraire des souvenirs enfouis sous un présumé refoulement. De telles consignes sont dangereuses, elles doivent être proscrites, car elles encouragent explicitement les sujets à construire des souvenirs en imaginant des événements. Ces pratiques constituent un réel tremplin pour créer des faux souvenirs comme l'ont démontré quelques expériences.

Dans l'une de ces expériences, l'équipe d'Elizabeth Loftus a ainsi demandé à des personnes si elles avaient vécu dans leur enfance des événements figurant sur une liste en comportant 40[26]. Deux semaines plus tard, la moitié des personnes devaient s'imaginer de façon très concrète avoir vécu plusieurs événements dont elles avaient dit avec assurance qu'ils ne s'étaient pas produits. Dans un deuxième temps, les participants devaient de nouveau évaluer, pour chacun des 40 événements listés, la probabilité de les avoir vécus. On a alors pu remarquer que les personnes qui avaient imaginé ces événements avaient aussi la certitude de les avoir vécus dans leur enfance. Imaginer une situation qui ne s'est jamais produite lui donne une certaine familiarité qui rend ensuite plausible ce faux souvenir d'enfance. Les participants à l'expérience ont oublié quand et comment ils ont acquis les informations à la base du faux souvenir, car le sentiment de familiarité prend le pas sur la source spatiale et temporelle des informations. Ce phénomène a été baptisé l'effet d'inflation de l'imagination.

Pourquoi certains sujets ? Pourquoi certaines situations ?

Fort heureusement, les manipulations des souvenirs ne réussissent pas chez tous, mais en moyenne sur seulement 15 à 30 % des participants. Maintenant, pourquoi certains sont-ils plus sensibles que d'autres à la formulation d'une question ? Pourquoi certains sont-ils plus malléables à la survenue parasite d'informations proches mais néanmoins erronées ? S'agit-il de prédispositions émotionnelles ou d'une fragilité de l'organisation de leur système de mémorisation ? Sans en faire de loi absolue, il est clair que les enfants, les personnes âgées, les individus psychologiquement fragiles ou déficients mentalement sont plus susceptibles d'être influencés par des questions trompeuses. Malgré quelques pistes, il est pour l'instant impossible de déterminer à l'avance qui est à risque de fabriquer un faux souvenir : résoudre cette question aurait des répercussions majeures puisque cela permettrait de repérer les personnes les plus susceptibles d'être influencées lors d'un interrogatoire policier ou judiciaire.

Il y a une certaine limite à la création de souvenirs artificiels : on ne peut bien évidemment pas faire croire à un individu qu'il a dîné avec Julia Roberts ou croisé Brad Pitt dans son salon ! Seuls des événements plausibles peuvent être implantés. Pour le démontrer, Pezdek a suggéré à des juifs et des catholiques qu'ils auraient participé dans leur enfance à une communion catholique et un shabbat juif[27]. Il s'est avéré qu'aucun des juifs et seulement 10 % des catholiques ont eu le souvenir fictif d'avoir participé à un rite étranger à leur propre religion, alors que les mêmes acceptaient beaucoup plus facilement la suggestion (correspondant sans doute à la réalité) d'avoir assisté à un rite conforme à leur religion. La suggestion d'un événement improbable fait difficilement le lit d'un faux souvenir ! Enfin, beaucoup d'expériences d'implantation artificielle réussissent vraisemblablement parce que leurs conséquences en sont minimes : il n'y a rien de dangereux ni de contraire à sa religion à « se souvenir » d'avoir serré la main de Mickey dans son enfance… même si cela est faux.

« Chéri, j'ai été enlevée par un extraterrestre ! »

Les personnes affirmant avoir été enlevées par des extraterrestres seraient victimes de faux souvenirs. C'est l'explication séduisante de l'équipe de Richard McNally et Daniel Schacter de Harvard[28]. Lors de certains tests, ces personnes sont plus susceptibles de développer des faux souvenirs : elles ont en effet plus souvent tendance (8 sur 10) à désigner comme mots mémorisés d'une liste, des mots appartenant en fait à une autre liste. Ces personnes souffrent en outre de paralysies du sommeil, c'est-à-dire qu'à leur réveil, elles présentent de façon courte et transitoire une paralysie des quatre membres associée à la poursuite consciente de leur rêve en cours[29]. S'il s'agit d'un rêve effrayant, celui-ci pourrait définitivement s'imprimer dans leur souvenir comme un événement réel au même titre que les victimes d'un violent traumatisme psychologique en conservent le souvenir avec survenue de résurgences pénibles (syndrome de stress post-traumatique). Le rêve effrayant s'imposerait comme une réalité terrifiante !

Peut-on distinguer un faux souvenir d'un vrai ?

À cette question cruciale, la réponse est malheureusement non. Il est illusoire de penser qu'en écoutant un témoignage, on pourra à coup sûr dépister s'il s'agit d'un souvenir réel ou d'un souvenir induit. Lors d'expériences de création de faux souvenirs, les personnes extérieures auxquelles on soumet les récits des sujets manipulés sont habituellement incapables de déterminer lesquels sont réels et lesquels résultent d'une suggestion. Même chez l'enfant, nous l'avons vu, il est impossible de déceler sur les enregistrements vidéo ou à partir de leur transcription si l'enfant raconte un souvenir réel ou suggéré. Elizabeth Loftus et Marcia Johnson ont néanmoins tenté de décrire un profil caractéristique du faux souvenir. Sans que leurs conclusions soient toutefois formelles à l'échelle individuelle, l'analyse d'un grand nombre de descriptions de souvenirs réels et de faux souvenirs fournit quelques données intéressantes.

La description d'une scène réellement vécue comportera davantage de détails et d'informations sur le lieu et l'instant, ainsi que d'éléments liés aux aspects sensoriels (visuels, auditifs). De son côté, la description d'une scène suggérée fera plus référence aux processus cognitifs d'évocation du sujet. Une scène réellement vécue pourrait ainsi être : « Il s'agissait d'un arbre de haute taille, aux fortes ramures, de teinte vert olive », alors qu'un souvenir implanté serait plutôt : « Je me souviens très bien d'avoir vu cet arbre, je regrette de ne pas me promener plus souvent en forêt. »

Ces différences sont malheureusement insuffisantes pour aider à déceler vrai et faux souvenirs à l'échelle d'un témoignage. Elizabeth Loftus rapporte, par exemple, la phrase « Il était [le panneau] au coin de la rue, sur le côté droit » comme exemple d'un faux souvenir. Bien malin qui pourrait se douter qu'il s'agit d'un souvenir implanté ! Enfin, si un individu n'est pas en mesure de repérer lui-même de discordance entre son souvenir initial et l'information suggérée, comment une tierce personne l'interrogeant pourrait-elle distinguer dans son témoignage un vrai souvenir d'un faux ? D'autant plus qu'un faux souvenir ne comporte pas 100 % de faits suggérés puisqu'il résulte de la combinaison d'informations anciennes correspondant à des faits réels et d'informations nouvelles spontanément acquises ou suggérées par quelqu'un d'autre. Tout faux souvenir comporte une part de vérité qui lui donne un indiscutable parfum d'authenticité. La personne énonçant un faux souvenir n'est pas dans une situation de simulation ou de mensonge ; elle n'a aucune intention perverse de nuisance : comme je l'ai déjà dit, un faux souvenir est un mensonge honnête !

Manuel à l'usage du parfait manipulateur : les listes de mots associés

Deese, Roediger et McDermott

On peut assez aisément créer un faux souvenir en persuadant une personne qu'elle a entendu un mot qui ne lui a jamais été dit. Cette procédure a été inventée en 1959 par James Deese[30] et adaptée en 1995 par Henry Roediger et Kathleen McDermott[31]. Le principe est celui des listes de mots associés, chaque liste étant composée de mots associés de façon évidente avec un mot cible lui-même exclu de la liste.

« Mais puisque je vous dis que je l'ai entendu ! »

Prenez le mot « sommeil ». La liste de Deese était : « Lit, repos, éveillé, fatigué, rêve, veillée, roupillon, couverture, somme, assoupissement, ronflement, sieste ». Les personnes testées devaient écouter la liste, puis la réciter de mémoire quelques minutes plus tard. Le chercheur a alors pu constater qu'entre 40 et 57 % des personnes testées citaient le mot « sommeil », pourtant absent de la liste ! Bien mieux, lorsqu'il présentait le mot « sommeil » accompagné de deux autres mots, 84 % des volontaires interrogés assuraient l'avoir entendu précédemment !

Au milieu coule une rivière...

Voici une expérience facile à reproduire. J'utilise assez souvent la liste suivante : « eau, fleuve, ru, lac, bateau, marée, nager, couler, courant, péniche, crique, ruisseau, pont, sinueux, méandres, étang, cascade, liquide, torrent ». Quelques instants plus tard, je demande à la personne de me redire la liste des mots. Bien sûr, il lui est impossible de la restituer en totalité, mais il est très fréquent que cette personne me dise d'autres mots que je ne lui ai pas dits, comme par exemple le mot rivière qui est le mot associé le plus évident. Les personnes qui citent ce mot le font en outre avec beaucoup de conviction et il est toujours difficile de les convaincre ensuite de son absence de la liste. Comme vous l'avez noté, tous les mots de la liste ont un lien avec le secteur fluvial, en les entendant, le cerveau activera d'autres mots du même domaine et ces mots peuvent être ensuite cités comme s'ils avaient été réellement entendus dans la liste à mémoriser.

L'effet d'entraînement de personnes qui se persuadent mutuellement de la présence d'un mot est considérable. J'ai un jour lu à 3 psychologues une liste de 11 mots en leur demandant de les retenir : « cascade, fleuve, eau, Rhône, sinueux, méandres, ruisseau, Saône, liquide, courant, pont ». À elles trois, ces personnes ont pu me donner 8 de ces 11 mots (« cascade, fleuve, eau, Rhône, sinueux, méandres, Saône et liquide »). Elles m'ont aussi donné 3 mots qui n'étaient pas dans la liste, mais qui avaient bien évidemment un lien avec le domaine fluvial : « torrent, rivière, fluide », et ce avec un sentiment d'extrême certitude. Les 3 psychologues étaient d'autant plus d'accord sur ces 3 mots que cela faisait bien un total de 11 mots. En outre, lorsque l'une d'entre elles m'a dit « torrent », mot absent de la liste, une autre a affirmé : « Oui, oui, il y avait torrent ! » Lors de conférences sur la mémoire, je suis parvenu trois fois à ce résultat avec des amphithéâtres respectivement de 150, 450 et 650 personnes. C'est un peu plus difficile, mais on peut réussir, car même si aucune des personnes ne cite spontanément le mot « rivière », il suffit que je dise : « Vous avez oublié le mot rivière ! » pour qu'une, puis deux, puis trois personnes acquiescent et entraînent avec elles dans leur conviction une partie de l'amphithéâtre. Daniel Schacter est un bien meilleur manipulateur que moi, qui raconte avoir réussi à persuader 80 à 90 % d'auditoires de près d'un millier de personnes qu'ils avaient entendu le mot « bonbon » dans une liste de 15 mots qu'il leur avait lue à voix haute une minute avant.

Doit-on interpréter comme négative ou positive cette contamination par le contexte ? En pratique, elle est parfaitement naturelle et permet, par exemple, au poète de trouver des synonymes ou des métaphores. Les comportements instinctifs ont peut-être besoin d'une telle

Et maintenant, manipulez !

Vous pouvez constituer vous-même des listes comparables dans le domaine de la médecine, de la menuiserie ou de la botanique, pourvu qu'elles aient plus de 10 mots tous issus du même domaine et que manque dans chacune un mot relativement évident dans le domaine considéré (« médecin » pour la liste médicale, « bois » pour celle de la menuiserie, « fleur » pour celle de la botanique). Il vous suffit ensuite de lire lentement la liste à une personne en lui demandant de la mémoriser. Après quoi, vous lui demandez de la réciter. Vous constaterez à cette occasion qu'un grand nombre de personnes citent le mot qui, en fait, n'appartient pas à la liste, affirmant l'avoir entendu. Cette expérience très simple et plutôt édifiante montre aux sceptiques combien la mémoire est malléable !

contamination qui facilite la décision en évoquant d'autres situations comparables. À l'inverse, il est possible que l'intelligence, le génie ou la créativité consistent, dans certaines situations, à faire abstraction de cette contamination naturelle par le contexte qui impose des solutions trop évidentes ou excessivement classiques. En bloquant cette contamination, un individu hors normes pourrait se distinguer de ceux qui sont naturellement portés à suivre leurs tendances naturelles : l'homme de génie aurait l'esprit libre pour évoquer des hypothèses moins naturelles et plus exceptionnelles.

Les souvenirs flashes : un instantané photographique ?

« Personne n'oubliera jamais cette journée. »
George W. Bush, président des États-Unis, le 11 septembre 2001

Brown et Kulik (1977) : les *flashbulb memories*

Que faisiez-vous le 22 novembre 1963 ?

Ce jour-là, le très charismatique président des États-Unis John F. Kennedy est assassiné à Dallas. Cet événement choque les Américains et le monde entier. Intrigués par la vivacité et la précision de leurs propres souvenirs du moment où ils avaient appris la nouvelle de l'assassinat, Roger Brown et James Kulik (1977) se sont penchés sur ce type de souvenirs autobiographiques à très forte charge émotionnelle qu'ils ont baptisés les *flashbulb memories* ou « souvenirs flashes » ou encore « souvenirs éclairs[32] ».

En fait, c'est l'assassinat d'un autre président américain, celui d'Abraham Lincoln le 14 avril 1865, qui a donné lieu en 1899 à la première étude au cours de laquelle il a été constaté que 72 % des personnes interrogées étaient en mesure de se rappeler de façon très détaillée ce qu'elles faisaient et où elles étaient lorsqu'elles avaient appris l'assassinat… 34 ans auparavant[33].

L'ÉCLAIR D'UN FLASH

Parmi les grandes dates de *flashbulb memories*, on peut récemment citer le 30 mars 1981 (attentat contre le président Ronald Reagan), le 10 mai 1981 (élection de François Mitterrand à la présidence de la République française), le 13 mai 1981 (attentat contre le pape Jean-Paul II), le 9 novembre 1989 (chute du mur de Berlin), le 22 novembre 1990 (démission surprise de Margaret Thatcher, Premier ministre du Royaume-Uni après 11 ans et 209 jours de gouvernement), la nuit du 16 au 17 janvier 1991 (début de l'offensive aérienne alliée lors de la guerre du Golfe), le 31 août 1997 (décès de Lady Diana). Enfin, le 11 septembre 2001 constitue un souvenir flash particulièrement étudié actuellement : l'écrasement des avions et l'effondrement un 11 septembre de ces deux tours figurant le nombre 11 (qui s'écrit II en anglais) dans le ciel de New York a profondément frappé aussi bien les enfants que les adultes. La brutalité du moyen employé, le contexte émotionnel, l'impact politique mondial, la diffusion médiatique internationale immédiate et la répétition en boucle des images télévisées ont fortement enraciné cet événement dans la mémoire individuelle et collective. Personnellement, je me souviendrai toute ma vie de ce beau milieu d'après-midi de septembre où le mari d'une de mes patientes a sorti d'un sac un énorme transistor pour me faire écouter la radio et me convaincre de la survenue de ces attentats.

De manière générale, les souvenirs flashes correspondent au souvenir d'un épisode au cours duquel un individu a appris pour la première fois, et souvent brutalement, un événement très surprenant, lequel a, en outre, déclenché une forte émotion individuelle ou collective.

L'équipe de Conway a montré que 86 % des Britanniques interrogés avaient un souvenir flash de la démission de Margaret Thatcher un an après sa survenue (contre moins de 29 % chez les non-Britanniques[34]). Dans le même ordre d'idées, le souvenir du décès de François Mitterrand le 8 janvier 1996 était logiquement mieux retenu par les Français que par les Belges[35]. Enfin, un souvenir flash des événements du 11 septembre 2001 était retrouvé chez 35 des 36 volontaires (97,3 %) interrogés trois ans plus tard[36].

Des événements moins tragiques, mais à forte connotation sociale ou populaire, ont aussi valeur de souvenirs flashes, par exemple : le 21 juillet 1969 (les premiers pas d'un homme sur la Lune) ou, en France, le 12 juillet 1998 (victoire de la France lors de la coupe du monde de football), au Royaume-Uni, le mariage du prince de Galles et de Lady Diana Spencer (le 29 juillet 1981) et la naissance de leur fils le prince William (21 juin 1982). Attention, je ne dis pas que les dates de ces événements sont retenues mais que beaucoup de personnes adultes gardent avec précision le souvenir de ce qu'elles faisaient au moment de leur survenue[37]. Qui en serait surpris ? Il est plus facile de se remémorer le temps qu'il faisait et le moment de la journée (expérience réellement personnelle) que de l'année (savoir culturel).

Nous avons tous expérimenté dans notre vie personnelle des situations équivalentes aux souvenirs flashes, il s'agit de souvenirs photographiques, très vivaces comme la survenue d'un accident, une rupture ou une déclaration sentimentales, un exploit sportif, une réussite scolaire ou universitaire. Ces événements sont caractérisés par leur arrivée inattendue, un contexte émotionnellement fort et, surtout, une fréquente révision mentale qui nous fait « repasser le film » de ces événements cruciaux.

Les caractéristiques des souvenirs flashes

Lorsque Brown et Kulik ont demandé à des volontaires de raconter leurs souvenirs au moment d'événements d'importance nationale, les 6 informations le plus souvent rapportées ont été :

- Le lieu où elles se trouvaient.
- L'activité interrompue par l'annonce de l'événement.
- L'identité de la personne annonçant la nouvelle.
- Les sentiments en cours.
- Les émotions exprimées par l'entourage.
- Les conséquences de cette annonce.

Surprise, émotion et répétition sont les trois piliers sur lesquels repose un souvenir flash. Un niveau de surprise, la très forte charge émotionnelle de l'événement ou l'importance affective qui lui est attribuée sont des éléments majeurs auxquels vient s'ajouter la remémoration ultérieure de l'événement par le biais de photos, de récits, de reportages. L'aspect imprévu d'un événement n'est cependant pas nécessaire et suffisant puisqu'un événement attendu peut parfaitement produire un souvenir flash pour peu que sa charge émotionnelle soit suffisante. Un événement « attendu » sera bien maintenu sous la forme d'un souvenir flash s'il est riche en émotion, fortement répercuté par les médias et largement entretenu par les conversations pendant quelque temps.

Quand les souvenirs flashes aveuglent la mémoire

Bien que, dès leur article initial, Brown et Kulik (1977) aient souligné qu'ils n'étaient pas aussi fidèles qu'une vraie photographie, les souvenirs flashes ont été initialement envisagés comme très fiables. Un mois puis sept mois après la tentative d'assassinat contre le président Ronald Reagan le 30 mars 1981, Pillemer (1984) a testé des étudiants avec les questions suivantes : « Où étiez-vous, que faisiez-vous et avec qui étiez-vous quand vous l'avez appris ? » Environ 82 % des détails fournis lors du premier entretien le furent aussi lors du second[39].

Le 28 janvier 1986, survint devant les caméras de télévision un événement très marquant pour l'opinion publique américaine, l'explosion de la navette spatiale Challenger. Cet événement était suffisamment impressionnant pour être envisagé comme potentiellement générateur de souvenirs flashes. Une étude de McCloskey, Wible et Cohen (1988) a montré 61 % de concordance entre les souvenirs évoqués une semaine après l'explosion et ceux retrouvés neuf mois plus tard[40]. Dans 6 % des cas, les souvenirs à neuf mois étaient plus précis, alors que dans 19 % des cas ils étaient devenus plus généraux, et ce n'est que dans 8 % des cas qu'existaient des différences majeures entre les récits précoces et tardifs. Ces données étaient donc plutôt en faveur d'une bonne concordance entre un interrogatoire précoce et un interrogatoire neuf mois après la survenue d'un événement ayant le statut de souvenir flash. Qu'en est-il très à distance ? Les souvenirs sont-ils stables en quantité et en qualité ? Une expérience maintenant très connue a considérablement remis en question la fiabilité des souvenirs flashes.

Ulric Neisser, professeur de psychologie à l'Université Cornell aux États-Unis, s'est penché sur cette croyance selon laquelle les souvenirs flashes seraient indélébiles. Toujours au sujet de l'explosion de la navette Challenger, Neisser et Harsch (1992) ont interrogé à

Combien de temps dure la trace d'un souvenir flash ?

Les avis des scientifiques sont partagés sur la question. Certains soutiennent qu'elle s'efface rapidement ; d'autres pensent qu'elle persiste longtemps – une étude a ainsi montré que 58 ans après la mort de Mustafa Kemal Atatürk le 10 novembre 1938, 70 % des Turcs très âgés en avaient gardé un souvenir très vivace, de type souvenir flash[38].

Il est logique de considérer que la nature de l'événement générateur joue un rôle déterminant : plus il est majeur et plus il persistera. Le souvenir de la mort de Kennedy est certainement plus vivace, plus ancré, plus définitif que celui de la tentative d'assassinat à l'encontre du président Reagan : s'il y a dans les deux cas un effet de surprise indéniable, l'élément émotionnel n'est pas le même puisque l'un décède dans l'attentat alors que l'autre en réchappe. Par ailleurs, le mystère demeure entier pour les mobiles de l'assassinat de Kennedy, alors que les motivations de John Hinckley sont triviales (attirer l'attention de l'actrice Jodie Foster). La nature majeure de l'événement s'ajoute ainsi aux éléments de surprise, d'émotion et de répétition pour influencer non seulement la qualité, mais la durée du maintien d'un souvenir flash.

deux reprises 44 étudiants américains[41]. Le lendemain du drame, ces derniers devaient décrire les conditions au cours desquelles ils avaient appris cette catastrophe. Leurs récits ont été consignés par écrit et authentifiés par eux. Deux ans et demi plus tard, ces mêmes étudiants ont de nouveau été interrogés sur leurs souvenirs de l'explosion de la navette. Même si les souvenirs ont été souvent concordants, il est apparu dans 44 % des cas des divergences notables entre les descriptions initiales et les descriptions faites à distance. Seuls 3 étudiants avaient une concordance parfaite entre leurs descriptions alors que 11 participants obtenaient un score nul, vu qu'ils s'étaient trompés à tous les niveaux (moment, lieu, circonstances).

Les descriptions de ces 11 étudiants comportaient des modifications, des simplifications ou des complexifications des souvenirs. Par exemple, 24 heures après le drame, un étudiant rapportait qu'il avait appris ainsi l'explosion de la navette : « J'étais en cours d'instruction religieuse quand des gens sont entrés et ont commencé à en parler. Je n'avais aucun détail sinon qu'elle avait explosé alors que tous les

Finalement, qu'est-ce qu'un souvenir flash ?

Quelle est la nature biologique exacte des souvenirs flashes ? S'agit-il d'un mécanisme neurobiologique différent de celui des souvenirs ordinaires ? S'agit-il de la seule mémoire réellement photographique dont nous disposerions ? Neisser et Harsch considèrent que les souvenirs d'événements émouvants et surprenants n'ont pas en réalité plus de chances de se révéler exacts que ceux d'événements plus banals. En dépit de leur forte conviction du contraire, les individus soumis à un souvenir flash n'en ont pas conservé des détails exceptionnellement clairs et précis. La tendance actuelle est de considérer qu'en dépit d'un très fort potentiel de rétention, un souvenir flash est soumis aux mêmes risques d'oubli et de déformation qu'un événement courant. Même s'il peut paraître initialement photographique, comme tout cliché, le souvenir flash est sensible au passage du temps, à l'estompage des couleurs, aux retouches discrètes.

élèves de ce professeur étaient en train de regarder, et je pensais que tout cela était bien triste. Puis, après le cours, je suis allé dans ma chambre et j'ai regardé une émission de télé à ce sujet et j'ai eu tous les détails. » Cette version immédiate est forcément la plus exacte. Or, deux ans et demi plus tard, cet étudiant attribuait un très haut degré de confiance à l'exactitude d'un souvenir qu'il rapporte dorénavant de la façon suivante : « Quand j'ai entendu parler pour la première fois de l'explosion, j'étais assis dans ma chambre, à la résidence des étudiants de première année, avec mon camarade de chambre et nous étions en train de regarder la télévision. Ce fut annoncé par un flash d'information et nous avons été tous les deux totalement bouleversés. J'étais vraiment ému et je suis monté parler à un de mes amis puis j'ai appelé mes parents. »

Si ces deux souvenirs diffèrent, on remarque toutefois que la seconde version n'est pas incohérente : elle est centrée sur l'annonce par la télévision alors que, dans la première version, la télévision joue un rôle plus secondaire. Un faux souvenir n'est pas incohérent par rapport à la réalité, il comporte toujours une part non négligeable de vérité qui ancre faussement son authenticité. Une autre étudiante racontait, dans sa première version, avoir appris l'explosion alors qu'elle se trouvait à la cafétéria. Trois ans plus tard, cette jeune femme avait un souvenir complètement différent puisqu'elle affirme qu'elle était dans sa chambre lorsqu'elle a entendu une fille courir dans le couloir en hurlant : « La navette spatiale vient d'exploser ! »

Encore plus étonnant, ces étudiants attribuaient à leurs souvenirs racontés deux ans et demi plus tard une note souvent très élevée sur une échelle de certitude : ils étaient intimement persuadés que la seule version de confiance était celle qu'ils racontaient maintenant et non celle rapportée le lendemain de la catastrophe. Ces étudiants refusaient de croire la première version rédigée de leur main le lendemain de l'explosion et formellement authentifiée par eux. Comment expliquer cela ? On peut supposer que l'évocation mentale répétée de certains détails erronés en raison d'un enregistrement initial de mauvaise qualité leur a progressivement attribué une forte vraisemblance. L'historien en déduirait ce qu'il sait déjà depuis longtemps, qu'il vaut mieux croire les Journaux (écrits sur le moment) que les Mémoires (écrits quelques années plus tard).

La cryptomnésie

« N'importe quelle idée semble personnelle dès qu'on ne se rappelle plus à qui on l'a empruntée. »
Jules Renard

Le plagiat inconscient

S'il est clair que notre comportement est conditionné par notre personnalité psychique et émotionnelle, il est moins connu que notre mémoire est insidieusement influencée par nos connaissances et nos expériences préalables. Nous en avons vu des exemples flagrants avec les témoignages oculaires. Une autre situation vérifiant cette influence est celle de la cryptomnésie : inventé par le professeur de psychologie Théodore Flournoy (1854-1921), ce terme correspond au plagiat inconscient d'un texte, d'une phrase ou d'une idée que l'on croit parfaitement originaux et dont on s'attribue indûment la paternité parce que l'on a oublié d'où et de qui ils proviennent.

Daniel Schacter fait de la cryptomnésie l'image en miroir de la « fausse reconnaissance ». Lors de cette dernière, un sentiment de familiarité est abusivement attribué à une situation nouvelle, alors que, dans la cryptomnésie, un sentiment de nouveauté est attribué à une situation qui devrait être familière[42]. Schacter cite de nombreux exemples de cryptomnésie. Il raconte par exemple l'histoire du psychologue Graham Reed qui s'est réveillé au milieu de la nuit parce qu'une mélodie lui trottait obstinément dans la tête. Ravi d'avoir trouvé une si belle mélodie, il la note, la développe tout au long de la journée, mais au moment de lui donner un titre, il réalise avec stupeur qu'il s'agit en fait du *Beau Danube bleu* !

Des exemples littéraires ou scientifiques aux conséquences beaucoup plus dramatiques ont été rapportés. Un écrivain peut retenir les arguments d'un livre tout en oubliant progressivement son auteur et le contexte de sa lecture : ces fragments lui reviennent plus tard à l'esprit mais, comme ils sont détachés de leur contexte, de leur source de mémorisation, il s'en attribuera la paternité en toute bonne foi. Ce livre que vous lisez actuellement comporte peut-être des éléments de cryptomnésie… Un exemple de cryptomnésie a impliqué Sigmund Freud lui-même comme il le raconte dans *Psychopathologie de la vie quotidienne.* Alors que, un jour, il discute avec un ami de l'importance de la bisexualité originelle de l'individu dans l'origine des névroses, celui-ci lui rappelle qu'il a justement développé ce point deux ans et demi auparavant à Breslau lors d'une promenade. Le point amusant est que Freud reconnaît qu'à l'époque, il n'a pas voulu entendre parler de cette hypothèse dont il essaie cette fois de convaincre son ami. On imagine la stupeur de cet ami quand il entend Freud tenter de le convaincre d'un point qu'il a lui-même évoqué sans succès. Cette situation de la réutilisation à son compte, et en toute bonne foi, d'idées qui ont été lues ou entendues autrefois est sûrement très fréquente. Dans ce cas, la cryptomnésie provient de la perte de la source de l'information : Freud a oublié que cette information lui a été communiquée quelques années auparavant à Breslau. On peut toutefois accorder à Freud qu'il a certainement retravaillé le concept en lui donnant une ampleur supérieure à celle suggérée par son ami.

Moins chanceuse que Freud, l'historienne américaine Doris Kearns Goodwin a été accusée en 2002 d'avoir plagié dans son livre *The*

ÊTES-VOUS CRYPTOMNÉSIQUE ?

En toute bonne foi, vous exprimez une idée, écrivez un texte, composez une mélodie pour découvrir ensuite, avec stupéfaction et à votre plus grande honte, que cette idée est celle d'un autre, que votre texte est très nettement inspiré d'un autre texte, que cette mélodie existe déjà. Bien sûr, il est toujours possible qu'une production soit « inédite », car la même idée peut surgir en deux endroits du globe chez deux personnes différentes. Le point clé de la cryptomnésie est que, malheureusement pour votre légitimité, vous découvrez qu'à l'évidence vous étiez informé de ce texte, de façon indéniable vous avez été confronté à cette idée d'un autre. Vous n'avez plus le souvenir conscient de connaître cette idée, mais celle-ci a néanmoins laissé une trace dans votre système cognitif... pour ressortir un jour avec toutes les apparences de l'authenticité. Ce qui est, pour le jugement des autres, un vulgaire plagiat conscient et malhonnête est, en réalité, un plagiat inconscient et honnête par lequel vous vous êtes en toute bonne foi attribué l'idée d'un autre ! La cryptomnésie est une imitation inconsciente, sans intention malveillante.

Fitzgeralds and the Kennedys un ouvrage précédent de Lynne McTaggart, *Kathleen Kennedy : Her Life and Times*. Des dizaines de phrases ont été identifiées comme très proches, voire identiques. Bien que Doris Kearns Goodwin ait publiquement clamé sa bonne foi, un arrangement financier à l'amiable a néanmoins été nécessaire entre les deux écrivains. Lynne McTaggart a déclaré au *Weekly Standard* que l'importance des « emprunts » était telle qu'il était impossible de les mettre tous entre guillemets. Doris Kearns Goodwin a expliqué qu'elle avait pris un grand nombre de notes à partir de l'ouvrage de Lynne McTaggart sans indiquer systématiquement leur provenance, ce qui aurait ensuite conduit à leur inclusion dans son propre livre, comme si les phrases en question étaient de sa propre création. Le cas de Doris Kearns Goodwin ne relève pas uniquement d'un plagiat inconscient, mais aussi d'un manque de rigueur dans la préparation et la rédaction de son ouvrage. L'oubli de la source d'une citation est l'origine habituelle de la cryptomnésie : un écrivain prend quelques notes, lit un livre dont il retient des phrases, et rédige ultérieurement un texte profondément inspiré de ses lectures sans se souvenir de leur origine.

L'autocryptomnésie

« La victime s'empoisonnait toute seule,
et précisément dans la mesure où elle voulait lire... »
Umberto Eco

Le concept de cryptomnésie peut être élargi à toute situation où, de façon inconsciente, une connaissance acquise autrefois ressurgit, à notre propre compte, en toute bonne foi, avec un authentique accent d'originalité et d'innovation. Dans un de ses passionnants livres sur l'histoire des bibliothèques et des bibliophiles[43], Nicholas Basbanes rapporte ainsi une anecdote que lui a racontée Umberto Eco à propos de son célèbre roman, *Le Nom de la rose*.

Toute l'intrigue du roman repose sur un ouvrage d'Aristote réellement perdu, le second livre de *La Poétique*. Le risque de la révélation de son contenu subversif est responsable de la série d'assassinats que tente de résoudre Guillaume de Baskerville. L'instrument du meurtre est le manuscrit lui-même dont certaines pages ont été enduites de poison (belle métaphore de la curiosité punie), tout comme le livre de vénerie empoisonnant accidentellement (et de façon imaginaire) le roi de France Charles IX dans *La Reine Margot* d'Alexandre Dumas

(1802-1870). Dans les deux cas, le malheureux lecteur de l'ouvrage se lèche les doigts pour humecter et décoller les pages dont les coins ont été englués d'une pâte empoisonnée.

Dans son roman, Eco décrit très précisément le manuscrit : « Les feuillets étaient d'une matière différente et plus molle, presque déchiré le premier avec une partie de la marge rongée, parsemé [le texte grec] de taches pâles, comme d'ordinaire le temps et l'humidité en produisent sur d'autres livres. » Un peu plus loin, il précise, parlant du lecteur : « Après quelques feuillets, il rencontra une résistance, car sur la marge latérale supérieure, et tout le long de la tranche, les feuillets étaient unis les uns aux autres, comme il arrive lorsque – une fois humidifiée et détériorée – la matière du papier forme une sorte de gluten poisseux[44]. » C'est là qu'intervient l'anecdote racontée à Nicholas Basbanes.

La rédaction du *Nom de la rose* a débuté en 1978 et le roman été publié en 1980. En 1990, Umberto Eco découvre lors d'un déménagement, en haut d'une étagère, une vieille traduction de *La Poétique* d'Aristote datant du XVIe siècle, livre qu'il a acheté dans les années 1960. L'ouvrage est en mauvais état, souillé, maculé de taches d'humidité ; sa marge inférieure est rongée et les dernières pages collées... Ce lamentable état de conservation explique pour Eco qu'il l'ait relégué, puis oublié (sa bibliothèque principale à Milan compte tout de même quelque 30 000 livres !). Le relisant à cette occasion, l'auteur du *Nom de la rose* découvre que le traducteur a essayé de reconstituer la partie perdue du second livre de *La Poétique*. Stupéfait, il s'aperçoit alors que non seulement la description, mais le thème du livre correspondent précisément au manuscrit meurtrier de son propre roman... Que s'est-il donc passé sur un plan cognitif ? Umberto Eco avance lui-même l'hypothèse selon laquelle il aurait inconsciemment « photographié » le livre dans son esprit et inconsciemment réutilisé en 1978 ses souvenirs du livre oublié...

La cryptomnésie expérimentale

« Vous avez dit "pêche", comme c'est bizarre ! »

Créer les conditions expérimentales de la cryptomnésie n'est pas chose facile. Un paradigme a néanmoins été développé par les chercheurs Alan Brown et Dana Murphy (1989)[45]. Un groupe de quatre personnes a pour instruction de donner à tour de rôle des noms appartenant à une catégorie sans répéter ceux déjà cités. Si la catégorie est, par exemple, « fruit », chacun d'entre eux doit donner un nom de fruit, mais sans redire un fruit déjà donné. Il faut souligner que cette exigence n'est d'ailleurs pas toujours remplie. Lors d'une séance ultérieure, les participants doivent de nouveau donner des noms de fruits sans prononcer ceux utilisés lors de la première séance. Malgré cette consigne, certains participants reprennent des noms déjà fournis, tout en affirmant que personne ne les a donnés. Comment interpréter ce résultat ?

Si, lors de la première séance, un participant a entendu dire « pêche », il semble que ce mot réalise un amorçage inconscient qui persiste suffisamment longtemps pour susciter sa réutilisation lors du test suivant, et en dépit de l'interdiction. Le participant ne se souvient pas d'avoir déjà entendu le mot « pêche », il le produit pour son compte, en toute bonne foi, en étant persuadé que ce mot n'a pas été prononcé lors de la séance précédente.

« D'où vient mon idée ? »

Pour remédier à la cryptomnésie, il faudrait systématiquement s'interroger sur l'originalité de nos idées, mais serait-ce suffisant pour détecter à coup sûr que nous sommes en train d'emprunter à autrui ? L'expérience a été tentée par l'équipe de Richard Marsh (1997) lors d'un protocole où l'on a demandé à de petits groupes d'étudiants de trouver des solutions pour résoudre deux problèmes, améliorer l'université et réduire les accidents de circulation[46]. Une semaine plus tard, on demandait aux étudiants de trouver des solutions nouvelles, qui n'auraient pas été indiquées précédemment. Mais, alors qu'une moitié de ces étudiants devait les générer spontanément, l'autre moitié avait pour consigne supplémentaire de s'interroger sur l'origine de leurs idées en se demandant si les solutions n'avaient pas été déjà proposées la semaine précédente. Il advint que 21,2 % des étudiants du groupe devant générer spontanément des idées avaient en fait repris à leur compte des idées déjà exprimées la semaine précédente contre seulement 7,8 % des étudiants du groupe réfléchissant en outre à la source des idées. Ainsi, les chercheurs ont réussi à diminuer des deux tiers le plagiat involontaire chez les étudiants qui se questionnaient explicitement sur l'originalité de leurs réponses. Le « vol » d'idées ne résulte donc pas d'une mauvaise intention volontaire, mais d'une simple recherche d'idées sans se soumettre simultanément à une introspection consciente de leur origine, introspection qui permettrait d'éliminer une imprégnation préalable.

Un problème de source

L'âge, un délai important entre la confrontation originale et la création ultérieure, une différence nette entre les deux contextes, le fait que l'information initiale ait été fournie par une personne de même sexe sont autant d'éléments facilitant classiquement la cryptomnésie. Celle-ci résulte de la combinaison de deux mécanismes cognitifs bien connus : le phénomène d'amorçage qui active un secteur donné de connaissances et la perte de la source de la situation initiale ayant contribué à constituer cette connaissance. Cette perte de la source est logique lors de l'établissement des connaissances de la mémoire sémantique ; elle en est même la caractéristique essentielle.

Il n'est d'aucun intérêt de se rappeler les différentes situations temporelles (« Quand l'ai-je appris ? »), spatiales (« Où l'ai-je appris ? ») et humaines (« Qui me l'a appris ? ») qui nous ont permis de retenir définitivement que l'opéra *Carmen* a été composé par Georges Bizet[47]. À l'inverse, pour des théories originales, il est fondamental et honnête de se souvenir que c'est le Pr Olive Pervenche qui nous a fait part de son interprétation inédite de l'origine des moutons à cinq pattes autour du lac de Paladru. Le problème est que notre cerveau ne sait pas toujours quand il doit et quand il ne doit pas conserver toutes les données de la source d'une information !

L'impression de déjà-vu

« Le "déjà-vu" est un pépin dans la matrice. »
Andy et Larry Wachowski, réalisateurs de Matrix

« Je vous assure, je suis déjà venu ici ! »

Qui n'a expérimenté au moins une fois cette impression de déjà connu, de déjà vécu, de déjà éprouvé, de déjà entendu ou de déjà-vu ? Le terme de « déjà-vu » a été utilisé pour la première fois en 1876 par le médecin français Émile Boirac[48]. Ce terme a fait fureur et s'est imposé, en français et dans toutes les langues. Il n'évoque pas une distorsion, mais un sentiment très fugace et parfois très intense de grande familiarité avec un lieu, une personne ou un événement qu'on ne connaît pas, mais qui sont perçus dans le présent comme la reproduction d'un épisode de sa vie passée, sans pouvoir le situer davantage. Cette étrange sensation n'est pas la traduction d'un trouble psychotique.

> **UN SENTIMENT NORMAL ET BANAL**
>
> La sensation de déjà-vu est d'une grande fréquence : elle a, par exemple, été rapportée par 67 % des sujets interrogés lors d'une enquête du National Opinion Research Council de l'Université de Chicago en 1986. C'est aussi le chiffre moyen obtenu par Alan Brown (2003) à partir de 32 études chez des sujets normaux, les chiffres variant entre 30 et 100 %[49]. L'impression de déjà-vu survient aussi bien chez les hommes que chez les femmes, mais elle est plus fréquente chez les jeunes, les anxieux, les sujets ayant un niveau socio-éducatif élevé et les personnes voyageant beaucoup. Les moins de 25 ans auraient ressenti 10 fois plus cette expérience que les sujets plus âgés. Le déjà-vu survient plutôt le soir, souvent lors de périodes de fatigue ou de stress; il ne dure que quelques secondes et s'accompagne fréquemment d'un peu d'angoisse ou d'un fort sentiment d'étrangeté.

Du paranormal à l'électrophysiologie

Revivre le passé ou anticiper le futur ?

Comment expliquer cette impression intense de revivre un extrait de vie que l'on ne peut situer exactement dans le passé? Cette illusion a été analysée par Platon comme la manifestation de la réincarnation d'une vie antérieure dont on récupérerait certains souvenirs partiels. Pour Carl Gustav Jung (1875-1961), le déjà-vu est la manifestation d'un inconscient collectif de l'humanité façonnant un inconscient individuel à l'origine d'archétypes : lui-même l'avait expérimenté lors d'un séjour en Afrique lorsque, regardant par la fenêtre du train, il a eu le sentiment intense de retourner dans le pays de sa jeunesse… cinq mille ans auparavant. Cette interprétation est toujours populaire à l'heure actuelle, les personnes qui ressentent un sentiment de déjà-vu l'interprètent souvent comme une prémonition ou la réminiscence d'une vie antérieure. Il faut cependant distinguer le déjà-vu du pressentiment : ce dernier ne s'accompagne pas de la même impression d'étrangeté, il survient avant et non pas pendant le déroulement de l'événement, enfin, un pressentiment concerne des événements à forte charge émotionnelle comme un accident ou un décès, alors que le déjà-vu survient lors d'épisodes quotidiens finalement assez banals.

Spéculations sur l'inconscient

Les psychanalystes, Sigmund Freud le premier, se sont beaucoup intéressés au déjà-vu. Dans *Psychopathologie de la vie quotidienne* (1901), Freud évoque plusieurs hypothèses : réminiscence d'un fantasme, résurgences de rêves oubliés ou bien « rêverie éveillée inconsciente ». Toutes ces explications relèvent d'un sentiment de familiarité indiscutable en relation avec une expérience ancienne, réellement éprouvée par notre moi psychique, plutôt que vécue par notre corps physique : « Il s'agit réellement, dans ces moments-là, note Freud, de quelque chose qui a déjà été éprouvé ; seulement ce quelque chose ne peut faire l'objet d'un souvenir conscient, parce que l'individu n'en a jamais eu conscience. » Notre moi psychique a déjà éprouvé inconsciemment un fantasme, a déjà rêvé une scène, a déjà subi une rêverie éveillée inconsciente. On n'est plus dans le domaine prémonitoire des « existences antérieures » de notre moi psychique, mais dans le registre rationnel de ses « ressentis antérieurs ». D'autres psychanalystes ont interprété le déjà-vu comme la résurgence d'un souvenir refoulé ou comme l'expression du désir de revivre une expérience passée, mais, cette fois, avec une issue plus satisfaisante pour l'équilibre mental.

Le déjà-vu, un dérapage du cerveau ?

En 1884, l'interprétation scientifique du déjà-vu est celle d'un défaut de phase entre les deux hémisphères cérébraux, l'un recevant une information un peu plus tôt que l'autre. En 1895, le médecin anglais Frederic Myers reprend l'idée d'un défaut de phase, mais entre le cerveau inconscient, plus rapide, et le cerveau conscient[50]. Pour Bergson, la désynchronisation qui a lieu se produirait entre les processus perceptifs et le mécanisme de mémorisation.

Plusieurs explications scientifiques plausibles ont été proposées par la suite. Cette impression inappropriée de familiarité d'une expérience actuelle en relation avec une expérience passée indéfinie a été envisagée par certains chercheurs comme la manifestation d'une activation inappropriée du système neuronal de la familiarité : les personnes expérimenteraient un excès de familiarité vis-à-vis d'un lieu ou d'une situation en réalité totalement nouveaux.

L'hypothèse d'un défaut de phase a été reprise par d'autres chercheurs, mais pas entre les deux hémisphères ou entre le cerveau inconscient et le cerveau conscient. Pour eux, le déjà-vu est l'expression d'un décalage de quelques centaines de millisecondes entre deux processus. Dans l'une des hypothèses, ce décalage surviendrait entre deux perceptions : on sait qu'une information visuelle est analysée quasi simultanément par deux systèmes visuels ; c'est le minuscule retard entre ces deux processus qui donnerait comme familière la seconde analyse visuelle. Dans une autre hypothèse, le décalage aurait lieu entre le processus de perception et celui de mémorisation : sans avoir été consciemment retenue, une première mémorisation ultrarapide d'une information venant d'être perçue serait comparée à la poursuite de la perception de cette image. Avec un infime décalage, le même événement est simultanément perçu et vécu, mémorisé et rappelé. Tout au long d'une même expérience perceptive, l'impression de déjà-vu résulterait de ce décalage entre une première mémorisation et la poursuite de la mémorisation comparée à un souvenir vieux de… quelques centaines de millisecondes !

Le cortex rhinal détecte la nouveauté

Lorsque l'impression de déjà-vu ou de déjà vécu se reproduit trop souvent et s'accompagne d'autres symptômes, elle est quelquefois en rapport avec des crises épileptiques secondaires à une lésion de la partie interne du lobe temporal du cerveau. Une stimulation de l'amygdale ou de l'hippocampe par des électrodes implantées dans le cerveau (stéréoencéphalographie) déclenche, chez 2 % de ces patients épileptiques, une impression de réminiscence[51]. Une stimulation de la partie sous-jacente, appelée cortex rhinal, provoque un phénomène de déjà-vu chez près de 11 % des patients. L'équipe marseillaise du Pr Patrick Chauvel en a déduit qu'une portion de cette région, le cortex périrhinal, serait capable de repérer la nouveauté d'une information, c'est-à-dire son absence de familiarité[52]. Avant d'être enregistrée par l'hippocampe, une information visuelle lui est signalée comme nouvelle ou familière par le cortex périrhinal. Une crise d'épilepsie temporale interne court-circuiterait les liens entre le cortex périrhinal et l'hippocampe qui tenterait de reconstruire un souvenir plutôt que de le mémoriser, de là le sentiment d'une scène déjà vécue. La survenue d'un déjà-vu chez des personnes non épileptiques résulterait d'un décalage ou d'une discordance entre le fonctionnement du cortex périrhinal et celui de l'hippocampe.

« Nous nous sommes déjà rencontrés ? »

Un de mes collègues, professeur de neurochirurgie lyonnais, m'a raconté, il y a plusieurs années, avoir eu le sentiment, alors qu'il se trouvait dans le métro parisien, de reconnaître une femme assise en face de lui : un peu gêné de cette entrée en matière par trop classique, il a cependant engagé la conversation avec elle. Par recoupements, ils sont arrivés à la conclusion qu'ils avaient pu effectivement se croiser quinze ans auparavant. Cette fois-ci, le « déjà connu » a abouti à un réellement connu. Dans cette anecdote, l'intrigant problème d'une familiarité inattendue du visage a été résolu : bien qu'ayant débuté par une impression de déjà connu, les protagonistes ont réussi à retrouver une ancienne rencontre possible. En l'absence de cette reconstitution minutieuse, ce neurochirurgien n'aurait gardé qu'une impression de déjà connu. Ce qui est amusant, c'est que j'ai récemment évoqué cette anecdote avec ce collègue, il n'en a plus aucun souvenir ! M'a-t-il trompé ? Me suis-je trompé ?

Souvenir mal reconstruit

Notre connaissance actuelle de la construction des souvenirs autorise une autre explication scientifique du phénomène. En ce sens, l'impression de déjà-vu serait une illusion perceptive, c'est-à-dire l'évocation déformée ou incomplète d'un souvenir authentique mais « oublié ». Sans être totalement récupéré de façon consciente, ce souvenir est partiellement évoqué à partir d'un de ses détails (un objet, un parfum, un visage, une phrase, un geste) qui confère abusivement de la familiarité à la situation en cours.

Ainsi la plupart des images d'une scène considérée comme déjà vue auraient effectivement été déjà vues : il s'agirait d'un souvenir bien réel (ou d'une portion de souvenir) dont le contexte initial d'apprentissage ne serait plus consciemment accessible au sujet qui l'expérimente.

On peut avoir vu des photographies, un reportage ou des films (*Un taxi mauve* ou *L'Homme tranquille*) sur l'Irlande ; lorsque, quelques années plus tard, on se rend en Irlande, on ressent alors un intense sentiment de familiarité devant tel ou tel paysage sans se rappeler les photographies, les films ou l'émission de télévision. Certains détails du paysage évoquent une partie du souvenir, mais le contexte n'est pas suffisamment identique entre le film et la réalité vécue actuellement pour rendre concordantes les deux situations et imposer l'évidence du souvenir initial. Une conversation peut de même créer l'impression de s'être déjà déroulée simplement parce qu'une des phrases évoque inconsciemment une autre discussion. Un film peut également paraître familier parce qu'on a autrefois lu le livre dont il est tiré, même si on ne s'en souvient pas.

On peut encore imaginer qu'un détail soit commun à des contextes différents. Prenons l'exemple d'un bouquet de cyprès inconsciemment mémorisé lors d'un voyage en Toscane, ce bouquet pourrait fortement ressembler à un autre bouquet de cyprès entrevu quelques années plus tard en Grèce. Faute d'autres points communs, le souvenir toscan n'est pas retrouvé dans sa totalité, mais les cyprès grecs susciteront néanmoins une impression de familiarité à l'origine d'un sentiment de déjà-vu. Dans toutes ces situations, un simple détail est insuffisant pour évoquer la totalité du souvenir réel et il suscite uniquement l'impression de familiarité plaquée sur la situation en cours.

« J'ai déjà goûté cette madeleine ! »

L'anecdote littéraire de la madeleine de Proust peut également nous aider à comprendre l'impression de déjà-vu. Dans *Du côté de chez Swann* (1913), Marcel Proust raconte l'interminable et méticuleuse récupération des pièces éparses d'un souvenir dont la lente recombinaison débute par un embrasement émotionnel, une impression de familiarité puis l'activation brutale du souvenir en un éclair photographique : « Et tout d'un coup le souvenir m'est apparu. Ce goût, c'était celui du petit morceau de madeleine que le dimanche matin à Combray (parce que ce jour-là je ne sortais pas avant l'heure de la messe), quand j'allais lui dire bonjour dans sa chambre, ma tante Léonie m'offrait après l'avoir trempé dans son infusion de thé ou de tilleul. »

Selon mon interprétation, le déjà-vu est une situation analogue à celle de la madeleine sans être toutefois parvenue à son plein épanouissement. Dans la sensation de déjà-vu, un détail spécifique d'une scène lancerait le processus de réminiscence avec l'embrasement émotionnel et l'impression de familiarité sans que survienne l'éclair photographique définitif du souvenir antérieur. Le déjà-vu ne serait pas la manifestation d'une prescience, mais d'une post-science ! En somme, la sensation de déjà-vu ne serait qu'une évocation inachevée, une madeleine échouée !

Distorsions et faux souvenirs : un avantage ?

« Tout ce qui est or ne brille pas. »
Tolkien

Notre mémoire n'est pas un observateur neutre

Oublis et distorsions font de la mémoire un colosse aux pieds d'argile. Les distorsions apportent la preuve qu'un souvenir n'est pas une entité figée. Ces modifications de la mémoire nous confrontent à la perspective effrayante, pour nous, êtres dotés de raison, que notre volonté ne contrôle pas la fidélité du rappel de nos souvenirs. Nous pensons savoir, mais nous nous trompons, souvent en toute bonne foi, quant au moment précis, au lieu exact, aux détails spécifiques d'un épisode. C'est l'échec de notre propre introspection.

De façon logique, notre moi surestime toujours ses capacités cognitives et comportementales. Nous nous attribuons ainsi davantage de succès et moins d'échecs. Nous estimons également que nos souvenirs sont fidèles parce que cela est indispensable au maintien d'un moi efficace et solide. La réalité est tout autre. L'extrême complexité des réseaux neuronaux sous-tendant la mémoire rend, en fait, irréaliste l'idée que le rappel puisse être absolument fidèle. Comme le disent très justement les Anglo-Saxons, *Recall is never replay !* (« Rappeler n'est pas rejouer à l'identique ! »). Si des distorsions surviennent lors de maladies de la mémoire, chez la plupart des individus, elles ne sont pas la conséquence d'un processus pathologique, mais le reflet naturel de l'organisation dynamique de la mémoire.

En fait, connaître, ce n'est pas toujours savoir, mais bien souvent déduire à partir d'autres connaissances qui peuvent inconsciemment nous égarer. Un stock de savoirs ne repose pas toujours sur des informations avérées, vérifiées, apprises explicitement. Loin de toute manipulation étatique ou sociale qui résulterait d'une action de propagande, le cerveau construit non seulement des faux souvenirs personnels épisodiques, mais aussi des fausses croyances collectives. Si nos souvenirs personnels ne sont pas toujours réels, nos connaissances ne reposent pas toujours sur un savoir fermement établi. Nombre d'informations culturelles n'ont jamais été apprises par un individu, mais déduites de leur contexte selon des lois de probabilité et de plausibilité. Notre cerveau opère des compléments abusifs à partir de connaissances partielles, modelant ainsi des visions prototypiques d'épisodes de la grande histoire ou de notre histoire personnelle. Il n'est cependant pas encore établi dans quelle mesure, ou avec quelle intensité, notre mémoire travaille de manière précise (« Je sais ») ou de manière schématique (« Je me souviens »).

Que conclure après cette vision pessimiste de la fidélité de notre mémoire ? Comme souvent, il faut se garder de généraliser, car la plupart des expériences de psychologie cognitive révèlent des tendances significatives qui ne concernent pas tous les individus. Rien n'est obligatoire, tout est éventuellement possible. Des éléments personnels encore mal identifiés influencent heureusement les comportements individuels. Pour cette raison, gardons à l'esprit le premier des quatre préceptes que René Descartes exposait dans le *Discours de la méthode* : « Ne recevoir jamais aucune chose pour vraie que je ne la connusse évidemment être telle. »

Faut-il avoir peur de sa mémoire ?

Moins quotidiennement palpables que l'oubli, les distorsions de la mémoire sont plus difficiles à admettre et leurs conséquences sont parfois dramatiques. Ces falsifications du souvenir sont désormais bien connues des chercheurs en psychologie. Le sont-elles de tous les juristes, policiers, investigateurs, psychiatres ou psychologues cliniciens ? Certaines des « maladresses » de l'affaire d'Outreau démontrent que la France a encore du retard dans le domaine juridique par rapport aux États-Unis.

Que nous enseignent néanmoins les distorsions de la mémoire ? Beaucoup plus que ne le ferait l'oubli : elles nous confirment que la mémoire est fluide et qu'elle est de nature reconstructive. Si l'évocation d'un souvenir est bien un voyage dans son propre passé dont l'objectif théorique est de retrouver un enregistrement portant l'étiquette d'un instant précis, en pratique, le processus reconstructif de la mémoire montre que le contenu de l'enregistrement initial d'un souvenir est modifié à la suite de son interaction avec d'autres informations préalablement ou ultérieurement acquises.

Ma mémoire, c'est moi…

La reconstruction opérée lors de l'évocation d'un souvenir obéit à un principe simple : cette évocation doit être cohérente avec les connaissances actuelles de la personne : nous ne retrouvons pas une photographie ; nous faisons un montage photographique, parfois correct, parfois erroné, car toujours influencé par d'autres photographies. L'important est que la photographie coïncide avec notre moi actuel. L'objectif de la mémoire est ainsi de nous permettre de disposer d'une vision cohérente du monde et de notre histoire personnelle, fût-ce au prix de la reconstitution abusive des épisodes manquants. Comme le souligne Paul John Eakin, notre mémoire autobiographique est une œuvre de fiction, un roman, en ce sens qu'elle est modelée afin de construire une image de soi[53]. Si l'histoire est écrite par les vainqueurs, notre mémoire autobiographique est écrite par nous-même, par notre moi vainqueur, en harmonie avec notre identité, même au prix de petites rectifications.

Se remémorer, c'est activer un schéma personnel et, donc, aussi culturel. Dès 1932, Frederick Bartlett spécifiait dans son livre *Remembering* les caractéristiques théoriques d'un souvenir, caractéristiques d'où émerge la notion d'infidélité potentielle. Dans un contexte expérimental précis, il a souligné le dynamisme reconstructif de la mémoire : un souvenir est une reconstruction « imaginative » d'une expérience initiale. Se souvenir, ce n'est pas seulement retrouver des éléments authentiques, c'est également, voire plutôt, rendre le passé compatible avec les schémas préétablis de nos connaissances culturelles, sociales ou personnelles au moyen d'inférences et de déductions influencées par ces schémas.

L'influence des expériences passées et des connaissances préalables est considérable. Nous en avons eu un aperçu avec les experts chez qui les schémas préétablis facilitent l'apprentissage, le stockage et l'évocation de leurs connaissances. La mémoire d'une conversation montre comment les schémas influencent aussi bien l'oubli que la distorsion. L'acte de se souvenir est indissociable du cadre culturel dans lequel il s'exerce, il n'est qu'accessoirement personnel. L'information n'est pas traitée pour être exacte à l'aune de la Vérité, mais pour être comprise à l'étalon d'un comportement pragmatique. Par malheur, dans le domaine judiciaire, les distorsions induites par les schémas ont des conséquences dramatiques. Par malheur, dans le domaine privé, les distorsions sont douloureusement vécues en cas de discordances entre les souvenirs de plusieurs personnes.

La mémoire n'est pas accro à la vérité

Ni figés ni inaltérables, les souvenirs sont fluides et malléables ; ils sont expérimentalement et spontanément modifiables. Il est indispensable de connaître les situations à risque où les distorsions de mémoire auront des conséquences humaines désastreuses. La dernière reconstruction d'un souvenir n'est pas obligatoirement l'image la plus fidèle du souvenir initial, mais elle s'impose avec un sentiment d'honnête certitude dont il faut parfois se méfier.

De ces distorsions mnésiques, ne concluons pas abusivement que la mémoire est défectueuse. C'est, en fait, l'exceptionnelle subtilité de notre mémoire qui nous rend sujets aux distorsions, au même titre que les occasionnelles illusions visuelles que nous subissons parfois ne remettent pas en question l'efficacité de la perception visuelle. Doit-on avoir peur de notre mémoire ? Faut-il mettre en doute le moindre de nos souvenirs ? Non ! L'arbre étiolé ne doit pas cacher la vigoureuse forêt. Ne soyons pas inquiets outre mesure car, dans nombre de circonstances, notre mémoire est, malgré tout, un serviteur précis et fidèle. Ne craignons pas de vivre avec nos souvenirs : ils sont nous.

L'ESSENTIEL

- La mémoire n'est pas accro à la vérité.
- Une trace mnésique n'est ni parfaitement exacte ni absolument fidèle.
- La suggestibilité est une illusion (trace perceptive déformée) ; le faux souvenir une hallucination (trace perceptive créée).
- Les distorsions de mémoire résultent de la combinaison erronée d'informations anciennes (correspondant à des faits réels) et d'informations nouvelles, soit spontanément acquises, soit suggérées par quelqu'un d'autre.
- La construction naturelle d'une distorsion repose sur un enregistrement d'emblée erroné d'une scène ou sur la déformation ultérieure d'un enregistrement initialement exact.
- Chez un individu fragile, il est facile d'implanter de faux souvenirs lors d'un interrogatoire suggestif mené par une personne investie d'une autorité.
- La technique de l'entretien cognitif permet d'améliorer la fiabilité des témoignages oculaires.
- La cryptomnésie est le plagiat inconscient d'un texte, d'une phrase, d'une idée dont on s'attribue indûment, mais inconsciemment la paternité.
- Le déjà-vu est un sentiment fugace, mais intense de grande familiarité concernant un lieu, une personne ou un événement qu'on ne connaît apparemment pas, mais qu'on perçoit comme la reproduction d'un épisode identique de sa vie passée. Le déjà-vu peut s'interpréter comme la faillite du système neuronal de familiarité ou comme l'évocation incomplète d'un souvenir réel, mais « oublié », dont la familiarité est évoquée par un détail.

La mémoire des seniors

> « *Remember!* »
>
> Dernier mot de Charles Ier, roi d'Angleterre et roi des Écossais, lors de son exécution en 1649

> « La seule réponse honnête est de dire qu'autant que j'essaye, je ne peux rien me rappeler… la simple vérité est : je ne me rappelle pas. »
>
> Affaire Iran-Contra (1987), président Ronald REAGAN

> « C'est stupéfiant : je ne compte même plus les fois où il m'est arrivé de perdre tout souvenir de la semaine précédente. »
>
> Affaire Monica Lewinsky (1998), président Bill CLINTON

À tout âge survient l'oubli. L'oubli est naturel, l'oubli est fréquent. L'oubli n'éveille pas l'inquiétude de la même façon chez tout le monde : si on oublie à tout âge, la perception de l'oubli est fondamentalement une question d'âge[1]. Nous sommes toujours très indulgents face à un enfant, un adolescent ou un jeune adulte qui perdent un objet. Notre inquiétude est bien différente s'il s'agit d'une personne âgée.

Contrairement aux idées reçues, les seniors ont une bien meilleure mémoire qu'on ne l'imagine. Comme les nourrissons et les enfants à l'autre extrême de la vie, leur faiblesse se situe au niveau de leur mémoire épisodique autobiographique – ils évoquent plus difficilement leurs souvenirs personnels. Le passage du temps modifie également la qualité de leurs souvenirs : les détails disparaissent, le contexte émotionnel s'affadit, les événements personnels répétés se mélangent en des schémas autobiographiques qui conservent les traits communs des événements répétés, mais effacent les épisodes uniques dont on voudrait justement se souvenir.

Comment la mémoire résiste-t-elle au temps ?

« Les vieux hommes oublient. »
William Shakespeare (1564-1616)

Avec les rides et les cheveux blancs, la mémoire...

L'avancée en âge se traduit par différentes difficultés mécaniques, sensorielles et cognitives. L'affaiblissement de la mémoire est actuellement une source sensible d'inquiétude. La vieillesse n'est pas une maladie, c'est une réalité chronologique et c'est surtout un état d'esprit comme l'indiquait avec humour un de mes patients de 90 ans qui aimait dire à son épouse de 89 ans : « Chérie, il faudrait que nous pensions à mettre un peu d'argent de côté pour quand on sera vieux ! » Insolent et insouciant, le jeune âge banalise qu'untel connaisse autant d'histoires drôles ou que tel autre apprenne en trois minutes une poésie. C'est plus tard que ces différences seront mal perçues et interprétées négativement comme la manifestation d'une faiblesse de mémoire. De façon parallèle, certains oublis que le spécialiste de la mémoire qualifierait de ratés sans importance sont interprétés différemment selon leur âge de survenue. Se perdre dans une ville peu familière fera rire des jeunes de 25 ans qui incrimineront la fatigue alors que la même erreur chez un senior sera envisagée comme le prélude d'une maladie de mémoire. Ne pas retrouver immédiatement ses clés agacera un jeune alors qu'un senior y verra le début d'une maladie d'Alzheimer !

L'humanité vieillit...

L'accroissement de la longévité a une double conséquence : notre société comporte beaucoup plus de personnes âgées, mais aussi davantage de patients atteints de maladies dégénératives affectant les fonctions cognitives et comportementales – maladies qualifiées, le terme n'est pas beau, de démences. L'augmentation du nombre de personnes âgées est un fait. L'humanité n'est pas confrontée à un problème de rajeunissement mais plutôt à un problème de vieillissement et cela dans tous les pays. Ce phénomène sans précédent est irréversible.

D'ICI 2050

D'ici 2050, le nombre de personnes âgées de plus de 60 ans dépassera celui des moins de 15 ans dans le monde. La proportion des plus de 60 ans qui était de 8 % en 1950 et de 10 % en 2000 sera vraisemblablement de 21 % en 2050.

L'âge médian de la population mondiale passera de 26 ans en 2002 à 36 ans en 2050.

En France, on comptabilisait en 1999 20 % de plus de 60 ans ; ce chiffre est estimé à 25 % pour 2010 et à 33 % pour 2035. En 2000, 15,8 % de la population française avait plus de 65 ans ; en 2007, ils sont 16,2 % et, pour 2010, leur chiffre est estimé à 16,7 %.

En 1975, l'espérance de vie était de 69 ans pour les hommes et de 77 ans pour les femmes. En 2007, l'espérance de vie est de 77 ans pour les hommes et 84 ans pour les femmes. En 2050, il est possible que l'espérance de vie soit de 82 ans pour les hommes et 91 ans pour les femmes.

Le cerveau vieillit...

À quel âge devient-on vieux ?

À cette question, certains gériatres répondent avec humour que l'on devient vieux le jour de sa naissance ! Pour certains, 20-30 ans apparaîtrait comme le moment du couperet fatal, la période à partir de laquelle la mémoire serait inexorablement atteinte par une date de péremption. C'est à la fois vrai et faux, car tout dépend de ce que l'on appelle « mémoire ». C'est vrai en termes de biologie et de plaintes, c'est vrai en termes d'apprentissage par cœur. C'est faux en termes de psychologie cognitive, car de quelles mémoires s'agit-il vraiment ? De la mémoire en tant que moteur ou de la mémoire en tant que fonctionnement du moteur (attention, temps de réalisation de la tâche) ?

Cette date de la trentaine est donc artificielle et, donnée telle quelle, sans explication, ne fait que renforcer l'explosion actuelle du jeunisme reléguant les plus de 25 ans dans la catégorie des quasi-rebuts de l'humanité. Le vieillissement précoce de la capacité de mémorisation d'une liste de mots est contrebalancé par l'expérience acquise qui bénéficie régulièrement de l'avancée en âge. Or l'expérience, ce sont des connaissances accumulées progressivement, un savoir-faire patiemment construit, des capacités de résolution de problèmes raffermies avec l'avancée en âge. Le temps et l'âge sont ici constructeurs, non destructeurs.

Quels critères ?

Il n'existe aucun critère ni chronologique ni quantitatif du vieillissement « normal ». Non seulement, il n'y a pas de date officielle du début du vieillissement, mais il n'y a pas non plus de seuil permettant de conclure à l'existence du vieillissement à partir d'un déficit neuronal (nombre de neurones) ou fonctionnel (performances aux tests). Des anomalies biologiques et morphologiques s'observent, sans que l'on puisse les interpréter comme directement responsables de la sénescence. Sur les plans biologique et morphologique, le vieillissement cérébral s'accompagne de nombreuses modifications réduisant l'efficacité métabolique des neurones (altération de la neurotransmission, diminution de la vitesse de conduction nerveuse, réduction des connexions interneuronales) et altérant l'architecture anatomique et fonctionnelle du cerveau (réduction du volume, hypoperfusion et hypométabolisme de certaines régions cérébrales). À partir d'un stock de plusieurs dizaines de milliards de neurones (représentant environ 20 % des cellules du système nerveux), une perte neuronale régulière est observée chaque jour. Cette perte affecte davantage les lobes frontaux que les hippocampes.

Comme l'a affirmé le Pr André Niéoullon, chercheur au CNRS à Marseille : « Les modifications avec l'âge ne sont normalement pas de caractère à altérer le fonctionnement cérébral de façon majeure. » Ce qui laisse la porte ouverte à tout le champ de la compensation cérébrale et de l'utilisation optimale des ressources cognitives : si le cerveau vieillit en tant que structure, ce qui compte, en fait, ce sont nos potentialités cognitives dans le cadre d'une adaptation permanente qualifiée de neuroplasticité. L'habileté, les désirs et les efforts du conducteur comptent autant que le moteur.

Des pertes et des gains

1. La perte des neurones n'est pas forcément le meilleur marqueur du vieillissement, puisque c'est à l'adolescence que l'on perd le plus de neurones en raison d'un ajustement des circuits neuronaux redondants.

2. La perte neuronale liée à l'âge est moins importante qu'on le disait autrefois, elle pourrait être néanmoins de quelques pour-cent par décennie à partir de 20 ans.

3. S'il est toujours vrai que les neurones ne peuvent pas se diviser et que les neurones morts ne sont pas individuellement remplacés, un formidable mécanisme de neurogenèse a été démontré chez l'homme[2] : même chez des adultes âgés, de nouveaux neurones sont générés à partir de cellules souches dans l'hippocampe et autour des ventricules cérébraux, ils permettraient le développement de nouveaux circuits et sont donc vraisemblablement impliqués dans l'apprentissage de nouvelles informations. La neurogenèse ne serait pas là pour compenser les pertes neuronales, mais pour coder la nouvelle information à mémoriser.

4. Ce n'est pas tant le nombre de neurones qui compte que la richesse de leurs connexions et surtout leurs possibilités d'activation simultanée au sein de réseaux distribués dans le cerveau. Les concepts et les souvenirs reposent sur des réseaux synchronisés de neurones interconnectés qui sont régulièrement renforcés lors des réapprentissages. Les connexions entre les neurones s'établissent à n'importe quel âge et sont à la base du mécanisme de plasticité synaptique. Pour peu qu'elles soient entretenues, ces myriades de connexions synaptiques compenseraient partiellement les conséquences des pertes neuronales liées à l'âge.

Les fonctions cognitives vieillissent…

La vieillesse, quel naufrage !

La vision actuelle de la vieillesse est celle du naufrage autrefois exprimé par le général de Gaulle. Il est incontestable que l'avancée en âge s'accompagne d'un fléchissement progressif de certaines performances des fonctions cognitives en général et de la mémoire en particulier. Ce vieillissement physiologique suscite de nombreuses questions : est-il normal, faut-il s'en inquiéter, quels sont ses liens avec les maladies dégénératives de la mémoire comme la maladie d'Alzheimer, peut-on s'en prémunir ?

Devant l'accroissement de la longévité, il est, en effet, fondamental de comprendre le déclin cognitif physiologique pour le différencier des pathologies dégénératives cognitives ; mettre en place des stratégies préventives afin de maintenir le plus longtemps possible un confort cognitif de qualité au même titre que nous évitons la sédentarité et la malnutrition ; retarder la survenue des maladies dégénératives affectant les fonctions intellectuelles et dont la plus fréquente est la maladie d'Alzheimer.

Les pathologies dégénératives cognitives, comme la maladie d'Alzheimer sont liées à l'âge, mais ne sont pas dues au vieillissement. On pourrait même dire, de façon paradoxale mais néanmoins logique, qu'il n'existe pas de vieillissement cognitif pathologique : il y a le vieillissement (phénomène naturel et non mortel) sur lequel se greffent parfois des maladies dégénératives. Hors ces situations et en dépit de modifications biochimiques cérébrales, une personne âgée peut longtemps maintenir performantes ses capacités cognitives grâce à la plasticité neuronale qui conserve, remodèle et développe les circuits neuronaux à tout âge, pourvu qu'elle se protège en outre de la malnutrition, de l'alcool et des maladies vasculaires (hypertension, diabète, cholestérol, tabac).

Les caractéristiques générales du vieillissement cognitif

Le vieillissement cognitif ne peut être dissocié d'autres composantes telles que le vieillissement sensoriel, le repli psychologique et affectif, l'isolement social et familial progressif. L'ensemble aboutit à une réduction des stimulations naturelles de la vie et une diminution de la motivation et de l'estime de soi.

Le vieillissement cognitif est hétérogène selon les individus, les fonctions cognitives, et, ce qui est moins connu, selon la tendance évolutive. D'un côté, certaines compétences s'aggravent en raison d'une dégradation anatomique ou fonctionnelle : la mémoire de travail, le rappel spontané d'informations, la flexibilité mentale, le repérage dans l'espace. De l'autre côté, une maturation anatomique ou fonctionnelle favorise l'amélioration de certaines compétences : l'expérience, la planification, l'habileté à identifier les failles d'un raisonnement (connaissances, solutions habituelles), la prise en compte des différents aspects d'une réalité donnée et, enfin, la sagesse grâce à des jugements plus avisés et des stratégies plus adaptées. Les seniors sont parfois moins compétents lors de tests formels (mémorisation d'une liste de mots, par exemple), alors qu'ils réussissent bien des tâches de la vie courante où ils déploient, parfois mieux que les jeunes, des stratégies compensatrices.

De nombreux seniors acceptent leur déclin physique et cognitif, ce qui facilite la mise en place en souplesse de compensations face à leurs difficultés. Les temps anciens reconnaissaient autrefois cette supériorité cognitive des « vieillards » constamment reflétée dans la mythologie. Sage et serein, l'homme âgé apportait aux jeunes le témoignage de son expérience. Prophétesse ou magicienne, la femme âgée les conseillait face au vide angoissant du futur. Âgés, l'homme et la femme étaient respectés car perçus comme une source de savoir et de sagesse. C'était hier !

Les explications du vieillissement cognitif

L'impact de l'âge sur les fonctions cognitives résulte de trois phénomènes : la baisse des processus attentionnels, la réduction de la mémoire de travail, le ralentissement de la vitesse de traitement des informations[3].

- **Le premier niveau d'atteinte est celui des ressources attentionnelles.** L'âge affecte plusieurs domaines des ressources attentionnelles, particulièrement ceux qui sont volontaires. Pour commencer, la vigilance, l'éveil et l'attention soutenue diminuent. La concentration est moindre dès que l'exigence attentionnelle devient importante. Les personnes âgées se laissent plus facilement distraire lors de tâches d'attention sélective. L'attention partagée est également affectée : dès que deux tâches à réaliser simultanément sont difficiles, les seniors ont plus de peine à répartir efficacement leurs ressources attentionnelles, alors que des tâches faciles ne posent aucun problème. Enfin, l'âge réduit les capacités d'inhibition grâce auxquelles nous pouvons bloquer une réponse spontanée lors de l'apparition d'informations contradictoires.
- **Le deuxième niveau atteint est celui de la mémoire de travail,** sa fragilisation gêne le traitement simultané d'informations. Cette réduction est en partie secondaire à l'altération des capacités atten-

tionnelles. Elle entraîne des difficultés dans de nombreuses activités cognitives comme l'encodage élaboré des informations à mémoriser, la compréhension, la résolution de problèmes et le raisonnement.

- **Le troisième niveau affecté par le vieillissement est celui de la vitesse de traitement,** le temps nécessaire pour gérer une tâche est d'autant plus allongé qu'elle est complexe. De façon simple, il faut plus de temps pour apprendre.

JUNIORS VS SENIORS

Le vieillissement cognitif résulte davantage d'une modification de la plasticité du fonctionnement que d'une altération propre des processus cognitifs. Le vieillissement affecte les systèmes cognitifs dits « centraux » qui contrôlent les tâches « fluides », exigeantes en ressources cognitives, c'est-à-dire les tâches qui requièrent un effort volontaire d'élaboration, d'abstraction, d'adaptation et de flexibilité. Lors de tâches simples, les jeunes et les seniors sont en fait comparables. Dès que les tâches deviennent plus complexes ou doivent être réalisées en un temps limité, la gêne est plus marquée chez les seniors. Les jeunes résistent à la pression, pas les seniors ! En revanche, les seniors réussissent mieux s'ils ont plus de temps à leur disposition. Ultime précision, l'âge affecte peu les composantes cognitives dites « cristallisées » comme le stock de connaissances ou l'expérience accumulée qui sont toujours disponibles pour nous aider dans nos choix.

Quels facteurs contribuent au maintien des capacités cognitives ?

On a coutume d'opposer un vieillissement naturel « réussi » à un vieillissement imparfait mais « usuel ». Le vieillissement « réussi » se déroule chez des sujets exempts de maladies générales ou neurologiques pouvant retentir défavorablement sur les fonctions cognitives. Dans ces conditions, ces fonctions peuvent être parfaitement conservées jusqu'à la dixième décennie, voire au-delà... pourquoi pas ? Le vieillissement imparfait mais « usuel » se développe dans un contexte délétère de facteurs sociaux (deuils, solitude...) et de maladies concomitantes (hypertension artérielle, diabète, maladies cardiaques, déficits sensoriels, dépression chronique, perte d'estime de soi, rôle de certains traitements, etc.).

Le vieillissement cognitif est un processus très variable d'une personne à l'autre, dépendant d'une part de l'état de santé général et d'autre part des capacités développées antérieurement, capacités qui favoriseront en retour un entretien intellectuel régulier. Moins motivés et plus anxieux, les seniors utilisent moins efficacement leurs ressources cognitives. Et ce d'autant plus que la société leur renvoie une image craquelée d'eux-mêmes... Il en ressort qu'il est primordial d'avoir des activités de loisirs variées et intenses, de conserver un esprit curieux et enthousiaste, de maintenir activement un réseau social.

La mémoire vieillit...

L'âge s'accompagne d'un déclin de la mémoire, il est difficile de le nier. Des centaines de travaux l'ont prouvé et, à partir de 30 ans, nous sommes tous agacés par les nombreux ratés de notre mémoire. S'agit-il bien toujours de mémoire ? Pas vraiment, car nous avons vu que le vieillissement cognitif, en particulier le déclin de l'attention, affecte des domaines qui ne sont pas directement ceux de la mémoire, mais plutôt ceux contrôlant les étapes préalables à son intervention.

De la difficulté des études expérimentales

Le problème méthodologique auquel les chercheurs sont confrontés est celui de la difficulté à déterminer ce qui est réellement du registre du vieillissement pour une raison toute simple : il est quasiment impossible de suivre de 20 ans à 80 ans le même groupe de personnes. Imaginez une étude qui s'étalerait sur 60 ans : au fil du temps, les volontaires se lasseraient de faire tester leur mémoire tous les ans, ils pourraient se souvenir des tests qu'ils ont eus (car il est difficile d'inventer des tests différents, mais de même difficulté) ; les volontaires et les chercheurs eux-mêmes disparaîtraient ; en 60 ans, les tests changeraient et la question posée au début de l'étude serait peut-être sans intérêt après quelques décennies du fait de nouvelles connaissances apparues entre-temps. Enfin, les volontaires qui resteraient dans l'étude seraient peut-être les plus motivés et les moins malades, et donc les plus aptes à entretenir leur mémoire – ce qui créerait un biais dans le groupe. Bref, le suivi réellement longitudinal d'un même groupe homogène de volontaires sur plusieurs décennies se heurte à des difficultés méthodologiques considérables.

De ce fait, les études sont principalement transversales : elles n'étudient pas un même groupe de personnes sur une longue période, mais comparent simultanément plusieurs groupes d'âges différents. Ces études transversales ont un inconvénient majeur : elles ne nous montrent pas les effets réels du vieillissement cognitif, mais comparent les performances de groupes d'âges différents. Or des personnes de 20 ans et des personnes de 70 ans n'ont eu ni la même alimentation, ni le même environnement culturel, ni les mêmes contraintes de vie. Les premières ont été mieux nourries et davantage stimulées par la télévision. Les secondes ont nécessairement connu les restrictions alimentaires de la guerre, mais ont davantage travaillé à l'école leur mémoire du par cœur.

Il existe donc entre ces deux groupes des différences biologiques, sociales et affectives qui ne les rendent pas comparables et traduisent ce que l'on appelle un « effet-cohorte ». Quand ces sujets de 20 ans en auront 70, ils ne seront en rien comparables aux seniors de 70 ans qu'ils auront connus autrefois. On sait pertinemment qu'une personne âgée actuellement de 70 ans n'a rien à voir avec une personne âgée de 70 ans il y a 50 ans. Les conclusions des études transversales ne permettent donc pas de juger réellement de l'effet de l'âge sur les performances cognitives ; elles nous disent simplement en quoi diffèrent maintenant des individus d'âges différents.

Quels sous-systèmes sont altérés avec l'âge ?

Qu'elles soient longitudinales ou transversales, les études montrent toutes que les différents sous-systèmes de mémoire ne sont pas affectés de la même façon lors du vieillissement[4]. Certaines capacités mnésiques sont plutôt préservées, tandis que d'autres sont plutôt altérées lors du vieillissement (voir tableau 1). La stabilité des gestes (on n'oublie pas le vélo) et celle des connaissances générales, aussi bien sur le monde (on sait toute sa vie qu'Athènes est la capitale de la Grèce) que sur soi (on n'oublie ni son nom ni son adresse), est globalement démontrée. En revanche, on note des difficultés pour l'apprentissage élaboré d'informations nouvelles ainsi qu'une certaine gêne à retrouver rapidement et spontanément les informations du passé.

Il s'agit de tendances générales ne prenant pas en compte le fait que l'altération de ces capacités ne se fait pas au même moment de la vie, certaines survenant vers 30 ans, d'autres vers 50 ans, d'autres encore vers 60 ans, 70 ans, ou 80 ans. Le vieillissement de la mémoire mime le départ d'une fusée dont les étages se détachent les uns après les autres. Sans oublier que ces modifications varient d'une personne à l'autre.

Capacités plutôt préservées	Capacités plutôt affectées
Mémoire à long terme	Mémoire de travail
Mémoire sémantique et procédurale	Mémoire épisodique
Rappel indicé et reconnaissance	Rappel libre explicite et volontaire
Amorçage	• Apprentissage élaboré • Mémoire de la source des informations • Sensibilité aux interférences • Mémoire prospective • Métamémoire

Tableau 1. Comparaison des capacités mnésiques au cours du vieillissement

Les systèmes de mémoire ne sont pas tous affectés de la même façon.

Les difficultés principales portent sur la mémoire épisodique, aussi bien le rappel spontané explicite et volontaire des souvenirs personnels récents que l'apprentissage de nouvelles informations. Ce dernier est gêné par une plus grande sensibilité aux interférences (bruits parasites, conversations simultanées) et une diminution de l'encodage élaboré des informations. Se rappeler volontairement des informations est moins efficace, comme on l'expérimente lors du rappel spontané d'une liste de mots par exemple. En revanche, en donnant la première lettre ou la catégorie d'appartenance du mot – « C'est une fleur » –, on retrouve sans peine les mots qui ne sont pas revenus spontanément. Le processus automatique de familiarité est aussi préservé. Le rappel d'un texte est moins facile lorsqu'il aura été lu ou écouté trop rapidement, empêchant une analyse en profondeur de ses éléments. Le texte rappelé comportera des digressions au détriment des idées principales du texte original. Le rappel volontaire de souvenirs personnels récents est moins rapide et plus flou.

- **Les seniors savent ce qu'ils ont dit mais ne savent plus où, quand et à qui ils l'ont dit, ce qui reflète une fragilité de la mémoire de la source.** Les dates des souvenirs personnels seront télescopées en raison de la perte des éléments du contexte spatio-temporel. Lors de l'évocation d'événements personnels anciens mais vécus plusieurs fois (vacances au même endroit pendant 20 ans), les détails seront gommés au profit d'un récit schématique construit autour des faits répétés.
- **La mémoire prospective, c'est-à-dire la capacité à se rappeler ce qu'il faut faire plus tard, est moins efficace,** obligeant les seniors à avoir recours à un agenda. Soulignons encore qu'il ne faut pas s'en priver, car la mémoire prospective est bien le secteur dont la fragilité est la plus facile à compenser par des aides externes.
- **La principale modification de la métamémoire des seniors est l'autodévaluation systématique de leur efficacité mnésique :** en sous-estimant leurs compétences réelles et en exagérant leurs échecs, ils déprécient progressivement l'image qu'ils se font de leur propre mémoire. Malgré tout, la métamémoire des seniors est encore suffisamment efficace pour les renseigner utilement sur le fonctionnement et les compétences de leur mémoire. Elle leur fournit également des renseignements sur les limites de leur mémoire, ce qui leur permet d'ajuster leurs stratégies et de compenser certains déficits. En revanche, certains seniors ont une appréciation imprécise des stratégies à utiliser pour mémoriser de nouvelles informations.

Que proposer ?

Le vieillissement respecte les savoirs « cristallisés » mais pénalise les systèmes « fluides » plus exigeants en ressources attentionnelles, c'est-à-dire ceux qui contrôlent les tâches mnésiques requérant des efforts volontaires d'élaboration et de recherche. Les tâches mnésiques simples sont réussies de façon comparable par les jeunes et les seniors. Ces derniers sont moins performants dès que l'apprentissage ou le rappel deviennent plus complexes ou doivent être réalisés en un temps limité. Que proposer au senior ?

Pour être plus efficaces, les seniors ont intérêt à organiser au maximum ce qu'ils doivent apprendre, en repérant les points logiques et pertinents, en analysant la hiérarchie du contenu, en trouvant des liens avec ce qu'ils savent déjà. Ils doivent aussi susciter ou utiliser des aides lors de l'encodage, indices qui seront réutilisés lors du rappel. Ils doivent aussi favoriser l'imagerie mentale en se représentant mentalement ce qu'ils apprennent. Enfin, il faut augmenter la durée et le nombre de présentations des stimuli, tout en diminuant les interférences qui parasitent l'apprentissage et le rappel. Les déficits discrets observés chez les seniors lors des tests sont facilement améliorés par l'octroi d'un temps plus long pour réaliser la tâche. Enfin, il convient d'inciter les personnes âgées à analyser objectivement leurs performances. Tranquille, rassuré, à son rythme, sans pression, le senior redevient presque fringant...

La plainte de mémoire liée à l'âge

Assurant depuis presque vingt ans une consultation de mémoire à l'hôpital neurologique de Lyon, j'ai eu l'expérience de quelques milliers de patients venus me voir pour une plainte mnésique. La distribution des causes de ces plaintes a beaucoup changé pendant cet intervalle de temps.

Au début des années 1990, il s'agissait dans 63 % des cas de patients atteints d'une maladie d'Alzheimer. Les maladies cérébrales d'origine vasculaire, traumatique ou tumorale représentaient 9 % des patients. Dans 16 % des cas, il s'agissait de sujets anxieux ou dépressifs dont les difficultés mnésiques étaient en fait secondaires à de simples troubles de concentration. Enfin, 12 % des cas correspondaient à des sujets normaux, aux plaintes de mémoire banales pour le spécialiste que je suis, mais ayant néanmoins motivé ces sujets inquiets à venir me consulter à l'hôpital.

En 2007, les proportions n'étaient plus les mêmes. Les démences représentaient 86 % des patients dont la moitié correspondait à la maladie d'Alzheimer. Les maladies cérébrales vasculaires, traumatiques ou tumorales constituaient 6 % des origines. Dans seulement 3 % des cas, il s'agissait de personnes anxieuses ou dépressives. Enfin, 5 % des cas correspondaient à des personnes normales. Cette réduction du nombre de sujets anxieux, déprimés ou normaux est artificielle, elle ne traduit pas une diminution de la plainte de mémoire dans ces catégories, elle reflète seulement que les médecins traitants m'envoient en consultation surtout des patients atteints de maladies inquiétantes. Les plaintes sont néanmoins toujours là et l'inquiétude qu'elles suscitent s'est accentuée avec le spectre dramatique de la maladie d'Alzheimer. Que peut-on dire au sujet de la plainte mnésique ?

La plainte de mémoire : réalité objective ou projection subjective ?

La plainte mnésique est une prise de conscience subjective par une personne d'une diminution de ses capacités d'enregistrement ou de rappel d'informations récentes dans différentes situations de la vie quotidienne. Les plaintes mnésiques sont fréquentes chez les seniors qui prennent pour de l'amnésie ce qui n'est en réalité qu'un oubli certes gênant, mais nullement indicateur d'une maladie cérébrale.

En dehors de contextes psychologiques marqués, les plaintes de mémoire surviennent très tôt, dès la trentaine. Elles affectent près de 50 % des plus de 50 ans, 70 % des plus de 70 ans et 88 % des plus de 85 ans. Elles s'accompagnent d'un « déficit » aux tests de mémoire si l'on compare les performances de ces seniors à celles de personnes plus jeunes : on peut en effet observer que les notes des seniors sont globalement inférieures d'une déviation standard à celles de jeunes de 20 ans.

Comme beaucoup d'autres plaintes – celles concernant la douleur ou le sommeil par exemple –, la plainte de mémoire est avant tout subjective. J'en ai eu l'exemple un jour en consultation, avec une femme de 62 ans dont les filles disaient : « Elle oublie tout ! », alors qu'elle-même me révélait que son père de 90 ans n'était pas du tout inquiet. Qui croire ? La plainte de mémoire résulte d'une double comparaison, personnelle et sociale : l'une avec ses propres performances d'autrefois (« J'avais plus de mémoire à 20 ans ! ») et l'autre avec l'efficience supposée meilleure de son entourage (« Mon épouse se rappelle mieux que moi les dates de naissance de nos petits-enfants ! »).

Généralement, le lien entre le vécu personnel de sa propre fragilité et la réalité objective d'un trouble avéré est maigre, et ce pour deux raisons. D'une part, on baptise « troubles de mémoire » ce qui est principalement du registre de difficultés attentionnelles – il serait d'ailleurs plus correct d'employer le terme de « plainte » que celui de « trouble ». D'autre part, de nombreuses études ont démontré l'absence de corrélation entre l'intensité déclarée des plaintes de mémoire et la réalité objective des performances lors de tests de mémoire. Il est établi qu'une plainte de mémoire ne préjuge en rien d'une altération réelle des circuits anatomiques de mémoire ni d'une réduction effective des performances objectives du sujet lorsqu'un test de mémoire est réalisé.

En fait, l'humeur, l'état émotionnel et la baisse de l'estime de soi sont beaucoup plus pertinents pour expliquer une plainte mnésique[5].

Lors d'une étude réalisée auprès de 294 personnes âgées de 55 à 97 ans (1994), on a ainsi montré que l'humeur contribuait à 20 % de l'explication des plaintes de mémoire, alors que les résultats des tests de mémoire ne participaient qu'à seulement 3 % de l'explication statistique[6]. L'évolution ultérieure des performances aux tests de mémoire n'était pas liée aux scores initiaux subjectifs de plainte mnésique. Une autre étude menée auprès de 1 628 personnes âgées de 45 à 75 ans a établi que l'intensité de la plainte mnésique était liée à l'avancée en âge et à un faible niveau socio-éducatif ainsi qu'à des motifs psychologiques ; là encore, la plainte de mémoire n'était que très peu corrélée aux résultats objectifs des tests de mémoire[7]. Notons qu'il s'agit de plaintes de mémoire exprimées par la personne elle-même et non de plaintes rapportées par l'entourage qui est, à cet égard, beaucoup plus fiable. L'appréciation des proches est effectivement bien corrélée aux mesures objectives de mémoire[8].

Le déficit mnésique lié à l'âge : quel risque réel ?

En dehors de l'inconfort qu'elle représente au quotidien, la plainte de mémoire suscite beaucoup d'inquiétude en raison du spectre de la maladie d'Alzheimer. Ce symptôme témoigne toutefois d'atteintes diverses dont la distribution varie selon l'âge. À la suite d'une enquête réalisée en 2003 auprès de 726 médecins généralistes, nous avons montré que les plaintes de mémoire sont responsables en moyenne d'une douzaine de consultations par semaine chez les médecins généralistes[9]. Elles constituent un motif fréquent de consultation, aussi bien parce qu'elles sont spontanément déclarées par le patient ou sa famille (73 %) que parce qu'elles sont recherchées par le médecin (27 %). Ces plaintes de mémoire suscitent des consultations en milieu rural et urbain, quelle que soit la taille de la ville d'habitation des personnes qui consultent, ce qui montre qu'il s'agit d'un motif général d'inquiétude.

Cette crainte est-elle justifiée ? Depuis 1988, en Dordogne et Gironde, un groupe d'environ 4000 personnes de plus de 65 ans est régulièrement suivi par un groupe de chercheurs Inserm au sein de l'étude PAQUID (Personnes âgées QUID) coordonnée par le Pr Jean-François Dartigues de Bordeaux. Les résultats de cette équipe font autorité dans l'épidémiologie du vieillissement cognitif et des facteurs de risque de la survenue d'une démence en général et d'une maladie d'Alzheimer en particulier. Si l'on prend en compte la dimension évolutive d'une plainte de mémoire chez des personnes âgées de plus de 65 ans, l'étude PAQUID révèle que des plaintes mnésiques ressenties au point d'être exprimées au médecin, mais s'accompagnant de tests de mémoire normaux, constituent un risque sensible d'évolution vers une démence quatre ans plus tard (risque relatif de 3,8[10]). Ces personnes sont parfaitement autonomes au moment de leur plainte mnésique ressentie et exprimée. Bien sûr, en cas de tests de mémoire anormaux, le risque de démence chez ces personnes augmente considérablement (risque relatif de 6,1). Une autre étude menée auprès de 1 883 personnes non démentes, âgées d'au moins 65 ans, a montré sur un suivi de 5 ans qu'un fort sentiment subjectif de détérioration mnésique précédait le développement d'une démence[11].

Ces résultats ne doivent pas affoler tous ceux qui se plaignent de leur mémoire, car ils prouvent simplement qu'une maladie d'Alzheimer ne s'installe pas brutalement et qu'elle est bien évidemment précédée, chez les plus de 65-70 ans, d'une phase de quelques années au cours de laquelle la mémoire présente de réelles difficultés fort éloignées des plaintes banales liées au vieillissement naturel. La plainte mnésique ne serait réellement inquiétante qu'après 65-70 ans, si elle s'accompagne d'un déclin significatif par rapport aux performances usuelles. Le point crucial est bien la notion de rupture par rapport aux difficultés habituelles et par comparaison avec son entourage. Lorsque l'on pose une question de type : « Avez-vous des problèmes avec votre mémoire ? », 65 % des personnes âgées répondent par l'affirmative alors que si l'on restreint la question à : « Avez-vous plus de problèmes de mémoire que la plupart des personnes de votre âge ? », elles ne sont plus que 9 % à répondre par l'affirmative. Une question ouverte entraîne plus de réponses qu'une question fermée : tout est donc relatif !

Quelle est la nature de la plainte mnésique banale du sujet âgé ?

L'augmentation du nombre de cas de maladie d'Alzheimer a considérablement modifié l'image de la mémoire dans l'esprit des individus. Dorénavant, les seniors (et leur entourage) s'inquiètent de leurs ratés du quotidien, paniqués à l'idée d'avoir une maladie d'Alzheimer.

À cet âge, les oublis concernent des détails de faits récents, rarement des événements entiers. Sans avoir oublié qu'ils ont dîné chez M. et Mme Martin, les seniors ne se rappellent plus si le dessert était une tarte aux pommes ou une charlotte aux pommes. Il peut aussi s'agir de l'oubli provisoire d'un nom propre ou d'une difficulté à retrouver la place inhabituelle d'un objet posé machinalement. Les personnes ne savent plus ce qu'elles viennent chercher dans une pièce alors qu'en retournant dans la pièce de départ tout leur revient. Une phrase est débutée et, soudain, c'est le trou, et il faut attendre quelques instants pour que revienne l'idée que l'on voulait formuler. On se souvient bien d'avoir raconté telle anecdote, mais on a oublié si c'est à Mme Bernard ou à Mme Dupont. L'estimation de ces difficultés est excessive et, en ce sens, elle reflète la perception subjective que l'on a du fonctionnement de sa mémoire : la plainte est le fruit blet de la métamémoire.

La plainte mnésique est ainsi devenue le reflet d'une société anxieuse, riche en malaise et exigeante envers ses membres. Malgré tout, un senior vient souvent seul en consultation de mémoire, ce qui est bon signe quant à la conservation d'une autonomie de qualité. Un interrogatoire minutieux confirme que les difficultés alléguées retentissent peu sur son autonomie et qu'il compense facilement ses oublis en utilisant sa logique ou des aide-mémoire. Une sensibilité excessive aux interférences s'observe également : le bruit ou une conversation perturbent la mémorisation. Dans d'autres situations, c'est le rappel qui pose un problème, avec l'impression d'avoir les informations sur le bout de la langue. Tantôt l'information revient avec un peu d'aide, tantôt elle revient inopinément quelques instants plus tard, ce qui démontre bien que l'information n'a pas disparu, mais qu'elle est momentanément inaccessible.

Les seniors décrivent souvent un oubli de ce que l'on vient de leur dire dans trois circonstances : l'information a été mal entendue ; l'information les motivait peu ; ils n'étaient pas très attentifs. La sélectivité de la mémoire en fonction des centres d'intérêt personnels explique ces situations caricaturales où l'époux reproche à sa femme d'oublier ce qu'il lui raconte en rentrant du sport et où, inversement, l'épouse reproche à son mari de ne plus se souvenir de ce qu'elle lui a raconté de sa partie de bridge ! La mémoire reste néanmoins très efficace dans les domaines personnels où elle a toujours été compétente ; ce sont les secteurs qui n'ont jamais été l'objet de grande passion qui demeurent des points faibles.

Les stratégies de mémorisation s'usent : l'organisation des informations est moins pertinente, la mise en relation entre elles des notions nouvelles et anciennes se fait moins, l'imagerie mentale est moins efficace d'autant plus que nombre de nos actes se font automatiquement. D'où l'oubli de l'endroit où ont été posées les clés, les lunettes…

Les caractéristiques des plaintes de mémoire des seniors sont bien compatibles avec les conséquences de l'altération des fonctions attentionnelles précédemment soulignée. Dernier point, ces difficultés peuvent s'observer dès 30-40 ans, elles seront bien évidemment accentuées par le stress, le surmenage, certains médicaments néfastes pour la concentration.

L'oubli en mémoire autobiographique

« Gandalf : J'ai oublié une bonne partie de ce que je croyais savoir et j'ai aussi appris beaucoup de choses que j'avais oubliées. »
Tolkien

« J'oublie tout le reste et je me souviens de ça. »
Jean d'Ormesson, académicien français

Le psychologue français Théodule Ribot (1839-1916) avait noté qu'en cas de lésions cérébrales responsables d'amnésie, les souvenirs anciens étaient mieux conservés que les souvenirs récents. Par analogie avec les théories évolutionnistes du naturaliste Charles Darwin (1809-1882), Ribot a développé en 1881 une théorie du vieillissement de la mémoire suggérant qu'avec l'avancée en âge, elle suivrait un chemin inverse de sa construction. Sous le nom de *loi de régression* ou de *réversion des souvenirs*, il a stipulé que les traces mnésiques formées en premier disparaîtraient en dernier puisqu'elles seraient plus stables que les traces mnésiques plus récemment formées. Le nouveau s'effacerait avant l'ancien ; le plus fraîchement organisé s'inclinerait devant le plus anciennement organisé. Cette loi de Ribot est souvent employée pour qualifier l'impression que toute personne normale (non amnésique) a de mieux se rappeler son passé lointain que son passé récent. Est-ce vrai ? Quelle en est l'explication ?

La mémoire de tous les jours : que reste-t-il de notre quotidien ?

Un déclin lent et régulier

Nous avons vu dans un chapitre précédent que, sur un mois, Hermann Ebbinghaus avait montré un déclin initialement très rapide, puis relativement stable, du souvenir de trigrammes sans signification, mais qu'en est-il des souvenirs personnels ? Deux psychologues, Marigold Linton et Willem Wagenaar, se sont utilisés eux-mêmes comme sujets d'étude. Leurs travaux ont montré que, pour des périodes supérieures à 1 mois mais inférieures à 14 ans, le déclin des souvenirs personnels était lent et régulier au fil du temps.

La psychologue Marigold Linton a évalué sa propre mémoire pendant 6 ans, puis pendant 14 ans, en tenant un journal où elle détaillait chaque jour deux événements spécifiques[12]. Tous les mois, elle tentait d'évoquer les détails de deux événements pris au hasard. Elle a constaté qu'elle rappelait facilement n'importe quel événement environ un an après sa survenue. Au-delà, la trace mnésique des événements devenait plus floue avec un déclin régulier au fil du temps d'environ 6 % par an. En fait, après cinq ans, 60 % de ses souvenirs étaient oubliés. Toutefois, ce chiffre n'était que de 40 % en cas d'événements évoqués un mois après leur survenue. Plus un événement avait été régulièrement évoqué et moins il était oublié : le renforcement de la consolidation par la répétition prévenait efficacement l'oubli. De façon surprenante, le caractère émotionnel d'un événement n'influençait ni sa conservation ni son oubli. Seule la répétition d'événements par trop similaires produisait le plus d'oublis. Sur un plan méthodologique, on peut reprocher à Marigold Linton d'avoir écarté des événements qu'elle n'a pu retrouver au premier essai et d'avoir donc réutilisé uniquement des événements déjà rappelés au moins une fois.

Le Hollandais Willem Wagenaar a, lui, noté près de 2 400 événements lui étant arrivé pendant six ans[13]. Pour chacun d'entre eux, il a indiqué son contenu (« Quoi ? »), la personne qui avait annoncé ou créé l'événement (« Qui ? »), le lieu où celui-ci s'était déroulé (« Où ? »), et, bien sûr, le moment de sa survenue (« Quand ? »). Les événements étaient également évalués selon trois indices saillants : tonalité émotionnelle agréable ou désagréable ; degré d'implication émotionnelle personnelle ; fréquence potentielle pour se reproduire. Wagenaar a constaté que l'oubli se faisait lentement : si 70 % des souvenirs étaient évoqués après une année, seulement 45 % l'étaient après cinq à six ans. L'utilisation d'indices très précis facilitait la récupération d'événements apparemment perdus : le plus efficace était le contenu (60 % de rappel efficace) ; à l'inverse, la date était très peu efficace (2 % de rappel seulement). De fait, il semble intuitivement plus aisé de retrouver un épisode en demandant : « Rappelez-vous, c'était après avoir vu *Pretty Woman* au cinéma... » qu'en demandant : « Rappelez-vous, c'était le 22 décembre 1990... » Le caractère unique et un fort contexte émotionnel favorisaient également le rappel. Les souvenirs agréables de la dernière année étaient mieux rappelés que les événements désagréables. Cet effet disparaissait ensuite, les événements agréables anciens n'étant pas mieux retrouvés que les souvenirs désagréables.

Que faire en cas d'oubli d'un événement quotidien isolé ?

Le modèle de mémoire autobiographique élaboré par Martin Conway inscrit un souvenir dans trois représentations emboîtées : les « périodes de vie », les « événements généraux » et les « détails spécifiques ».

La récupération d'un souvenir est parfois directe, automatique, sans effort, à partir d'un indice très particulier comme dans la madeleine de Proust. Dans d'autres cas, la recherche du souvenir démarre à partir de la période de vie impliquée, parcourt ensuite les événements généraux pour atteindre, enfin, la série des détails spécifiques. Inutile de préciser que cette récupération indirecte est plus longue, plus coûteuse et plus exigeante en ressources attentionnelles. L'impression est celle de dévider lentement un écheveau. Ce processus est plus efficace lorsque plusieurs personnes le partagent simultanément : c'est ainsi qu'il est plus facile de retrouver tous les détails d'un voyage ancien lorsque tout le monde essaye de s'en rappeler, chacun apportant aux autres des indices qui accélèrent la reconstruction globale du souvenir.

Dans certaines situations, le problème n'est pas de retrouver un souvenir, mais de savoir si nous avons ou pas dit telle chose à un tel moment ou si nous avons, ou pas, réalisé telle action. Dans ces situations troublantes, le psychologue Daniel Schacter suggère d'utiliser l'« heuristique[14] de distinction » : cette technique consiste à construire un modèle mental de la situation et à évaluer ensuite la probabilité d'avoir pu dire ou faire telle ou telle chose en fonction d'une représentation prototypique ou statistique. En effet, nous savons intuitivement

De l'inconvénient d'une mémoire personnelle absolue

Si la plupart des êtres humains n'ont pas une mémoire exacte de tous les épisodes de leur vie, il existe quelques individus détenteurs d'une mémoire autobiographique parfaite. L'un a été particulièrement étudié, il s'agit de l'Américain Daniel McCartney (1817-1897) qui a réussi jusqu'à sa mort à se rappeler très précisément toutes les activités de chacun des jours de sa vie. Il pouvait, par exemple, dire le menu de tous ses repas depuis l'âge de 5 ou 6 ans. Cette étonnante (et bien inutile) aptitude s'accompagnait d'une mémoire du calendrier puisqu'il pouvait donner la date exacte à laquelle il avait observé une éclipse ou indiquer immédiatement le jour de la semaine de n'importe quelle date jusqu'à son enfance. Il pouvait aussi citer n'importe quel passage des Écritures, multiplier instantanément des nombres extravagants, donner le logarithme de n'importe quel nombre, calculer les minutes et les secondes écoulées depuis une date donnée, convertir des distances en pieds et en pouces.

Une mémoire personnelle aussi singulière est-elle un avantage dans la vie ? Ce n'est pas certain. Tout se rappeler est un handicap comme l'a douloureusement vécu le Pr Alexander Aitken (1895-1967). Ce chef du département de mathématiques de l'Université d'Édimbourg a été célèbre pour son impressionnante mémoire et ses incroyables capacités de calcul mental. Il avait combattu dans le corps expéditionnaire néo-zélandais pendant la Première Guerre mondiale et servi en particulier lors de la terrifiante bataille de la Somme. Il en a conservé toute sa vie un souvenir très vivace. Alors que les souvenirs, en particulier les souvenirs déplaisants, deviennent souvent moins nets avec le temps, ceux d'Aitken au sujet de la bataille de la Somme persistaient dans leur horrible précision, aussi réels, distincts et exacts qu'au jour où il les avait vécus. Dans une sorte d'acte symbolique, l'homme a tenté d'exorciser ces souvenirs en les racontant dans un livre. Malheureusement pour lui, le succès du livre a été tel qu'il a été élu à la Royal Society of Literature en 1964…

si nous sommes susceptibles d'employer tels mots ou de réaliser tels actes. Cette méthode d'estimation de la plausibilité de nos actes est d'autant plus efficace que l'épisode dont on tente de se souvenir a dû laisser une forte trace mémorielle. Schacter conseille cette méthode aux seniors qui doutent plus souvent de leur mémoire que les jeunes. Il cite l'exemple de personnes âgées que des escrocs parviennent à convaincre de leur adresser un chèque de 600 dollars pour « compléter » un premier chèque de 2 400 dollars qu'elles auraient déjà envoyé (et qui n'a jamais été envoyé). Pour Schacter, ces escroqueries pourraient être évitées si les seniors tenaient le raisonnement suivant : « Si j'avais envoyé un chèque de 2 400 dollars, je m'en souviendrais certainement[15] ! »

Le pic de réminiscence

« Je me souviens de mon permis de conduire, je venais d'avoir 18 ans... »

Quel est notre potentiel de conservation de souvenirs personnels en fonction de leur ancienneté ? Pour l'apprécier, les chercheurs de l'équipe de David Rubin ont demandé à des volontaires d'âges différents d'évoquer leurs souvenirs personnels uniques, datés et localisés sur l'ensemble de leur vie[16].

La figure 1 ci-après[17] montre les courbes obtenues chez des personnes de 30, 50 et 70 ans, les événements étant indiqués par tranches de 10 ans. On observe que les 30 ans ont une diminution progressive du nombre de souvenirs autobiographiques : ils rapportent d'abord un grand nombre de souvenirs récents des deux à cinq dernières années vécues (partie A) ; ensuite, plus leurs souvenirs sont anciens et moins ils sont en mesure de les évoquer, jusqu'à l'absence totale de souvenirs vieux de 30 ans, ce qui correspond à leur amnésie infantile (partie B). La partie A est une classique courbe d'oubli de type Ebbinghaus.

Les personnes de 50-70 ans ont des courbes beaucoup plus intéressantes. Comme les 30 ans, elles ont de très bons souvenirs personnels récents (partie A) et une amnésie infantile marquée par l'absence de souvenirs personnels avant l'âge de 2-5 ans (partie B). Le point important est qu'elles présentent un pic, appelé *pic de réminiscence* (parties C), correspondant à des souvenirs vieux de 30 ans pour les 50 ans et à des souvenirs vieux de 40-50 ans pour les 70 ans. Aussi bien chez les 50 ans que chez les 70 ans, ces pics de réminiscence reflètent un très bon rappel des souvenirs autobiographiques vécus autour de l'âge de

20 ans. Au-delà de 30 ans, les souvenirs personnels semblent moins présents (partie D), comme s'ils correspondaient à une période de vie où les épisodes ont été plus banals. Cet affaiblissement refléterait donc la routine de nos vies, la succession d'événements identiques, de schémas qui homogénéisent nos souvenirs. Autant il est facile pour un homme de 70 ans de rapporter sa première sortie en voilier à 20 ans, autant il lui sera plus difficile de se souvenir d'une sortie en mer à 50 ans, identique à des dizaines d'autres sorties.

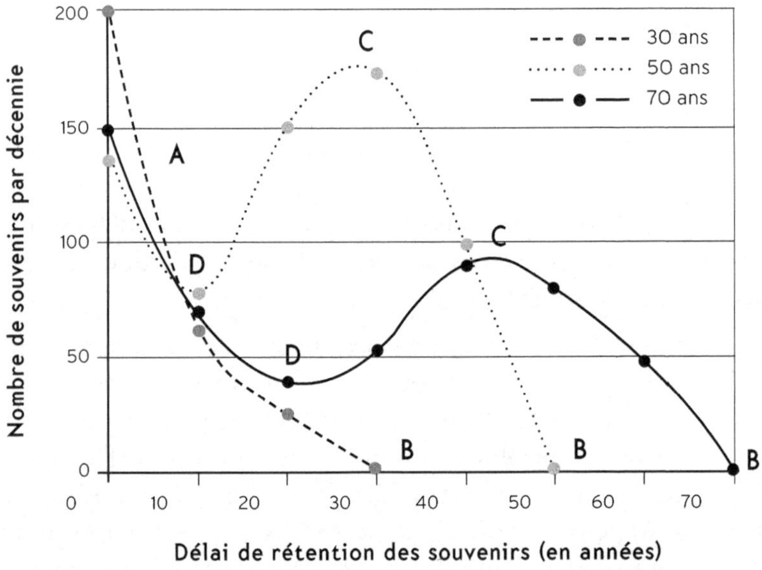

Figure 1. Fréquence de la distribution du nombre de souvenirs autobiographiques chez des sujets âgés de 30 ans, 50 ans et 70 ans

On distingue quatre parties : partie A = très bonne rétention des souvenirs récents de moins de 10 ans chez tous les sujets ; partie B = amnésie infantile chez tous les sujets ; partie C = pic de réminiscence vers l'âge de 20 ans aussi bien pour les sujets âgés de 50 ans que de 70 ans ; partie D = moindre rappel de souvenirs lors d'une période de vie où les épisodes ont été plus routiniers.

Nostalgie, quand tu nous tiens...

Le pic de réminiscence correspond à la supériorité du rappel des événements vécus entre les âges de 10 et 30 ans. Il est facile de l'expliquer. Cette période de la vie est celle où nous vivons des épisodes uniques et, donc, très marquants, dans un contexte émotionnel et affectif saillant. C'est l'époque de nos études scolaires ou universitaires, de notre premier emploi, de la construction de notre vie affective et familiale. Chaque événement est original, moins sujet à interférences, frappé d'un sceau émotionnel qui le distingue fortement des autres événements vécus. Ces événements uniques sont plus souvent ressassés, ce qui renforce leur trace mnésique. D'une certaine façon, ils sont indélébiles. Seules les personnes de moins de 30 ans ont ainsi la chance d'avoir juste derrière elles un riche canevas de souvenirs personnels, où la rétention des dernières années vécues fait immédiatement suite au pic de réminiscence.

La nostalgie du temps passé, de notre jeunesse, repose clairement sur le plus vif souvenir que nous conservons des événements de nos années d'adolescence et de jeune adulte. Le pic de réminiscence serait, d'une certaine façon, le vecteur de cette nostalgie. Si, comme le définit André Comte-Sponville, la nostalgie est le manque du passé, ce manque est d'autant plus fort que ce passé est plus inscrit, embelli en outre des attraits et des arrangements que le temps y apporte[18]. Le pic de réminiscence et l'embellissement au fil du temps de ces souvenirs anciens font de notre jeunesse passée un havre idéal et adorable dont l'évocation nous repose des mornes ou tristes réalités d'un présent moins excitant.

Les travaux de Pascale Piolino

Les courbes de la figure 1, établies à partir des réponses faites à la question : « Quels sont les événements dont vous vous souvenez sur l'ensemble de votre vie? », indiquent la quantité de souvenirs personnels spontanément rappelés par tranche de 10 ans. Elles ne mesurent pas la qualité de ces souvenirs, c'est-à-dire le nombre de détails précis rapportés avec chacun des souvenirs. Or s'il existe un estompage des souvenirs avec le temps, ceux-ci ne sont pas tous affectés de la même façon. La psychologue française Pascale Piolino a affiné la méthode d'exploration des souvenirs personnels. Elle s'est attachée dans un premier temps à différencier, au sein de la mémoire autobiographique, les événements personnels strictement épisodiques (uniques, datés, localisés) des informations générales de nature sémantique (informations personnelles générales de nature scolaire et professionnelle[19]). Elle a montré que les événements épisodiques se détérioraient davantage avec l'âge que les informations générales autobiographiques. En effet, si ces dernières déclinent rapidement sur les sept dernières années vécues, elles se stabilisent en plateau jusqu'à l'amnésie infantile (figure 2).

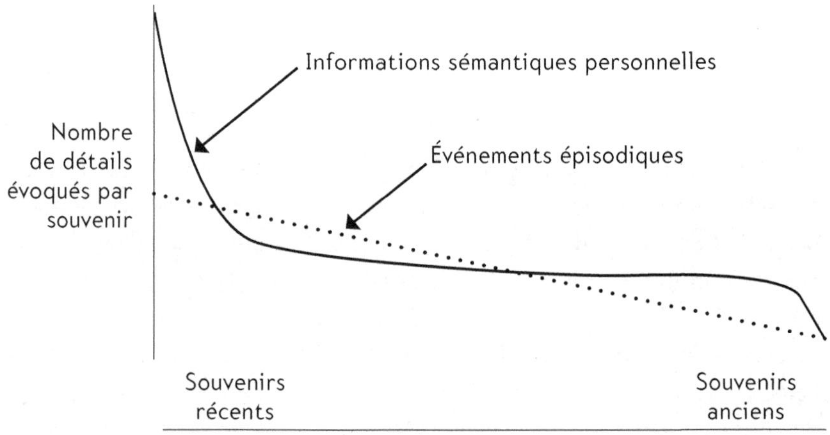

Figure 2. Comparaison entre le nombre de détails rapportés pour chaque type de souvenirs autobiographiques (événements épisodiques ou informations sémantiques personnelles)

Il s'agit d'un schéma explicatif et non d'un graphique expérimental.

L'allure de la courbe obtenue ressemble à ce qui a été décrit par Harry Bahrick sous le nom de « permastore » pour définir le devenir des connaissances au fil du temps. Pour ce qui est des épisodes autobiographiques, le protocole de Piolino évalue le nombre de détails et la précision de la localisation temporelle et spatiale rapportés pour chaque type de souvenirs en fonction de cinq périodes de vie (l'enfance et l'adolescence jusqu'à 17 ans ; le jeune adulte jusqu'à 30 ans ; l'adulte plus âgé ; les 5 dernières années ; les 12 derniers mois). Il apparaît que les souvenirs épisodiques sont moins nombreux et moins détaillés au fil du temps. Sur le long terme, les souvenirs généraux sont plus robustes que les souvenirs spécifiques dont l'évocation est plus difficile, moins exacte et moins fidèle. Les détails des souvenirs spécifiques récents sont plus susceptibles d'être correctement et fidèlement rappelés. En ce sens, on ne retrouve pas la loi de Ribot : les souvenirs personnels récents sont, qualitativement, mieux rappelés que les souvenirs anciens. En fait, le pic de réminiscence s'observe lors d'une question posée sur l'ensemble de la vie et concerne souvent des événements jugés exceptionnels sur lesquels les seniors ne fournissent cependant que peu de détails précis.

Si un événement unique, affectivement très marquant, peut rester indéfiniment inoubliable, les souvenirs généraux subsistent, mais sous une forme justement « générale » s'intégrant dans le cadre de schémas d'organisation d'événements identiques régulièrement vécus (aller au golf tous les dimanches, par exemple). Le point critique est que, dans certaines situations, illustrées par l'affaire du Watergate ou l'affaire Monica Lewinsky, certains souvenirs considérés comme spécifiques par le conseiller de la Maison Blanche John Dean ou le président Bill Clinton dérivent en fait d'impressions générales issues d'épisodes répétés.

Le souvenir des conversations : l'affaire Dean/Nixon

« Il est tellement facile d'écrire ses souvenirs quand on a une mauvaise mémoire. »
Arthur Schnitzler

Lors de l'affaire de l'Irangate, le président Ronald Reagan a déclaré en 1987 ne pas se rappeler avoir été informé ou avoir donné son accord aux ventes secrètes d'armes à l'Iran afin d'obtenir la libération des otages américains de Beyrouth et de soutenir, en outre, par ses bénéfices, la guérilla antisandiniste au Nicaragua. Reagan a été montré à la télévision demandant avec beaucoup d'humour aux membres de son équipe « L'un d'entre vous se souvient-il de ce qu'il faisait le 8 août 1985 ? » Jusqu'où peut donc aller notre mémoire d'une conversation ?

Que croire, journaux ou mémoires ?

J'ai toujours été surpris par la précision des dialogues restitués par les mémorialistes d'autrefois. Malgré un manque de perspective, l'authenticité et l'émotion des faits relatés immédiatement dans un journal écrit au quotidien s'opposent aux erreurs des mémoires rédigés plus tard, trop tard, à distance des événements, et donc soumis au risque de tricheries, d'oublis, de distorsions. Ces mémorialistes sont-ils exacts et précis, ont-ils déformé les propos qu'ils ont entendus ? L'historien a parfois la chance de pouvoir comparer les versions que différents témoins ont rapportées par écrit du même événement ou, surtout, de la même conversation. S'il est rare, mais non impossible, qu'un même incident soit à l'origine de versions contradictoires, son thème général est habituellement mentionné avec suffisamment de précision et de fidélité pour que chacun s'y retrouve en dépit de minimes divergences. Le cas d'une conversation, d'un entretien, d'un échange verbal est *a priori* plus délicat puisqu'on exige alors l'absolue exactitude du *verbatim*, c'est-à-dire la reproduction mot pour mot de la conversation. L'enregistrement audiophonique offrirait l'opportunité d'une comparaison avec le récit des protagonistes.

John Dean lors de l'affaire du Watergate

En ce sens, l'affaire John Dean est un exemple historique bien connu des spécialistes de la mémoire, mais ignoré du public français. John Dean était un des conseillers du président des États-Unis Richard Nixon. Son rôle a été central dans la tentative de dissimulation des liens entre la Maison Blanche et les cinq hommes surpris alors qu'ils posaient des micros dans les locaux du comité démocrate situés dans l'immeuble du Watergate à Washington le 17 juin 1972. John Dean a été appelé à témoigner devant la Commission d'audition du Sénat américain. Ironiquement surnommé le « magnétophone humain » par un des sénateurs[20], Dean a rapporté avec une exceptionnelle précision différentes conversations cruciales tenues dans le bureau ovale neuf mois auparavant. Sa première déposition ne faisait pas moins de 245 pages !

Interrogé au sujet de ses stupéfiantes performances, Dean a reconnu avoir toujours eu une bonne mémoire et être très rapide pour apprendre et rappeler des informations. Devant l'incrédulité d'un sénateur, il a dévoilé un truc mnémotechnique : il avait conservé des articles de presse au sujet du Watergate, articles qui lui ont ultérieurement permis de se souvenir du contenu de ses conversations avec le président Nixon puisque les entretiens qu'on lui demandait de rappeler s'étaient souvent déroulés à la suite d'articles de presse. Les ayant conservés puis relus, il s'en est servi pour reconstituer le contenu formel des conversations. Se défendant d'être un « magnétophone » capable de répéter fidèlement les moindres mots de ses entretiens avec le président Nixon, il affirmait néanmoins être en mesure de rapporter leur thème précis et des détails fiables.

Ce que personne ne savait à l'époque des auditions du Sénat, c'est que Nixon faisait systématiquement enregistrer les conversations du Bureau Ovale, enregistrements secrets qui ont été récupérés par la suite. Précisons d'emblée que John Dean n'a jamais été accusé de parjure à la suite de la comparaison des bandes et de ses témoignages et que ses dépositions ont été considérées comme reflétant globalement la vérité. Le témoignage de John Dean révélait cependant que le président Nixon était parfaitement informé des efforts de la Maison Blanche pour dissimuler son implication dans l'affaire du Watergate : il en a résulté, tout le monde le sait, la condamnation de plusieurs membres de l'entourage du président Nixon et sa propre démission avant le vote d'une mesure d'*Impeachment*.

En 1981, le psychologue Ulric Neisser (1981) a comparé le témoignage de John Dean aux transcriptions des enregistrements authentiques afin d'évaluer objectivement l'exactitude de ses souvenirs lors de sa déposition. Face à la masse de matériaux disponibles, Neisser a uniquement analysé le contenu des entretiens du 15 septembre 1972 et du 21 mars 1973, ayant eu lieu dans le Bureau Ovale entre Richard Nixon, Robert Haldeman (secrétaire général de la Maison Blanche) et John Dean[21]. Le principal enseignement de cette comparaison est le suivant : même si de nombreux détails sont corrects et qu'il témoigne en toute franchise sans intention de mentir, Dean a souvent reformulé certains passages afin de se plier à ce qu'il attendait, espérait ou pensait. Tout d'abord, il s'est octroyé un rôle beaucoup plus central, en affirmant, par exemple, que Nixon et Haldeman avaient loué son travail ou reconnu ses qualités. Il a attribué, aussi bien à Nixon qu'à lui-même, des affirmations absentes des enregistrements. Ensuite, il s'est trompé de dates, a cité des détails incomplets, voire erronés, ou bien a mentionné des détails issus de phrases voisines – tout le contenu formel de la seconde partie de l'entretien du 21 mars 1973 est, par exemple, attribué à une autre conversation. Si l'on ne s'attarde pas aux aspects formels, on note que, bien souvent, les thèmes, le contenu global et l'ambiance générale des conversations sont corrects ou permettent d'approcher la réalité objective des entretiens.

Ni totalement correctes ni totalement fausses, ces dépositions reflètent un remodelage des souvenirs. Alors que l'enregistrement prouve, par exemple, que Nixon n'a pas formellement déclaré ce jour-là être au courant des opérations de dissimulation de l'affaire du Watergate, John Dean a soutenu l'inverse dans sa déposition. L'analyse fine de la bande montre, toutefois, que Nixon ne pouvait qu'être informé, même s'il ne l'a pas explicitement dit. C'est ici que l'on peut parler de remodelage du souvenir puisque Dean formule explicitement ce qui n'avait été qu'implicite.

Finalement, le point important est de qualifier ce que nous entendons par « exactitude » d'un entretien : s'agit-il de la capacité à rappeler exactement, mot pour mot (*verbatim*), dans ses moindres détails la conversation, ou bien de la possibilité de fournir correctement la tonalité générale de cette conversation ? La position de John Dean le mettait au courant de l'attitude des conseillers de la Maison Blanche et des intentions du président Nixon : Dean a ainsi inconsciemment élaboré une vision générale des opinions et des événements. Appelé plus tard à témoigner, il a honnêtement utilisé cette base de connaissances générales pour pallier l'impossibilité de sa mémoire à retrouver l'intégralité des conversations réellement tenues. Il a fait, en toute bonne foi, une reconstitution de la réalité. Apportant de toute façon des informations nouvelles à la commission d'audition du sénat, il leur confère un réel parfum d'authenticité puisque, si rien n'est absolument juste, rien n'est totalement faux.

Dernière précision : Neisser a remarqué que John Dean se rappelait mieux ses propres paroles que celles du président Nixon, alors qu'on aurait pu imaginer l'inverse de la part d'un jeune conseiller de la Maison Blanche à l'affût des commentaires du chef de l'exécutif. Neisser suggère que Dean devait soigneusement préparer ses entretiens avec le président, voire répéter ses interventions, ce qui les a plus profondément ancrées dans son souvenir comparativement aux remarques de Nixon entendues une seule fois. Il est également connu que la mémoire est souvent soumise à des biais égocentriques : lors d'événements vécus par plusieurs personnes, chacun a le sentiment que sa part de responsabilité est plus importante que celle des autres. Notre *moi* surestime inévitablement notre contribution à une situation vécue à plusieurs. Dean n'a pu échapper à cette surestimation et son témoignage en a subi les conséquences.

EGO QUAND TU NOUS TIENS !

Après avoir obtenu une copie de l'intégralité des enregistrements de l'entretien du 15 septembre 1972, d'autres chercheurs comme Hirst et Gluck sont retournés interroger John Dean en 1999[22]. Dean pensait être responsable de 71 % de la narration des entretiens alors qu'il n'y avait contribué que pour 58 % : comme beaucoup de narrateurs, il s'attribuait rétrospectivement une plus grande part de la conversation. Si, 27 ans plus tard, Dean se souvenait toujours mieux de ses propres déclarations dans le Bureau Ovale que de celles de Nixon et de Haldeman, Hirst et Gluck ont noté que, très curieusement, il se souvenait davantage des réponses de Nixon et de Haldeman à ses propres questions que de ses propres réponses aux questions de Nixon et de Haldeman. Se produit ici un double effet égocentrique qui combine le fait que les réponses du président des États-Unis sont plus mémorables (« Quand *je* pose une question au président, voici ce qu'il *me* répond, d'autant plus que *ma* question est forcément très *pertinente* ») et le fait que Dean se souvenait mieux de ses *propres* déclarations qu'il avait préparées.

En pratique, John Dean a décrit un « contexte de faits » plutôt que les « faits du contexte ». Si notre mémoire est souvent précise, elle n'est pas toujours exacte ! Comme nous l'avons vu pour les témoignages oculaires, la très grande précision d'un souvenir ne garantit en rien son exactitude objective. Pour peu que l'on ait la musique, l'inexactitude des paroles ne pose pas de problème. Une partie de notre mémoire est une reconstruction sociale : elle est considérablement influencée par l'environnement et apparaît éminemment écologique. Notre mémoire ne voit pas les choses telles qu'elles ont été en réalité, mais telles que nous avons vécu depuis leur survenue.

La mémoire répisodique

À partir de l'histoire de John Dean, Ulric Neisser a inventé le terme de *mémoire répisodique* pour qualifier cette situation où les événements répétés se mélangent au fil du temps. À côté des mémoires épisodique (des épisodes uniques de la vie) et sémantique (des faits généraux appris plusieurs fois), Neisser insiste sur le cas particulier de la mémoire d'événements personnels similaires, plusieurs fois répétés, mais retenus comme un ensemble qui nivelle les différences de détail et construit une représentation globale de ces événements similaires. Un « répisode » n'est pas un épisode unique, mais le résultat de la répétition d'épisodes comparables : sans être faux à un niveau général, il n'est pas particulièrement authentique ; il n'est pas l'exact et fidèle souvenir d'un épisode précis : c'est la construction d'un souvenir schématique et prototypique.

Les souvenirs autobiographiques ne sont pas le récit fidèle de l'épisode vécu, mais une reconstruction s'aidant de la schématisation progressive des souvenirs récurrents. Une unique partie de golf sera rappelée avec beaucoup de précision pendant toute une vie, mais, si les parties de golf se répètent, notre mémoire conservera des aspects généraux communs, alors que s'effaceront les détails particuliers. Certains souvenirs personnels perdent ainsi le statut d'événement unique au sein de la mémoire épisodique en raison d'une schématisation qui ne retient que leurs traits communs.

Prendre ses désirs pour la réalité

Les schémas préconçus ne modifient pas seulement le souvenir rétrospectif d'une conversation ou d'un crime, ils influencent également le raisonnement et les prédictions des « experts ». Ainsi, sans entrer dans les détails, on peut rappeler que de nombreux commentateurs français prédisaient en mars 2003 que la prise de Bagdad serait longue et coûteuse. Ils obéissaient en grande partie à leur désir secret, mais pas si inconscient que cela, de voir condamnée sur le terrain des armes une intervention militaire qu'ils désapprouvaient aux plans moral et politique. Ils ont négligé de ce fait l'analyse objective des capacités opérationnelles réelles des forces armées américaines. Les schémas préconçus obscurcissent le souvenir, mais aussi l'intelligence !

Notre mémoire autobiographique est ainsi constituée de *schémas* et de *scripts*. Les *schémas* sont composés autour des structures familières d'un événement répété ; les *scripts* correspondent aux situations organisées selon des séquences déterminées de manière quasi immuable (le script du petit déjeuner, par exemple). Il ne faut pas interpréter négativement ces schémas : reposant sur les régularités de notre vie, ils nous permettent de résumer rapidement ces événements similaires. Malheureusement, ces schémas peuvent induire le rappel erroné d'épisodes qui ne se sont jamais déroulés, mais qui partagent avec eux certains détails d'épisodes voisins. Dans la vie courante, les conséquences n'en sont pas dramatiques ; elles peuvent toutefois le devenir dans un contexte judiciaire.

En définitive, comment reconstituer une conversation ?

Ainsi que chacun l'a remarqué pour soi, on se souvient aisément du thème général d'une conversation, thème à partir duquel on reconstitue ce qui ne sera qu'une probable vérité.

La tentation de recomposer

Pour rédiger les entretiens qu'il rapporte dans son livre *C'était de Gaulle* (2002), Alain Peyrefitte a eu la sagesse de mettre immédiatement au propre ses conversations avec le général de Gaulle[23]. À l'époque, ministre de l'Information, mais aussi porte-parole du gouvernement et du général de Gaulle, Peyrefitte est le seul membre du gouvernement autorisé à prendre des notes en Conseil des ministres. Il est pleinement conscient du risque à ne pas rédiger immédiatement à partir de ses notes : « J'ai été diplomate pendant dix ans et j'ai constaté que, si on ne reproduisait pas une conversation dans l'heure qui suit, le lendemain, les souvenirs se brouillent. » Le prologue de son livre débute, en outre, par cette phrase : « Je me méfie de la mémoire : elle flanche, comme dit la chanson. Je me méfie des Mémoires : ils reconstruisent le passé à leur façon. Inévitablement, ils remodèlent les souvenirs en fonction de ce qui était alors un avenir inconnaissable, mais qui est devenu entre-temps un passé trop présent. » Sage remarque que devraient suivre tous ceux désireux d'écrire leurs Mémoires...

Qu'importent les paroles, pourvu qu'on ait la musique. On retiendra que la mémoire autobiographique est modelée par des schémas ou des scripts, que le souvenir d'un épisode vécu par un individu est largement influencé par son caractère, ses désirs ou ses buts, que la mémoire d'une conversation ne peut échapper au cadre hiérarchique et à l'importance relative de l'entretien dans le contexte de la vie. Enfin, il est impossible d'espérer que l'on puisse avoir un souvenir durable et fiable d'une conversation à moins de se référer à des notes prises en cours afin de la reconstituer immédiatement.

Se rappeler les faits culturels : le *permastock* ou mémoire permanente

« Cette chronologie a la vanité de se croire exacte parce qu'elle est précise ! »
Sacha Guitry

L'explosion des connaissances

Au XIXe siècle, oubliant sans doute l'aphorisme d'Hippocrate, *Ars longa, Vita brevis*, le savant Marcelin Berthelot (1827-1907) déclarait être le dernier à maîtriser toutes les connaisssances du monde : bienheureux scientifique ! Actuellement, rien que dans le secteur médical, les connaissances doublent approximativement tous les cinq ans. Rien que dans le domaine de la maladie d'Alzheimer, plus de 40 articles scientifiques sont publiés tous les 10 jours. Il devient impossible de tout savoir, alors qu'en même temps nous exigeons toujours plus de notre mémoire. Avec une longévité qui a quasiment doublé en deux cents ans et un monde moderne qui nous submerge d'informations, notre stock de souvenirs et de savoirs potentiels est vraisemblablement multiplié par un facteur 4 à 10 (figure 3). Plus longue et trop remplie, telle est dorénavant notre vie mnésique.

Au fil de la vie, nous accumulons une quantité colossale d'informations. Il est difficile d'apprécier le volume de tout ce que nous stockons, tout comme il est impossible de prédire la capacité optimale de notre mémoire. On dit que notre cerveau aurait la capacité de stocker tous les numéros de téléphone et toutes les adresses des habitants des États-Unis… et de disposer encore de beaucoup de place ! Difficile à prouver. Il est clair que, même s'il existe nécessairement une limite physique à

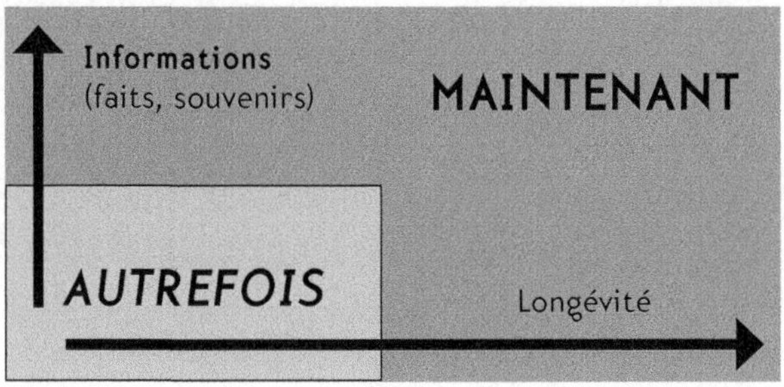

Figure 3. Les conséquences de l'accroissement simultané de la longévité et du flot d'informations sur la quantité globale de souvenirs et de savoirs potentiels

notre potentiel cérébral, des personnes de plus de 90 ans sont encore en mesure d'apprendre des informations nouvelles. Que reste-t-il dans notre cerveau de ce flot amazonien d'informations ?

Harry Bahrick : l'oubli des connaissances

« J'ai tout étudié à fond avec un ardent effort.
Et me voici, pauvre fou, Tout juste aussi avancé que naguère. »
Goethe, Faust

« Te souviens-tu, l'été dernier, de ton bal de promotion ? »

En 1975, Harry Bahrick, de l'Université de l'Ohio, récupère dans les archives d'un établissement supérieur les photographies des promotions des 50 années précédentes[24]. Il contacte les anciens étudiants du *College*. À partir des 392 volontaires âgés de 17 à 74 ans qu'il retrouve, Bahrick fait deux groupes : dans le premier groupe, les anciens étudiants doivent visualiser un visage de leur promotion, puis choisir un nom parmi 4 possibilités ; les anciens étudiants du second groupe doivent retrouver spontanément le nom de leurs camarades. Deux variables sont donc analysées ici : d'une part, le type de rappel (spontané ou par reconnaissance) ; d'autre part, le délai séparant les années de lycée.

Dans leur tâche de reconnaissance (les 4 noms possibles), les anciens étudiants du premier groupe ont eu 90 % de réussite 14 ans après l'obtention de l'équivalent de leur baccalauréat. Pour les étudiants ayant quitté le lycée depuis 25 ans, le taux de réussite était de 80 % ; il était de 75 % après 34 ans et, encore de 60 % après 47 ans d'ancienneté. Dans sa tâche de rappel libre, le second groupe a eu 60 % de réussite pour les étudiants ayant 7 ans d'ancienneté, 40 % pour ceux après 15 ans et 20 % pour ceux après 47 ans. La reconnaissance sur choix multiple montre la conservation à très long terme (47 ans) du souvenir des noms propres des étudiants d'une promotion : au fil du temps, la reconnaissance des noms sur choix multiple reste encore très efficace puisqu'elle ne passe que de 90 à 60 %. En revanche, le rappel spontané des noms est moins efficace puisqu'il passe de 60 à 20 % : si la trace mnésique est encore bien présente comme le prouve la reconnaissance, l'évocation spontanée est plus difficile. Pour Bahrick, la chute des performances 47 ans après le collège reflète le vieillissement, puisque ces personnes avaient, au moment du test, entre 68 et 74 ans.

Que reste-t-il de l'espagnol ?

Les conclusions de Harry Bahrick ne se limitent pas à la mémoire des noms et des visages. En 1984, ce même chercheur a évalué sur 733 étudiants, et avec un recul de près de 50 ans, la rétention de la grammaire et du vocabulaire espagnols appris au lycée[25]. Ces personnes n'avaient pas eu la possibilité d'utiliser ou de réapprendre leurs connaissances en espagnol. Bahrick a trouvé un déclin initial important au cours des trois premières années, déclin suivi d'un plateau pratiquement constant jusqu'à la 25e année. Ce plateau atteste qu'il est possible de se rappeler près de 60 % des mots appris dans une langue étrangère pendant 25 ans et qu'après un délai de 50 ans, on peut retrouver encore près de 40 % des mots. La chute constatée entre 34 et 50 ans plus tard est, là encore, interprétée comme étant la conséquence de l'âge.

Le *permastock*

Bahrick a désigné sous le nom de *permastock* (ou « permastore » en français) cette forme particulièrement robuste et relativement permanente de connaissances. Celles-ci déclinent rapidement lors des 6 années qui suivent la sortie de l'établissement pour se maintenir ensuite à un niveau stable et permanent pendant une durée d'au moins 50 ans. Ainsi, contrairement à une opinion commune, nous conservons très longtemps un nombre non négligeable de connaissances scolaires, sans avoir jamais l'occasion de les utiliser. Leur évocation spontanée n'est pas évidente, mais les épreuves de reconnaissance montrent qu'elles sont bien présentes. Des résultats comparables ont d'ailleurs été retrouvés par l'équipe de Bahrick pour les connaissances mathématiques (algèbre, géométrie) ou la mémoire des rues d'une ville où l'on n'est pas retourné pendant des dizaines d'années. Avec l'algèbre, une pratique supplémentaire renforce considérablement la permanence des traces des connaissances arithmétiques pour en rendre quasiment stables près de 90 % à très long terme. N'oublions pas un élément fondamental : ces noms propres et ces connaissances ont été appris entre 18 et 22 ans, c'est-à-dire à un âge où l'efficacité de la mémorisation est encore remarquable.

Noms propres et noms communs : le mot sur le bout de la langue

« Les gens qui me servent, il faut que je les appelle par le nom de leur charge ou de leur pays, car il m'est très malaisé de retenir des noms. »
Montaigne (1533-1592)

« Ici, vous portez le nom de votre maître ! »
Gosford Park *(2001), film de Robert Altman*

Banal et fréquent, le manque du mot...

Tout le monde connaît ce texte délicieusement chanté par Jeanne Moreau :

« J'ai la mémoire qui flanche
J'me souviens plus très bien
Quel pouvait être son prénom
Et quel était son nom. »

Il m'arrive souvent d'avoir la même faiblesse et je me surprends à tenir la réflexion suivante lors de ma consultation à l'hôpital : « Comment s'appelle déjà ce couple dans la salle d'attente ? Ce n'est pas la première fois qu'ils viennent me voir. Je sais qu'ils m'ont envoyé une carte postale de Grèce. Je vois très bien le scanner qui montre un accident vasculaire cérébral responsable de l'aphasie de ce patient, je me souviens qu'il s'agit d'une aphasie assez rare, l'aphasie de conduction. Mais quel est leur nom ? »

Depuis longtemps je ne suis plus angoissé par le *manque du mot*, cette incapacité à retrouver instantanément un nom propre ou un nom commun. À partir de 30-40 ans, ce petit raté est très banal, pour ne pas dire « normal ». Il donne lieu à de nombreuses anecdotes, en voici deux.

Histoires vraies

Un de mes amis m'a rapporté le dialogue suivant survenu alors qu'il croisait sur un quai de gare un de ses collègues, assez âgé, et que ce dernier ne retrouvait pas son nom :

« Bonjour, comment t'appelles-tu déjà ?

— Jacques O...

— Oui, bonjour Jacques, mais bien sûr ! Comment tu as dit déjà ? »

Un de mes patients de plus de 70 ans m'a raconté l'anecdote suivante : « Alors que je me promenais, j'aperçus sur le trottoir d'en face une personne que je connaissais, mais, malheureusement, son nom ne me revenait pas. Cet homme m'ayant également reconnu, j'étais bien obligé de traverser la rue pour m'entretenir avec lui. Face à lui, je lui ai dit un peu embarrassé : "Je suis vraiment confus, je ne me souviens pas de votre nom", pour m'entendre répondre : "Pour ne rien vous cacher, moi non plus !" »

▸ **La difficulté à se rappeler les noms propres est l'une des plaintes les plus fréquentes** que l'on entend lors d'une consultation de mémoire de la part de nombreux seniors persuadés de présenter les prémices d'une maladie d'Alzheimer. Cette plainte concerne le plus souvent des noms de personnes mais aussi des noms de lieux ou des titres d'œuvres artistiques. À partir d'un certain âge, il est en effet très fréquent, et très banal, d'avoir du mal à retrouver des noms propres alors que les noms d'actions, d'animaux ou d'objets (justement dits « noms communs ») sont plus faciles à évoquer. Dans tous les cas, la personne est reconnue, son métier est évoqué, différents souvenirs la concernant sont rappelés sans peine.

Avec l'avancée en âge, l'oubli affecte aussi les noms communs. Devant le dessin d'un objet, j'ai entendu une fois une personne dire : « Ça finit par –ette, on joue avec au tennis. Si je tirais la langue, ce serait écrit dessus ! » Cette personne savait bien dans quel contexte précis était utilisé cet objet, elle connaissait la caractéristique terminale du mot, sa rime. Sur un choix multiple de plusieurs noms d'instruments sportifs (ballon, raquette, club, arc, rame), elle a immédiatement désigné la raquette.

C'est justement par l'expression « phénomène du mot sur le bout de la langue » que la littérature scientifique a décrit l'impression ressentie lorsque l'on est sûr de connaître un mot recherché sans pouvoir le restituer[26]. Ce phénomène est fréquent en cas de stress, de fatigue et, bien sûr, en prenant de l'âge. L'impression ressentie est exaspérante tant le mot semble à portée de « neurones » (plutôt qu'à portée du bout de la langue, si l'on veut être plus scientifique !). De ce mot tout proche, nous pouvons indiquer sa première lettre ou sa première syllabe, sa syllabe terminale, sa longueur. Le sens est bien connu au point de pouvoir le décrire ou d'en expliquer le sens ou l'usage par une phrase. Si l'on demande de donner des mots de sonorité voisine, les réponses coïncideront dans 49 % des cas avec la première lettre des mots recherchés et à 48 % avec le nombre de syllabes.

Minimum une fois par semaine

On sait aujourd'hui qu'un individu moyen subit cette expérience désagréable du « mot sur le bout de la langue » au moins une fois par semaine, cette fréquence augmentant nettement avec l'âge[27]. Le taux de réussite de la récupération du mot est d'environ 50 % au cours des deux première minutes. L'identification de la première lettre est correcte dans 50 à 70 % des cas. Le nombre exact de syllabes est estimé sans erreur dans 47 à 83 % des cas.

Les estimations les plus réussies concernent principalement les noms propres d'une à deux syllabes. Il est fascinant de constater que ce phénomène est la démonstration de nos capacités de métalangage : nous savons que nous connaissons ce mot, nous en possédons la première lettre, le nombre de syllabes et la sonorité terminale ! Plus ce sentiment de connaître est fort et plus le mot sera retrouvé rapidement.

Parfois, un mot-écran (ou mot intrus) vient malencontreusement à l'esprit : ce mot erroné, familier, souvent proche par le son ou le sens (« allumette » pour « bicyclette », par exemple), s'interpose et bloque l'accès au mot désiré. Inutile de s'entêter, mieux vaut attendre son retour spontané. Ce blocage sera parfois levé en recherchant le mot réel dans un dictionnaire ou en demandant l'aide d'autres personnes.

Pourquoi les noms propres sont-ils si difficiles à rappeler ?

« Les mots ne conserveront pas un éclat et un crédit éternel. »
Horace

Les noms propres sont appris tout au long de la vie, et en grande quantité

Les noms propres ne sont pas seulement plus difficiles à retrouver mais aussi à mémoriser. Contrairement aux noms communs qui sont appris dès la petite enfance et ensuite répétés des milliers de fois, les noms propres sont appris plus tardivement et tout au long de la vie. Alors que nous sommes confrontés tout au long de notre vie à de nouveaux noms propres à apprendre, le nombre de noms communs appris après l'âge de 25 ans est extrêmement réduit. Nous apprenons peut-être quelques dizaines de nouveaux noms communs chaque année et chacun d'eux, correspondant à un objet bien identifiable ou à un concept bien précis, sera répété très souvent : c'est ainsi que se sont progressivement implantés dans notre vocabulaire les mots « ordinateur », « Internet », « CD-Rom ». Plus récemment, dans les dictionnaires, ont été ajoutés des termes comme « vintage », « vibrion », « résilience », « bobo », « aguichage », « nicnac », « taïkonaute », « fleurissement », « cliquable », mais aussi « meuf », « keuf », « teuf » et « kiffer ».

À l'inverse, un nombre beaucoup plus considérable de noms propres nous assaillent : nouvelles personnalités politiques, nouveaux acteurs, nouveaux membres de la famille, nouveaux voisins, nouveaux collègues. Imaginez la situation de l'enseignant du secondaire obligé chaque année d'apprendre 120 à 200 nouveaux noms propres. Imaginez ma propre situation de médecin confronté tous les ans à un nombre élevé de nouveaux noms propres, au minimum 300 nouveaux patients, sans compter collègues et étudiants. Cependant, même un nom propre connu depuis longtemps sera difficile à retrouver parce que les indices qui s'y rattachent sont plus ténus et plus fragiles, parce que l'étiquette verbale d'un nom propre a la caractéristique d'être unique, parce que la fatigue ou le stress rendent plus lente la recherche de ces mots plus difficiles.

Un statut linguistique différent

Les noms propres sont plus complexes que les noms communs : ils sont plus longs en moyenne (« Charles de Gaulle » est plus long que « château »), moins fréquemment utilisés (« Jeanne Moreau » est moins employé que « chanson »), plus compliqués (« Tamara de Lempicka », « Shakespeare », etc.). Lorsque Barack Obama s'est lancé dans la course à la Maison Blanche, il devait épeler son nom aux journalistes tant il leur semblait étrange. Pour certains, l'association mentale est très forte entre le prénom et le nom de famille : pour vous en convaincre, tentez l'expérience de raconter que vous avez vu le dernier film d'Allen, vous découvrirez que personne ne comprendra que vous faites allusion au cinéaste Woody Allen. Et pourtant, existe-t-il beaucoup de cinéastes nommés Allen ?

Si, au plan grammatical, les noms propres sont bien des noms et des mots, leur nature sémantique diffère de celle des noms communs. Un nom commun qualifie une classe d'objets : le mot « porte », par exemple, s'applique à des millions d'objets ayant des caractères communs et des attributs essentiels limités. Un objet se définit ainsi par sa fonction et son usage et rien ne distingue un objet d'un autre si ce n'est un qualificatif d'appartenance : « C'est la porte de mon appartement. » À l'inverse, un nom propre n'a pas de sens même s'il appartient parfois à une catégorie donnée lorsqu'il spécifie un objet géographique au sein d'une classe : le « Rhône », la « Loire », la « Seine » sont des fleuves, mais le « Rhône » pourrait tout aussi bien s'appeler le « Ranulf ». Un nom propre qualifie également une personne particulière : « Greta Garbo » est une actrice suédoise ayant joué la reine Christine et Ninotchka ; elle fut surnommée « la Divine » ; c'était une amie de Cecil Beaton ; elle a interrompu prématurément sa carrière cinématographique, etc. Ainsi, Greta Garbo est spécifiquement individualisée au sein du groupe des femmes et du corps social des actrices. Bien sûr, quelques noms propres issus de noms communs seront porteurs d'un certain sens comme pour le général Boulanger, mais l'organisation cognitive du nom propre « général Boulanger » et celle du nom commun « boulanger » seront malgré tout différentes. Tout au plus disposons-nous dans ce cas d'un moyen mnémotechnique comme lors d'un nom propre à connotation vulgaire, source de ricanements à l'école, qui peut amener son porteur à demander un changement officiel d'état civil…

- **Enfin, si certains objets peuvent être désignés par plusieurs noms communs, un nom propre ne possède pas de synonymes, sauf lors de très rares exceptions.** La fonction très spécifique d'une personnalité peut être considérée comme une sorte de synonyme de son nom : il est clair que de 1958 à 1969, on pouvait en France utiliser indifféremment « de Gaulle », « Charles de Gaulle », « le général », « le président », « le chef de l'État ». Au Royaume-Uni, on dit autant « la reine » que « la reine Elizabeth ». Ces substitutions ont toutefois une limite très stricte dans le temps et l'espace; elles n'ont de réalité que du vivant de ces personnalités et encore uniquement dans leur pays puisque le terme « la reine » s'applique à d'autres souverains d'Europe.

Une organisation cérébrale différente

L'organisation cérébrale anatomique et fonctionnelle différente des noms propres et des noms communs explique que l'activation d'un nom propre recherché est plus faible et donc plus fragile. Les différentes connaissances autour d'un nom commun renvoient toutes à ce mot : ainsi « C'est volumineux », « A une trompe », « A deux défenses en ivoire », « Est réputé pour sa mémoire », « Hannibal leur a fait traverser les Alpes » activent toutes le mot « éléphant ». Si un lien est indisponible (comme « a une trompe »), les autres liens accèdent néanmoins à l'étiquette correcte du mot commun « éléphant ». Les blocages sur les noms communs sont ainsi plus rares que pour les noms propres.

Maintenant, si votre voisin se nomme « M. Éléphant », il existe un nœud identitaire sur lequel vont converger les informations le concernant (« C'est mon voisin », « Il est postier », « Il a trois enfants », « Il est sportif »…), et c'est à partir de ce nœud identitaire que se fait l'accès à l'étiquette du mot « M. Éléphant ». Si les blocages sur les noms propres sont plus fréquents, c'est que ces nœuds d'identité personnelle constituent un goulet d'étranglement facilement inhibé. Un excès d'informations accentue le blocage et une question trop riche, trop redondante rend plus nette l'impression de mot sur le bout de la langue en dispersant inutilement la recherche. Paradoxalement, la question : « Qui a écrit *Les Fourberies de Scapin* ? » est plus facile que la question « Qui a écrit *Les Fourberies de Scapin*, a été protégé par Louis XIV, a épousé Madeleine Béjart, est mort sur scène après une représentation du *Malade imaginaire* ? » Étrange, n'est-ce pas ?

Avec ou sans synonyme

L'exemple le plus notable d'un synonyme absolu pour un nom propre est Mona Lisa et la Joconde. Les acteurs investis par le public dans un rôle très célèbre constituent d'autres exemples exceptionnels : Charlie Chaplin pour Charlot (mais il y a une proximité de sons entre le nom de l'acteur et celui de son personnage), Elizabeth Taylor et Cléopâtre, Harrison Ford et Indiana Jones.

Cet amalgame a ses limites, car s'il ne serait pas faux de répondre « Indiana Jones » devant une photographie d'Harrison Ford tirée des *Aventuriers de l'arche perdue*, cette réponse serait bien sûr erronée face à une photographie d'Harrison Ford dans *Star Wars*. Une même personne a été connue pendant une partie de sa vie sous son nom de « Bonaparte » et ensuite sous son prénom de « Napoléon », mais c'est un cas rarissime et appeler « Bonaparte » le personnage couronnant en 1804 l'impératrice Joséphine sur le tableau de David constitue quand même un anachronisme... de cinq années.

Pour les noms communs, c'est tout à fait autre chose. L'emploi d'un synonyme ou d'un mot proche peut discrètement masquer un manque. C'est ainsi qu'il n'y a pas de raison de se formaliser d'entendre dire « voiture » pour « automobile ». Dans d'autres situations, des erreurs d'emploi comme « stylo » au lieu de « crayon », ou bien « lavabo » au lieu d'« évier » sont considérées comme acceptables et n'entravent que peu la communication entre deux individus. En revanche, vous en conviendrez, il est socialement inacceptable d'appeler Bertrand par le prénom de son frère Renaud...

Que faire ?

« Souvenez-vous bien de ce nom-là,
car vous n'en entendrez plus jamais parler ! »
Henri Jeanson, dialoguiste

Le très célèbre neurologue parisien François Lhermitte, réputé pour ses travaux sur la mémoire, avait coutume d'interdire à son épouse de rester près de lui lors des réunions mondaines auxquelles ils assistaient ensemble de crainte de devoir lui présenter tous ceux qui viendraient le saluer… et dont il ne retrouverait pas le nom ! Quant à Benjamin Disraeli (1804-1881), Premier ministre préféré de la reine Victoria, lorsqu'il ne retrouvait pas le nom d'une personne qui s'adressait à lui, il avait coutume de dire au bout de 15 secondes de recherche infructueuse : « Et où en est votre vieille doléance ? », ce qui lui permettait de sauver temporairement la situation. La plupart des trucs conseillés pour retrouver un nom propre « égaré » sont peu efficaces en pratique, car ils devraient avoir été construits lors de la phase initiale de leur mémorisation. Lorsqu'à partir d'un certain âge, la difficulté de rappel des noms propres s'accentue, il est possible de créer systématiquement des astuces de mémorisation des nouveaux noms propres. Pour donner un exemple personnel, si vous n'avez jamais remarqué que mon nom « Croisile » pouvait se décomposer en deux noms communs « croix » et « île », dont il est facile de se faire une image mentale visuelle, il y a peu de chances que pour le retrouver vous utilisiez spontanément ces images. Très souvent, nous n'utilisons aucun truc de mémorisation d'un nom propre parce que nous ne pensons pas qu'il nous sera un jour difficile de le retrouver. Sans astuce initiale de mémorisation, il y a peu de chances de récupérer le nom propre. Pour mieux retenir les noms propres, on peut : énoncer à voix haute les noms ; répéter les noms dans la conversation en appelant les personnes en question ; trouver une rime avec un autre mot ; construire une image mentale à partir du nom ou du visage.

Plus difficile encore est l'apprentissage des noms propres étrangers qui sont totalement inconnus de notre lexique ou bien dont la consonance atypique rend plus difficile la mémorisation. Je vois assez régulièrement des enseignants pour ce type de problème qui est source d'un grand malaise face à des enfants qui ne supportent pas que leurs prénoms soient déformés, voire non retenus. Au début du XXe siècle, une classe ne comportait qu'un ou deux enfants d'origine étrangère, l'instituteur

ATTENTION AUX TÉLESCOPAGES !

Il est rare que l'on ait le courage de réaliser rétrospectivement ce travail pour des noms propres déjà connus, d'autant que l'on a du mal à imaginer qu'un matin nous échappera le nom de cette Mme Martin que nous croisons quotidiennement depuis vingt ans. En outre, certains moyens mnémotechniques peuvent se retourner contre nous comme l'illustre l'anecdote suivante que m'a racontée une amie : son grand-père a beaucoup de peine à retrouver le nom d'une voisine, Mme Mélo. Pour l'aider, son fils lui suggère de penser à « méli-mélo ». Fort de ce moyen mnémotechnique, il se précipite un matin vers cette voisine et la salua d'un vibrant : « Bonjour Madame Couça ! » – par analogie inconsciente avec l'expression couci-couça...

mettait un point d'honneur à apprendre leurs noms malgré des orthographes parfois difficiles (tchèque ou polonaise). Actuellement, les classes comportent un nombre beaucoup plus élevé d'élèves dont les prénoms ou les noms de famille sont moins stabilisés dans le lexique de base des noms propres des professeurs des écoles. Ce nombre plus élevé rend plus ardue leur mémorisation malgré le désir de l'enseignant de bien les retenir. Sachant toutefois que ces noms sont plus difficiles à mémoriser, il est plus facile de mettre systématiquement en place des astuces. J'ai vécu un tel problème lors d'un séjour en Grande-Bretagne où j'étais reçu par un chercheur statisticien d'origine pakistanaise prénommé Saghir. C'était la première fois que j'entendais ce prénom et, pendant plusieurs heures, je ne suis pas parvenu à le mémoriser jusqu'à ce que je fasse l'association mentale entre « Saghir » et « sagaie ». Par la suite, chaque fois que j'ai eu besoin d'utiliser le prénom de ce collègue, l'image de la sagaie s'est imposée à mon esprit, me permettant de retrouver Saghir.

Âges et mémoires

« C'est les jeunes qui se souviennent. Les vieux, ils oublient tout. »
Boris Vian

Reprenons certains points. Les modifications de la mémoire liées à l'âge ne relèvent pas d'un mécanisme univoque. Plusieurs explications doivent être envisagées. Avec l'âge, les ressources de traitement de l'information diminuent. Les mécanismes constitutifs de la mémoire de travail ne changent pas fondamentalement, les sujets âgés mettent en œuvre les mêmes processus que les jeunes mais plus lentement, avec moins d'exactitude et une plus grande sensibilité aux informations concurrentes non pertinentes. Cette altération qualitative de la mise en route et de l'exécution de la mémoire de travail aboutit à des différences quantitatives entre jeunes et seniors. Cela n'est néanmoins pas suffisant pour tout expliquer. Dans le domaine de la mémoire à long terme, les personnes âgées traitent moins profondément les informations à mémoriser : il leur est plus difficile de construire spontanément une image mentale du matériel à apprendre car cette opération élaborée est plus coûteuse en ressources cognitives. Les seniors emploient moins souvent et moins efficacement certaines stratégies mnésiques et les enseignements de leur métamémoire. Enfin, la recherche délibérée d'une information est plus difficile à réaliser : les seniors n'oublient pas, ils retrouvent mal une information enfouie mais disponible puisqu'elle est reconnue parmi d'autres ou qu'elle revient à l'aide d'indices.

Pas assez rapides pour traiter comme autrefois, c'est ainsi que l'on peut résumer le cadre des difficultés cognitives liées à l'âge. La mémoire en subit les conséquences, mais également la compréhension, le raisonnement, la résolution de problèmes, toutes activités exigeantes en ressources attentionnelles. La mémoire implicite, la mémoire des habitudes automatisées et la mémoire procédurale des gestes sont également conservées. Le risque avec l'âge est finalement de rester prisonnier des schémas inconscients dictés par la commodité et profondément ancrés tout au long de la vie. L'ancien est rassurant, la nouveauté inquiète, car elle exige plus de capacités adaptatives.

En dépit d'un début précoce vers la trentaine, la diminution de l'efficience cognitive est plus remarquée vers 60-70 ans. Ce déclin est caractérisé par une considérable variabilité individuelle liée à l'éducation, au mode de vie, à l'entretien cognitif, à la qualité de la nutrition, au stress et aux agressions psychologiques, aux microlésions cérébrales vasculaires. Il est naturel que ce déclin inquiète. Il faut le relativiser. Même si elle a perdu de sa rapidité et de son acuité, l'intelligence du senior est présente, ce qui lui permet de pallier la gaucherie de sa mémoire et de poursuivre longtemps une œuvre créatrice. C'est ainsi que Voltaire a écrit son dernier livre *Agathocle* à 85 ans, que Darwin a rédigé son dernier essai (sur les lombrics) à 72 ans, que Verdi a composé son dernier opéra *Falstaff* à 80 ans et que Winston Churchill est devenu Premier ministre pour la première fois en 1940… à 65 ans.

Au fil de la vie, la mémoire remplit différents rôles. L'enfant cherche à apprendre afin de développer toutes les facettes de son intelligence. L'adulte essaye ensuite de conserver et d'utiliser sa mémoire dans des cadres professionnels et sociaux. Enfin, la personne âgée tente de retrouver ce qu'elle sait – mais cette dernière sait beaucoup ! Sans reprendre le cliché du vieillard et de la bibliothèque, il est indéniable qu'un sujet âgé est un réservoir inépuisable de savoirs et de souvenirs qui s'accroît régulièrement avec l'âge. Il est donc paradoxal et scandaleux de constater que le senior, qui finalement sait le plus, est socialement dévalorisé par rapport à ceux qui sont dans le processus de constitution du stock de leurs connaissances.

L'ESSENTIEL

- La vieillesse n'est pas une maladie, mais elle favorise la survenue de maladies (on ne meurt pas de vieillesse, mais de maladie).
- Avec l'âge diminue la capacité de mise en place spontanée de stratégies efficaces d'apprentissage ou de récupération spontanée des souvenirs.
- Les acquis culturels, les souvenirs très anciens ou les habiletés gestuelles ne sont pratiquement pas affectés par le vieillissement.
- Les souvenirs épisodiques anciens sont moins nombreux, moins détaillés et moins bien rappelés que les souvenirs récents.
- Les seniors perdent surtout confiance en leurs compétences mnésiques.
- La mémoire répisodique correspond aux événements personnels similaires répétés aboutissant à des souvenirs schématiques.
- Le *permastock* est une forme robuste et permanente d'un fonds de connaissances maintenu pendant très longtemps en mémoire à long terme.
- Le mot sur le bout de la langue est une manifestation banale du vieillissement.

4

« Madame, vous avez la maladie d'Alzheimer.
— Ça m'étonnerait! »

Joséphine, 77 ans, patiente

Alors qu'en dépit d'oublis naturels et de quelques infidélités agaçantes, la mémoire avance tranquillement au fil de notre vie, elle est malheureusement susceptible de subir de terrifiants coups de blizzard. L'hiver de la mémoire est du registre médical, en ce sens qu'il relève de maladies qui affectent certaines régions cérébrales. Des amnésies peuvent ainsi brutalement nous affecter à la suite d'accidents vasculaires cérébraux, de tumeurs cérébrales, de traumatismes crâniens, d'encépha-

L'hiver de la mémoire

lites[1]. Sans être inéluctable, une amnésie rend plus cruelle l'avancée en âge, car elle guette un certain nombre d'entre nous à la fin de notre vie : c'est l'amnésie de la maladie d'Alzheimer. La maladie d'Alzheimer est la plus connue, la plus fréquente des maladies neurologiques, celle par qui l'inquiétude et le malheur arrivent, celle dont l'évolution irréversible impose à l'entourage des patients le spectacle insoutenable de l'effacement progressif de la mémoire d'un être aimé.

Lorsque la mémoire disparaît : les amnésies

> « On le sent, quand la mort approche. On commence à se souvenir de sa vie au lieu de la vivre. »
>
> Cameron DUNCAN (1986-2003), cinéaste néo-zélandais

Qu'est-ce que l'amnésie ?

La première maladie de la mémoire décrite dans l'Histoire est peut-être celle de la grande peste d'Athènes rapportée par Thucydide (465-395 av. J.-C.) en 428 av. J.-C. dans son *Histoire de la guerre du Péloponnèse* : « [Certains], aussitôt guéris, n'avaient plus dès lors souvenir de rien, oubliaient leur personnalité et ne reconnaissaient plus leurs proches. » Cette grande « peste » a rétrospectivement l'allure d'une épidémie d'encéphalite amnésiante (infection cérébrale affectant les régions de la mémoire[1]). Pline l'Ancien (23-79) décrira plus tard des cas d'amnésie comme celui d'un homme qui, après être tombé d'un toit, avait oublié sa mère, ses parents et ses amis. Une vraisemblable contusion hémorragique cérébrale devait être responsable de cette amnésie. Ni Thucydide ni Pline n'étaient cependant des médecins et leurs descriptions manquent de données essentielles.

Contrairement à l'oubli naturel, l'amnésie est une condition pathologique au cours de laquelle des difficultés objectives au quotidien s'accompagnent d'une diminution significative des performances aux tests de mémoire lorsque les résultats du patient sont comparés à ceux des témoins équivalents en âge, genre et niveau socio-éducatif. Il n'est pas toujours nécessaire que le patient se plaigne lui-même et, bien souvent, plus un patient est amnésique, moins il en est conscient.

Les trois types d'amnésies

On oppose formellement les plaintes de mémoire (souvent subjectives) et les troubles de mémoire (toujours objectifs).

Les amnésies surviennent dans les conditions suivantes :

1. Présence de lésions au niveau d'une région cérébrale intervenant dans les processus de mémoire (tumeur, hémorragie ou infarctus, maladies inflammatoires ou infectieuses, traumatismes crâniens, maladies dégénératives...).
2. Syndrome confuso-amnésique à la suite d'un dysfonctionnement global transitoire par un traitement (psychotropes) ou un trouble métabolique.
3. Amnésies fonctionnelles (psychiatriques) résultant d'un dysfonctionnement des circuits de mémoire à la suite d'un événement personnel traumatisant.

Toute lésion siégeant dans une structure cérébrale participant au fonctionnement de la mémoire est ainsi susceptible d'entraîner une amnésie dont l'intensité et la durée varient selon la cause. Des amnésies sont temporaires, soit spontanément comme dans l'ictus amnésique ou lors de la prise de médicaments, soit après récupération ou rééducation de certains accidents vasculaires cérébraux ou traumatismes crâniens. D'autres amnésies sont définitives comme celle de la maladie d'Alzheimer.

La mémoire étant plurielle, les amnésies sont inévitablement multiples. L'amnésie peut porter sur l'apprentissage, le stockage ou le rappel des informations. La plupart du temps, les amnésies neurologiques affectent la mémorisation des informations nouvelles (amnésie antérograde). Selon que la lésion siège dans les deux hémisphères cérébraux ou dans un seul et, dans ce cas, selon qu'elle est dans l'hémisphère gauche ou droit, les conséquences ne seront pas les mêmes. Une amnésie par lésion d'un seul côté du cerveau sera moins intense et plus transitoire qu'une amnésie par lésions des deux côtés qui sera toujours sévère et définitive, sans espoir de récupération même avec l'aide d'une rééducation. Une amnésie d'installation brutale (ictus amnésique, accident vasculaire cérébral, traumatisme crânien) est immédiatement perçue par l'entourage du patient alors qu'une amnésie progressive comme celle de la maladie d'Alzheimer passe inaperçue pendant plusieurs mois.

Première amnésie neurologique : le syndrome de Korsakov

Dans le domaine de la neuropsychologie, un cas unique peut avoir une importance considérable. En 1848, l'Américain Phineas Gage a accidentellement le crâne traversé par une barre à mine : ce sont les modifications de son comportement observées à la suite des lésions subies par ses lobes frontaux qui ont permis de comprendre leur rôle capital dans l'initiative et l'adaptation sociale. En 1861, c'est à partir de l'autopsie du patient Leborgne que Paul Broca a l'intuition que les fonctions du langage sont localisées dans une zone particulière du lobe frontal gauche. Une partie importante de nos connaissances médicales sur la mémoire est également issue de l'observation des amnésies neurologiques. De ce point de vue, le syndrome de Korsakov a constitué une étape fondamentale dans notre compréhension de la mémoire.

Chroniques des buveurs de vodka

La première amnésie neurologique décrite scientifiquement est rapportée en 1887-1889 par le médecin russe Sergueï Korsakov (1853-1900) chez 45 patients, soit alcooliques chroniques, soit dénutris, soit affectés de vomissements importants. Ils présentent tous une sévère amnésie antérograde, c'est-à-dire une difficulté à mémoriser les événements nouveaux : autrement dit, ils oublient instantanément ce qu'ils viennent de faire, de lire ou d'entendre. Korsakov souligne cependant l'efficacité remarquable de certains patients aux jeux de cartes, d'échecs ou de dames, jeux qu'ils peuvent gagner, tout en oubliant leur victoire deux minutes plus tard. Les jugements de ces patients révèlent de l'esprit et de la sagacité, et leur raisonnement est intact pour peu qu'il n'exige pas de retenir des consignes trop longues. Cette amnésie antérograde résulte de la défaillance du processus de mémorisation combinée à des difficultés de rappel.

Les patients atteints de syndrome de Korsakov ont également une amnésie rétrograde : il leur est impossible d'évoquer leurs souvenirs vécus plusieurs années, voire vingt ou trente ans avant le début de la maladie. Ces oublis concernent aussi bien leur vie personnelle que des faits sociaux, historiques et politiques survenus pendant cette période. En revanche, ce qui a été appris dans l'enfance et la vie d'adulte jeune ne pose aucun problème, qu'il s'agisse de souvenirs personnels, d'apprentissages professionnels ou de connaissances didactiques (langage, géographie, histoire). Il existe donc ce qu'on appelle un gradient temporel : les souvenirs récents sont fragiles, alors que les souvenirs anciens sont plus robustes.

Cette amnésie massive s'accompagne de confabulations. Lors de la phase aiguë du syndrome, les patients peuvent fabuler, c'est-à-dire raconter des souvenirs erronés. Contrairement à ce qui était imaginé autrefois, ces fabulations ne sont pas un « bouche-trou » destiné à masquer l'amnésie. Il s'agit souvent d'éléments véridiques, mais télescopés, déplacés, enlevés de leur place chronologique, ce qui aboutit à un pêle-mêle anarchique : la réalité n'est reconnue que si l'entourage du patient est là pour confirmer certains épisodes réels, mais dont l'intrusion aberrante est analysée comme cocasse par les équipes soignantes. À côté de ces fabulations liées aux troubles de l'ordonnancement chronologique des souvenirs vécus et qui sont des sortes de « mensonges honnêtes », surviennent parfois de réelles inventions, délire imaginatif où rien ne paraît pouvoir être réellement attribué au passé du patient.

Les fausses reconnaissances sont souvent provoquées par des demandes d'identification : « Connaissez-vous la personne à côté de votre lit ? » Les patients sont alors persuadés d'avoir voyagé ou d'être sortis la veille avec celui ou celle qu'ils voient près d'eux et qu'ils croient à tort reconnaître. Précisons que ces personnes faussement reconnues ne sont que rarement de vrais inconnus : il s'agit souvent du personnel soignant ou d'autres malades hospitalisés. Le patient atteint de syndrome de Korsakov ne les reconnaît pas en tant que tels, mais la familiarité inconsciente qu'il a conservée de ces rencontres leur attribue une fausse identité puisée dans un stock de souvenirs passés. Ces fausses reconnaissances sont du même registre que les fabulations : il s'agit de l'insertion d'un individu entraperçu auparavant dans une construction imaginaire qui utilise des souvenirs et des personnages passés et actuels, véritables personnages en quête de récits.

D'étonnantes capacités de mémoire résiduelle

Les patients présentant un syndrome de Korsakov ont des capacités inconscientes de mémorisation des informations du quotidien. Ils peuvent ainsi lire le journal et, trois minutes plus tard, avoir tout oublié, aussi bien le contenu du journal que le fait de l'avoir lu. En revanche, certaines questions posées par le médecin révèlent des réponses correctes en relation avec le contenu du journal. Korsakov avait déjà noté l'existence de ces capacités résiduelles : « Bien que le malade n'ait aucune conscience de ce qu'il garde des traces des impressions qu'il reçoit, ces traces cependant subsistent probablement et influent d'une manière ou d'une autre sur la marche des idées au moins dans l'activité intellectuelle inconsciente. »

ÉDOUARD CLAPARÈDE RACONTE[2]

Nous sommes en 1911. Tous les matins, Édouard Claparède salue dans sa clinique sa patiente atteinte d'un syndrome de Korsakov. Chaque fois qu'il la voit, il doit se présenter comme si c'était leur première rencontre. Alors il a l'idée extravagante, certains diront peut-être barbare, de lui tendre la main en y ayant caché une épingle. La patiente se pique la paume. Quelques instants plus tard, elle ne se souvient déjà plus de rien... « Cependant, précise notre bon médecin suisse, lorsque j'approchais de nouveau ma main de la sienne, elle retirait sa main, d'une façon réflexe, et sans savoir pourquoi. Si, en effet, je lui demandais la raison de ce retrait de main, elle répondait d'un air ahuri : "Mais est-ce qu'on n'a pas le droit de retirer sa main ?" – et si j'insistais, elle me disait : "Il y a peut-être une épingle cachée dans votre main ?" À ma question : "Qui peut donc vous faire soupçonner que je veuille vous piquer ?", elle reprenait son refrain : "C'est une idée qui m'a traversé la tête" ou elle essayait de justifier : "Il y a quelquefois des épingles cachées dans les mains", mais jamais elle ne reconnaissait cette idée de piqûre pour un souvenir. » Sans doute conserve-t-elle quelque part la trace inconsciente du souvenir douloureux de cette main, puisqu'elle se comporte, sans pouvoir l'expliquer, comme si cette main était dangereuse...

Deux de ses malades devinaient toujours qu'il était médecin tout en affirmant le rencontrer pour la première fois. Un autre reconnaissait un appareil à courant galvanique qu'il ne pouvait avoir vu avant sa maladie. Un quatrième... Mais laissons la parole à Korsakov : « Ensuite il arrive qu'on entre chez un malade pour la première fois, il tend la main, il dit bonjour. On s'en va et on revient deux, trois minutes après ; le malade ne dit plus bonjour et cependant, quand on lui demande s'il vous a vu, il répond négativement. »

Des souvenirs inconscients peuvent ainsi influencer les émotions et le comportement de ces patients par ailleurs profondément amnésiques. Le syndrome de Korsakov souligne ainsi un point crucial, l'important n'est pas seulement d'apprendre, ni non plus de conserver ou encore de retrouver les informations, le point capital que nous exigeons tous de notre mémoire, c'est de pouvoir évoquer consciemment nos souvenirs au moment désiré. Mon maître, le Pr Marc Trillet, a vécu un épisode singulier de cette mémoire résiduelle inconsciente d'une patiente ayant un syndrome de Korsakov. Il faut d'abord savoir que ce syndrome est devenu tellement rare en France que, lorsqu'un patient hospitalisé le présente, il est d'usage de montrer à tous les étudiants du service l'intensité impressionnante de ce syndrome amnésique. Lors d'une visite, Trillet a ainsi emmené une dizaine d'étudiants observer une patiente que nous appellerons Juliette. La première partie de l'entretien commence par un traditionnel « Bonjour Madame, comment allez-vous ? » Après l'avoir examinée, Trillet quitte la chambre afin d'expliquer aux étudiants les symptômes et l'origine du syndrome de Korsakov. Dix minutes plus tard, pour leur illustrer la réalité de l'amnésie, il retourne dans la chambre de Juliette entouré des étudiants. À la question : « Bonjour Madame, nous sommes-nous déjà vus aujourd'hui ? », Juliette lui répond, sans surprise : « Non, nous ne nous sommes jamais vus. » Vers midi trente, à la fin de sa visite, alors qu'avec l'heure le nombre d'étudiants s'est considérablement réduit, Trillet propose à ceux qui sont restés de retourner voir Juliette pour bien les convaincre de son incapacité à se rappeler leur passage. Ils entrent tous dans sa chambre, et une nouvelle fois mon patron interroge Juliette : « Bonjour Madame, nous sommes-nous déjà vus aujourd'hui ? » Et celle-ci, presque excédée, lui répond : « Non, nous ne nous sommes pas encore vus et, d'ailleurs, c'est la deuxième fois que je vous le dis aujourd'hui ! »

Où, pourquoi, comment ?

C'est en 1928 que Gamper a localisé les lésions responsables de cette terrifiante amnésie[3]. Curieusement, un ravage amnésique aussi intense et aussi dramatique n'est pas consécutif à de vastes lésions du cortex cérébral mais à des micro-hémorragies au niveau de deux petites formations sphériques situées à la partie inférieure du cerveau : les corps mamillaires (figure 1). Dans les années 1940, se fait la correspondance indiscutable entre le syndrome de Korsakov et la carence en une vitamine essentielle, la thiamine ou vitamine B1[4]. L'alcool réduit à la fois l'absorption de la thiamine et l'activité de l'enzyme qui permet sa conversion en sa forme active. Au niveau cérébral, la forme active de la thiamine est indispensable au métabolisme du glucose et à la production de six neurotransmetteurs dont trois sont cruciaux pour la mémoire : l'acétylcholine, le GABA et le glutamate.

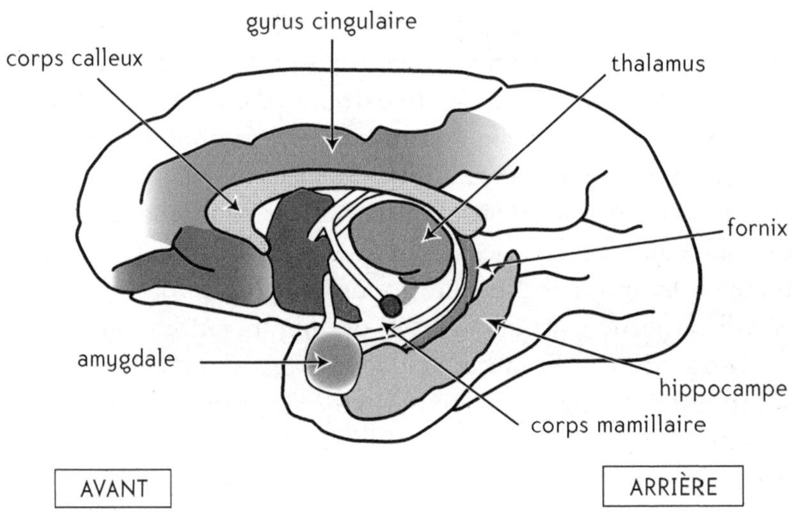

Figure 1. Vue interne de l'hémisphère cérébral droit

Sont indiquées les principales structures impliquées dans la mémorisation des informations récentes

L'existence d'authentiques cas de Korsakov sans alcool incrimine indiscutablement le déficit en thiamine. Lors de la Seconde Guerre mondiale en Asie du Sud-Est, des troubles de mémoire sont survenus chez 61 % des prisonniers de guerre britanniques subissant 6 à 14 semaines de malnutrition, à peu près au même moment où se développait le béribéri, lui aussi secondaire à une carence en thiamine[5]. Un apport pas trop tardif en thiamine permet une récupération partielle du syndrome amnésique. La guérison sans séquelle est rare, moins de 20 % des cas. Dans tous les cas, persiste une amnésie lacunaire de la phase aiguë d'installation du syndrome.

Réflexions avinées

Il est curieux de noter que la première maladie de la mémoire découverte au XIXe siècle soit la conséquence d'une intoxication alcoolique chronique alors que, déjà dans l'Antiquité grecque, le vin était considéré comme « la meilleure des drogues », mais une drogue oublieuse! En lui tendant une coupe de vin, le roi grec Nestor disait à la reine de Troie, Hécube, devenue son esclave après avoir vu mourir son mari Priam et ses fils à la chute de la ville : « Bois-le, ce breuvage consolateur, et oublie ta souffrance[6] ! » Qu'on se rappelle aussi le philtre que la magicienne Circé donne aux compagnons d'Ulysse avant de les transformer en pourceaux et qui efface le souvenir de leur patrie : ce philtre était à base de vin de Prammos.

Vin et oubli, vin et amnésie sont liés depuis l'aube des temps. Les hommes le constatent par eux-mêmes à leurs dépens, mais aussi pour leur profit. Le vin est vraisemblablement le moyen le plus utilisé pour « noyer son chagrin ». De l'oubli désiré à l'amnésie indésirable la distance peut être courte. Pour valoriser la mémoire, l'humaniste espagnol Juan Luis Vives (1492-1540) a laissé plusieurs conseils aussi bien mnémotechniques que diététiques. L'un d'entre eux est lapidaire : *Vinum memoriae mors* (« Le vin est la mort de la mémoire »)!

À doses répétées et importantes, l'alcool, que ce soit dans le vin ou dans les alcools plus forts que buvaient les Russes du temps de Korsakov, est un puissant ennemi de la mémoire. La prise chronique d'alcool est, en effet, responsable de l'amnésie pure du syndrome de Korsakov, mais aussi de démences éthyliques qui comportent également une altération des fonctions intellectuelles. Deux autres effets de l'alcool sont bien connus de ses utilisateurs. Une prise aiguë diminue notablement les capacités attentionnelles en entraînant non seulement une diminution des réflexes, mais aussi une perturbation de la première étape des mécanismes de mémorisation (niveau de la mémoire à court terme), ce qui explique pourquoi les usagers excessifs ont un vague souvenir de leur soirée. À l'extrême survient un *black-out* (un trou noir), c'est-à-dire une amnésie lacunaire de plusieurs heures. On dit que lors d'un second *black-out*, on retrouve ses souvenirs du premier. Les conditions éthiques de la recherche actuelle ne permettent toutefois pas de le vérifier expérimentalement…

DU LAIT AU VIN

On sait actuellement qu'un ou deux verres de vin chaque jour peuvent retarder de quelques années la survenue d'une maladie d'Alzheimer. Les substances végétales du vin combinées à l'alcool protégeraient les neurones de l'agression des radicaux libres. Ces derniers sont issus de certaines étapes du fonctionnement des cellules, ils altèrent les membranes cellulaires et augmentent en conséquence le risque de cancers ou de maladies cardio-vasculaires ainsi que le vieillissement des neurones. Est-ce là l'origine de l'ancien adage : « Le vin est le lait des vieillards », qui signifie que le vin soutient les vieillards comme le lait nourrit les enfants ?

H. M., un homme sans mémoire depuis septembre 1953

Un matin de septembre 1953

Le 1er septembre 1953, le neurochirurgien américain William Beecher Scoville opère à Hartford un patient devenu depuis lors mondialement connu sous ses initiales, H. M. Jusqu'au 2 décembre 2008, il était impossible de dévoiler son nom complet, mais son prénom ayant été publié par son biographe Philip Hilts, nous savions que le H. correspondait à Henry[7]. Ce qui a fait la célébrité accidentelle et malheureuse de H. M., c'est que, depuis l'intervention de 1953, il n'a appris aucune information nouvelle, ni personnelle ni publique. Le contraste entre son déficit amnésique sévère et la préservation inconsciente de certaines capacités de mémorisation sera déterminant pour notre compréhension de l'organisation anatomique et fonctionnelle de la mémoire ou, plutôt, des mémoires humaines.

H. M. naît le 26 février 1926 à Manchester, dans le Connecticut. En 1935, âgé de 9 ans, il est renversé par un cycliste et perd connaissance pendant 5 minutes. Un an plus tard, il commence à présenter des crises d'épilepsie partielle auxquelles s'ajoutent, à 16 ans, des crises d'épilepsie généralisée (convulsions généralisées). H. M. peut néanmoins poursuivre des études secondaires et travailler comme ouvrier, jusqu'à ce que l'aggravation de ses crises l'oblige à interrompre son métier. En raison de la sévérité des crises et de l'inefficacité des traitements antiépileptiques, les médecins proposent à H. M. de l'opérer afin d'enlever les régions cérébrales d'où partent ses crises d'épilepsie.

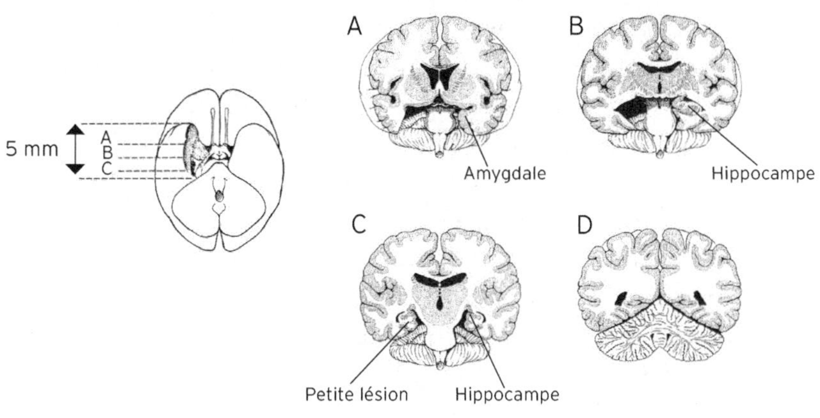

Figure 2. Reconstruction de la lésion opératoire de H. M. telle qu'elle a été dessinée par Scoville (1957) [à gauche] et modifiée ensuite par Corkin après l'IRM (1997) [à droite]

Pour simplifier, seule l'exérèse droite est représentée (c'est-à-dire à gauche sur chaque dessin). À gauche, vue inférieure. À droite, coupes coronales d'avant (A) en arrière (D). Par rapport au schéma de Scoville, l'exérèse est plus courte (5 cm au lieu de 8 cm).

Considérée par Scoville comme « franchement expérimentale », l'intervention a lieu sous anesthésie locale le 1er septembre 1953. Les régions cérébrales enlevées siègent à la partie interne des deux lobes temporaux ; elles incluent, entre autres, l'amygdale et l'hippocampe. Si l'analyse méticuleuse des clichés de l'IRM réalisée en 1997 montre que l'exérèse est un peu moins étendue que ce que pensait Scoville à l'époque[8], il n'en demeure pas moins que la plus grande partie des régions temporales internes droites et gauches a bien été enlevée (figure 2).

L'opération a été un indiscutable succès quant à l'épilepsie : la fréquence et la sévérité des crises ont été réduites de façon marquée dès la première année postopératoire et H. M. n'a plus fait qu'une à deux crises d'épilepsie généralisée par an[9].

Depuis 1953, une « vedette » bien involontaire

Cette exérèse bilatérale est au cœur du problème car elle seule peut expliquer que, depuis l'opération, H. M. présente, de façon totalement inattendue pour l'époque, une incapacité globale, sévère et définitive à créer de nouveaux souvenirs. Cette amnésie est immédiatement constatée : H. M. ne reconnaît pas les membres du service hospitalier, il nie les avoir rencontrés et avoir conversé avec eux, il se perd dans le service et ne se rappelle aucun événement qu'il vit. Il n'a pratiquement aucune notion d'avoir été opéré du cerveau. L'histoire de H. M. est parfaitement documentée, plus que celle de n'importe quel autre patient de l'histoire de la médecine. En 2002, Suzanne Corkin a indiqué que la publication initiale de Scoville et Milner de 1957 avait été citée 1 744 fois dont 258 entre 1998 et 2002, attestant bien de l'influence de cette observation sur la compréhension des processus mnésiques.

De septembre 1953 à décembre 2008, H. M. a vécu comme si aucune de ces 55 dernières années n'avait eu lieu : de manière totale et irréversible, il n'a rien retenu de ce qui lui est survenu depuis 1953 alors qu'il se souvient de son enfance. Cette opposition entre l'amnésie antérograde (de ce qui a été vécu depuis le 1er septembre 1953) et le respect relatif de la mémoire rétrograde (ce qui a été mémorisé avant le 1er septembre 1953) est caractéristique des lésions bilatérales de l'hippocampe.

H. M. a été étudié par deux psychologues, l'une canadienne Brenda Milner et l'autre américaine Suzanne Corkin[12]. Chaque fois qu'elles le rencontrent, elles doivent se présenter car H. M. est persuadé de les rencontrer pour la première fois ! L'intelligence de H. M. est normale ainsi que son comportement et ses facultés de raisonnement, de calcul, de langage. Son amnésie est en revanche sévère et définitive. Il ne retrouve aucun objet usuel même s'il vient de le ranger. Il lit et relit inlassablement les mêmes magazines ou raconte les mêmes anecdotes, ayant toujours le sentiment de le faire pour la première fois. Il oublie même avoir dîné une demi-heure auparavant. La marge d'erreur de son estimation de l'année en cours peut aller jusqu'à 43 ans ! Il se trompe aussi quant à son âge qu'il sous-estime en permanence de 10 à 26 ans.

Lors des tests, H. M. est incapable de rappeler des listes de mots, des histoires ou des figures mémorisés quelques minutes auparavant. Ni la répétition des apprentissages ni les aides ou les stratégies qu'on peut lui apporter n'améliorent ses performances. Enfin, une fois qu'il passe à un autre test, H. M. oublie la tâche précédente et ne la reconnaît pas si elle lui est de nouveau proposée. Depuis 1953, H. M. a été régulièrement examiné et, quels qu'étaient les tests proposés, son déficit amnésique restait identique. Il n'apprend rien !

Quelques souvenirs depuis 1953

Face à cet océan d'amnésie, les chercheurs ont repéré quelques rares îlots d'informations retenues. H. M. a retenu quelques mots nouveaux apparus depuis 1953 : rock and roll (« cette nouvelle forme de musique que nous avons ! »), astronautes, (« des hommes qui voyagent dans l'espace »), Skylab (« un lieu de déchargement dans l'espace »). H. M. a également acquis quelques souvenirs personnels ou généraux. Il se souvenait parfois du décès de son père en 1967 et de celui de sa mère en 1981. Il sait que le pape Jean XXIII et le président Kennedy sont morts en 1963, mais sans plus de détails. Bien sûr, la mort de ses parents, le décès du pape et l'assassinat du président américain correspondent à des faits ayant une forte empreinte émotionnelle mais pourquoi ceux-ci plus que d'autres ? Étant lui-même catholique, aurait-il pu retenir le décès d'un pape et du premier président catholique des États-Unis ? Comment est-ce néanmoins possible alors que l'intervention a enlevé les amygdales cérébrales qui jouent un rôle crucial lors de la mémorisation de la trace émotionnelle des souvenirs ?

Les souvenirs oubliés d'avant 1953

On a également découvert que H. M. avait oublié des faits survenus avant l'intervention chirurgicale. Il est possible que cet oubli rétrograde soit la conséquence des nombreuses crises d'épilepsie qu'il subissait à cette époque et qui auraient perturbé la consolidation de ses souvenirs. C'est ainsi que s'il raconte sans difficulté son enfance et son adolescence avant ses 16 ans, donc avant 1942, il n'a aucun souvenir de la fin de la Seconde Guerre mondiale en 1945 ni de sa graduation scolaire en 1947. Il est incapable de se souvenir d'épisodes précis, publics ou personnels, survenus lors des onze années ayant précédé son opération. Il peut parler en ces termes de Scoville qu'il a rencontré plusieurs fois avant l'intervention : « Il a conduit des recherches médicales sur les gens – toutes sortes de gens. Ce qu'il a appris sur moi en a aidé d'autres, et j'en suis heureux. »

La mémoire à court terme de H. M. est conservée

S'il n'est pas interrompu, H. M. peut répéter des séries croissantes de chiffres jusqu'à 6 ou 7, comme un sujet normal. Brenda Milner a raconté comment elle a découvert que H. M. faisait preuve d'une remarquable, mais transitoire, capacité d'attention soutenue... tant qu'il n'était pas dérangé[11]. Elle rapporte : « Ainsi, quand je lui demandai de retenir les chiffres 5-8-4, il put les reproduire parfaitement au bout de 15 minutes, alors qu'il était resté seul, tranquillement assis et sans être dérangé. Impressionnée par son succès, je voulus savoir comment il avait réussi, et il me donna l'explication suivante : "C'est simple. Il faut se souvenir du 8. Ainsi, 5, 8 et 4 font 17. On se souvient du 8. 17 moins 8 égale 9. Divisez 9 en 2 et vous avez 5 et 4. Voilà : 584 ! C'est très simple." Je l'entretins alors d'un autre sujet pendant deux minutes environ. Puis, après cette brève distraction, je vérifiai s'il se souvenait toujours des chiffres. Il s'étonna : "Des chiffres ? Quels chiffres ?" »

La mémoire procédurale de H. M. est normale

H. M. a mémorisé le plan de la maison où il a vécu de 1958 à 1974. Dans la résidence où il a ensuite vécu, il a parfaitement mémorisé le chemin entre le rez-de-chaussée et sa chambre au premier. Il peut apprendre un court trajet sur un labyrinthe en papier, et toujours s'en souvenir deux ans plus tard, tout en affirmant ne l'avoir jamais appris. Il réalise aussi d'autres tâches de mémoire procédurale comme l'écriture en miroir (suivre avec un crayon le tracé d'un dessin réfléchi dans un miroir qui inverse les changements de direction) ou la lecture en miroir (lire le plus rapidement possible un texte présenté comme s'il était vu dans un miroir). Alors que H. M. oublie avoir réalisé ces tâches, il les effectue de plus en plus rapidement de séance en séance et d'un jour à l'autre, ce qui témoigne bien de la préservation d'un apprentissage des gestes complexes.

Le comportement affectif de H. M.

Aucun plaisir, aucune douleur

La personnalité enjouée de H. M. n'a pas été modifiée par l'intervention : il est toujours gentil, agréable, bien élevé et coopérant. Il est aidé pour le bain ou la douche et on doit lui rappeler de se raser, de se coiffer, ou de se brosser les dents. Même s'il a bon appétit, H. M. ne demande jamais ni à boire ni à manger. La même indifférence est observée pour la douleur. « Le problème avec Henry est qu'il ne se plaint pas – jamais », déclarait sa mère en 1968. Lorsque son comportement est bizarre, les infirmières lui posent une série de questions à partir d'une liste type afin de découvrir s'il se plaint d'un mal de dents, de tête ou d'estomac. Il n'a aucune libido. Il n'exprime aucune fatigue non plus. Son sens de l'humour est évident. Alors que H. M. sort d'un bureau avec un médecin, celui-ci se demande soudain à voix haute s'il a laissé ses clés dans la pièce, H. M. lui rétorque alors : « Au moins, vous, vous sauriez où les trouver ! »

Que ressent H. M. ?

H. M. est partiellement conscient de son amnésie mais il apparaît comme « hors du temps ». Voici un de ses commentaires, rapporté par ceux qui l'ont interrogé : « Chaque jour est le seul jour, quelles qu'aient été mes joies ou mes peines les jours précédents. Vous voyez, à ce moment précis, je me demande, ai-je dit ou fait quelque chose de travers ? Vous voyez, juste maintenant, tout me paraît très clair, mais que vient-il de se passer ? C'est ce qui m'inquiète. C'est comme si je me réveillais d'un rêve. Simplement, je ne me rappelle rien. »

Une de ses inquiétudes répétées concerne la possibilité d'avoir fait quelque chose de mal. H. M. vit une sorte de « pilotage automatique » qui ne lui permet jamais de prendre complètement conscience de la profondeur de son amnésie même s'il a pu ajuster correctement son comportement à toutes les situations qu'il a traversées depuis 1953. Certaines fois plus que d'autres, il appréhende plus précisément son amnésie. Lorsqu'une fois, Suzanne Corkin lui demande : « Que faites-vous pour essayer de vous souvenir ? », il lui répond : « Eh bien, cela, je ne le sais pas, parce que je ne me rappelle pas (rire) ce que j'ai essayé ! » En 1982, il ne s'est pas reconnu sur une photographie prise en 1966. Dans un miroir, H. M. ne manifeste aucune émotion particulière alors qu'il y voit le visage d'un vieil homme, bien éloigné de celui du jeune homme de 27 ans à la veille de l'intervention chirurgicale qui bouleversa sa vie[12]. Enfin, dans ses rêves, H. M. s'imagine être médecin ou neurochirurgien !

L'histoire de H. M. vient de s'interrompre. Il est décédé à 82 ans, le 2 décembre 2008. Quelques heures après sa mort, une dernière IRM a été réalisée. Il a aussi accepté de léguer son cerveau à la science. H. M. s'appelait Henry Molaison.

Une étape majeure

L'importance de H. M. est considérable : grâce à lui, nous savons que la mémoire est plurielle, aussi bien dans son fonctionnement que dans son organisation. Sa malheureuse aventure nous a appris que l'ablation bilatérale de certaines régions cérébrales (hippocampes et amygdales) était responsable d'une amnésie sévère pour la mémorisation des faits nouveaux sans affecter toutefois ni les souvenirs anciens, ni la mémoire à court terme, ni la mémoire procédurale. Au même degré que celle de Vienamin, l'histoire de H. M. est très connue dans le milieu des chercheurs qui s'intéressent à la mémoire, au point que notre mythologie scientifique de la mémoire est suspendue à ces deux extrêmes exemplaires : H. M., l'homme qui n'apprend rien, opposé à Vienamin, l'homme qui n'oubliait rien.

L'ESSENTIEL

- Lors d'une amnésie, la personne a une diminution objective et significative de ses performances aux tests de mémoire.
- Le syndrome de Korsakov est la première maladie de la mémoire à avoir été décrite (1887-1889). Les patients présentent une amnésie antérograde sévère (ils n'apprennent plus les informations nouvelles), ils font des fabulations et des fausses reconnaissances, ils ont également une amnésie rétrograde (oubli de plusieurs années de leur vie).
- Le syndrome de Korsakov est lié à une déficience en vitamine B1, cette carence est fréquente chez les alcooliques chroniques ou les personnes dénutries.
- Le patient H. M. a présenté jusqu'à son décès en 2008 une amnésie totale et définitive de tous les événements personnels et culturels survenus depuis l'exérèse chirurgicale en 1953 de l'hippocampe et de l'amygdale des deux hémisphères cérébraux. En revanche, son amnésie ne concernait ni les souvenirs anciens, ni la mémoire à court terme, ni la mémoire procédurale.

La maladie d'Alzheimer : la mémoire en dégradé

> « J'entame maintenant le voyage qui me conduit au crépuscule de ma vie. »
>
> Président Ronald Reagan, informant par lettre le peuple américain qu'il est atteint de la maladie d'Alzheimer (1994)

On raconte que, pendant sa maladie d'Alzheimer, Ronald Reagan ramassait pendant des heures les feuilles d'arbre tombées dans sa piscine, feuilles que les agents du Secret Service attachés à sa sécurité replaçaient ensuite soigneusement dans l'eau, ce qui permettait à l'ancien président des États-Unis de recommencer puisqu'il avait oublié les avoir déjà ramassées[1] ! Le fait que l'un des hommes les plus puissants de la planète, fossoyeur de l'Union soviétique, ait souffert d'une maladie d'Alzheimer a profondément marqué les Américains.

D'autres personnalités ont également frappé le grand public : Rita Hayworth et Jean-Jacques Servan-Schreiber sont décédés de cette maladie, et maintenant l'actrice Annie Girardot en est atteinte. Cette maladie inquiète aujourd'hui tout le monde, car les grands de ce monde ne sont pas les seuls atteints. De ce fait, les moindres défaillances de mémoire sont immanquablement interprétées comme ses prémices. Cette maladie est vécue comme l'ultime déchéance, la déchéance de la personnalité, la déchéance de l'intelligence, la déchéance des relations affectives, mais, au départ, cette maladie est celle de la déchéance de la mémoire.

Une explosion démographique incontrôlable

Définir la démence

« L'homme en démence est privé des biens dont il jouissait autrefois. C'est un riche devenu pauvre; l'idiot a toujours été dans l'infortune et la misère. »

Esquirol, médecin aliéniste

À l'heure actuelle, la maladie à laquelle les spécialistes de la mémoire sont le plus confrontés est bien la maladie d'Alzheimer, chef de file des démences. En médecine, le terme de démence ne fait pas référence à la « folie », mais à la plus fréquente des maladies neurologiques graves.

Selon la définition de l'Organisation mondiale de la santé, une démence est caractérisée par « une altération progressive de la mémoire et de l'idéation, suffisamment marquée pour handicaper les activités de la vie de tous les jours, apparue depuis au moins 6 mois et associée à un trouble d'au moins une des fonctions suivantes : langage, calcul, jugement, altération de la pensée abstraite, praxie, gnosie, ou modification de la personnalité ». Le caractère global et acquis de ces déficits s'oppose à ce que l'on observe lors de l'atteinte élective d'une fonction cognitive en cas de lésion localisée du cerveau (d'origine vasculaire, traumatique ou tumorale, par exemple) ainsi qu'au déficit global, mais congénital, des arriérations mentales.

Qu'est-ce qu'une démence ?

La définition la plus simple d'une démence est celle de l'association de déficits cognitifs et de troubles comportementaux multiples constituant un déclin significatif par rapport au fonctionnement antérieur usuel, déclin dont l'intensité est suffisante pour retentir sur la vie quotidienne sociale ou professionnelle. Les pathologies démentielles sont responsables d'une perte d'autonomie progressive aboutissant à un état de dépendance sévère menant inéluctablement à la mort en quelques années. Il existe plusieurs types de démences, les plus fréquentes étant les démences dégénératives dues à une dégénérescence progressive des neurones. La plus connue des démences dégénératives est la maladie d'Alzheimer.

Un *tsunami*

Un *tsunami*, tel est le mot employé dans le rapport publié en 2005 par l'Office parlementaire d'évaluation des politiques de santé (OPEPS). Selon les dernières projections de la cohorte PAQUID, il y aurait en France métropolitaine environ 860 000 personnes de plus de 65 ans atteintes de pathologies démentielles auxquelles il faut rajouter sans doute 32 000 cas de patients de moins de 65 ans (projections à partir des estimations Euroderm). Ces cas surviennent pour 72 % chez des femmes et pour 73 % chez des personnes de plus de 80 ans. À titre de comparaison, la sclérose en plaques touche 60 000 patients en France et la maladie de Parkinson concerne environ 85 000 patients. Chaque année, 225 000 nouveaux cas de démence se déclarent en France. Les projections de PAQUID estiment qu'en 2020, il y aura 1,4 million de cas de démence en France ; pour 2040, l'estimation est de 2,4 millions. Dans le monde, la maladie d'Alzheimer et les maladies apparentées affectent aujourd'hui 24,3 millions de personnes, elles pourraient en toucher 42 millions en 2020 et 81 millions d'ici 2040.

Sur ce total de 900 000 patients atteints de pathologies démentielles en France, on estime que 700 000 auraient une maladie d'Alzheimer : la maladie d'Alzheimer est donc la plus fréquente des démences puisqu'elle représente 79 % des cas au-delà de 75 ans et 86 % vers 90-94 ans (25 % vers 65-69 ans).

La maladie d'Alzheimer est, de ce fait, la plus connue et la plus médiatisée des démences. Ce n'est toutefois pas la seule démence et d'autres, pourtant très fréquentes, sont moins connues, comme les démences

PARTOUT !

La maladie d'Alzheimer n'est pas réservée aux pays occidentaux ou aux pays riches. Comme tous les autres, les pays en cours de développement sont confrontés au problème croissant des démences. C'est ainsi que l'Inde comporte 2,5 millions de déments. On compte 120 millions de Chinois âgés de plus de 60 ans dont 4 à 6 millions sont atteints d'une pathologie démentielle : le vieillissement et ses conséquences médico-sociales ont été inscrits dans les priorités du 10ᵉ plan quinquennal.

frontotemporales (près de 80 000 cas) ou la démence à corps de Lewy disséminés. À l'inverse, les démences vasculaires pures (secondaires à de multiples lésions vasculaires dans le cerveau) sont beaucoup moins fréquentes en représentant moins de 2,5 % des démences.

Une maladie dramatique

Un groupe de neurologues français a résumé en 2002 le cadre dramatique de la maladie d'Alzheimer[2].

- **La maladie d'Alzheimer est une maladie fréquente,** dont la fréquence augmente inexorablement avec l'allongement de la durée de vie.
- **C'est une maladie grave,** qui a de lourdes conséquences sur l'entourage du patient, obligé d'assumer la prise en charge de ses troubles cognitifs et comportementaux.
- **C'est une maladie ignorée et sous-médicalisée,** principalement dans ses stades débutants puisque, au stade précoce de la maladie, seulement 33 % des patients sont diagnostiqués. Au-delà de 85 ans, c'est une maladie quasiment ignorée, car attribuée à « de la sénilité »... Sans la guérir, on peut néanmoins agir sur elle par des attitudes adaptées.
- **C'est une maladie coûteuse, engageant des dépenses familiales et sociales importantes.** Le rapport de l'OPEPS indique que les dépenses médicales totales sont de 934 millions d'euros par an (financées à 97,5 % par l'assurance-maladie), alors que les dépenses médico-sociales représentent 8 966 millions d'euros par an (27 % par l'assurance-maladie ; 24 % par le conseil général ; 49 % par les familles). Le coût annuel global de la maladie d'Alzheimer et des maladies apparentées est ainsi de près de 10 milliards d'euros par an en France
- **C'est une maladie qui expose à une inégalité majeure d'accès aux soins élémentaires,** qu'il s'agisse de la mise en route des thérapeutiques spécifiques dont nous disposons actuellement, des aides sociales indispensables ou de la prise en charge adaptée des pathologies associées qui alourdissent l'évolution de la maladie. Rien d'étonnant à ce qu'elle ait été l'objet de deux plans gouvernementaux en France, d'abord le plan Kouchner (2002), puis le plan Douste-Blazy (2004-2007). Le Premier ministre Dominique de Villepin a déclaré la maladie d'Alzheimer « grande cause nationale » en 2007. Enfin, à son arrivée à la présidence de la République, Nicolas Sarkozy en a fait un objectif

présidentiel et une priorité nationale dans le cadre d'un plan médical et social de grande envergure lancé à Nice le 1er février 2008.

Histoire d'une maladie

Une maladie plus ancienne qu'on le croit

Il est possible que la première description historique de maladie d'Alzheimer date de plus de 4 000 ans. Elle est l'œuvre de Ptah-hotep, vizir du pharaon Djedkarê-Isési (2 414-2 375 av. J.-C., huitième roi de la Ve dynastie de l'Ancien Empire d'Égypte). Dans les *Préceptes de Ptah-hotep*, on trouve ainsi : « La progression de l'âge se fait vers la sénilité. La déchéance tombe sur l'homme et le déclin remplace la jeunesse. Les vexations l'écrasent chaque jour davantage ; la vue faiblit, l'oreille devient sourde, sa force s'effrite inéluctablement. La bouche devient silencieuse, la parole s'affaiblit, l'esprit s'efface, sans se souvenir du jour précédent. » La plus grande partie de cette phrase concerne le vieillissement naturel des fonctions sensorielles et motrices (presbytie, presbyacousie, affaiblissement musculaire). Un seul élément est du registre de la pathologie : « L'esprit s'efface, sans se souvenir du jour précédent. » Le vieillissement naturel de la mémoire ne peut entraîner chez une personne âgée l'oubli de la journée précédente. Seule une maladie aboutit à une telle amnésie, et cette maladie est la maladie d'Alzheimer.

Auguste D.

Auguste D. est une Allemande née le 16 mai 1850. À 51 ans, elle est internée pour « démence » le 25 novembre 1901, à l'institut de soins pour fous et épileptiques de Francfort-sur-le-Main[3]. Elle présente un délire de jalousie, des hallucinations, des troubles du langage, des difficultés gestuelles, une agitation et surtout, elle oublie instantanément tout ce qu'on lui dit ou tout ce qu'elle vient de faire. On possède une photographie noir et blanc d'Auguste, elle a été largement publiée dans la grande presse : on la voit maigre, dans une chemise de nuit blanche, les doigts croisés, l'air hébété, le regard perdu. Un esprit fantôme dans un corps fantôme. Dans cet institut, le neuropsychiatre Alois Alzheimer (1864-1915) l'interroge et l'examine jusqu'à ce qu'il parte pour Munich. Au décès d'Auguste D., le 8 avril 1906, à l'âge de 55 ans, Alzheimer se fait transmettre l'observation et le cerveau de son ancienne patiente afin de l'examiner.

À l'époque, la démence est considérée par la plupart des médecins comme la conséquence naturelle du vieillissement : le « gâtisme » semble être l'issue naturelle de la vie. Ce qui étonne Alzheimer, c'est le jeune âge de sa patiente. Persuadé comme son patron, le Pr Emil Kraepelin (1856-1926), de l'intérêt de l'étude du cerveau dans les maladies mentales, Alzheimer examine au microscope le cerveau d'Auguste D. au moyen d'une coloration spéciale, il remarque deux types de lésions au niveau du cortex cérébral, lésions devenues désormais caractéristiques de la maladie : les plaques séniles et les dégénérescences neuro-fibrillaires. On connaît mieux aujourd'hui leur participation dramatique au processus de la maladie. Les plaques séniles (ou plaques amyloïdes) siègent entre les neurones ; elles sont constituées de dépôts de protéine bêta-amyloïde entourés de débris de neurones morts. Le second type de lésion correspond à des dégénérescences neuro-fibrillaires situées à l'intérieur des neurones : les neurones touchés sont envahis d'amas anormaux de fibrilles torsadées dont le constituant majeur est une protéine tau hyperphosphorylée.

Neurones en péril

La maladie d'Alzheimer apparaît ainsi comme liée à l'anomalie de deux protéines cérébrales : l'une, la protéine bêta-amyloïde, se révèle toxique contre les neurones environnants ; l'autre, la protéine tau hyperphosphorylée, altère le fonctionnement des filaments qui, sortes de poutrelles, participent à l'architecture neuronale et assurent le transfert de différentes molécules au sein des neurones.

Les conséquences de ces altérations protéiques sont faciles à imaginer : les neurones ne fonctionnent plus, leur architecture s'effondre, ils meurent progressivement. Il s'agit d'un lent processus envahissant les régions les plus nobles du cerveau, celles qui sont dévolues aux fonctions cognitives et comportementales.

Cette marche inexorable a pour point de départ les régions temporales internes, en particulier les hippocampes et les amygdales, ce qui explique que la maladie débute par un trouble de la mémorisation des informations nouvelles : la maladie d'Alzheimer est une démence amnésique progressive.

Le 3 novembre 1906, Alzheimer expose le cas de sa patiente à Tübingen, charmante petite ville des Alpes de Souabe, devant les 88 participants des Trente-Septièmes Assises des médecins aliénistes de l'Allemagne du Sud-Ouest. Son exposé intitulé « Une maladie singulière de l'encéphale » ne suscite aucune question ; pour tout dire, c'est même l'indifférence totale des savants, davantage préoccupés par d'acerbes discussions au sujet des théories psychanalytiques de Freud sur l'hystérie et les névroses. Il est vrai que les médecins de l'époque s'imaginent que les démences sont la conséquence de lésions vasculaires dont l'installation correspond au processus naturel du vieillissement cérébral. Non rebuté, Alois Alzheimer publie un article en 1907, puis poursuit ses travaux et réunit d'autres cas similaires. Dans la 8e édition du *Traité de psychiatrie clinique* (1910), Emil Kraepelin baptise « maladie d'Alzheimer » la maladie décrite par son élève et ami. Rien ne semble prédire la position médicale et sociale que cette maladie allait occuper en force un siècle plus tard. En 2006, c'est en effet près de 40 articles scientifiques qui sont publiés tous les 10 jours au sujet de la maladie d'Alzheimer, ce qui reflète l'intérêt actuel de la communauté scientifique pour une maladie en pleine explosion démographique.

La maladie d'Alzheimer n'a rien à voir avec la sénilité

On admet aujourd'hui qu'une fois éliminés les cas de démences alcooliques, vasculaires ou syphilitiques, les vieillards séniles d'autrefois étaient bel et bien atteints de maladie d'Alzheimer. C'est pour des raisons qui ne sont pas très logiques, et vraisemblablement de pure politique médicale, que Kraepelin a décidé de distinguer les démences séniles pures de la maladie d'Alzheimer qu'il a qualifiée de « démence présénile » (« démence du sujet jeune, rare et dégénérative »). Ce péché originel a séparé artificiellement deux affections dont on a découvert plus tard qu'elles étaient identiques. Il a fallu attendre les années 1970-1980 pour que l'on établisse l'absence de différence entre « maladie d'Alzheimer présénile » et « démence sénile » (mêmes symptômes, mêmes lésions cérébrales).

La décision de réunir sous le même nom ces deux affections a eu pour conséquence immédiate d'augmenter de manière dramatique le nombre de cas, puisque les démences séniles d'après 65 ans sont 20 fois plus nombreuses que la maladie d'Alzheimer d'avant 65 ans. Le fait de réunir la démence sénile et la maladie d'Alzheimer a supprimé la vision négative d'une fin de vie assimilée au gâtisme et rendu leur dignité à toutes ces personnes âgées atteintes d'une vraie maladie. Malheureusement, le terme de démence sénile est encore employé dans la terminologie médicale, administrative ou juridique alors qu'il a été abandonné par les scientifiques il y a près de 20 ans !

Une opinion malheureusement encore trop répandue est que la maladie d'Alzheimer serait la conséquence d'une accélération du vieillissement. Or, de même qu'il n'existe pas de vieillissement « normal », il n'existe pas de vieillissement « anormal » : la maladie d'Alzheimer est une maladie. Elle n'affecte pas tout le monde et elle est caractérisée par des facteurs de risque, dont le principal n'est pas le vieillissement (en tant qu'usure des structures cérébrales), mais l'avancée en âge (vieillissement chronologique).

Vieillissement naturel et maladie d'Alzheimer

Les travaux remarquables de l'équipe Inserm U 218 de Caen ont montré l'existence de différences essentielles au niveau du cerveau entre ce qu'on observe lors du vieillissement normal et lors de la maladie d'Alzheimer[4]. Cette dernière est caractérisée précocement par une atrophie des régions hippocampiques et un hypométabolisme des régions cingulaires postérieures. Avec l'âge, on observe principalement une atteinte des régions frontales, atteinte aussi bien structurelle (atrophie en IRM) que fonctionnelle (hypométabolisme en PET-scan). À l'inverse de ce qui est observé dans la maladie d'Alzheimer, les régions hippocampiques et cingulaires postérieures des personnes âgées normales sont peu modifiées.

La question qu'on est en droit de se poser est celle des conséquences à très long terme du vieillissement cérébral. Il apparaît que c'est à partir de 40 % environ que les pertes synaptiques liées à l'âge deviennent réellement significatives quant à la qualité du fonctionnement neuronal. Selon certains chercheurs, ce chiffre serait atteint pour la totalité du cerveau vers l'âge de 130-140 ans[5]. Si le concept de « démence sénile », c'est-à-dire de sénilité intellectuelle due à l'usure structurelle du cerveau, devait un jour revenir dans le vocabulaire médical, ce serait donc au-delà de l'âge de 130 ans, et pour ceux qui auraient auparavant échappé à la maladie d'Alzheimer ! On voit la différence : vieillir, c'est dépenser petit à petit son capital, alors que, dans la maladie d'Alzheimer, le capital est dérobé par pans entiers.

Comment fait-on le diagnostic d'une maladie d'Alzheimer ?

Faute de marqueurs biologiques ou radiologiques fiables, économiques et faciles d'emploi, pouvant indiscutablement affirmer sa présence, le dépistage de la maladie d'Alzheimer est actuellement impossible. On peut néanmoins en porter précocement le diagnostic à un stade débutant au moyen de tests de mémoire très simples, mais parfois longs, qui repèrent la présence d'une amnésie hippocampique.

Les plaques séniles et les dégénérescences neuro-fibrillaires décrites par Alzheimer commencent, en effet, à siéger dans les régions temporales internes, ce qui fait que le premier symptôme de la maladie d'Alzheimer est une perturbation de la mémorisation des informations nouvelles. L'analyse des plaintes de mémoire et l'évaluation de la mémoire et des autres fonctions cognitives au moyen de tests standardisés constituent donc à l'heure actuelle la seule façon de diagnostiquer une maladie d'Alzheimer. Les autres tests repèrent les atteintes des autres fonctions cognitives comme le langage, l'attention, les fonctions visuo-spatiales, le raisonnement. Combinées avec des troubles comportementaux, ces anomalies cognitives réduisent l'autonomie des patients d'où le terme de « démence ».

À l'heure actuelle, le diagnostic est clinique, au moyen des tests des fonctions cognitives et de la constatation d'une atrophie hippocampique au scanner ou à l'IRM. Un examen utilisant un marquage par une substance appelée PIB, lors d'un examen de PET-scan, peut visualiser la présence des dépôts amyloïdes ; cet examen coûteux n'est disponible que dans un cadre de recherche. Pour l'instant, seule une autopsie est en mesure d'affirmer la présence des lésions caractéristiques de la maladie d'Alzheimer. La pertinence clinique est néanmoins très forte puisqu'une équipe entraînée ne se trompe que dans 2 à 5 % des cas, une autopsie pouvant trouver dans ces cas-là d'autres lésions dégénératives que celles de la maladie d'Alzheimer.

Les facteurs de risque

Le premier facteur de risque de la maladie d'Alzheimer est l'âge et le second le genre féminin. L'étude PAQUID a montré en 2003 que 4,1 % des personnes de 75-79 ans avaient une maladie d'Alzheimer ; le taux augmente ensuite jusqu'à atteindre 41 % pour les plus de 90 ans. À partir de 75 ans, la survenue de la maladie d'Alzheimer est plus fréquente chez les femmes que chez les hommes. Un très petit niveau éducatif et l'absence d'entretien intellectuel semblent favoriser également la survenue d'une maladie d'Alzheimer[6].

Les formes héréditaires de la maladie d'Alzheimer sont très rares en France (0,3 % des cas). Elles représentent 1 000 à 2 000 patients appartenant à 300 à 400 familles dont la moitié des membres présentent une mutation sur un gène. Tous ceux qui ont la mutation développeront inéluctablement la maladie et transmettront cette mutation à la moitié de leurs descendants. Ceux qui n'ont pas la mutation ne feront pas la maladie et ne la transmettront pas à leurs enfants. Selon la famille, la mutation est localisée sur un des trois chromosomes 14 (70 % des cas), 21 ou 1. L'âge de début de ces formes familiales de maladie d'Alzheimer varie selon le chromosome impliqué : 45 à 60 ans pour le chromosome 21 ; 35 à 60 ans pour le chromosome 14 ; 40 à 85 ans pour le chromosome 1. L'hérédité de la maladie d'Alzheimer est donc exceptionnelle ! On sait néanmoins que le fait d'avoir une mère ou un père atteint d'une forme non génétique de la maladie augmente malgré tout un petit peu le risque de développer soi-même la maladie.

Les plaintes des patients

« Ma mémoire, elle est partie en vacances ! »
Mme N., 84 ans

« Elle cherche et elle oublie ce qu'elle cherche ! »
M. K., époux de Mme K

Les troubles de mémoire sont les manifestations les plus précoces de la maladie d'Alzheimer : ils en établissent le diagnostic. Au stade léger de la maladie, ces troubles sont responsables de plaintes bien différentes de celles que l'on peut observer lors du vieillissement normal.

Un oubli à mesure sévère

Les patients ayant une forme légère de maladie d'Alzheimer ont un « oubli à mesure » rapide : en dépit d'une bonne concentration, d'une bonne écoute et d'une motivation assurée, l'information est oubliée après quelques minutes. Cet oubli immédiat oblige le patient à reposer cinq, dix, vingt fois la même question ou bien son entourage à lui répéter plusieurs fois l'information : l'un radote, l'autre rabâche ! Ces répétitions surviennent dans des délais rapides, en quelques minutes ou dans la même heure, ce qui diffère de la situation du senior normal qui oublie plusieurs heures plus tard, voire le lendemain, et qui reposera peut-être une fois une question qu'il aura mal entendue, mais rarement davantage. Les patients oublient également les activités qu'ils ont réalisées quelques jours ou quelques heures auparavant : c'est la totalité d'un épisode vécu qui est oubliée et non quelques détails mineurs. Il est d'ailleurs impropre de parler d'oubli, l'information n'a en fait pratiquement jamais été enregistrée ou bien sa consolidation définitive s'est révélée impossible.

Des conséquences lourdes

Les oublis sont terrifiants et bien éloignés des difficultés banales rencontrées au quotidien par toute personne de plus de 30-40 ans. Deux anecdotes pour s'en convaincre. L'un de mes futurs patients était allé raccompagner un membre de sa famille à la gare vers 8 heures du matin. N'ayant pas retrouvé sa voiture, il l'a cherchée jusqu'à 20 heures sans même penser à prévenir son épouse. Il est évident qu'un senior sans maladie d'Alzheimer l'aurait retrouvée plus rapidement, et, en tout cas, il ne l'aurait pas cherchée pendant 12 heures sans avertir quelqu'un. Un autre patient lyonnais était parti en voiture, vers 16 heures, chercher son petit-fils à la sortie de l'école située à 800 mètres de son domicile : à 22 heures, son épouse a reçu un appel lui indiquant que son mari s'était égaré à... Chambéry ! On voit ici qu'il n'y a pas qu'un problème de mémoire, mais aussi un manque de logique. Les erreurs topographiques sont souvent moins caricaturales, mais tout aussi inquiétantes par leur répétition : erreurs pour des changements de direction dans des lieux peu connus, difficultés fréquentes à retrouver un itinéraire bien connu, autoroute ou rond-point pris à contresens, etc.

En raison de la perte des repères temporels et de la chronologie horaire, les patients sortent parfois faire leurs courses à 22 heures ou bien préparent le dîner à 16 heures. Ils ne savent plus composer un menu, font deux fois un rôti en 20 minutes, ont oublié des recettes autrefois maîtrisées. Une de mes patientes est ainsi arrivée pour déjeuner chez sa sœur à minuit, persuadée qu'il était midi ! La nuit ne l'avait aucunement étonnée, ce qui démontre bien la perte de jugement habituelle.

D'autres conséquences entravent le quotidien de ces personnes qui ne sont plus en mesure de gérer correctement leur budget ou de prendre elles-mêmes leurs traitements. Elles oublient leur liste de commissions qu'elles sont incapables de reconstituer dans le magasin ou, si elles l'emportent, oublient de la regarder. Ces comportements sont très éloignés de ceux d'un senior normal qui pourra toujours se remémorer une partie de la liste si, d'aventure, il l'a oubliée. Quand on souffre d'une maladie d'Alzheimer, on est capable de racheter le soir même des aliments qu'on a déjà achetés le matin, pour la simple raison qu'on a oublié ce qu'on a fait quelques heures plus tôt. On peut aussi réutiliser la même liste de commissions deux fois dans la même journée si on ne l'a pas détruite. Et c'est ainsi que le réfrigérateur sera vide ou rempli, au contraire, de dizaines d'aliments identiques ou périmés…

De curieuses explications

Ce n'est pas un manque d'effort…

L'entourage d'un patient atteint de maladie d'Alzheimer est souvent convaincu qu'il suffirait à ce dernier de faire attention, de faire un effort, voire d'être « plus intelligent » pour retenir davantage. Il est parfois difficile de convaincre la famille que toutes ces difficultés relèvent bien d'une maladie et non d'un manque de volonté[7]. Les fluctuations de la mémoire surprennent souvent l'entourage. D'un jour à l'autre, parfois d'une heure à l'autre, les performances mnésiques varient. Ces fluctuations sont logiques puisqu'il s'agit d'une maladie progressive qui ne détruit pas immédiatement la totalité des circuits d'apprentissage. Les patients ont des sortes de « baisses de régime » qui seront facilitées par différents facteurs comme la fatigue, la survenue du crépuscule ou les variations saisonnières. Ils peuvent, en outre, correctement retenir des informations dans des domaines qui les intéressent ou les motivent, ce qui agacera leurs proches, persuadés qu'ils le font « exprès ».

Ainsi, d'authentiques patients atteints de maladie d'Alzheimer jouent normalement au bridge en retenant l'atout et le jeu de la carte, mais sans conserver le moindre souvenir des conversations de la soirée. Tout au plus, comme me le racontait l'époux d'une patiente, cette dernière a-t-elle des annonces un peu « euphoriques »...

Ils ont toujours des explications...

Il ne faut pas se laisser abuser par les explications que donnent souvent les malades au sujet de leurs difficultés. Lorsqu'on leur demande le nom du président de la République, ils déclarent ne pas le savoir parce qu'ils ne s'intéressent pas à la politique. Or connaître le nom du président ne relève aucunement d'un diplôme de Sciences-Po, mais d'un niveau d'information de base auquel personne n'échappe en France. Autre exemple : les patients incapables d'énoncer leur numéro de téléphone allèguent qu'ils ne s'appellent jamais ; ils ne sont toutefois nullement surpris que leur conjoint (parfois plus âgé qu'eux) puisse, lui, citer correctement ce numéro ! Un homme qui ne pouvait me donner l'année en cours m'a ainsi répondu : « Comme je ne travaille plus, je ne compte plus les années ! » L'entourage et certains médecins eux-mêmes n'échappent pas au désir de rationaliser l'amnésie en attribuant à l'âge des oublis qui sont en fait du registre d'une réelle maladie.

Ce ne sont pas des inventions : ils oublient qu'ils oublient...

L'entourage a souvent l'impression que le patient brode, invente, déforme les souvenirs. Trois explications à cela : l'anosognosie, des erreurs de dates, de réelles distorsions. Un patient ayant une maladie d'Alzheimer nie généralement ses oublis : ce phénomène de négation ou de sous-estimation porte le nom d'*anosognosie*. Le malade qui se plaignait de ses oublis au début de leur apparition devient progressivement inconscient de ses difficultés. Pour lui, tout va bien, alors que ses proches sont de plus en plus inquiets. Cette situation est très déconcertante pour l'entourage qui est persuadé que la personne le fait exprès. L'anosognosie est liée au dysfonctionnement des lobes frontaux et à la défaillance des systèmes de métamémoire.

L'amnésie peut également rendre compte de la négation des oublis. Non seulement le malade oublie qu'il oublie, mais il oublie les faits récents et fait référence à ses souvenirs anciens. D'où cette situation où l'on voit un malade affirmer, parfois avec véhémence et conviction, qu'il gère normalement son traitement et son budget, qu'il fait ses courses, les repas, le ménage. En vérité, il a le souvenir correct d'avoir fait les courses ou le déjeuner, mais ces souvenirs bien réels sont anciens et il les transpose indûment dans le quotidien récent sur lequel on l'interroge.

C'est donc en toute bonne foi qu'il déclare alors préparer lui-même ses repas : il est, en fait, « honnête » dans son appréciation, sauf qu'il se trompe de quelques mois, parfois de quelques années… Ayant oublié son passé récent, il fait référence à des souvenirs anciens parfaitement véridiques, de l'époque où il était effectivement autonome. La consultation prend ainsi un tour surréaliste, le malade racontant tout ce qu'il « fait », alors que ses accompagnants font de grands signes dans son dos pour indiquer au médecin que rien de ce qu'il dit n'est vrai.

On peut également observer des distorsions de souvenirs sous la forme de souvenirs en *patchwork*. Ces distorsions affectent des souvenirs personnels ou des faits culturels. Les généalogies sont mélangées, les patients confondent leurs enfants avec leurs frères et sœurs, le mari est pris pour le père. Le fils d'une de mes patientes m'a par exemple raconté qu'elle pensait qu'Aubenas était dans le Gers parce que ses parents étaient enterrés à Aubenas et que son frère vivait dans le Gers : les deux informations étaient confondues en un nouveau souvenir géographique…

Une spirale tragique

Le passé s'efface par strates successives. L'oubli touche progressivement les faits anciens, les événements marquants de la vie passée, les savoir-faire bien ancrés (manipulation des outils et des ustensiles ménagers, toilette et habillage, recettes de cuisine). Curieusement, certaines capacités persistent, alors que d'autres s'évanouissent rapidement. Le patient peut fluctuer d'un moment à un autre, d'un jour à un autre, comme s'il était parfois en mesure de « reconnecter » certains réseaux neuronaux.

L'une des manifestations les plus horribles pour la famille est la disparition généalogique : il ne s'agit pas seulement des prénoms, mais bien de la perte de la reconnaissance des personnes. Ainsi, les petits-enfants ne sont plus reconnus, puis les enfants, puis le conjoint. Après quelques années d'évolution, ce dernier est vécu comme un étranger, ce qui suscite de l'inquiétude chez le patient qui part alors à la recherche de ses parents... décédés depuis vingt ans... Enfants et petits-enfants sont parfois « reconnus » comme familiers, mais sans être identifiés en tant que tels. Les générations sont mélangées, les membres de la famille confondus, vraisemblablement parce que telle petite-fille ressemble à la sœur du patient lorsqu'elle était jeune.

Petit tableau comparatif (pour se rassurer)

Le tableau page ci-contre compare les caractéristiques des plaintes et des troubles de mémoire d'un senior normal et d'un patient à un stade léger de maladie d'Alzheimer. L'interrogatoire du patient et de sa famille révèle dans le cas de la maladie d'Alzheimer des difficultés significatives qui doivent alerter l'entourage et qui constituent un élément important du diagnostic de cette maladie.

Présent effacé et passé ressassé

« Ma mémoire est de tous les côtés, c'est comme la neige qui s'en va... »
A. R., poète et patient

Mon propos n'est pas d'aborder ici tous les aspects neuropsychologiques de la maladie d'Alzheimer. Seul va nous intéresser ici ce qui est au cœur du début de la maladie : la mémoire. La maladie d'Alzheimer est un modèle intéressant pour comprendre l'organisation et le fonctionnement de la mémoire. L'atteinte des différents sous-systèmes de mémoire est hétérogène : au début de la maladie, le patient oublie principalement le présent ; ce n'est que quelques années plus tard que son passé personnel et culturel disparaît.

Le déroulement anatomique de la maladie d'Alzheimer

La maladie d'Alzheimer est une amnésie en trois temps : amnésie du présent personnel ; amnésie du passé spécialisé ; amnésie du passé personnel.

Premier temps : l'amnésie du présent personnel

En raison de l'atteinte des régions temporales internes (hippocampes et cortex entorhinaux) où se déposent initialement les plaques séniles et les dégénérescences neuro-fibrillaires spécifiques de la maladie, les

Plaintes et troubles de mémoire chez un sujet âgé normal et un patient à un stade léger de la maladie d'Alzheimer

	Senior normal	Patient Alzheimer
Les oublis concernent des faits récents...	Accessoires (emplacement où ont été posées les clés ou les lunettes, nature de l'objet que l'on vient chercher dans une pièce...).	Importants (lieux de rangement d'objets courants, gestion du traitement et du budget, oubli des visites récentes, erreurs répétées sur des itinéraires connus...).
L'oubli d'une information ou d'une conversation...	N'est pas majeur, il suffit de répéter une fois ou deux l'information qui n'a pas été retenue la première fois par manque d'attention ou d'intérêt.	Est sévère car après quelques minutes le patient oublie l'information, il repose très souvent la même question ou il faut lui répéter plusieurs fois (sans succès) l'information.
L'oubli des noms propres concerne...	Des personnes peu connues (relations lointaines, acteurs...) ou des personnes proches mais de façon transitoire.	De façon répétée, les personnes proches (petits-enfants, amis...).
L'oubli des faits concerne...	Des détails d'événements nouveaux (visites, conférences, voyages...).	La totalité d'événements nouveaux et importants (fêtes de famille, visites d'amis...).
Les activités préférées sont...	Réduites pour des raisons valables (vision, rhumatismes...).	Abandonnées sans raison valable.
L'estimation des difficultés par le sujet est...	Excessive.	Réduite, les difficultés sont niées ou banalisées.
La personne vient...	Souvent seule car son entourage n'est pas inquiet.	Toujours accompagnée de son entourage qui est très inquiet.
Le retentissement sur l'autonomie est...	Minime ou nul car le sujet peut compenser de lui-même ses oublis par des stratégies adaptées.	Important car le patient ne compense pas bien ses difficultés.
Le trouble mnésique concerne...	Le rappel des informations (qui sont souvent sur le bout de la langue).	L'apprentissage des nouvelles informations (celles-ci sont mal apprises et mal consolidées à distance).
Le fait de donner un indice pour retrouver l'information...	Aide le sujet (qui souffre uniquement d'un trouble de l'évocation).	N'aide pas le patient (qui souffre d'un trouble de l'apprentissage et de la consolidation).

patients ont d'abord des difficultés précoces d'apprentissage et de consolidation des épisodes vécus récemment dans un contexte daté et localisé. Cette amnésie des faits récents contraste avec la préservation des souvenirs anciens qui fait dire que ces patients radotent. Lors des premières années d'une maladie d'Alzheimer, le présent s'inscrit imparfaitement sur l'ardoise de la vie et les informations nouvelles du quotidien s'ancrent péniblement dans le cerveau. Mal enregistrées et mal consolidées, ces informations sont mal retrouvées jusqu'à ce qu'elles ne le soient plus du tout. Le patient repose vingt fois la même question car la réponse ne s'imprime jamais.

À ce stade, les patients ont encore un jugement intact, voire de l'humour, comme une de mes patientes, ancienne anesthésiste, qui me disait récemment : « Pour une anesthésiste, c'est un comble, j'ai des insomnies ! » Une autre patiente, lorsque son époux lui a dit : « Tu feras de vieux os, ma femme ! » lui a répondu du tac au tac : « Je suis désolée pour toi ! » Une autre, encore, me déclarait : « Je suis une femme heureuse, plus ça empire, moins je m'en rends compte ! » ; elle me disait aussi : « Le passé ancien, c'est dans le tiroir, je le tire ! » et : « Au fond, ce n'est pas moi qui souffre, mais c'est mon entourage, j'oublie le bon, j'oublie le mauvais ! » Une autre amnésique me décrivait ainsi ses journées en institution : « La vie est drôle, on rigole, je regarde les autres dormir. » Une dernière affirmait de manière philosophique : « Il est très bon d'oublier certaines choses. » Avec le temps, toutefois, les patients ne sont toutefois plus du tout conscients de leurs difficultés, même si des moments de lucidité attristée s'observent occasionnellement.

Deuxième temps : l'amnésie du passé spécialisé

Les lésions de la maladie envahissent les régions cérébrales responsables des fonctions élaborées. Le malade perd alors son passé sémantique spécialisé : l'atteinte temporale inférieure gauche entraîne des troubles du langage (perte des mots) ; l'atteinte pariétale gauche est responsable de troubles de l'écriture (orthographe, graphisme) et d'une altération des gestes élaborés ; l'atteinte pariétale droite est à l'origine des troubles de l'orientation topographique et de la disposition spatiale de l'écriture ; enfin, l'atteinte frontale aboutit à des troubles du comportement (irritabilité, dépression, apathie, indifférence) et des fonctions intellectuelles sophistiquées (cohérence, raisonnement, jugement, planification, stratégie).

Troisième temps : l'amnésie du passé personnel

Le processus dégénératif de la maladie d'Alzheimer envahit de manière diffuse l'ensemble du cortex cérébral où se trouvent les éléments constitutifs des souvenirs anciens, qu'ils soient personnels ou culturels : le lobe frontal est incapable de reconstituer ces souvenirs anciens à partir d'éléments trop fragmentaires. Le passé disparaît et sa dissolution progressive entraîne avec lui ce qui constitue l'essence de l'identité de la personne.

Un point important à comprendre est, qu'en soi, l'amnésie de la maladie d'Alzheimer n'est pas responsable de la perte d'autonomie des patients. Même si un trouble important de la mémoire interfère obligatoirement avec la réalisation normale d'activités intellectuelles complexes, ce sont surtout l'incohérence de la pensée et les troubles du raisonnement ou du jugement qui expliquent le déclin significatif des activités de la vie quotidienne par rapport au fonctionnement antérieur usuel du patient.

Les erreurs de jugement ne sont pas obligatoirement grossières et peuvent porter sur un manque d'appréciation subtil. Ainsi, l'un de mes patients ayant regardé l'intégralité de l'émission télévisée *Ça se discute* de Jean-Luc Delarue sur la maladie d'Alzheimer en février 2005 s'est-il tourné vers son épouse pour lui dire : « Heureusement que je n'ai pas cette maladie ! » D'autres patients, accompagnant leurs conjoints à mes conférences, ne semblent pas affectés par le contenu de mes propos, parfois très explicite quant à l'évolution de la maladie.

Les tests de mémoire dans la maladie d'Alzheimer : le syndrome amnésique hippocampique

Au début de son évolution, la maladie d'Alzheimer est caractérisée par l'oubli des informations récentes (amnésie antérograde épisodique), alors que les informations anciennes sont respectées. Ce schéma progressif répond grossièrement à ce que j'ai décrit sous le nom de « loi de Ribot ». Il ne s'agit pas d'un oubli par effacement ou simple inaccessibilité, car le cœur du problème mnésique des patients Alzheimer est, d'abord, qu'ils apprennent mal et, ensuite, qu'ils n'apprennent plus du tout. Pour simplifier, le processus pathologique de la maladie d'Alzheimer « désamorce » progressivement le circuit de Papez qui réalise l'apprentissage et la consolidation des informations récentes.

Faute de marqueurs biologiques ou radiologiques suffisamment pertinents à l'heure actuelle, la pièce maîtresse du diagnostic d'une maladie d'Alzheimer est l'identification de l'amnésie caractéristique de l'atteinte hippocampique initiale de la maladie. Nos tests de mémoire ne quantifient pas la compétence théorique des sujets normaux (qui sont toujours très surpris par la simplicité de nos exercices et s'imaginent que nous nous moquons d'eux), mais repèrent assez facilement un syndrome amnésique hippocampique précoce : les patients ne sont pas en mesure de rappeler les informations que nous leur avons demandé de mémoriser ; ils sont le plus souvent coopérants, ils tentent de répondre au mieux de leurs possibilités et n'abandonnent pas, contrairement à des dépressifs ou des anxieux qui font souvent peu d'efforts.

Repérer l'amnésie hippocampique

Différents tests de mémoire à long terme sont utilisés pour repérer cette amnésie hippocampique ; certains évaluent la mémoire d'une histoire ou celle de listes de mots ; d'autres apprécient la mémoire visuo-spatiale de dessins complexes sans signification. Dans tous les cas, le test de mémoire se déroule en trois temps : mémorisation du matériel du test (histoire, mots, figure) ; rappel immédiat ; rappel différé plusieurs minutes après. Le point crucial est de s'assurer que les patients ont bien appris les mots, l'histoire ou la figure, c'est-à-dire qu'ils les ont bien lus, vus ou entendus, qu'ils ne sont pas stressés par l'épreuve et qu'ils ont eu tout le temps nécessaire pour bien apprendre. Lors d'un syndrome amnésique, le rappel immédiat est généralement faible, car l'apprentissage n'a pas été performant. Le rappel différé est, lui, effondré, les personnes étant incapables de retenir à long terme les informations faute d'avoir pu en consolider la trace.

Le fait de donner aux patients ayant une maladie d'Alzheimer le nom de la catégorie des mots non retrouvés spontanément (par exemple, s'ils n'ont pas pu dire le mot « cerise », on leur indiquera « c'est un fruit ») ne les aidera pas mieux à les retrouver. À l'inverse, cette procédure permet aux sujets normaux ainsi qu'aux dépressifs et aux anxieux de retrouver facilement le mot cible. Enfin, les sujets normaux ne font jamais d'intrusions, c'est-à-dire que lorsqu'un mot leur manque, ils ne fournissent pas d'autres réponses comme dire « prune » à la place de « cerise » : ils savent qu'ils ne savent pas et savent également que ni « prune », ni « orange », ni « banane » ne sont des réponses appropriées. À l'inverse, les patients Alzheimer auront tendance à faire des intrusions, c'est-à-dire à donner une réponse (fausse) afin de combler leur oubli.

À QUEL STADE LA MALADIE PEUT-ELLE ÊTRE DIAGNOSTIQUÉE ?

Si ces tests de mémoire permettent de porter un diagnostic précoce, il faut s'entendre sur ce que nous, médecins, appelons diagnostic précoce. Il est clair que l'on diagnostique la maladie d'Alzheimer deux à trois ans plus tôt qu'autrefois, parce que les patients viennent plus tôt, mais aussi parce que nos tests sont plus sensibles. Malheureusement, on ne fait pas le diagnostic de la maladie d'Alzheimer vingt ans avant sa survenue ! De nombreux quinquagénaires viennent en consultation parce qu'un de leurs parents étant atteint de maladie d'Alzheimer, ils sont persuadés que nous pourrons par nos tests déceler des anomalies prédictives. Malheureusement, nous ne pouvons pas à l'heure actuelle diagnostiquer à 50 ans une maladie qui se révélera éventuellement vers 75 ou 85 ans ! Il est impossible pour le moment de réaliser un dépistage de la maladie d'Alzheimer, mais nous pouvons porter le diagnostic précoce de cette maladie, c'est-à-dire à son début clinique. Ce n'est déjà pas si mal par rapport aux années 1980 où cette maladie était encore diagnostiquée au stade de la perte d'autonomie évoluée...

J'ai récemment observé chez une patiente une réponse étonnante. Cette femme était venue me voir en 2004 pour des difficultés de mémoire, son bilan de mémoire s'était révélé parfaitement normal, en particulier un test au cours duquel elle devait apprendre 5 mots. Fin 2006, elle revient me voir, cette fois accompagnée de son époux qui me décrit des difficultés de mémoire plus prononcées, retentissant significativement sur son quotidien. Je refais le test des 5 mots, utilisant d'autres termes que ceux de la liste de 2004 : lorsque je lui demande de me redire en différé les 5 mots de la liste 2006, elle me redit 3 des 5 mots de la liste 2004 ! Cette anecdote montre qu'en 2004 la mémoire de cette femme était très performante puisque, replongée dans la situation du test, elle a pu en 2006 redire 3 des 5 mots de 2004. Malheureusement, si sa mémoire lui a permis en 2006 de retrouver certains mots de 2004, elle ne lui permettait plus de retrouver des mots appris dix minutes plus tôt.

Les autres secteurs de mémoire sont également touchés

- **La mémoire de travail** est précocement altérée : les personnes atteintes d'Alzheimer répartissent mal leurs ressources attentionnelles lorsqu'elles sont sollicitées pour réaliser des tâches simultanées ou des raisonnements complexes.
- **La mémoire sémantique** est assez rapidement affectée, que ce soient les connaissances, les faits culturels et, en premier lieu, le langage.

Quand les mots s'en vont

Il ne s'agit pas de la disparition brutale du langage, mais de modifications plus subtiles. C'est ainsi que la conversation est moins spontanée, elle se simplifie et devient imprécise, avec des difficultés à trouver rapidement les mots justes. Cette gêne est plus marquée pour les mots abstraits, les substantifs, les mots de catégories vivantes. Les patients compensent parfois leur manque du mot par des périphrases (« Ça sert à écrire »). L'examen révèle qu'ils fournissent moins de noms d'animaux en deux minutes que les personnes normales de leur âge (environ 50 % de moins). Ils souffrent, en outre, d'un affaiblissement de l'organisation hiérarchique des concepts, ce qui se traduit par la perte de la notion d'attributs spécifiques (ils oublient qu'un éléphant a une trompe, qu'un zèbre a des rayures, qu'un lion a une crinière), par la substitution de mots par des équivalents (dire « poule » au lieu de « canard ») ou encore par l'utilisation d'un terme générique (dire « animal » au lieu d'« éléphant »).

L'accès aux connaissances sémantiques devient plus difficile et le stock lui-même de ces connaissances se détériore au fil du temps. Cette dissolution progressive concerne également les savoirs sur les personnes célèbres et les événements publics. Le souvenir du nom propre des gens célèbres est ainsi rapidement altéré[8].

L'abbé Pierre et Zidane

Dans un travail personnel au cours duquel j'ai présenté quatre photographies (l'abbé Pierre, Zinédine Zidane, Ségolène Royal et Nicolas Sarkozy) à plus d'une centaine de patients atteints de la maladie d'Alzheimer, différents résultats intéressants sont apparus. Des quatre noms, c'est celui de l'abbé Pierre qui est le plus souvent spontanément retrouvé, ce qui est logique puisque c'est la personnalité la plus ancienne. Les hommes retrouvent mieux le nom de Zidane que les femmes, mais le fait qu'il soit sportif est systématiquement indiqué par la plupart des patients, aussi bien les femmes que les hommes. Les patients ont plus de difficultés à dénommer Ségolène Royal et Nicolas Sarkozy (personnages plus récents bien que richement médiatisés), alors qu'ils sont reconnus comme personnalités politiques avec, en général, une bonne attribution de leur camp politique. Les réponses sont parfois cocasses ou désobligeantes, reflétant les orientations politiques des patients. Enfin, l'indice du prénom (voire des syllabes « Ségo » ou « Nico ») permet pratiquement toujours aux patients de retrouver le nom complet.

- **La mémoire procédurale** est relativement préservée en ce sens que les patients sont capables d'apprendre des séquences gestuelles : sans conserver le souvenir précis de la mise en place de ces procédures automatisées, ils améliorent leurs performances d'une séquence à l'autre. Malheureusement, l'évolution de la maladie s'accompagne de la perte des programmes des gestes élaborés symboliques (salut militaire, geste d'adieu) ou d'utilisation d'objets (voiture, télécommande, rasoir, peigne, fourchette).
- **La mémoire autobiographique** se dégrade selon un gradient temporel au détriment des souvenirs récents qui ont été mal mémorisés et

mal consolidés. La recherche volontaire de souvenirs spécifiques est souvent bloquée au profit d'une évocation plus globale et donc plus imprécise des événements. Des souvenirs particulièrement marquants sont néanmoins rappelés quelle que soit la période de vie, parfois sous forme de résurgences pénibles d'événements graves, en particulier des scènes vécues lors de la Seconde Guerre mondiale. C'est ainsi qu'un de mes patients revit pratiquement chaque nuit la scène de son exécution (ratée) par les Allemands en 1944, à la suite de laquelle il a été laissé pour mort au milieu des cadavres de ses camarades résistants. L'autre exemple est celui de cette patiente qui me répète plusieurs fois par consultation comment elle a échappé par miracle à une rafle en 1944. Comme cela a été vérifié avec le tremblement de terre de Kobé et l'attentat du World Trade Center, les patients sont moins aptes que des sujets contrôles à générer des souvenirs flashes d'événements publics marquants[9].

- **La mémoire prospective** est profondément touchée, empêchant les patients de planifier et de réaliser des projets.
- **La métamémoire** est particulièrement altérée, les patients étant incapables de la moindre introspection quant à leur mémoire. Pour cette raison, de nombreux patients nient l'existence de leurs oublis.

De nouveaux critères pour diagnostiquer la maladie d'Alzheimer

Comme cela a été annoncé dans *The Lancet Neurology* en juillet 2007, un diagnostic encore un peu plus précoce sera bientôt possible en combinant différents tests[10]. Les critères de diagnostic établis en 1984 étaient centrés sur la présence d'une démence. Une équipe d'experts internationaux coordonnée par le Pr Bruno Dubois (Paris) a proposé de redéfinir les critères de la maladie, ce qui permettrait de reconnaître la maladie trois à quatre ans plus tôt qu'actuellement, avant le stade de la démence. Ainsi, le diagnostic de « maladie d'Alzheimer prodromale » pourrait être envisagé en cas de difficultés de mémoire observées par le patient ou son entourage depuis au moins six mois, avec la confirmation d'un trouble avéré de mémoire à long terme lors de tests neuropsychologiques. À ces deux éléments centraux impératifs (plaintes et troubles de mémoire) doivent s'associer une ou plusieurs anomalies des biomarqueurs suivants : soit une atrophie de l'hippocampe à l'IRM, soit des taux anormaux de protéine amyloïde (abaissée) ou de protéine tau (élevée) dans le liquide céphalo-rachidien, soit des troubles du métabolisme dans certaines régions cérébrales lors d'un PET-scan.

Le point majeur de cette nouvelle approche est de supprimer l'élément « démence » de la définition clinique de la maladie d'Alzheimer : la démence est un élément évolutif tardif de la maladie ; ce n'est plus son élément central. Bien sûr, il est indispensable de mesurer la sensibilité et la spécificité de ces nouveaux critères sur de larges cohortes de patients. L'intérêt de cette identification plus précoce de la maladie réside dans l'espoir de disposer dans les années qui viennent de médicaments qui devraient ralentir le processus intime de la maladie.

Les traitements actuels

Quatre traitements sont actuellement disponibles dans la maladie d'Alzheimer : trois d'entre eux renforcent l'acétylcholine cérébrale déficiente dans la maladie (Aricept®, Exelon®, Réminyl®) ; le quatrième, l'Ebixa®, est un antagoniste des récepteurs à glutamate responsable d'une excito-toxicité neuronale.

Ces traitements ne guérissent pas la maladie d'Alzheimer. Ils n'agissent pas non plus sur son évolution qui est inéluctablement une perte d'autonomie progressive, rendant impossible après plusieurs années un maintien des patients à leur domicile. Le rôle de ces traitements est purement symptomatique : ils améliorent pendant quelques mois ou quelques années certains des symptômes de certains des patients. Ces traitements d'une maladie dont le principal symptôme est l'amnésie ne sont pas en eux-mêmes des traitements actifs sur la mémoire. Il est rare qu'elle soit améliorée de façon nette pour l'entourage, bien que les familles de quelques-uns de mes patients aient noté pendant quelques mois un meilleur souvenir.

L'action la plus démonstrative des traitements de la maladie d'Alzheimer est en fait sur les autres symptômes cognitifs et comportementaux : conversation plus fournie ; reprise des initiatives (cuisine, toilette, ménage, courses, jardinage, mots fléchés...) ; suppression des hallucinations ; réduction de l'agressivité ; amélioration du moral. L'épouse d'un patient me disait ainsi : « Il va mieux, il s'intéresse davantage, il regarde la télévision, il fait des remarques plus justes, il reparle au téléphone. »

Cette efficacité des traitements est réelle, mais malheureusement transitoire. Quoi qu'en disent certains détracteurs de ces traitements, la qualité de l'évolution de nombreux patients atteints de maladie d'Alzheimer n'est plus la même depuis l'apparition des premiers traitements en 1994. Une de mes collègues, neurologue à Lille, le Pr Florence Pasquier, écrivait en 2005 dans *La Lettre du neurologue* : « Les quelques neurologues qui suivaient les patients déments avant les traitements IAChE et les suivent depuis leur instauration doivent reconnaître que ces patients ne sont plus les mêmes. » L'effet de ces traitements est modeste, mais indiscutable chez de nombreux patients, ils valent donc la peine d'être prescrits. Ces traitements ne sont que la première étape d'un immense effort de recherche se développant dans la plupart des grands laboratoires pharmaceutiques. Il y aurait 167 molécules actuellement à l'essai avec pour objectif d'agir le plus en amont possible sur les causes biochimiques de la maladie.

Le fléau du XXIe siècle

La maladie d'Alzheimer est sans conteste le fléau médical et social du XXIe siècle. Même si elle n'est pas inéluctable, elle touchera un nombre croissant de nos concitoyens du fait de leur plus grande longévité. La plainte mnésique et le trouble de mémoire sont au cœur du déclenchement de la maladie. Nous disposons actuellement d'assez de connaissances sur le fonctionnement de la mémoire et sur la physiopathologie de la maladie d'Alzheimer pour porter un diagnostic précoce au moyen de tests de mémoire fiables... en attendant que la biologie nous permette un jour de repérer encore plus précocement les personnes à risque de développer cette terrifiante maladie.

Un diagnostic précoce n'a d'intérêt, bien sûr, que si nous avons la possibilité de mettre en place des traitements curatifs de la maladie. En attendant ces traitements, il est important de trouver des traitements préventifs ou de mettre en place un style de vie susceptible de retarder la survenue de la maladie. Selon les déclarations le 10 juin 2007 du Pr Ronald Brookmeyer (Johns Hopkins University, Baltimore), lors de la Second Alzheimer's Association International Conference on Prevention of Dementia à Washington (DC), 106 millions de personnes souffriront en 2050 de la maladie d'Alzheimer (ou de maladies apparentées[11]). Si des traitements ou des mesures préventives retardaient, ne serait-ce que d'un an, le début de la maladie d'Alzheimer, Ronald Brookmeyer estime qu'on réduirait de 12 millions le nombre de nouveaux cas en 2050.

L'ESSENTIEL

- La maladie d'Alzheimer est la plus fréquente des démences (700 000 patients en France sur 900 000 cas de démence).
- La maladie d'Alzheimer est liée à l'avancée en âge, mais pas au vieillissement des structures cérébrales.
- La maladie d'Alzheimer est une amnésie en trois temps : amnésie du présent personnel, puis amnésie du passé spécialisé et, enfin, amnésie du passé personnel.
- Le processus neuropathologique de la maladie d'Alzheimer débute vers les régions hippocampiques avant de s'étendre aux autres régions cérébrales cognitives et comportementales.
- Les plaintes mnésiques de la maladie d'Alzheimer sont marquées par un oubli à mesure des informations récentes. L'oubli marqué des faits importants réduit progressivement l'autonomie des patients.
- Les tests de mémoire sont pour le moment le seul moyen fiable de diagnostiquer précocement la maladie d'Alzheimer.
- Les traitements disponibles actuellement ne guérissent pas cette maladie, mais améliorent la qualité de l'évolution chez de nombreux patients pendant quelques années.
- L'espoir réside dans un diagnostic précoce combinant tests de mémoire, imagerie cérébrale et dosages de marqueurs spécifiques dans le liquide céphalorachidien.
- Diagnostiquer la maladie d'Alzheimer à son stade prodromal devrait permettre de proposer, un jour, des traitements agissant sur le mécanisme intime de la maladie.

5

« Avant de chercher à augmenter sa mémoire, il faut déjà ne pas la perdre. »

Guillaume Gratarolus, médecin italien

Le chemin parcouru au fil de ces chapitres s'apparente d'une certaine façon à la succession des saisons. D'abord fragile chez l'enfant comme les timides fleurs du printemps, la mémoire des adultes s'épanouit dans une arrogance estivale pour finalement s'étioler à l'automne d'une vie parfois assombrie par la survenue triste et brutale de l'hiver des amnésies.

Contrairement au cycle des saisons, aucun recommencement n'est possible, mais une sorte d'été indien a la possibilité de faire briller notre mémoire de quelques feux. Est-il alors possible de prévenir son déclin? La mémoire donne à chacun des chances de réussite, selon ses capacités. Soyons donc actif, vigilant et prévenant envers elle.

Et puis amusons-nous, c'est encore l'une des meilleures manières de l'entretenir. Des suggestions ? Quel est l'ordre des 8 planètes du système solaire ? Réponse 1 : Mercure, Vénus, Terre, Mars, Jupiter, Saturne, Uranus, Neptune.

Apprendre, retenir, oublier, apprendre...

Réponse 2 : **M**a **V**ieille **T**ante **M**arie a **J**eté **S**amedi **U**n **N**avet. Et les premières décimales du nombre Pi ? Réponse 1 : 3,141592653. Réponse 2 : « Que j'aime à faire apprendre un nombre utile aux sages » – le nombre de lettres de chaque mot correspond à une décimale de Pi. Maintenant, le nom des 12 dieux grecs ? Vous n'êtes plus très sûr ? Eh bien, c'est Hazah Hadadah – Héra, Aphrodite, Zeus, Apollon, Héphaïstos, Hermès, Artémis, Dionysos, Athéna, Déméter, Arès, Hestia. Et pour les 5 grands lacs d'Amérique du Nord, ce sera HOMES, car il y a Huron, Ontario, Michigan, Érié, Supérieur. Et, pour finir, les 7 nains dans Blanche Neige ? Vous ne vous en souvenez plus ? C'est trop loin ? Mais non ! Avec la formule « À Jouer Presque Seul Tu Deviendras Grincheux », on retrouve vite la liste, c'est Atchoum, Joyeux, Prof, Simplet, Timide, Dormeur, Grincheux.

Vous voyez, c'est revenu !

L'été indien de la mémoire

> « Si mes cellules grises ne sont pas stimulées, elles risquent de mourir d'inanition ! »
>
> Hercule Poirot, détective belge

À l'exigence scolaire et professionnelle de bien apprendre s'ajoute actuellement chez les seniors le souhait d'entretenir et d'améliorer leur mémoire dans le cadre du maintien d'une « bonne santé ». Il n'existe pas de moyens pharmacologiques pour la doper. Si certaines molécules améliorent la mémoire, c'est au prix de sévères effets secondaires qui en rendent impossible la commercialisation. Ces molécules renforceraient indistinctement tous les aspects de la mémoire en empêchant le filtre profondément salutaire de l'oubli.

Quel serait notre avantage de retenir tous les menus de l'année ? Quel serait l'intérêt de nous souvenir de tous les épisodes déplaisants de notre vie ? Tout au plus, méthodes bien connues des étudiants, est-il possible de renforcer la concentration par la caféine, la théine, la nicotine, la vitamine C. Mais si la stimulation pharmacologique est impossible, que penser de la stimulation de mémoire par l'exercice ? Peut-on entraîner sa mémoire ? Et quelle en est l'utilité ?

Pourquoi stimuler et entraîner sa mémoire ?

Peut-on stimuler sa mémoire ?

Le terme employé dans la littérature scientifique pour qualifier l'ensemble des activités stimulantes, aussi bien cognitives que sociales ou physiques, est celui de *lifestyle* (« style de vie »). Par stimulation, on n'entend pas uniquement la réalisation de petits exercices d'entraînement, mais aussi l'utilisation quotidienne de son cerveau lors des loisirs ou d'une activité professionnelle. Dans un monde où l'on croit que seuls comptent les loisirs, il faut souligner que l'exercice professionnel est source de stimulations, de rencontres, de progressions, de découvertes, d'enrichissement personnel. Contrairement à ce que chantait Henri Salvador, si le travail, c'est bien la santé, on ne peut certainement pas dire que « rien faire, c'est la conserver ». Pour s'en convaincre, il suffit de rappeler combien de personnes « vivent » mal leur retraite et souffrent pendant quelques mois d'un peu de déprime.

La retraite professionnelle ne doit pas être celle des neurones. Il est indispensable de stimuler ses fonctions cognitives pour le confort supplémentaire que cela apporte au quotidien. Mais ce n'est pas la seule raison de stimuler sa mémoire.

À TOUT ÂGE, ON PEUT EXERCER SA MÉMOIRE

Le cerveau est en mesure de créer de nouveaux systèmes neuronaux pour mémoriser de nouvelles informations et ce, en dépit de son vieillissement structurel. Le vieillissement physiologique s'accompagne, en effet, de processus biologiques de compensation que l'on définit sous le terme de *neuroplasticité*. Cette plasticité cérébrale correspond à la capacité qu'a le cerveau de se modifier, tout au long de la vie et même à des âges avancés, dans ses structures (développement synaptique, neurogenèse) et son adaptation fonctionnelle (développement de nouvelles stratégies), tant sous l'effet de stimulations cognitives qu'à la suite de lésions cérébrales.

Des preuves biologiques de la neuroplasticité ont été apportées par des travaux d'imagerie fonctionnelle cérébrale montrant que, pour avoir une performance mnésique comparable, les personnes âgées activent un réseau neuronal plus étendu que celui des personnes jeunes, en particulier au niveau du lobe frontal[1]. En dépit du déclin des capacités cognitives lié au vieillissement physiologique, les adultes âgés en bonne santé peuvent donc potentiellement maintenir, améliorer et optimiser certains aspects de leur mémoire et de leurs fonctions cognitives.

L'éducation scolaire, la pratique d'une profession, l'engagement dans des loisirs prouvent que notre cerveau peut acquérir à tout moment des connaissances et un savoir-faire cognitif. Une de mes consultantes de 88 ans, inquiète d'avoir une maladie d'Alzheimer, m'a ainsi donné les résultats du match de football France-Angleterre de la veille (ordre des buts, nom des joueurs), preuve que l'on peut apprendre à tout âge… si l'on est passionné !

Pour un meilleur confort cognitif personnel

Un style de vie cognitivement stimulant

Le simple fait d'avoir des activités de travail et de loisirs riches et variées qui imposent à l'esprit des défis raisonnables constitue le meilleur des entretiens cognitifs. Les activités doivent être variées, car le manque d'utilisation d'une compétence cognitive au profit d'une autre réduit l'efficacité de la première. Des études longitudinales ont montré l'intérêt chez des seniors de la pratique régulière de loisirs intellectuellement stimulants. C'est ce qu'a révélé par exemple une étude canadienne : sur une période de 6 ans, un style de vie actif ainsi que l'engagement dans de nouvelles activités cognitivement stimulantes étaient associés à un moindre déclin cognitif par le biais d'un impact positif sur la mémoire de travail[2]. Ces chercheurs ont résumé leurs conclusions en une formule qui fait fureur dans les pays anglo-saxons : « *Use it or lose it!* » Selon la règle d'un cercle vertueux, ce maintien cognitif facilite vraisemblablement en retour l'engagement personnel dans des activités de vie plus efficientes.

Des études transversales ont également révélé que les activités intellectuellement stimulantes pratiquées en vieillissant contribuaient, et cela indépendamment du niveau de scolarité ou du type de profession, à maintenir un bon niveau de performance dans certains domaines cognitifs comme la mémoire verbale et la vitesse cognitivo-perceptive[3]. Comment expliquer ces résultats ? Ces activités ont-elles en elles-mêmes une action préventive sur le déclin cognitif? Ou bien n'intéressent-elles que des personnes dont la mémoire ne décline pas encore ? Éternelle question de l'œuf et de la poule !

Stimulation et entraînement

La stimulation ou l'entraînement cognitif s'adressent à des seniors sans problème particulier, mais qui subissent les défaillances fonctionnelles

« Connais-toi toi-même », disait Socrate...

La mémoire des seniors s'améliore grâce à des exercices d'entraînement spécifiques qui les aident à mieux maîtriser l'apprentissage et la récupération d'informations[4]. Les jeux vidéo eux-mêmes ralentissent le déclin de la mémoire[5]. La nature précise de l'entraînement qui mène à la meilleure amélioration et les caractéristiques des personnes qui bénéficient le plus de cet entraînement restent encore peu comprises. Les programmes de stimulation ne doivent pas uniquement concerner la mémoire, ils doivent impérativement impliquer plusieurs fonctions liées à la mémoire comme l'attention, le langage, l'organisation, l'imagerie mentale, le raisonnement. Ces performances bénéficient significativement d'une stimulation de mémoire assistée par des stratégies d'organisation ou des techniques d'imagerie mentale[6]. Pour être pleinement efficaces, les programmes doivent toujours s'accompagner d'une éducation des participants afin de les renseigner sur le fonctionnement de la mémoire et les effets de l'âge sur son efficacité.

du vieillissement physiologique. Les techniques de stimulation se pratiquent individuellement ou en groupe, avec ou sans animateur. Le rationnel de la stimulation de mémoire (et de la stimulation cognitive au sens large) est de solliciter certaines composantes des systèmes cognitifs afin d'aider des personnes qui avancent en âge à être plus efficaces dans leur quotidien et à accéder à un bien-être psychologique et social sans lequel on ne peut concevoir de progrès cognitif pertinent[7]. À côté du plaisir qu'ils apportent lors de leur réalisation, les exercices d'entraînement cognitif ne sont utiles que s'ils permettent de comprendre de nouvelles stratégies intellectuelles afin de les reproduire ensuite dans la vie réelle[8]. Une corrélation entre les performances quotidiennes et les capacités cognitives des personnes âgées a déjà été observée[9]. Même si l'exigence immédiate des seniors est d'améliorer leurs performances psychométriques, cela ne doit pas être un objectif en soi, car l'impact fondamental de la stimulation cognitive est psychologique (renforcement de l'estime de soi) et social (meilleure intégration sociale).

L'étude ACTIVE (*Advanced Cognitive Training for Independent and Vital Elderly*) menée aux États-Unis a démontré en 2002 l'efficacité d'un entraînement cognitif sur certaines capacités de la vie courante[10]. Dans cette étude, 2 832 personnes âgées de 65 à 94 ans ont été suivies pendant 2 ans. Elles étaient réparties en 4 groupes : 1 groupe contrôle et 3 groupes pratiquant des sessions de stimulation cognitive dans trois domaines différents (mémoire, raisonnement, rapidité attentionnelle) au moyen d'exercices aussi bien théoriques qu'appliqués au quotidien. Chaque groupe a suivi 10 sessions de 60 à 75 minutes réparties sur 5 à 6 semaines. Ces entraînements ont très significativement amélioré les secteurs entraînés mais sans généralisation d'efficacité ni aux autres domaines ni au quotidien, tout en renversant significativement le déclin cognitif habituellement observé en 7 ans de vieillissement. Onze mois plus tard, 60 % des participants ont bénéficié d'une nouvelle série de stimulations sous la forme de 4 nouvelles séances de 75 minutes sur 2 à 3 semaines.Une amélioration supplémentaire des performances psychométriques a été observée dans les groupes *raisonnement* et *attention*. Cette fois-ci, le groupe *raisonnement* a réalisé un transfert aux mesures écologiques quotidiennes.

Une nouvelle contribution du groupe ACTIVE a été publiée en décembre 2006[11]. L'objectif n'était plus de démontrer l'utilité cognitive d'un entraînement cognitif mais de démontrer l'impact sur les activités

Ne pas tout confondre

Il est important de comprendre qu'il n'y a pas de bénéfice de l'entraînement cognitif d'un domaine vers un autre domaine. Entraîner sa mémoire n'améliore ni son langage ni son raisonnement. Au sein même de la mémoire, entraîner sa mémoire des textes (journaux, magazines, livres) ne permet pas de retrouver ses clés et ses lunettes. Apprendre la liste des rois de France ne permet pas de mieux retrouver les noms propres de ses amis. Il est donc indispensable de stimuler harmonieusement toutes les facettes de sa mémoire et de sa cognition... sans forcément faire appel à un entraînement conscient. Les fonctions cognitives ne sont pas des muscles qu'il suffirait de soumettre à un culturisme acharné.

quotidiennes. Pendant 5 ans, 2 832 seniors d'une moyenne d'âge de 74 ans ont été suivis (67 % ont terminé l'étude). Le protocole était le même : 4 groupes avec pour 3 d'entre eux, 10 sessions d'entraînement initial (mémoire, raisonnement, recherche et identification visuelle), 4 nouvelles sessions de réentraînement à 11 et 35 mois. Seul le groupe *raisonnement* a présenté de manière significative un moindre déclin fonctionnel des activités quotidiennes après 5 ans. L'amélioration des groupes *mémoire* et *attention visuelle* sur les activités quotidiennes n'était pas significative. En revanche, après cinq ans, les trois groupes entraînés maintenaient leur amélioration cognitive dans leurs domaines psychométriques respectifs, l'effet étant encore plus prononcé pour les groupes *raisonnement* et *attention visuelle* ayant bénéficié des séances de réentraînement. Ce travail du groupe ACTIVE démontre qu'il persiste chez ces seniors un potentiel cognitif ne demandant qu'à être exploité et, en outre, que même si les gains des performances sont modestes, ils perdurent plusieurs années après la fin de l'entraînement.

Bien entraîner sa mémoire

Un bon programme d'entraînement passe d'abord par la compréhension de l'exercice ; ce n'est qu'ensuite, après que la personne a bien compris l'exercice et mis au point les stratégies de réussite qui lui conviennent, qu'elle peut passer à l'étape de rapidité. Tous les travaux scientifiques montrent qu'avec un temps de réalisation plus long, les seniors sont aussi efficaces que les juniors. Il est donc dangereux d'obliger les seniors à être rapides : l'essentiel est d'abord de comprendre, ensuite de réussir, aller vite n'étant que l'ultime mais pas si fondamental objectif.

Il ne suffit pas aux seniors de tester l'efficacité de ces stratégies, il leur est indispensable de prendre conscience de leur fonctionnement cognitif au quotidien et d'abandonner les idées reçues négatives et irréalistes. Les défis doivent toujours rester raisonnables pour ne pas susciter de frustration en cas d'échec. Le travail de la mémoire n'est pas celui du *par cœur,* mais celui de la compréhension de ses mécanismes. L'entraînement essentiel est socratique, c'est celui de la métamémoire : « Connais ta propre mémoire ! »

L'impact exact du maintien des capacités cognitives sur l'autonomie dans les tâches de la vie quotidienne mérite encore beaucoup de travail prospectif, mais un tel entraînement induit de toute façon un meilleur confort cognitif, permet une meilleure connaissance de leur cognition, et réduit l'anxiété liée à la perception de leurs difficultés[12]. Le gain en estime de soi est indéniable. Pourquoi s'en priver ?

Lors d'exercices d'entraînement cognitif, le point capital n'est pas de réussir, ni même de réussir rapidement (comme le laisse croire le *Programme d'entraînement cérébral* du Pr Kawashima commercialisé par Nintendo[13]), non, le point capital est de comprendre comment et pourquoi il y a eu réussite ou échec, afin de s'approprier ensuite la stratégie la plus pertinente. C'est ce que nous avons essayé de développer sur les exercices du site www.happyneuron.com.

Contre les démences

De nombreux travaux scientifiques soulignent le rôle significatif de l'éducation, des occupations et des loisirs dans la prévention des démences. La question qui vient naturellement à l'esprit est celle de la signification exacte de la constatation d'un faible taux de loisirs à ces âges avancés : est-il réellement responsable d'une absence de protection cognitive ? Ne reflète-t-il pas déjà la présence d'une démence débutante, mais non encore cliniquement déclarée ? Il est toujours possible, en effet, que la participation à certains loisirs cognitivement stimulants soit le résultat plutôt que l'explication de la préservation des activités cognitives. Quoi qu'il en soit, l'étude PAQUID a montré qu'atteindre ou dépasser le certificat d'études était associé à un moindre risque de démence incidente[14]. L'étude des religieuses américaines (*Nun Study*) a révélé qu'une faible performance rédactionnelle écrite réalisée vers l'âge de 20 ans prédisait rétrospectivement la survenue d'une maladie d'Alzheimer[15].

D'autres travaux, cette fois-ci prospectifs, se sont assurés que les sujets âgés avaient des tests de mémoire normaux au départ de l'étude[16]. L'équipe de Wilson (2002) a ainsi suivi un groupe de 801 prêtres et religieux américains chez lesquels une évaluation neuropsychologique très complète avait préalablement vérifié l'absence d'anomalies cognitives. Les heures passées à différentes activités de loisirs ont été systématiquement comptabilisées : journaux, magazines, livres, télévision, radio, visites de musées et spectacles, jeux (cartes, mots-croisés, échecs, puzzles). Au début de l'étude, le *score composite d'activités cognitives* variait de 1,57 à 4,71, un score élevé reflétant la réalisation d'activités cognitives fréquentes, variées et intenses. Après 4,5 ans de suivi, il est apparu qu'un point supplémentaire au *score* réduisait de 47 % le déclin cognitif psychométrique, la réduction allant de – 60 % pour la mémoire de travail à – 30 % pour la vitesse cognitive. Parallèlement, une augmentation d'un point du *score* était associée à une réduction de 33 % du risque de maladie d'Alzheimer incidente.

Une affaire de style

Un entretien cognitif régulier à l'âge adulte au-delà de 70 ans, par des activités sociales et de loisirs, diminue le risque de démence incidente. C'est ainsi qu'après un suivi prospectif de 3 ans, l'étude PAQUID a démontré un moindre risque de démence chez les seniors impliqués dans des tâches de jardinage, voyage ou bricolage[17]. Cela surprend parfois, mais ces activités sont éminemment cognitives, car elles mettent en action initiatives, organisation et planification. Qu'ils soient physiques, sociaux ou surtout intellectuels, l'ensemble des loisirs réalisés sur une période de 3 années est associé à un moindre risque de démence[18]. Une étude rétrospective excluant les activités réalisées lors des 5 dernières années, a aussi montré qu'il valait mieux jardiner, peindre, bricoler, faire de la musique, des puzzles ou du sport qu'avoir des activités passives comme regarder la télévision ou assister à des réunions : ces activités ne doivent toutefois pas être mises en œuvre à partir de 65 ans, mais développées et entretenues entre 20 à 60 ans[19] !

Deux méta-analyses[20] ont confirmé que l'augmentation des activités mentales complexes (« loisirs » ou « style de vie cognitif ») à un âge tardif s'associait à un risque significativement moindre de démence incidente. C'est ainsi que la première méta-analyse de 22 études de cohortes (incluant un total de 29 000 sujets) prenant en compte l'éducation, les occupations, le quotient intellectuel et les activités mentales cognitivement stimulantes a montré qu'une *réserve cognitive* élevée était associée à un risque moindre de démence incidente : ce risque était évalué par un *odds ratio* à 0,54 (un *odds ratio* inférieur à 1 traduit un effet protecteur), correspondant à une réduction de 46 % de l'incidence de démence[21]. Avec une méthode non paramétrique reprenant 18 études (et incluant un total de 47 000 sujets), il a été établi que le lien entre démence et réserve cognitive reposait sur l'atténuation du déclin cognitif[22].

De nombreux travaux démontrent le rôle préventif plus que vraisemblable des activités cognitives à tout âge, aussi bien dans le cadre d'un meilleur confort intellectuel en vieillissant que dans l'optique d'une diminution du risque de survenue d'une maladie d'Alzheimer. Celle-ci ne sera toutefois pas empêchée, mais retardée de quelques années, ce qui n'est déjà pas si mal…

Une, deux, trois… réserves !

Traduites de l'anglais, les expressions de « réserve cérébrale » (*cerebral reserve*) et de « réserve cognitive » (*cognitive reserve*) sont acceptées par la plupart des chercheurs francophones, bien que certains considèrent qu'il serait plus élégant d'utiliser le mot « ressource » que « réserve ». Les concepts qu'elles mobilisent reposent sur la notion de plasticité cérébrale qui définit la capacité du cerveau à se modifier dans ses structures et son fonctionnement, sous l'effet de stimulations tout au long de la vie[23].

La réserve cérébrale

La réserve cérébrale correspond à une quantité passive liée à la taille du cerveau et au nombre de neurones et de connexions synaptiques entre les neurones (figure 1). Il est important de rappeler que les pertes neuronales dues à l'âge sont moins importantes qu'on le croyait. Si la maladie d'Alzheimer comporte une réduction des neurones et des connexions synaptiques, ces dernières augmentent lors du vieillissement naturel, ce qui suggère une *plasticité neuronale structurelle* et donc des possibilités de régénération[24]. On sait, en outre, depuis 1998, que le cerveau est capable d'une neurogenèse : de nouveaux neurones pourraient naître à tout âge à partir de neurones souches. Cette neurogenèse, on l'a vu, est particulièrement importante dans les régions hippocampiques. Rappelons encore que les pertes synaptiques liées à l'âge seul deviennent délétères à partir de 40 %, chiffre qui n'est atteint pour la totalité du cerveau que vers l'âge de 130-140 ans[25]…

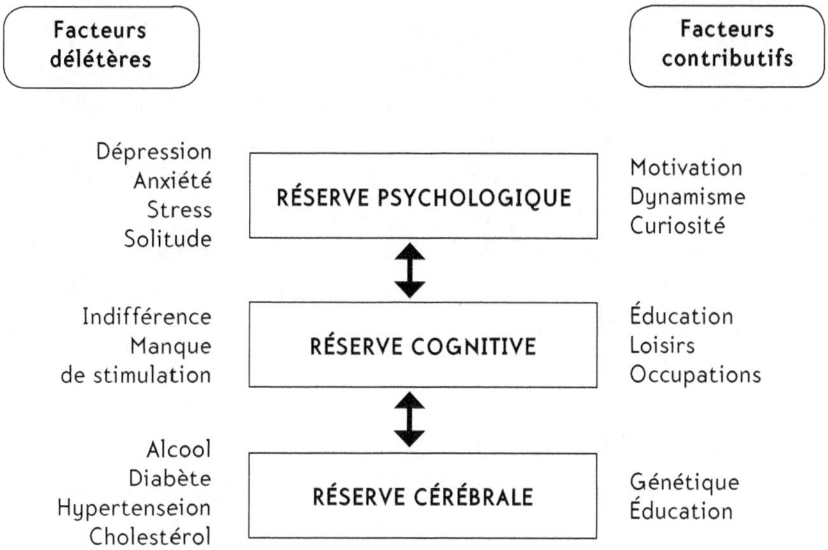

Figure 1. Les trois réserves cérébrale, cognitive et psychologique, ainsi que leurs facteurs délétères ou contributifs

La réserve cognitive

La réserve cognitive est, elle, un processus actif (figure 1). Cette *plasticité cérébrale adaptative* correspond à la capacité d'optimiser ses performances intellectuelles soit par le recrutement d'autres régions cérébrales soit par l'utilisation de stratégies cognitives nouvelles ou alternatives. C'est ce qu'on appelle le « coup de fouet cognitif », développé à partir des ressources cognitives habituellement utilisées. La conséquence structurelle en est l'augmentation de la densité de connexions neuronales dans les régions cérébrales et les systèmes neuronaux impliqués dans les fonctions cognitives stimulées. Même les patients ayant une maladie d'Alzheimer utilisent d'une certaine façon leur réserve cognitive et démontrent une plasticité neuronale et cérébrale[26].

VOUS AVEZ DES RESSOURCES...

Pour simplifier, la réserve cérébrale est une quantité utilisable, un stock dans lequel on puise au fur et à mesure des besoins, tel un trésor caché ou un compte bancaire. De son côté, la réserve cognitive s'identifie aux opérations bancaires astucieuses qui permettent de développer hardiment le capital : ce sont les ressources opérationnelles disponibles pour une action en cas de coup dur. La réserve cognitive, ce sont les Compagnons d'Alexandre le Grand, la Xe légion de César, la Vieille Garde de Napoléon. La réserve cognitive, c'est l'*ultima ratio* de la cognition!

La réserve psychologique

À ces deux réserves classiques, j'en ajouterai une troisième, la « réserve psychologique », faite de motivation, d'enthousiasme, de dynamisme, d'esprit d'entreprise, de curiosité. En effet, comment concevoir une mise en jeu des ressources cognitives sans un minimum de motivation? D'une certaine façon, cette réserve correspond au profil psychologique mis en évidence lors de l'étude des centenaires réalisée par l'institut IPSEN en 2001[27]. Si les centenaires interrogés ont déclaré n'avoir ni secret ni recette, des points communs ont néanmoins été relevés : un caractère dynamique, entreprenant, positif et optimiste; une vie de labeur; un entourage chaleureux et protecteur; un soupçon d'égoïsme pour ne pas subir trop fortement les conséquences psychologiques des coups durs de la vie (décès, déboires professionnels, échecs sentimentaux) et une bonne dose de curiosité, d'humour et d'optimisme pour entreprendre et s'intéresser à tout. Ces traits n'expliquent sans doute pas (quoique?) la survie physiologique de l'organisme à un âge aussi avancé mais favorisent certainement le maintien d'un fonctionnement cognitif de qualité. Notre célèbre Jeanne Calment, décédée à 122 ans, racontait qu'elle passait un peu de temps tous les jours à se remémorer les souvenirs agréables de sa vie.

Un capital à protéger

La stimulation cognitive précoce et intense réalisée par l'éducation accroît et renforce la réserve cérébrale dont nous disposons à la naissance, en augmentant le nombre de neurones et de synapses.

Par la suite, un entretien intellectuel régulier et varié permettrait le maintien prolongé d'une réserve cognitive : les loisirs et les occupations développés tout au long de la vie stimulent les initiatives et la planification, tout en renforçant certaines capacités cognitives telles que la mémoire de travail et la vitesse intellectuelle. Au plan biologique, cette stimulation cognitive augmente les connexions synaptiques et facilite la génération de neurones et de dendrites. L'apparition d'une démence serait retardée, car la stabilité et la diversité des connexions synaptiques aboutiraient à une plus grande tolérance à l'installation de la pathologie dégénérative en reculant le seuil du déficit cognitif cliniquement perceptible.

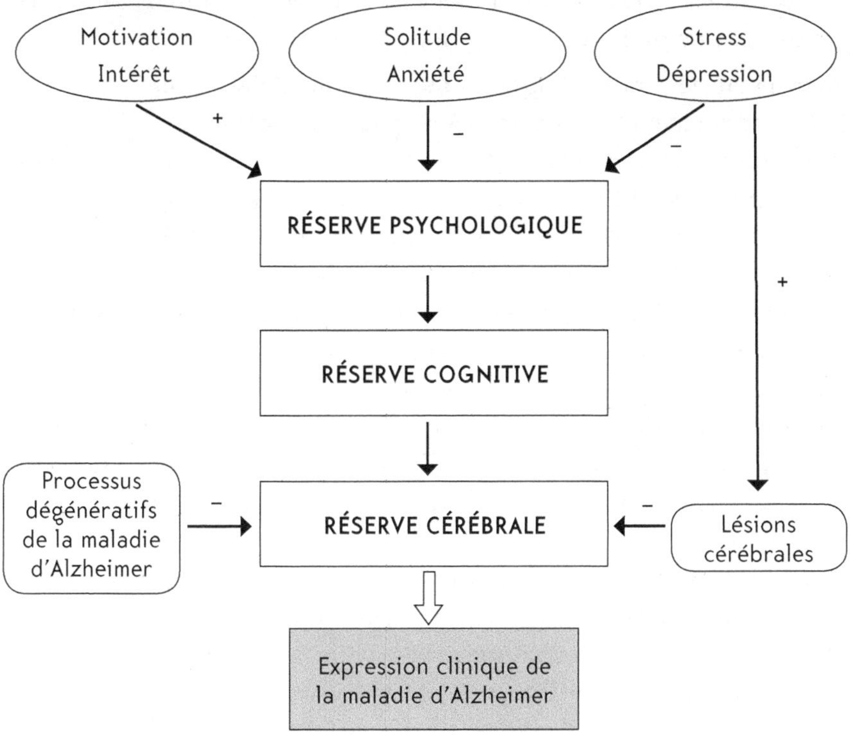

Figure 2. Les trois réserves et la maladie d'Alzheimer

En pratique, que faire ?

Il est indispensable de protéger le cerveau des agressions physiques (hypertension artérielle, diabète, cholestérol, tabagisme, alcool, traumatismes crâniens répétés) et psychologiques (solitude, stress, anxiété chronique et dépressions) (figure 2). Une bonne hygiène alimentaire est aussi essentielle. La conservation d'une autonomie, la lutte contre la sédentarité, le maintien d'un bon réseau social sont aussi des éléments favorables à l'entretien de la réserve cognitive.

Réserves cérébrale et cognitive : perspectives pratiques

Les concepts de réserves cérébrale et cognitive expliquent plusieurs faits troublants mais aux implications passionnantes.

Pour un même stade clinique, il faut plus de lésions pour altérer la réserve cognitive d'un patient jeune que d'un patient âgé. Non seulement les jeunes Alzheimer (43 à 63 ans) évoluent plus rapidement que les plus âgés (65 à 89 ans), mais, à l'autopsie, pour un même niveau de sévérité clinique de démence, ils présentent davantage de lésions (plaques séniles et dégénérescences neurofibrillaires)[28].

Une attaque cérébrale ne crée, bien sûr, pas de maladie d'Alzheimer, mais elle rend plus rapidement perceptible une maladie qui se serait exprimée quelques mois ou quelques années plus tard. Des neurologues lillois ont ainsi établi que près de 30 % des patients âgés ayant subi un accident vasculaire cérébral développaient rapidement une démence qui se révélait être une authentique maladie d'Alzheimer dans 19 à 61 % des cas[29].

Seule la réserve cognitive permet de comprendre que des lésions comparables n'aient pas les mêmes conséquences cliniques[30]. Nous manquons encore de données pour en avoir la preuve formelle, mais quelques travaux scientifiques suggèrent que seule cette notion de réserve cognitive explique pourquoi des personnes très âgées meurent sans être démentes, tout en ayant à l'autopsie un nombre considérable de lésions de la maladie d'Alzheimer. L'analyse du cerveau de 33 religieuses américaines très âgées a montré que si elles avaient toutes des lésions comparables de maladie d'Alzheimer, on pouvait les séparer en deux sous-groupes : 19 des 33 religieuses étaient cliniquement démentes lors de leur décès, alors que les 14 autres ne l'étaient pas[31]. Les capacités d'adaptation cognitive de ces 14 religieuses les ont « protégées » de l'expression clinique de la démence. Il serait plus juste de dire que ces capacités « ont retardé l'apparition des signes cliniques de la maladie d'Alzheimer ». Quelques années plus tard, ces 14 religieuses auraient vraisemblablement présenté cette maladie.

- **Il faut avoir une conception fluide du fonctionnement cérébral et cognitif.** Dans certains cas, les ressources cognitives compensent l'installation des lésions cérébrales qui altèrent la réserve cérébrale. Dans d'autres situations, la combinaison de plusieurs processus pathologiques submerge la réserve cérébrale qui ne peut plus bénéficier des capacités adaptatives de la réserve cognitive.

LE TROISIÈME COMBAT ?

Notre société a une approche paradoxale de la santé : nous la définissons comme l'absence de maladie et non comme un état de bien-être à préserver à tout prix. Dans ce dernier sens, il est fondamental d'intégrer dans notre culture le concept de stimulation cognitive grâce à un style de vie cognitivement stimulant. Au même titre que notre société a lutté contre les carences alimentaires puis la sédentarité, il me semble indispensable de promouvoir un troisième combat préventif. Ce troisième combat est à mener sur le front capital du cerveau et de ses fonctions cognitives. Là réside le futur âge d'or des neurones[32].

Ne vous demandez pas ce que votre mémoire peut faire pour vous; demandez-vous ce que vous pouvez faire pour votre mémoire...

On peut même aller plus loin dans cette paraphrase de John F. Kennedy et dire : « Ne vous demandez pas ce que votre mémoire peut faire pour vous, mais ce qu'avec votre mémoire, vous pouvez faire pour votre propre liberté cognitive. » Il faut être actif, entreprenant, imaginatif en adoptant un style de vie qui fait la part belle à la curiosité et à la remise en question de ses choix et de ses connaissances. On n'obtient pas une mémoire efficace sans un peu, voire beaucoup, de temps et d'effort personnel.

Avec l'âge, s'accroît la mémoire de l'expérience accumulée et des connaissances engrangées. Seul fait défaut l'accès rapide à ces informations au moment désiré. Les anciens vantaient la mémoire des vieillards (certes parfois âgés de 50 ans seulement !) qui se démarquaient des plus jeunes en étant les dépositaires de la mémoire de la famille, de la mémoire de la tribu, de la mémoire du village, de la mémoire de la société… Pour des raisons diététiques et médicales, on peut penser qu'à l'heure actuelle une personne de 70 ans est cognitivement beaucoup plus performante qu'une personne de 50 ans sous Louis XIV. Je vois régulièrement des personnes âgées de plus de 85 ans, animées d'un très grand dynamisme intellectuel. Ce ne sont pas des extraterrestres, mais des individus qui ont su conserver une attitude dynamique et positive tout au long de leur existence. Quelles que soient les conséquences de l'automne de notre mémoire, nous pouvons espérer un été indien et retarder l'hiver.

Le vieillissement est trop souvent envisagé sous l'angle négatif du déficit, sans que nous tenions compte des qualités adaptatives dont nous avons fait preuve au cours de l'histoire de l'humanité. Nous devons avoir une perspective adaptative de notre vieillissement cognitif. Comme le disait le Pr André Niéoullon : « Le vieillissement du cerveau ne doit pas être vu comme un processus de régression, voire de destruction, mais bien comme un état évolutif : comme le cerveau du jeune au cours du développement est à même d'être influencé par l'environnement dans lequel il évolue, celui du sujet âgé, moins adaptable en rapport avec une baisse de son interaction avec l'environnement, possède néanmoins des propriétés qui paraissent être à même de lui permettre un bon niveau de performance[33]. » Ce qui s'accentue le plus avec l'âge, ce ne sont pas vraiment les ratés de notre mémoire ; c'est surtout notre inquiétude à leur sujet. Dans le miroir craquelé de la vie, la mémoire devient le reflet de nos propres inquiétudes.

L'ESSENTIEL

- De nombreuses études scientifiques ont montré l'impact significatif de la stimulation de mémoire au moyen de loisirs stimulants ou d'entraînements structurés, aussi bien sur le confort cognitif personnel que contre la survenue d'une maladie d'Alzheimer.
- En complément d'activités de loisirs classiques, la stimulation cognitive permet à une personne âgée de mieux comprendre ses difficultés et d'y remédier de façon ludique.
- Sans qu'il soit question de gymnastique cérébrale intensive, il est possible de stimuler certains processus mnésiques au moyen de stratégies spécifiques. Attention, toutefois, cette stimulation ne transfère pas ses effets aux autres processus de mémoire et n'améliore pas forcément la performance au quotidien.
- À côté d'aspects biologiques non directement perceptibles par le senior, la stimulation cognitive a un triple objectif : lui montrer qu'il a la possibilité d'améliorer ses performances ; l'aider à transférer les effets positifs de l'entraînement à des situations de vie quotidienne ; enfin, renforcer son estime individuelle à un moment de la vie où les rebuffades en tout genre ne manquent pas.
- L'action de la stimulation cognitive passe par le développement d'une plasticité neuronale reposant sur une réserve cérébrale et cognitive. La réserve cérébrale est une quantité passive liée à la taille du cerveau et au nombre de neurones et de connexions synaptiques. La réserve cognitive correspond à la capacité d'optimiser ses performances intellectuelles soit par le recrutement d'autres régions cérébrales, soit par l'utilisation de stratégies cognitives nouvelles ou alternatives.
- À ces deux réserves, on peut ajouter une réserve psychologique faite de motivation, d'enthousiasme, de dynamisme, d'esprit d'entreprise, de curiosité.
- Rien n'est perdu, tout est possible !

À vos papiers, à vos crayons : exercices !

Voici quelques exercices faisant appel à différentes facettes de votre mémoire. Leur but n'est pas d'améliorer ni d'entraîner votre mémoire, mais de saisir les quelques principes essentiels qui vous aideront à mieux utiliser votre mémoire. Ces exercices font appel à votre mémoire épisodique, à votre mémoire sémantique, à votre mémoire de travail, à votre mémoire autobiographique, mais aussi à l'apprentissage d'informations nouvelles, à la récupération de savoirs anciens ou à la modification des souvenirs d'une information. C'est à vous maintenant !

Tester ses connaissances

La mémoire sémantique est la mémoire des connaissances culturelles et des savoirs sur soi-même. Elle conserve les informations accumulées de manière répétée au fil du temps comme les connaissances du langage (vocabulaire, grammaire, orthographe) et les savoirs sur le monde (géographie, histoire, cinéma, code de la route). Des informations personnelles sont aussi des savoirs : notre nom, notre adresse, notre numéro de téléphone, etc. Certains savoirs sont connus de façon détaillée, précise, exacte, alors que d'autres, sans être connus de manière exacte, peuvent être estimés selon des critères personnels ou de vraisemblance.

Vous savez ou vous estimez ?

Exercice 1

Indiquez l'année d'attribution des films suivants ayant obtenu l'Oscar du meilleur film. Cette connaissance peut être influencée par vos propres souvenirs personnels : sans connaître la date exacte de nomination d'un film, vous pouvez vous rappeler l'avoir vécue ou savoir que vous n'étiez pas né. Votre mémoire chronologique personnelle peut ainsi vous aider à structurer certains savoirs. De toute façon, tentez une réponse, vous pouvez tomber juste !

Films	Année de nomination à l'Oscar du meilleur film
Titanic	
Les Infiltrés	
Le Silence des agneaux	
Le Parrain	
West Side Story	
Gandhi	

Solution page 482

Exercice 2

Associez chaque film ayant obtenu la Palme d'or du meilleur film à son année d'attribution au festival de Cannes. Cette version est, bien sûr, plus facile, car les réponses possibles sont fournies et vous pouvez vous souvenir de l'année en la voyant indiquée. À défaut, votre réponse est aidée par le choix des réponses possibles qui limitent les erreurs et facilitent votre estimation. Votre mémoire chronologique personnelle peut aussi vous aider à structurer ces savoirs. De toute façon, tentez une réponse, vous pouvez tomber juste !

Films
MASH
Sailor et Lula
Elephant
Pulp Fiction
La Dolce Vita
L'Arbre aux sabots

Année de nomination à la Palme d'or
1960
1970
1978
1990
1994
2003

Solution page 483

Question de genre

Exercice 3

Le langage fait partie des connaissances de la mémoire sémantique. Dans cet exercice, vous devrez vous rappeler (si vous le connaissez) le genre masculin ou féminin de douze mots difficiles, souvent sources d'erreur. Il faudra ensuite les classer par ordre alphabétique. Le fait de comparer simultanément l'ordre alphabétique de plusieurs mots fait appel aux capacités de la mémoire de travail. Une certaine flexibilité mentale est également nécessaire.

Classez les mots suivants par ordre alphabétique croissant (de A à Z) dans la colonne de leur genre respectif : stèle, girofle, hémistiche, azalée, apanage, mandibule, apostille, imposte, viscère, piastre, prémisse, antidote.

Féminin	Masculin

Solution page 483

Exercice 4

Classez les mots suivants par ordre alphabétique croissant (de A à Z) dans la colonne de leur genre respectif : planisphère, tentacule, oasis, vicomté, urticaire, abaque, acabit, cénotaphe, épître, arrhes, en-tête, moustiquaire.

Féminin	Masculin

Solution page 483

Des chiffres et des expressions

Notre mémoire sémantique est remplie de listes, de séries, de proverbes, d'expressions toutes faites qui participent à la structure de notre langue. La langue française fourmille ainsi d'expressions ou de groupes collectifs centrés sur les chiffres. Nous en avons vu un grand nombre pour le chiffre 7 : les 7 jours de la Création, les 7 jours de la semaine, les 7 notes de musique, les 7 péchés capitaux… Vous est-il possible d'évoquer certaines expressions liées à d'autres chiffres ?

Exercice 5

Pouvez-vous trouver le maximum d'expressions françaises ou de groupes collectifs comportant un des chiffres suivants ?

2 : ______________________________

____

____

3 : ______________________________

____

____

Solution page 483

Exercice 6

Pouvez-vous trouver le maximum d'expressions françaises ou de groupes collectifs comportant un des chiffres suivants ?

4 : ______________________________

____

____

5 : ______________________________

____

____

Solution page 484

Retrouver plus facilement des mots

Se rappeler spontanément une liste de mots appris est un exercice difficile et peu utile au quotidien. Autant emporter avec soi la liste écrite des commissions plutôt que de risquer d'oublier certaines courses.

L'exercice suivant vous aidera à comprendre comment la récupération d'un mot est facilitée par des aides (savoir le nom de sa catégorie ou le reconnaître parmi d'autres mots).

Exercice 7

Lisez lentement et une seule fois la liste de mots page suivante. Vous devrez ensuite retrouver le plus grand nombre de mots. Pensez à jeter aussi un coup d'œil sur le nom des catégories !

Catégories des mots	Mots à retenir	Catégories des mots	Mots à retenir
Boisson	Cidre	Métal	Étain
Champignon	Cèpe	Pays	Uruguay
Déesse	Diane	Maladie	Oreillons
Volcan	Vésuve	Meuble	Divan
Océan	Pacifique	Instrument de musique	Cornemuse
Légume	Épinard	Musicien	Berlioz

Maintenant, reportez-vous page 478 pour poursuivre l'exercice.

Exercice 8

Lisez lentement et une seule fois la liste suivante de mots. Vous devrez ensuite retrouver le plus grand nombre de mots. Pensez à jeter aussi un coup d'œil sur le nom des catégories !

Catégories des mots	Mots à retenir	Catégories des mots	Mots à retenir
Rivière	Dordogne	Récipient	Bidon
Montagne	Rocheuses	Écrivain	Flaubert
Céréales	Seigle	Métier	Chimiste
Peintre	Gauguin	Fruit	Mandarine
Oiseau	Hibou	Poisson	Sardine
Fleur	Capucine	Bataille	Marignan

Maintenant, reportez-vous page 478 pour poursuivre l'exercice.

Retrouver une information à partir de sa forme

Cet exercice permet d'évoquer des informations du système de représentation perceptive (SRP) qui contient des ébauches perceptives (ici visuelles) des éléments constitutifs de la mémoire sémantique.

Exercice 9

D'après leur forme, retrouvez le nom des îles suivantes (les proportions ne sont pas respectées) :

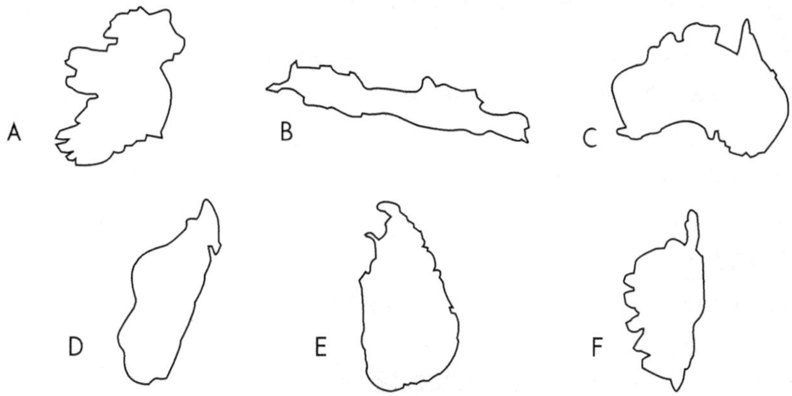

Solution page 484

Exercice 10

Retrouvez d'après leur forme le nom des pays suivants (les proportions ne sont pas respectées). Cette version des pays est plus difficile que celle des îles car ces dernières sont par définition mieux identifiées par leurs contours qui se détachent sur le fond bleu d'une carte alors que la juxtaposition des pays rend moins facile l'identification et la mémorisation de leurs contours... sauf pour certains pays très caractéristiques !

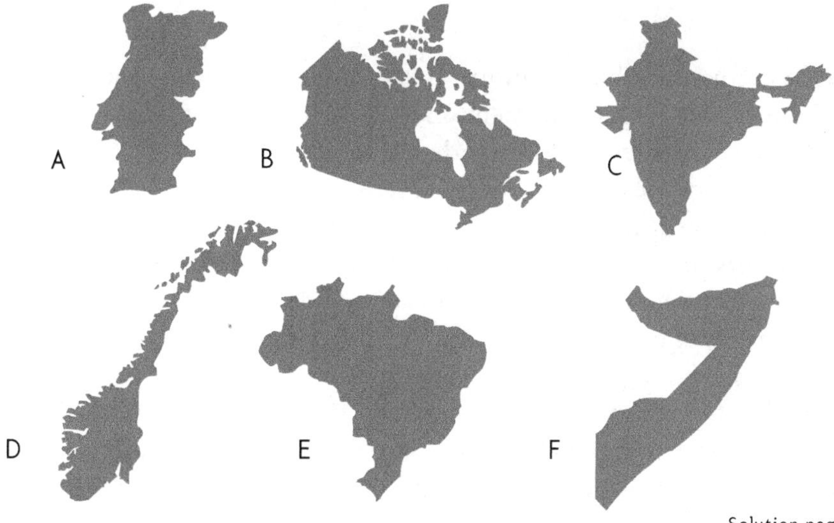

Solution page 484

Fragile mémoire ?

Votre mémoire est-elle fidèle ?

Exercice 11

Lisez lentement une seule fois, pour vous (ou mieux, à une autre personne), les deux listes de mots 1 et 2 l'une après l'autre.

Liste 1 : piano, contrebasse, violoncelle, guitare, flûte, trompette, tambour, harpe, clarinette, saxophone.

Liste 2 : automobile, volant, capot, frein, carrosserie, portière, essuie-glace, roue, moteur, calandre.

Maintenant, reportez-vous page 479 pour poursuivre l'exercice.

Exercice 12

Lisez lentement une seule fois, pour vous (ou mieux, à une autre personne), les deux listes de mots 1 et 2 l'une après l'autre.

Liste 1 : océan, crique, baie, sable, poisson, baignade, falaise, marée, vagues, courant.

Liste 2 : iris, rose, marguerite, violette, muguet, jonquille, œillet, bégonia, jacinthe, géranium.

Maintenant, reportez-vous page 480 pour poursuivre l'exercice.

Tester ses souvenirs

Notre mémoire autobiographique est composée d'informations qui nous concernent personnellement. Certaines constituent la mémoire épisodique et d'autres font partie de la mémoire sémantique. Notre mémoire épisodique conserve les épisodes uniques de notre vie, datés, localisés, et souvent riches en émotions ressenties lors de leur survenue. Ces souvenirs sont fragiles et parfois difficiles à retrouver. La mémoire sémantique contient des connaissances au sujet de soi et de sa vie (nom, prénom, adresse, nom de son école...). Elle renferme aussi des *scripts* (ou *scénarios*) correspondant au souvenir standardisé de situations personnelles répétées plusieurs fois et se déroulant selon une procédure immuable dans un temps déterminé. Ces structures schématiques sont, bien sûr, plus faciles à retrouver et leur automatisation rend possible notre vie quotidienne.

Quelques souvenirs personnels marquants

Exercice 13

Essayez de vous rappeler quelques événements marquants de votre vie et de les décrire en quelques mots (lieu, date, ambiance, météorologie, émotions ressenties...).

Réussite d'un examen : ______________________________

____

Passage du permis de conduire : ______________________________

____

Première rencontre sentimentale marquante : ______________________________

____

Premier jour au travail ou première embauche : ______________________________

____

Mariage : ______________________________

____

Premier séjour dans un pays étranger : ______________________________

____

Quelques scripts et schémas personnels

Exercice 14

Essayez de vous rappeler précisément dans l'ordre l'enchaînement des actions et des gestes que vous réalisez lors des situations stéréotypées suivantes.

Faire votre toilette : ______________________________

____

Préparer votre petit déjeuner : ______________________________

____

Une journée de travail type : ______________________________

____

Un week-end type : ______________________________

____

Une activité de loisir régulière (sport, réunion, etc.) : ______________

____

« Je me souviens très bien... »

Exercice 15

Certains souvenirs personnels sont très vivaces parce qu'ils ont été vécus lors d'un événement public exceptionnel souvent inattendu. Décrivez tous les souvenirs qu'évoque pour vous le moment où vous avez vécu ou appris les événements suivants. Vous verrez qu'il vous sera assez facile de retrouver six types d'éléments : le lieu où vous étiez, l'activité interrompue par l'annonce de l'événement, l'identité de la personne vous annonçant la nouvelle, les sentiments que vous avez ressentis, les émotions exprimées par votre entourage, les conséquences de cette annonce. Ces souvenirs très précis sont souvent évoqués comme la description d'un film ou d'une photographie, on les a baptisés « souvenirs flashes ». Avec le temps, la précision des détails s'estompe toutefois et votre souvenir « photographique » peut ne plus être celui de la réalité.

1. Le 8 janvier 1996 (mort de François Mitterrand) : ______________

____

2. Le 31 août 1997 (décès de Lady Diana à Paris) : ______________

____

3. Le 11 septembre 2001 (attentats contre les tours du World Trade Center de New York) : ______________

____

4. Le 6 mai 2007 (élection de Nicolas Sarkozy à la présidence de la République française) : ______________

____

Mémoriser de nouvelles informations

Apprendre une nouvelle information fait appel à de nombreuses capacités : il faut être attentif, avoir une bonne mémoire de travail, être en mesure de faire des liens entre ce que vous savez et ce que vous voulez apprendre, organiser le matériel à mémoriser de manière logique, répéter l'enregistrement. Bref, ce n'est pas si facile, surtout si l'on n'est pas motivé par la tâche !

Mots, symboles et emplacements

Ces exercices combinent la mémorisation de mots ou de symboles avec celle de leur emplacement sur un espace (plan d'une ville ou grille).

Exercice 16

Donnez-vous 30 à 60 secondes pour apprendre l'emplacement de 6 bâtiments sur le plan d'une ville. Ensuite, reportez-vous page 480 pour les replacer correctement. Une bonne façon de faciliter la mémorisation des emplacements est de diviser le plan en deux ou trois secteurs ou de créer mentalement des liens (« La poste est proche de... »).

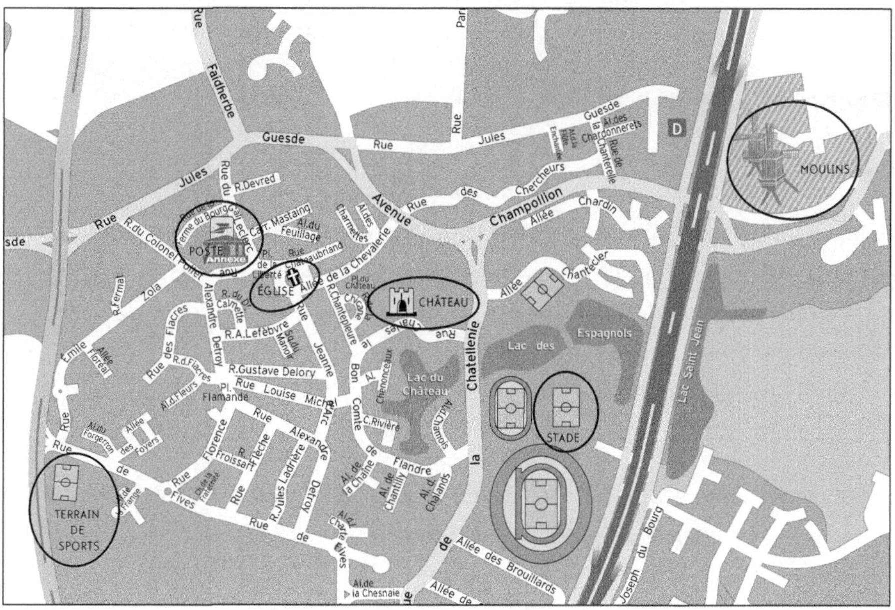

Exercice 17

Donnez-vous 30 à 60 secondes pour apprendre l'emplacement de six symboles sur une grille. Ensuite, reportez-vous page 481 pour les replacer correctement. Par rapport à celui de l'emplacement des magasins sur un plan de ville, cet exercice est plus difficile car les liens entre les cases et les symboles sont plus abstraits, plus géométriques. Pour faciliter la mémorisation des emplacements, là encore, divisez la grille (page suivante) en deux ou trois secteurs et créez des liens mentaux entre les symboles.

■			▼		
		❖			
◆					✻
			●		

Regrouper pour mieux retenir

Les stratégies de regroupement des informations facilitent leur mémorisation, sauf, bien sûr, si l'on doit les rappeler exactement dans l'ordre.

Reconstituer des séries

Exercice 18

Lisez lentement, une seule fois, la liste de chiffres suivante. Fermez le livre et essayez de vous rappeler immédiatement la liste dans l'ordre. Elle ne vous sera plus redemandée par la suite, vous pourrez donc l'effacer de votre système de mémoire de travail.

8	3	1	6

Lisez lentement, une seule fois, la liste de chiffres. Fermez le livre et essayez de vous rappeler immédiatement la liste dans l'ordre.

7	3	9	4	8

Lisez lentement, une seule fois, la liste de chiffres et de lettres. Fermez le livre et essayez de vous rappeler immédiatement la liste dans l'ordre.

T	2	P	6	5	G

Lisez lentement, une seule fois, la liste de chiffres et de lettres. Fermez le livre et essayez de vous rappeler immédiatement la liste dans l'ordre.

B	O	9	5	Y	3	8

Exercice 19

Cette fois-ci, l'ordre de réponse ne compte plus, vous pourrez redire les chiffres ou les lettres dans l'ordre que vous voudrez. Vous pouvez donc créer certains regroupements (ordre numérique, ordre alphabétique, pairs, impairs) pour mieux les apprendre et les redire ensuite. Vous verrez que vous serez plus efficace que dans l'exercice 17.

Lisez lentement, une seule fois, la liste de chiffres suivants. Fermez le livre et essayez de les retrouver dans l'ordre que vous voulez.

8	4	2	6

Lisez lentement, une seule fois, la liste de chiffres. Fermez le livre et essayez de les retrouver dans l'ordre que vous voulez.

4	9	6	1	7

Lisez lentement, une seule fois, la liste de chiffres et de lettres. Fermez le livre et essayez de les retrouver dans l'ordre que vous voulez.

1	Z	7	F	B	2

Lisez lentement, une seule fois, la liste de chiffres et de lettres. Fermez le livre et essayez de les retrouver dans l'ordre que vous voulez.

P	8	Z	5	A	R	3

Mémoriser un trajet

Les stratégies de la mémoire visuospatiale permettent de mémoriser des itinéraires, des figures géométriques, des schémas abstraits, le parcours du doigt sur un digicode.

Reconstituer un itinéraire

Exercice 20 ✎

Observez pendant 30 à 60 secondes l'itinéraire figuré sur la carte d'Europe page suivante, puis reportez-vous page 481 pour reconstituer le trajet de mémoire.

Exercice 21

Observez pendant 30 à 60 secondes l'itinéraire figuré sur cette carte d'Asie puis reportez-vous page 481 pour reconstituer le trajet de mémoire.

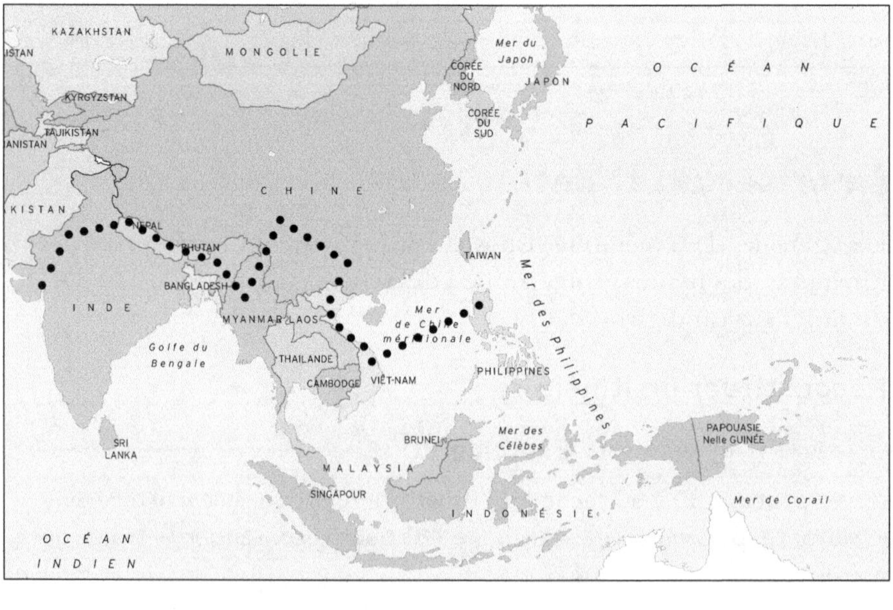

Reconstituer un trajet abstrait

Exercice 22

Observez pendant 30 à 60 secondes le trajet réunissant 6 des triangles, puis reportez-vous page 482 pour reconstituer ce trajet de mémoire.

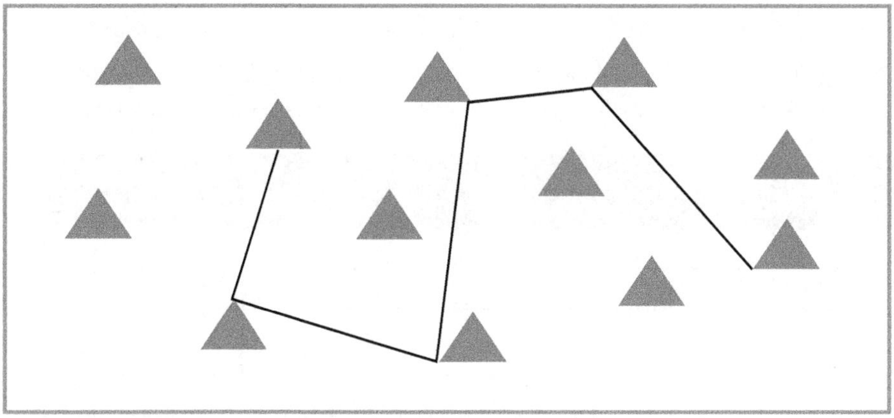

Exercice 23

Observez pendant 30 à 60 secondes le trajet réunissant 7 des 12 carrés, puis passez page 482 pour reconstituer ce trajet de mémoire.

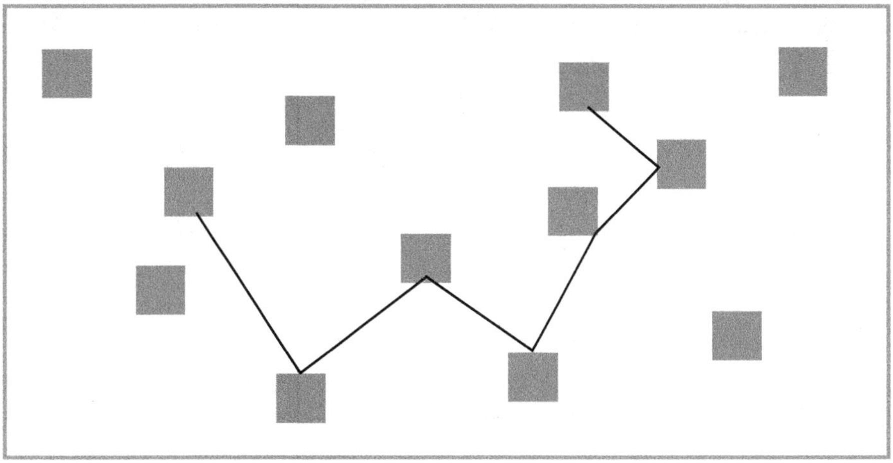

Vous pouvez trouver d'autres exercices ludiques et pédagogiques sur le site www.happyneuron.fr

... Exercice 7 (suite)

Écrivez les mots dont vous vous souvenez.			
...	...	...	...
...	...	...	...
...	...	...	...

Vous n'avez certainement pas retrouvé la totalité des 12 mots. Poursuivons. Essayez maintenant de retrouver les mots avec l'aide de leur catégorie. Connaître le nom de leur catégorie facilite en effet le rappel des mots.

Catégories des mots	Mots à retrouver	Catégories des mots	Mots à retrouver
Boisson		Métal	
Déesse		Maladie	
Océan		Instrument de musique	
Légume		Musicien	
Champignon		Pays	
Volcan		Meuble	

Si vous avez toujours des difficultés pour retrouver certains des mots appris, essayez de les retrouver parmi la liste suivante.

Dans cette liste de 24 mots, cochez les 12 mots que vous avez appris			
Cidre	Sirop	Étain	Plomb
Bolet	Cèpe	Angola	Uruguay
Vénus	Diane	Oreillons	Rougeole
Vésuve	Etna	Canapé	Divan
Pacifique	Atlantique	Trombone	Cornemuse
Concombre	Épinard	Berlioz	Vivaldi

... Exercice 8 (suite)

Écrivez les mots dont vous vous souvenez.			
...	...	...	...
...	...	...	...
...	...	...	...

Vous n'avez certainement pas retrouvé la totalité des 12 mots. Poursuivons. Essayez maintenant de retrouver les mots avec l'aide de leur catégorie. Connaître le nom de leur catégorie facilite en effet le rappel des mots.

Catégories des mots	Mots à retrouver	Catégories des mots	Mots à retrouver
Montagne		Écrivain	
Oiseau		Poisson	
Rivière		Récipient	
Peintre		Fruit	
Fleur		Bataille	
Céréales		Métier	

Si vous avez toujours des difficultés pour retrouver certains des mots appris, essayez de les retrouver parmi la liste suivante.

Dans cette liste de 24 mots, cochez les 12 mots que vous avez appris			
Tarn	Dordogne	Cruche	Bidon
Rocheuses	Caucase	Balzac	Flaubert
Seigle	Orge	Chimiste	Pâtissier
Cézanne	Gauguin	Mandarine	Framboise
Hibou	Perdrix	Morue	Sardine
Pervenche	Capucine	Valmy	Marignan

... Exercice 11 (suite)

Indiquez à côté de chaque mot s'il faisait partie d'une des deux listes que vous avez lues.

Mot	Oui/Non	Mot	Oui/Non
Portière		Violon	
Pompier		Pneu	
Autobus		Automobile	
Voiture		Trompette	
Piano		Tambourin	
Cymbales		Escalier	

Retournez voir les deux listes de la page 470. Si vous avez facilement exclu *pompier* et *escalier*, vous serez éventuellement surpris par d'autres réponses car vous avez peut-être pensé avoir lu des mots qui ne figuraient pas en fait dans les deux listes. D'une certaine façon, le contexte évoqué par chaque liste a créé chez certains d'entre vous un... faux souvenir !

... Exercice 12 (suite)

Indiquez à côté de chaque mot s'il faisait partie d'une des deux listes que vous avez lues.

Mot	Oui/Non	Mot	Oui/Non
Géranium		Marguerite	
Sable		Baignade	
Pétunia		Mer	
Tournevis		Tulipe	
Étoile de mer		Armoire	
Plage		Palmier	

Retournez voir les deux listes de la page 470. Si vous avez facilement exclu *armoire* et *tournevis*, vous serez éventuellement surpris par d'autres réponses car vous avez peut-être pensé avoir lu des mots qui ne figuraient pas en fait dans les deux listes. D'une certaine façon, le contexte évoqué par chaque liste a créé chez certains d'entre vous un... faux souvenir !

... Exercice 16 (suite)

Replacez correctement les six bâtiments sur le plan de la ville : *stade, église, château, poste, moulins, terrain de sports.*

... Exercice 17 (suite)

Replacez correctement les six symboles sur la grille.

❖	■	▼	●	◆	✻

... Exercice 20 (suite)

Dessinez correctement l'itinéraire que vous avez mémorisé sur la carte page 476.

... Exercice 21 (suite)

Dessinez correctement l'itinéraire que vous avez mémorisé sur la carte page 476.

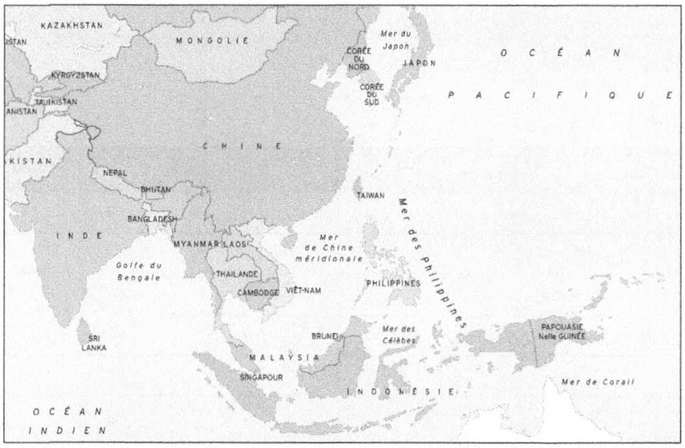

... Exercice 22 (suite)

Redessinez correctement le trajet que vous avez mémorisé page 477.

... Exercice 23 (suite)

Redessinez correctement le trajet que vous avez mémorisé page 477.

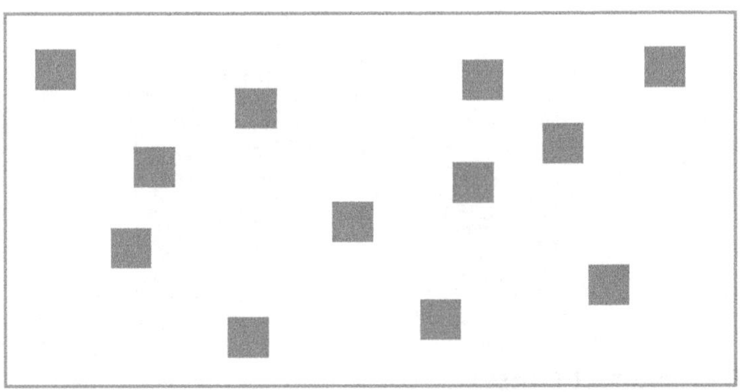

Les réponses

Exercice 1

Films	Année
West Side Story	1961
Le Parrain	1972
Gandhi	1982
Le Silence des agneaux	1991
Titanic	1997
Les Infiltrés	2006

Exercice 2

Films	Année
La Dolce Vita	1960
MASH	1970
L'Arbre aux sabots	1978
Sailor et Lula	1990
Pulp Fiction	1994
Elephant	2003

Exercice 3

Féminin	Masculin
Apostille	Antidote
Azalée	Apanage
Mandibule	Girofle
Piastre	Hémistiche
Prémisse	Imposte
Stèle	Viscère

Exercice 4

Féminin	Masculin
Arrhes	Abaque
Épître	Acabit
Moustiquaire	Cénotaphe
Oasis	En-tête
Urticaire	Planisphère
Vicomté	Tentacule

Exercice 5

Voici quelques expressions comportant les chiffres 2 et 3.

Avec 2 : À nous deux! Avoir deux cordes à son arc. Deux et deux font quatre. Couper la poire en deux. Brûler la chandelle par les deux bouts. Avoir les deux pieds sur terre. Comme pas deux. Dormir sur ses deux oreilles. Deux poids, deux mesures. Assis entre deux chaises. Faire d'une pierre deux coups. Ne faire ni une ni deux. Ne pas se le faire dire deux fois. Prendre son courage à deux mains. De deux maux, il faut choisir le moindre. En moins de deux. Deux avis valent mieux qu'un. Se ressembler comme deux gouttes d'eau. Deux précautions valent mieux qu'une. Les deux font la paire. Pris entre deux feux. Être comme deux ronds de flan. Jouer sur les deux tableaux. Il ne faut pas courir deux lièvres à la fois. Nager entre deux eaux. Ne pas arriver à joindre les deux bouts. Les deux pôles. Les deux hémisphères. Les deux Harpies. Les deux larrons.

Avec 3 : Deux verres, ça va ; trois, bonjour les dégâts. Trois petits tours et puis s'en vont. Un ménage à trois. Être haut comme trois pommes. En trois coups de cuiller à pot. Les trois coups au théâtre. Les Trois Glorieuses. Les trois mousquetaires. Les trois Rois mages. Les Trois Petits Cochons. Les trois Pieds Nickelés. Les trois Parques. Les trois Gorgones. Les trois Grâces. Les trois règnes. Les trois pouvoirs.

Exercice 6

Voici quelques expressions comportant les chiffres 4 et 5.

Avec 4 : Tiré à quatre épingles. Plié en quatre. La semaine des quatre jeudis. Couper les cheveux en quatre. Dire à quelqu'un ses quatre vérités. Se mettre en quatre. Se saigner aux quatre veines. Freiner des quatre fers. Ne pas y aller par quatre chemins. Entre quatre planches. Manger comme quatre. Monter les marches quatre à quatre. Dispersé aux quatre vents. Quatre pelés et un tondu. Entre quat'z'yeux. Les quatre points cardinaux. Les quatre saisons. Les quatre éléments. Les quatre cavaliers de l'Apocalypse. Les quatre Évangiles. Les quatre ordres mendiants. La Bande des Quatre.

Avec 5 : Un mouton à cinq pattes. Recevoir cinq sur cinq. Un rendez-vous de cinq à sept. La cinquième colonne. Le mot de cinq lettres. Tape m'en cinq. La cinquième roue du carrosse. Les cinq sens. Les cinq continents. Les cinq doigts de la main. Cinq Colonnes à la une. Le Club des Cinq. Les cinq piliers de l'islam. Le Groupe des Cinq.

Exercice 9

A = Irlande, B = Java, C = Australie, D = Madagascar, E = Ceylan, F = Corse

Exercice 10

A = Portugal, B = Canada, C = Inde, D = Norvège, E = Brésil, F = Somalie

Pour les autres exercices, les réponses sont, bien sûr, à rechercher dans l'énoncé du problème lui-même.

Épilogue

« Dieu a donné une sœur au souvenir
et il l'a appelée l'espérance. »

MICHEL-ANGE

« Un livre est un grand cimetière où, sur la plupart des tombes, on ne peut plus lire les noms effacés. »

Marcel PROUST

Disque dur ou bibliothèque : du danger des métaphores

Depuis l'Antiquité, la mémoire a été l'objet d'un usage considérable de métaphores. La « tablette de cire » de Platon ou la « table rase » de John Locke (1632-1704) relèvent du même principe d'une surface sur laquelle l'expérience inscrit les souvenirs. La neurobiologiste américaine Patricia Goldman-Rakic emploie, pour la mémoire de travail, la métaphore comparable du « tableau noir de l'esprit ». Platon et saint Augustin utilisent les métaphores d'une bibliothèque ou d'un entrepôt conservant les souvenirs comme autant de livres ou de produits manufacturés. Des métaphores technologiques confèrent à la mémoire une dimension dynamique tels les réseaux hydrauliques de Descartes ou, plus récemment, l'ordinateur.

Ces métaphores sont dangereuses : l'analogie initiale qui aide à appréhender un concept difficile a l'inconvénient de figer des interprétations conceptuelles préjudiciables à l'avancée scientifique. Les métaphores utilisées pour la mémoire ont constitué des étapes facilitant transitoirement sa compréhension ; elles ne doivent jamais être envisagées comme des explications définitives. L'assimilation classique de la mémoire à un ordinateur ou à une bibliothèque persiste dans l'imaginaire collectif.

Ces deux comparaisons sont erronées, elles laissent faussement croire qu'un souvenir répondrait à trois caractéristiques solidement établies : un souvenir serait rangé en un lieu unique, il serait fidèle, il serait immortel. Il n'en est rien.

Quel roman que la mémoire !

Un souvenir personnel est unique, chargé émotionnellement, richement contextualisé. Il acquiert un statut privilégié qui devrait le distinguer à vie. L'enregistrement de nos souvenirs n'est cependant ni durable ni inaltérable et chaque évocation est une reconstitution différente des autres évocations. Biologiquement, un souvenir n'est pas épinglé en un endroit précis du cerveau. Ses traces sont éparpillées dans différentes régions cérébrales et son évocation résulte d'un réassemblage, instantané ou progressif, de ces traces distribuées. Cette reconstitution rend les souvenirs plus robustes à l'effacement et plus facilement récupérables. C'est un indéniable avantage. À l'inverse, cette reconstitution est parfois fragile : des détails peuvent manquer ; d'autres ont pu se substituer ; des confusions de contexte surviennent parfois. L'ensemble explique la suggestibilité, les distorsions, l'oubli, le déjà-vu, la cryptomnésie, etc.

Dans un quotidien banal, notre mémoire est globalement efficace. Malheureusement, dans un cadre juridique, elle est loin d'être exacte et sincère. La mémoire est faite pour vivre au quotidien, pas pour témoigner fidèlement devant un tribunal. Notre mémoire ne cherche pas à être exacte, elle tente d'être précise ! Dans la Rome antique, le « maître de la mémoire » était le chef des secrétaires, chargé de recueillir tous les faits importants et mémorables de l'empereur. Notre cerveau n'est pas l'équivalent du maître de la mémoire ; c'est un serviteur infidèle, car il ne note pas forcément tous les faits importants, il peut les déformer et, bien souvent, il n'exécute pas notre ordre de retrouver instantanément le souvenir désiré. Les arts plastiques ne font pas la copie d'un objet ou d'une situation, mais réalisent une exagération, une interprétation, voire, dans certains cas, une distorsion de la réalité. De façon comparable, la mémoire ne reproduit pas un enregistrement à l'identique du monde extérieur mais une reconstitution du monde extérieur. Influencée par notre personnalité et notre histoire, elle est sujette à l'effacement ou à des distorsions, elle fait de nous des artistes.

L'avenir plutôt que le passé

La mémoire n'est pas une malle dans laquelle on range des souvenirs figés, c'est une malle dans laquelle on dépose la capacité à reconstituer l'image de ses souvenirs. Le cerveau est ainsi une sorte de coffre à hologrammes dont l'objectif est de rendre compatibles le passé et le présent afin d'agir pour le futur.

Certains présents de la mythologie comme la boîte de Pandore, le cheval de Troie ou l'or du Rhin ont été des cadeaux empoisonnés qui se sont retournés contre leurs détenteurs. Faut-il craindre la mémoire même lorsqu'elle nous apporte des présents ? Est-ce un don fatal, un piège de la pensée ? Pas de panique ! Ne soyons pas excessivement focalisés sur les erreurs que nous avons soulignées. Malgré des oublis fréquents et des distorsions possibles, la mémoire est globalement fidèle : en dépit d'imprécisions portant sur les détails, on ne peut nier que la structure générale et le sens global des souvenirs sont généralement exacts.

La mémoire est sélective, Dieu merci ! Sans cette sélectivité, l'individu n'existerait pas, car la mémoire construit lentement les éléments constitutifs de notre identité. Même si la mémoire n'est pas la copie incontestable de la réalité, elle participe à définir notre identité sur une échelle temporelle et à déterminer notre comportement moral dans l'espace de la société. Mémoire et identité font tout pour rendre cohérentes les connaissances du passé, les réalités du présent et les exigences du futur. Pour le croyant confronté à l'hostilité d'une nature dont nous nous constituons des illusions, il est réconfortant de se rappeler avec saint Augustin que la mémoire permet à l'homme d'approcher l'essence de Dieu. Pour le psychanalyste, la mémoire est la première ligne de défense du moi. Pour le philosophe, la mémoire participe à la liberté de l'homme, elle construit et maintient son identité. Pour Bergson, qui envisage l'oubli comme une des conditions de l'action, sans mémoire la conscience naîtrait et mourrait sans cesse. Pour l'historien, la mémoire organise la société, construit les symboles communs au groupe social, établit même des oublis collectifs nécessaires à la progression de la société.

Pour le médecin ou le psychologue, la mémoire est écartelée entre deux personnes : H. M., l'homme qui oublie tout, Veniamin, l'homme qui n'oublie rien. Pendant 55 ans, H. M. a été incapable de créer un présent qui lui aurait permis de constituer ce qui aurait un jour été son passé et donc d'envisager son avenir à partir des faits de son passé et de ses intentions du moment présent : H. M. a été incapable de se créer une mémoire pour son futur. Veniamin n'est pas très différent de H. M. Sa trop prodigieuse mémoire constitue un lourd fardeau, l'embouteillage de sa mémoire ne lui permet pas de vivre pleinement le présent, quasiment « infecté » par un passé trop pesant de souvenirs inutiles, car tous classés de façon équivalente, sans hiérarchie personnelle ou sociale. Il devient impossible, aussi bien pour H. M. que pour Veniamin, d'agir, de décider et d'exercer leur liberté d'action telle que l'envisageait Bergson.

Trop de mémoire ou pas assez constitue un sérieux handicap pour notre identité d'être humain et notre liberté individuelle et sociale. Où réside l'aliénation de la mémoire, dans son absence ou sa présence ? Pour beaucoup d'entre nous, la mémoire est synonyme de passé, mais l'aliénation de l'homme procède du passé, de ses souvenirs. Où devons-nous alors projeter notre mémoire : vers le passé où elle se révèle aliénante ou vers l'avenir où elle est source créative ? Paradoxalement, l'importance réelle de la mémoire n'est pas de rappeler le passé, mais de créer l'avenir.

Annexes

Notes et références bibliographiques

Avant-propos

1. La cognition inclut l'ensemble des processus mentaux permettant d'acquérir, de conserver, de transformer ou d'utiliser des connaissances. Parmi ces processus, on compte la mémoire, le langage, l'attention, les gestes élaborés, les systèmes de reconnaissance spécialisée, le raisonnement, la résolution de problèmes, la planification, la prise de décision…

Partie 1 : L'enfance de la mémoire

« Mémoires et souvenirs d'enfants »

1. Rovee-Collier C., « The development of infant memory », *Current Directions in Psychological Science*, 1999, 8, p. 80-85.

2. Hitch G. J., « Working memory in children. A cognitive approach », *in* Ellen Bialystok et Fergus I. M. Craik (éds), *Lifespan Cognition*, New York, Oxford University Press, 2006.

3. Myers N. A., Perlmutter M., « Memory in the years from two to five », *in* P. A. Ornstein (éd.), *Memory Development in Children*, Hillsdale (NJ), Erlbaum, 1978, p. 191-218.

4. Henri V., Henri C., « Enquête sur les premiers souvenirs de l'enfance », *L'Année psychologique*, 1896, 3, p. 184-198.

5. Nelson K. et Fivush R., « Socialization of memory », *in* E. Tulving et F. Craik (éds.), *The Oxford Handbook of Memory*, Oxford, Oxford University Press, 2000, p. 283-295.

6. Lieury A., *Mémoire et réussite scolaire*, Paris, Dunod, 1997.

7. Il faut d'ailleurs rappeler que, dans la Grèce antique, la plupart des individus ne pouvaient lire mentalement (dans leur tête) un texte, ils devaient obligatoirement le lire à voix haute. On raconte même qu'Alexandre le Grand fascinait son entourage par sa capacité à lire mentalement.

8. Lieury A., *Psychologie de la mémoire. Histoire, théories, expériences*, Paris, Dunod, 2005, p. 191-192.

9. Dunlosky J., Hertzog C., « Measuring strategy production during associative learning: the relative utility of concurrent versus retrospective reports », *Memory & Cognition*, mars 2001, 29(2), p. 247-253.

10. Bettelheim B., *Psychanalyse des contes de fées*, Paris, Pocket, 1999.

11. Colbert D., *Les Mondes magiques de Harry Potter*, Paris, Pocket, 2004.

12. Bahrick L., Parker J., Merritt K., Fivush R., « Children's memory for Hurricane Andrew », *Journal of Experimental Psychology : Applied*, 1997, 4, p. 308-331.

13. Bègue L., Gilles I., « La télévision rend-elle violent ? », *Cerveau et Psycho*, 2004, n° 6, p. 12-17.

14. L'influence de la violence à la télévision et dans les jeux vidéo sera plus développée dans le chapitre suivant.

15. Perner J., « Memory and theory of mind », *in* E. Tulving et F. Craik (éds), *The Oxford Handbook of Memory*, Oxford, Oxford University Press, 2000, p. 297-312.

16. Dudai Y., *Memory from A to Z. Keywords, Concepts and Beyond*, Oxford, Oxford University Press, 2002.

17. Rovee-Collier C. Hayne H., « Memory in Infancy and early childhood », *in* Endel Tulving et Fergus Craik (éds), *The Oxford Handbook of Memory*, Oxford, Oxford University Press, 2000, p. 267-282.

18. Alfred Binet a été directeur du laboratoire de psychologie de la Sorbonne. Ses travaux les plus connus ont porté sur l'élaboration, à la demande du gouvernement de la IIIe République, de la première échelle métrique de l'intelligence afin de classer les enfants des écoles. En 1916, son test sera adapté aux États-Unis à l'Université de Stanford où il prendra le nom de *test Stanford-Binet*.

19. Daniel L. Schacter, *The Seven Sins of Memory*, New York, Houghton Mifflin Company, 2001.

20. Leichtman M., Ceci S., « The effects of stereotypes and suggestions on preschoolers' reports », *Developmental Psychology*, 1995, 31(4), p. 568-578.

21. (a) Foley M. A., Foley H. J., Korenman L., « Adapting a memory framework to the study of closure processes », *Memory & Cognition*, 2002, 30, p. 412-422. (b) Foley M. A., Ratner H. H., House T., « Anticipation and source-monitoring errors : Children's memory for collaborative activities, *Journal of Cognition and Development*, 2002, 3, p. 385-414.

22. Ceci S., « False beliefs : some developmental and clinical considerations », *in* Daniel L. Schacter (éd.), *Memory Distortion. How Minds, Brains, and Societies Reconstruct the Past*, Cambridge, Harvard University Press, 1997, p. 91-125.

« École, jeux vidéo et drogues : la mémoire des adolescents »

1. Yates F., *L'Art de la mémoire*, Paris, Gallimard, 1975.

2. Montaigne M. de, *Essais*, Livre I, Chapitre XXV (« De l'institution des enfans ») : « Je voudrois aussi qu'on fust soigneux de luy choisir un conducteur, qui eust plustost la teste bien faicte, que bien pleine. »

3. Giolitto P., *in Éducation nationale*, n° 57, 19 février 1970, p. 25.

4. Lieury A., *Mémoire et réussite scolaire*, Paris, Dunod, 1997.

5. Paivio A., *Imagery and Verbal Processes*, New York, Holt, Rinehart & Winston, 1971.

6. Lieury A., *Mémoire et réussite scolaire*, *op. cit.*, Paris, Dunod, 1997.

7. Palmarini M. P., *Le Goût des études ou comment l'acquérir*, Paris, Odile Jacob, 1993.

8. Tassin J.-P., « Neurobiologie de l'addiction », *Neuronale*, 2007 (mars-avril), n° 30, p. 8-10.

9. Liebert R., Sprafkin J., *The Early Window*, New York, Pergamon Press, 1988.

10. Bushman B. J., Huesmann L. R., « Effects of televised violence on aggression », *in* D. Singer et J. Singer (éds), *Handbook of Children and the Media*, Thousand Oaks (CA), Sage Publications, 2001, p. 223-254.

11. Joy L. A., Kimball M. M., Zabrack M. L., « Television and children's aggressive behaviour », *in* T. M. Williams (éd.), *The Impact of Television : A Natural Experiment in Three Communities*, Orlando (FL), Academic Press, 1986.

12. Bushman B. J., Huesmann L. R., « Effects of televised violence on aggression », *in* D. Singer et J. Singer (éds.), *Handbook of Children and the Media*, *op. cit.*, p. 223-254.

13. Gergen K. L., Gergen M. M., Jutras S., *Psychologie sociale*, Paris, Vigot, 1992.

14. Lambert D., *Éducation des enfants : les enfants et la violence à la télévision*, http://www.webdlambert.com/violence-tv.html

15. L'imagerie par résonance magnétique (IRM) peut être morphologique lorsqu'elle se contente de « photographier » l'état du cerveau afin de repérer une tumeur ou un accident vasculaire cérébral, elle peut être fonctionnelle lorsqu'elle analyse le fonctionnement du cerveau d'un sujet en train de réaliser une activité particulière.

16. Murray J. P., Liotti M., Ingmundson P. T., Mayberg H. S., Pu Y., Zamarripa F., Liu Y., « Children's brain activations while

viewing televised violence revealed by fMRI », *Media Psychology*, 2006, 8 (1), p. 25-37.

17. Hearold S., « A synthesis of 1043 effects of television on social behaviour », in G. W. Comslock (éd.), *Public Communications and Behaviour*, volume 1, New York, Academic Press, 1986.

18. Gentile D. A., Anderson C. A., « Video games and children », *in* N. J. Salkind (éd.), *Encyclopedia of Human Development*, Thousand Oaks (CA), Sage Publications, 2004.

19. http://www.pcinpact.com/actu/news/31053-Les-profils-types-de-joueurs-se-multiplient-.html

20. Lieury A. et Fenouillet F., *Motivation et réussite scolaire*, *op. cit.*, Paris, Dunod, 2006, p. 105-106.

21. Michael Stora, Observatoire des mondes numériques en sciences humaines.

22. Pierre de Coubertin proposa cette devise empruntée à son ami l'abbé Henri Didon qui avait lancé le 7 mars 1891 aux participants des compétitions sportives du collège Albert-Le-Grand d'Arcueil : « Mes enfants, je vous donne comme devise sur les stades comme dans la vie : "*Citius, Altius, Fortius*". »

23. Koepp M. J., Gunn R. N., Lawrence A. D., Cunningham V. J., Dagher A., Jones T., Brooks D. J., Bench C. J., Grasby P. M., « Evidence for striatal dopamine release during a video game », *Nature*, 1998, 393 (6682), p. 266-268.

24. Csikszentmihalyi M., *Flow : The Psychology of Optimal Experience*, New York, Harper Perennial, 1990.

25. Anderson C. A., Dill K. E., « Video games and aggressive thoughts, feelings, and behavior in the laboratory and in life », *Journal of Personality and Social Psychology*, 2000, 78(4), p. 772-790.

26. Calvert S. L., Tan S., « Impact of virtual reality on young adults' physiological arousal and aggressive thoughts », *Journal of Applied Developmental Psychology*, 1994, 15, p. 125-139.

27. Anderson C. A., *Violent Video Games : Myths, Facts, and Unanswered Questions*, volume 16, n° 5, octobre 2003. http://www.apa.org/science/psa/sb-anderson.html

28. Goldtein J., *Does Playing Violent Video Games Cause Aggressive Behavior? Playing by the Rules*, Cultural Policy Center, University of Chicago. http://www.culturalpolicy.uchicago.edu/conf2001/papers/Goldstein.html

29. Murray J. P., Liotti M., Ingmundson P. T., Mayberg H. S., Pu Y., Zamarripa F., Liu Y., « Children's brain activations while viewing televised violence revealed by fMRI », *Media Psychology*, 2006, 8 (1), p. 25-37.

30. McFarlane A., Sparrowhawk A., Heald Y., *Report on the educational use of games : An Exploration by TEEM on the Contribution which Games can Make to the Educational Process*, Cambridge, TEEM (Teachers Evaluating Educational Multimedia : www.teem.org.uk/), 2002.

31. Le raisonnement inductif va du particulier au général, il permet au joueur de formuler, par généralisation, ses propres règles afin de progresser dans ses interactions. Le raisonnement déductif va du général au particulier en reprenant les généralisations faites par le joueur et en les évaluant avec de nouvelles données. L'abduction est une forme de raisonnement intuitif consistant à supprimer les solutions improbables, ce processus s'oppose à une logique d'exploration systématique.

32. Camaioni L., Ercolani A. P., Perrucchini P., Greenfield P. M., « Video games and cognitive ability : The transfer hypothesis », *Italian Journal of Psychology*, 1990, 17, p. 331-348.

33. Doolittle J. H., « Using riddles and interactive computer games to teach problem solving skills », *Teaching of Psychology*, 1995, 22, p. 33-36.

34. Jenkins H., « Game theory », *Technology Review*, 2002, 29, p. 1-3.

35. Lisi R. de, Wolford J. L., « Improving children's mental rotation accuracy with computer game playing », *The Journal of Genetic Psychology*, 2002, 163, p. 272-282.

36. Gopher D., Weil M., Bareket T., « Transfer of skill from a computer game trainer to flight », *Human Factors*, 1994, 36(3), p. 387-405.

37. Pearson A. M., Gallagher A. G., Rosser J. C., Satava R. M., « Evaluation of structured and quantitative training methods for teaching intracorporeal knot tying », *Surg. Endosc.*, 2002 (janvier), 16 (1), p. 130-137.

38. Virole B., *Du bon usage des jeux vidéo et autres aventures virtuelles*, Paris, Hachette Littératures, 2003.

39. Pour ceux qui ne seraient pas familiarisés avec cette terminologie : le cannabis (ou marijuana) est la plante, le haschisch correspond à la résine de cannabis. Les effets du cannabis sont dus au principe actif ←9-TétraHydro-Cannabiol.

40. De Peretti C., Leselbaum N., Observatoire français des drogues et des toxicomanies, *Les Lycéens parisiens et les Substances psychoactives. Évolutions*, EHESS-CNRS, avril 1999.

41. Kalant H., *Utilisation du cannabis à des fins médicales. Historique et situation actuelle*, Toronto, Department of Pharmacology, University of Toronto. http://www.parl.gc.ca/37/1/parlbus/commbus/senate/Com-f/ille-f/presentation-f/kalant-f.htm

42. Ranganathan M., D'Souza D. C., « The acute effects of cannabinoids on memory in humans : a review », *Psychopharmacology*, 2006, 188(4), p. 425-444.

43. Kanayama G., Rogowska J., Pope H.G., Gruber S.A., Yurgelun-Todd D.A., « Spatial working memory in heavy cannabis users: a functional magnetic resonance imaging study », *Psychopharmacology* (Berl), 2004, 176, p. 39-247.

44. Yesavage J. A., Leirer V. O., Denari M., Hollister L. E., « Carry-over effects of marijuana intoxication on aircraft pilot performance: a preliminary report », *American Journal of Psychiatry*, 1985, 142, p. 1325-1329.

45. Smiley A., « Marijuana: on-road and driving-simulator studies », *in* H. Kalant, W. A. Corrigall, W. Hall, R. G. Smart (éds), *The Health Effects of Cannabis*, Toronto, CAMH, 1999, p. 171-191.

46. Solowij Í, Stephens R. S., Roffman R. A., Babor T., Kadden R., Miller M., Christiansen K., McRee B., Vendetti J., « Marijuana treatment project research Group. Cognitive functioning of long-term heavy cannabis users seeking treatment », *Journal of the American Medical Association*, 2002, 287, p. 1123-1131.

47. Bolla K. I., Brown K., Eldreth D., Tate K., Cadet J. L., « Dose-related neurocognitive effects of marijuana use », *Neurology*, 2002, 59, p. 1337-1343.

48. Solowij N., « Long-term effects of cannabis on the central nervous system. » I. « Brain function and neurotoxicity », II. « Cognitive functioning », *in* H. Kalant, W. A. Corrigall, W. Hall, R. G. Smart (éds), *The Health Effects of Cannabis*, Toronto, CAMH, 1999, p. 195-265.

49. Messinis L., Kyprianidou A., Malefaki S., Papathanasopoulos P., « Neuropsychological deficits in long-term frequent cannabis users », *Neurology*, 2006, 66(5), p. 737-739.

50. Fried P. A., Watkinson B., Gray R., « Differential effects on cognitive functioning in 9 to 12 year olds prenatally exposed to cigarettes and marihuana », *Neurotoxicol. Teratol.*, 1998, 20, p. 293-306.

« Comment fonctionne la mémoire ? »

1. Atkinson R.C., Shiffrin R.M., « Human memory : A proposed system and its control processes », *in* K.W. Spence et J.T. Spence (éds), *The Psychology of Learning and Motivation : Advances in Research and Theory*, vol. 2, New York, Academic Press, 1968, p. 89-195.

2. Sperling G., « The information available in brief visual presentation », *Psychological Monographs*, 1960, 74 (whole n° 176).

3. Brown J., « Some tests of the decay theory of immediate memory », *Quarterly Journal of Experimental Psychology*, 1958, 10, p. 12-21; Peterson L.R., Peterson M.J., « Short-term retention of individiual verbal items », *Journal*

of Experimental Psychology, 1959, 58, p. 193-198.

4. Waugh N. C., Norman D. A., « Primary memory », *Psychological Review*, 1965, 72(2), p. 89-104.

5. Ebbinghaus H., *Memory. A Contribution to Experimental Psychology*, New York, Teachers College, 1913.

6. Dans « empan mnésique », le terme mnésique est porteur d'une certaine ambiguïté car il est souvent compris comme le nombre absolu d'éléments que l'on peut mémoriser alors qu'il s'agit, on l'a vu, du nombre d'éléments que l'on peut maintenir temporairement en « mémoire » à court terme pendant une durée de 20 à 30 secondes.

7. Dehaene S., *La Bosse des maths*, Paris, Odile Jacob, 1997, p. 115-116.

8. Avez-vous d'ailleurs reconnu qu'il s'agissait du numéro de téléphone de Louis de Funès dans le film *Le Tatoué* ?

9. Baddeley A. D., Hitch G. J., « Working memory », *in* G. A. Bower (éd.), *Recent Advances in Learning and Motivation*, vol. 8, New York, Academic Press, 1974, p. 47-90.

10. En psychologie cognitive, le terme *buffer* se traduit par tampon, il fait référence à des systèmes attentionnels intermédiaires permettant le maintien temporaire d'informations pour passer d'un registre à un autre.

11. Baddeley A. D., « The episodic buffer : A new component of working memory ? », *Trends in Cognitive Sciences*, 2000, 12, p. 417-423.

12. Cermak L. S., Stiassny D., « Reconstructive retrieval deficits in Broca's aphasia », *Brain and Language*, 1984, 21, p. 95-104.

13. Squire L. R., « Specifying the defect in human amnesia : storage, retrieval and semantics », *Neuropsychologia*, 1980, 18 (3), p. 369-372 ; Squire L. R., Davis H. P., Spanis C. W., « Neurobiology of amnesia », *Science*, 1980 (15 août), 209(4458), p. 836-837.

14. Tulving E., « Episodic and semantic memory », *in* E. Tulving, W. Donaldson (éds), *Organization of Memory*, New York, Academic Press, 1972, p. 381-403.

15. On parle d'amorçage (*priming*) lorsque l'on observe une modification ou une amélioration dans la performance d'une tâche cognitive, imputables au fait d'avoir été préalablement exposé à une information (mot ou dessin) sans en avoir le souvenir conscient.

16. Il en reste des traces dans les expressions populaires ou littéraires qui assignent au cœur un rôle encore déterminant dans la gestion de certains sentiments... comme l'amour, la volonté (« mettre du cœur à l'ouvrage ») ou le courage (« Richard Cœur de Lion »).

17. Addis D. R., Wong A. T., Schacter D. L., « Remembering the past and imagining the future : Common and distinct neural substrates during event construction and elaboration », *Neuropsychologia*, 2006, doi : 10.1016/j.neuropsychologia.2006.10.016.

18. La réalité est évidemment plus complexe ! La notion d'un circuit est plus pédagogique que réelle. Par exemple, des informations retourneraient directement des parties internes des lobes temporaux vers les aires sensorielles.

19. Damasio A., *L'Erreur de Descartes. La raison des émotions*, Paris, Odile Jacob, 1995.

20. Squire L. R., Alvarez P., « Retrograde amnesia and memory consolidation : A neurobiological perspective », *Current Opinion in Neurobiology*, 1995, 5, p. 169-177.

21. Tulving E., Kapur S., Craik F. I. M., Moscovitch M., Houle S., « Hemispheric encoding/Retrieval asymmetry in episodic memory : Positron emission tomography findings », *Proceedings of the National Academy of Sciences of the USA*, 1994, 91, p. 2016-2020.

22. Conway M., « A structural model of autobiographical memory », *in* M. A. Conway, D. C. Rubin, H. Spinnler et W. A. Wagenaar (éds), *Theoretical Perspectives on Autobiographical Memory*, The Netherlands, Kluwer, 1992, p. 167-193.

Partie 2 : La mémoire au travail

« La mémoire au quotidien »

1. Craik F. I. M., Lockhart R. S., « Levels of processing. A framework for memory research », *Journal of Verbal Learning and Verbal Behaviour*, 1972, 11, p. 671-684.

2. Rogers T. B., Kuipers N. A., Kirker W. S., « Self-reference and the encoding of personal information », *Journal of Personality and Social Psychology*, 1977, 35, p. 677-688.

3. Godden D. R., Baddeley A. D., « Context-dependent memory in two natural environments : On land and under water », *British Journal of Psychology*, 1975, 66, p. 325-331.

4. Jenkins J. G., Dallenbach K. M., « Oblivescence during sleep and waking period », *American Journal of Psychology*, 1924, 35, p. 605-612.

5. Maquet P., Smith C., Stickgold R., *Sleep and Brain Plasticity*, Oxford, Oxford University Press, 2003.

6. Stickgold R., « Sleep-dependent memory consolidation », *Nature*, 2005, 437, p. 1272-1278.

7. Le sommeil lent se reconnaît à l'électro-encéphalogramme par des bouffées d'activité électrique appelées « fuseaux » et des ondes lentes de grande amplitude s'accompagnant d'une conservation du tonus musculaire. Plus fréquent en fin de nuit, le sommeil paradoxal est caractérisé à l'électroencéphalogramme par des rythmes rapides et de faibles amplitudes, il comporte aussi des mouvements oculaires rapides et une absence de tonus musculaire à l'exception de brèves secousses du visage ou des extrémités.

8. Bower G. H., Clark M. C., Lesgold A. M., Winzenz D., « Hierarchical retrieval schemes in recall of categorized word lists », *Journal of Verbal Learning and Verbal Behavior*, 1999, 8, p. 323-343.

9. Fletcher P. C., Henson R. N. A., « Frontal lobes and human memory insights from functional neuroimaging », *Brain*, 2001, 124(5), p. 849-881.

10. Conway M. A., « A structural model of autobiographical memory », *in* M. A. Conway, D. C. Rubin, H. Spinnler et W. A. Wagenaar (éds), *Theoretical Perspectives on Autobiographical Memory*, The Netherlands, Kluwer, 1992, p. 167-193.

11. Friedman W. J., « Memory for the time of past events », *Psychological Bulletin*, 1993, 113, p. 44-66.

12. Rosenfield I., *L'Invention de la mémoire. Le cerveau, nouvelles donnes*, Paris, Flammarion, « Champs », 1994.

13. Interview du Pr Ian Robertson : www.telegraph.co.uk/news/main.jhtml?xml=/news/2007/07/13/nbrain113.xml

14. Canli T., Desmond J. E., Zhao Z., Gabrieli J., « Sex differences in the neural basis of emotional memories », *Proc. Natl. Acad. Sci. USA*, 6 août 2002, 99(16), p. 10789-10794.

15. Blanton R. E., Levitt J. G., Peterson J. R., Fadale D., Sporty M. L., Lee M., To D., Mormino E. C., Thompson P. M., McCracken J. T., Toga A. W., « Gender differences in the left inferior frontal gyrus in normal children », *Neuroimage*, 2004, 22(2), p. 626-636.

16. Addis D. R., Wong A. T., Schacter D. L., « Remembering the past and imagining the future : Common and distinct neural substrates during event construction and elaboration », *Neuropsychologia*, 2006, doi: 10.1016/j.neuropsychologia.2006.10.016.

17. Metcalfe J., « Metamemory : Theory and data », *in* E. Tulving et F. I. M. Craik (éds), *The Oxford Handbook of Memory*, Oxford, Oxford University Press, 2000, p. 197-211.

18. Publié en 2003 aux éditions Odile Jacob sous le titre *Science de la mémoire. Oublier et se souvenir*.

19. Ebbinghaus H., *Memory. A Contribution to Experimental Psychology*, New York, Teachers College, 1913.

20. Ebbinghaus a également remarqué lors de ses expériences différents points majeurs pour la compréhension de la

mémoire, comme le fait qu'une liste est d'autant mieux retenue qu'elle est courte ou qu'elle a été apprise plusieurs fois. Enfin, Ebbinghaus a été le premier à montrer que l'empan mnésique, c'est-à-dire le nombre de chiffres ou de lettres qu'un adulte peut immédiatement répéter en une seule fois, tournait en moyenne autour de 7.

21. Godden D. R., Baddeley A. D., « Context-dependent memory in two natural environments: On land and under water », *British Journal of Psychology*, 1975, 66, p. 325-331.

22. Baddeley A. D., Hitch G., « Recency re-examined », *in* S. Dornic (éd.), *Attention and Performance VI*, Hillsdale (NJ), Lawrence Erlbaum Associates, 1977.

23. Anderson J. R., Fincham J. M., Douglass S., « Practice and retention: a unifying analysis », *J. Exp. Psychol. Learn Mem. Cogn.*, septembre 1999, 25(5), p. 1120-1136.

24. Son interview est visible sur le site www.telegraph.co.uk/news/main.jhtml?xml=/news/2007/07/13/nbrain113.xml

25. Personnellement, je dispose de 15 codes ou mots de passe différents : j'en connais 6 par cœur, les 15 sont tous écrits quelque part mais de manière codée. Je ne connais par cœur que 6 numéros de téléphone. Je ne sais aucun de mes numéros de compte bancaire, ce qui me vaut quelques séances épiques au guichet car les employés de banque ne me croient jamais lorsque je leur dis que je ne les connais pas (après tout, leur ordinateur est là pour les retenir pour moi !). Je ne sais ni mon numéro de Sécurité sociale ni celui d'inscription à l'ordre des médecins. Pour rassurer ceux qui commenceraient à s'inquiéter à mon égard, je sais mon adresse et ma date de naissance !

26. Brouillet D., Syssau A., « L'oubli : un produit de la mémoire », *Psychologie et neuropsychiatrie du vieillissement*, 2005, 3(4), p. 301-313.

27. King D., *The Commissar Vanishes : The Falsification of Photographs and Art in Stalin's Russia*, New York, Henry Holt, Metropolitan Books, 1997.

28. Anderson M. C., Ochsner K. N., Kuhl B., Cooper J., Robertson E., Gabrieli S. W., Glover G. H., Gabrieli J. D. E., « Neural systems underlying the suppression of unwanted memories », *Science*, 9 janvier 2004, 303, p. 232-235.

29. Depue B. E., Curran T., Banich M. T., « Prefrontal regions orchestrate suppression of emotional memories via a two-phase process », *Science*, 13 juillet 2007, 317, p. 215-219.

30. Wegner D. M., *White Bears and Other Unwanted Thoughts : Suppression, Obsession, and the Psychology of Mental Control*, New York, Viking-Penguin, 1989 ; Wegner D. M., Wenzlaff R. M., « Mental control », *in* E. T. Higgins et A. Kruglanski (éds.), *Social Psychology : Handbook of Basic Mechanisms and Processes*, New York, Guilford, 1996, p. 466-492.

31. Wegner D. M., Schneider D. J., Carter S. R., White T. L., « Paradoxical effects of thought suppression », *Journal of Personality and Social Psychology*, juillet 1987, 53(1), p. 5-13.

« Encyclopédiques, expertes, prodigieuses : quelles mémoires ! »

1. Yates F., *L'Art de la mémoire*, Paris, Gallimard, 1975.

2. Nous avons vu dans le chapitre 1 que le principe de cet art consistait à construire mentalement une architecture imaginaire dont on remplissait les différentes parties d'objets fortement liés aux informations à retenir : plus tard, en parcourant mentalement ces lieux (*loci*), on retrouvait les souvenirs qu'on y avait déposés. Les palais, théâtres ou cathédrales de la mémoire firent la gloire éphémère de nombreux érudits depuis l'Antiquité grecque jusqu'à la Renaissance.

3. Masson F., *Napoléon chez lui. La journée de l'Empereur aux Tuileries*, Paris, Tallandier, « Bibliothèque napoléonienne », 1977.

4. Béraud S., *La Révolution militaire napoléonienne*, volume I, *Les Manœuvres*, Paris, Bernard Giovanangeli Éditeur, 2007, p. 53.

5. Branda P., *Le Prix de la gloire. Napoléon et l'argent*, Paris, Fayard, 2007, p. 592.

6. Huet N., Mariné C., « Metamemory assessment and memory behavior in a simulated memory professional task », *Contemp. Educ. Psychol.*, octobre 1997, 22(4), p. 507-520; Huet N., Mariné C., « Memory strategies and metamemory knowledge under memory demands change in waiters learners », *European Journal of Psychology of Education*, 1997, vol. 12, n° 1, p. 23-35.

7. Ericsson K. A., « Memory skill », *Canadian Journal of Psychology*, 1985, 39(2), p. 188-231.

8. « Trop de notes, mon cher Mozart, trop de notes », s'était plaint l'empereur d'Allemagne Joseph II après avoir entendu *L'Enlèvement au Sérail*.

9. Ericsson K. A., Krampe R. Th., Tesch-Römer C., « The role of deliberate practice in the acquisition of expert performance », *Psychological Review*, 1993, 100(3), p. 363-406.

10. Lechevallier B., *Le Cerveau de Mozart*, Paris, Odile Jacob, 2003.

11. Howe M., *Genius Explained*, Canto, Cambridge University Press, 1999.

12. Lieury A., *Psychologie de la mémoire. Histoire, théories, expériences*, Paris, Dunod, 2005, p. 150.

13. Noice H., « The role of explanations and plan recognition in the learning of theatrical scripts », *Cognitive Science*, 1991, 5(3), p. 425-460.

14. *Ibid.*

15. *Le Point*, 18 juillet 2003, « La mémoire défie le bon sens ».

16. Adaptation théâtrale de James Lord à partir d'une nouvelle de Henry James et dans une version française de Marguerite Duras, avec Fanny Ardant dans le rôle de May Bartram et Gérard Depardieu dans celui de John Marcher.

17. De Groot A., *Thought and Choice in Chess*, La Haye-Paris, Mouton, 1965.

18. Chase W. G., Simon H. A., « The mind's eye in chess », *in* W. G. Chase (éd.), *Visual Information Processing*, New York, Academic Press, 1973, p. 215-281.

19. Ericsson K. A., Kintsch W., « Long-term working memory », *Psychological Review*, 1995, 102, p. 211-245; Gobet F., Simon H. A., « Templates in chess memory : A mechanism for recalling several boards », *Cognitive Psychology*, août 1996, 31(1), p. 1-40.

20. Pour prendre un exemple dans un autre domaine, Napoléon Ier disait que lorsqu'il regardait une carte, il ne voyait pas des distances entre des villes, mais des journées de marche pour ses troupes.

21. Yalom M., *Birth of the Chess Queen : A History*, New York, HarperCollins Publishers, 2005.

22. Amidzic O., Riehle H., Fehr T., Weinbruch C., Elbert T., « Grandmasters call on regions of the brain not used so much by less skilled amateurs », *Nature*, 9 août 2001, vol. 412, p. 603.

23. Kimball D. R., Holyoak K. J., « Transfer and expertise », *in* E. Tulving et F. I. M. Craik (éds), *The Oxford Handbook of Memory*, Oxford, Oxford University Press, 2000, p. 109-122; Patel V. L., Groen G. J., Frederiksen C. H., « Differences between medical students and doctors in memory for clinical cases », *Med. Educ.*, janvier 1986, 20(1), p. 3-9.

24. Myles-Worsley M., Johnston W. A., Simons M. A., « The influence of expertise on X-ray image processing », *J. Exp. Psychol. Learn Mem. Cogn.*, juillet 1988, 14(3), p. 553-557.

25. Debû B., Zoudji B., Thon B., « La prise de décision chez le footballeur expert », *Cerveau & Psycho*, 2003, n° 2, p. 22-25.

26. Candau J., *Mémoire et expériences olfactives. Anthropologie d'un savoir-faire sensoriel*, Paris, Presses Universitaires de France, 2000.

27. Interview d'Hanna Agostini, *Sud-Ouest*, 20 octobre 2007, p. 2-3.

28. Kendrick K M., Da Costa A. P., Leigh A. E., Hinton M. R., Peirce J. W., « Sheep don't forget a face », *Nature*, 8 novembre 2001, 414 (6860), p. 165-166.

29. Tocquet R., *La Mémoire. Comment l'acquérir, comment la conserver*, Paris, Julliard, 1967.

30. Ericsson K. A., Chase W. G., « Exceptional memory », *American Science*, novembre-déccembre 1982, 70(6), p. 607-615; Chase W. G., Ericsson K. A., « Skilled memory », *in* J.R. Anderson (éd)., *Cognitive Skills and their Acquisition*, Mahwah (NJ), Lawrence Erlbaum Associates, 1981.

31. Pesenti M., Zago L., Crivello F., Mellet E., Samson D., Duroux B., Seron X., Mazoyer B., Tzourio-Mazoyer N., « Mental calculation in a prodigy is sustained by right prefrontal and medial temporal areas », *Nature Neuroscience*, janvier 2001, 4(1), p. 103-107.

32. *Ibid.*

33. Luria A., *L'Homme dont le monde volait en éclats*, Paris, Seuil, « La couleur des idées », 1998.

34. Soulignons que plus de la moitié des personnes confrontées à ce problème répondent que le livre coûte 1 rouble et la reliure 50 kopecks !

Partie 3 : Les trahisons de la mémoire

« La mémoire en émoi : émotions et stress »

1. Ekman P., « An argument for basic emotions », *Cognition and Emotion*, 1992, 6, p. 169-200.

2. Plutchik R., « A general psychoevolutionary theory of emotion », *in* R. Plutchik et H. Kellerman (éds), *Emotion : Theory, Research and Experience*, vol. 1, New York, Academic press, 1980n p. 3-33.

3. Izard C. E., Libero D. Z., Putnam P., Haynes O. M., « Stability of emotions experiences and their relations to traits of personality », *Journal of Personality and Social Psychology*, 1993, 64, p. 847-860.

4. Damasio A., *L'Erreur de Descartes. La raison des émotions*, Paris, Odile Jacob, 1995; *Le Sentiment même de soi*, Paris, Odile Jacob, 1999; *Spinoza avait raison. Joie et tristesse, le cerveau des émotions*, Paris, Odile Jacob, 2003.

5. Maratos E., Dolan R., Morris J., Henson R., Rugg M., « Neural activity associated with episodic memory for emotional context », *Neuropsychologia*, 2001, 39, p. 910-920.

6. Braconnier A., *Petit ou grand anxieux ?*, Paris, Odile Jacob, 2002.

7. American Psychiatric Association, *Manuel diagnostique et statistique des troubles mentaux*, 4e éd., *DSM-IV*, Paris, Masson, 1996.

8. Hopko D. R., Ashcraft M. H., Gute J, Ruggerio K. J., Lewis C., « Mathematics anxiety and working memory : support for the existence of a deficient inhibition mechanisms », *Journal of Anxiety Disorder*, 1998, 12, p. 343-355.

9. Il est préférable de traduire le terme *major* anglo-saxon par « caractérisé » (ou « constitué ») afin d'éviter la confusion avec le qualificatif français « majeur » qui fait référence à une notion de sévérité.

10. Bower G. H., « Mood and memory », *American Psychologist*, 1981, 36, p. 129-148.

11. Sapolsky R. M., « Depression, antidepressants, and the shrinking hippocampus », *Proc. Natl. Acad. Sci. USA*, 23 octobre 2001, 98(22), p. 12320-12322.

12. Crocq L., *Les Traumatismes psychiques de guerre*, Paris, Odile Jacob, 1999.

13. C'est le fameux « Tu trembles carcasse, mais tu tremblerais encore plus si tu savais où je vais te mener ! » du maréchal de Turenne (1611-1675).

14. Sutker P. B., Winstead D. K., Galina Z. H., Allain A. N., « Cognitive deficits and psychopathology among former prisoners of war and combat veterans of the Korean conflict », *American Journal of Psychiatry*, 1991, 148, p. 67-72; Southwick S. M., Morgan III A., Nicolaou A. L., Charney D. S., « Consistency of memory for

combat-related traumatic events in veterans of operation desert storm », *American Journal of Psychiatry*, 1997, 154, p. 173-177.

15. Morgan C. A. 3rd, Hazlett G., Doran A., Garrett S., Hoyt G., Thomas P., Baranoski M., Southwick S. M., « Accuracy of eyewitness memory for persons encountered during exposure to highly intense stress », *International Journal of Law and Psychiatry*, mai-juin 2004, 27(3), p. 265-279.

16. Quinette P., Guillery-Girard B., Dayan J., Sayette V. de la, Marquis S., Viader F., Desgranges B., Eustache F., « What does transient global amnesia really mean? Review of the literature and thorough study of 142 cases », *Brain*, 2006, 129(7), p. 1640-1658.

17. Le Naour J.-Y., *Le Soldat inconnu vivant*, Paris, Hachette Littératures, 2002.

18. Selon Schacter, les amnésies fonctionnelles correspondent à une perte de mémoire attribuable à un événement précis ou à un processus, sans lésion cérébrale visible tout en s'accompagnant bien sûr de modifications biologiques cérébrales, et correspondant à un oubli plus important que ce qui serait attendu en l'absence de l'événement ou du processus. Schacter distingue, d'une part, les amnésies fonctionnelles non pathologiques (naturelles ou induites), telles que l'amnésie infantile, l'amnésie du sommeil et des rêves, les amnésies hypnotiques et, d'autre part, les amnésies fonctionnelles pathologiques observées lors de maladies psychiatriques, de certains états psychologiques ou d'un traumatisme psychologique intense ou « cul-de-sac » émotionnel sévère (ce qu'il appelle les amnésies psychogènes au sens restreint). Ces amnésies fonctionnelles sont plus souvent rétrogrades (amnésie des souvenirs du passé) qu'antérogrades (les nouvelles informations à apprendre), elles sont souvent réversibles (mais ce qui est réversible n'est pas obligatoirement fonctionnel !).

19. Markowitsch H. J., Kessler J., Van Der Ven C., Weber-Luxenburger G., Albers M, Heiss W. D., « Psychic trauma causing grossly reduced brain metabolism and cognitive deterioration », *Neuropsychologia*, janvier 1998, 36(1), p. 77-82.

20. Yale University Press, 2004. Chez les Anglo-Saxons, la Première Guerre mondiale est appelée *The Great War*, ce qui souligne particulièrement l'impact qu'elle a eu sur leur imaginaire collectif. Si le terme équivalent de Grande Guerre a été autrefois utilisé en France, il ne l'est plus depuis la Seconde Guerre mondiale.

21. Salmon a édicté cinq principes de prise en charge qui ont fait sa célébrité : proximité, immédiateté, espérance de guérison, simplicité, centralité.

22. Cité par Navarre Ch., « Prise en charge de l'anxiété chez les victimes de situations de catastrophe », *Neuro-psy*, 2001, 16(4), p. 142-150.

23. Pizarro J., Silver R. C., Prause J., « Physical and mental health costs of traumatic war experiences among civil war veterans », *Archives of General Psychiatry*, 1er février 2006, 63(2), p. 193-200.

24. Wason D., *Battlefield Detectives*, Londres, Granada Media, 2003.

25. Hoge C. W., Castro C. A., Messer S. C., McGurk D., Cotting D. I., Koffman R. L., « Combat duty in Iraq and Afghanistan, mental health problems, and barriers to care », *N. Engl. J. Med.*, 1er juillet 2004, 351(1), p. 13-22.

26. American Psychiatric Association, *Manuel diagnostique et statistique des troubles mentaux, op. cit.*

27. Brillon P., *Comment aider les victimes de stress post-traumatique*, Outremont, Les Éditions Québecor, 2004.

28. LeShan L., *The Psychology of War. Comprehending its Mystique and its Madness*, New York, Helios Press, 2002, p. 76.

29. Lopez G., « L'aide psychologique d'urgence », *Cerveau & Psycho*, 2004, n° 5, p. 12-15.

30. Baranowsky A. B., Young M., Johnson-Douglas S., Williams-Keeler L., McCarrey M., « PTSD transmission : A review of secondary traumatization in

Holocaust survivor families », *Canadian Psychology*, novembre 1998, 39, p. 4.

31. Depuis 1997, il existe des Cellules d'urgence médico-psychologiques (CUMP) adjointes aux SAMU des 22 zones sanitaires françaises.

32. Une méta-analyse est une approche statistique reposant sur l'analyse simultanée de plusieurs publications pour en repérer les traits communs les plus saillants et les plus significatifs.

33. Rose B., Bisson J., Wessely S., « Psychological debriefing for preventing post traumatic stress disorder (PTSD) », *The Cochrane Library*, 2001, 4 (Cochrane Review), Oxford, Update Software.

34. Crocq L., *Les Traumatismes psychiques de guerre, op. cit.*

35. Bremner J. D., Randall P., Scott T. M., Bronen R. A., Seibyl J. P., Southwick S. M., Delaney R. C., McCarthy G., Charney D. S., Innis R. B., « MRI-based measurement of hippocampal volume in patients with combat-related posttraumatic stress disorder », *American Journal of Psychiatry*, 1995, 152, p. 973-981 ; Gurvits T. V., Shenton M. E., Hokama H., Ohta H., Lasko N. B., Gilbertson M. W., Orr S. P., Kikinis R., Jolesz F. A., McCarley R. W., Pitman R. K., « Magnetic resonance imaging study of hippocampal volume in chronic, combat-related posttraumatic stress disorder », *Biological Psychiatry*, 1996, 40, p. 1091-1099.

36. Rauch S. L., Van Der Kolk B. A., Fisler R. E., Alpert N. M., Orr S. P., Savage C. R., Fishman A. J., Jenike M. A., Pitman R. K., « A symptom provocation study of posttraumatic stress disorder using positron emission tomography and script-driven imagery », *Archives of General Psychiatry*, 1996, n° 35(3), p. 380-387.

37. LeDoux J., *Le Cerveau des émotions*, Paris, Odile Jacob, 2005.

38. Fredrickson B. L., Branigan C., « Positive emotions broaden the scope of attention and thought-action repertoires », *Cognition and Emotion*, 2005, 19, p. 313-332.

39. Kahneman D., Tversky A., « On the interpretation of intuitive probability : A reply to Jonathan Cohen », *Cognition*, 1979, 7(4), p. 409-411.

« Faux souvenirs et distorsions : quand la mémoire invente »

1. Dans son ouvrage publié en 2003 aux éditions Odile Jacob sous le titre *Science de la mémoire. Oublier et se souvenir*.

2. On pense bien sûr à l'affaire d'Outreau, mais celle-ci ne se résume pas uniquement à des distorsions de témoignages d'enfants, d'autres facteurs sont intervenus aux plans judiciaire et médiatique. Matthew Gentzkow a montré que l'affaire Dutroux en Belgique a considérablement participé à créer un *biais médiatique* autour de l'enquête d'Outreau. Il est d'ailleurs clair que si l'on voulait analyser complètement les différents dérapages de l'*affaire*, il faudrait une équipe composée d'un magistrat, d'un journaliste et d'un spécialiste de la mémoire !

3. Loftus E. F., Hoffman H. G., « Misinformation and memory. The creation of new memories », *Journal of Experimental Psychology General*, mars 1989, 118(1), p. 100-104.

4. Payne B. K., « Prejudice and perception : The role of automatic and controlled processes in misperceiving a weapon », *Journal of Personality and Social Psychology*, 2001, 81, p. 181-192.

5. Safer, M. A., Christianson, S.-A., Autry, M. W., Oesterlund, K., « Tunnel memory for traumatic events », *Applied Cognitive Psychology*, 1993, 12, p. 99-117.

6. Kramer, T. H., Buckhout, R., Eugenio, P., « Weapon focus, arousal, and eyewitness memory », *Law and Human Behavior*, 1990, 14, p. 167-184.

7. Bower G. H., Black J. B., Turner T. J., « Scripts in memory for texts », *Cognitive Psychology*, 1979, 11, p. 177-220.

8. Hannigan S. L., Reinitz M. T., « A demonstration and comparison of two types of inference-based memory errors », *Journal of Experimental Psychology : Learning, Memory, and Cognition*, juillet 2001, vol. 27, n° 4, p. 931-940.

9. Kassin S. M., Gudjonsson G. H., « The psychology of confessions : A review of the literature and issues », *Psychological Science*, novembre 2004 (supplément), vol. 5, n° 2.

10. Fisher R. P., Geiselman R. E., *Memory-Enhancing Techniques for Investigative Interviewing : The Cognitive Interview*, New York, Charles C. Thomas, Publisher Ltd, 1992.

11. Schacter D. L., *À la recherche de la mémoire. Le passé, l'esprit et le cerveau*, Bruxelles, DeBoeck Université, 1999.

12. Wells G.L., Small M., Penrod S., Malpass R.S., Fulero S.M., Brimacombe C.A.E., « Eyewitness identification procedures : Recommendations for lineups and photospreads », *Law and Human Behavior*, 1998, 22, p. 603-647.

13. Bertone A., Mélen M., Py J., Somat A., *Témoins sous influences. Recherches de psychologie sociale et cognitive*, Grenoble, Presses Universitaires de Grenoble, 1995.

14. L'ordalie ou « jugement de Dieu » reposait sur la croyance qu'une intervention divine ou magique laisserait succomber le coupable et protégerait l'innocent lors d'une épreuve physique. Les plus usitées étaient celles du fer rouge, de l'eau froide, de l'eau bouillante. Il a fallu attendre le XIIIe siècle pour que l'Église et le roi Saint Louis en France mettent fin à cette pratique révoltante. D'une certaine façon, les duels ont ensuite constitué une survivance de cette croyance que le bras armé de la vérité protégerait l'innocent face à un accusateur déloyal.

15. L'expression anglo-saxonne *traumatic experience* est souvent traduite en français par « expérience traumatique », ce qui peut donner faussement l'impression qu'il s'agit de situations de traumatisme physique alors que l'expérience est celle d'un traumatisme psychologique accompagnant ou non un traumatisme physique. Kihlstrom J.F., « The trauma-memory argument and recovered memory therapy », *The Recovered Memory/False Memory Debate*, San Diego (CA), Academic Press, Inc. 1996, p. 297-311.

16. Il est clair que les avocats furent les grands vainqueurs puisque chronologiquement se succédèrent des procès d'enfants contre leurs parents incestueux, puis de patients contre les thérapeutes leur ayant implanté des faux souvenirs, puis enfin de thérapeutes contre des patients tentant de les escroquer en les accusant indûment d'implanter de faux souvenirs chez eux !

17. On fait référence à des relaxants et bien sûr à l'administration du fameux « sérum de vérité », dérivé de barbituriques tels que l'amytal de sodium.

18. The British Royal College of Psychiatrists, *Working Group on Reported Recovered Memories of Child Sexual Abuse*, 1997, p. 663.

19. Loftus E.F., Palmer J.C., « Reconstruction of automobile destruction : an example of the interaction between language and memory », *Journal of Verbal, Learning and Verbal Behavior*, 1974, 13, p. 585-5 89.

20. Loftus et Palmer rapportent que des personnels de l'US Air Force observant une voiture dont ils devaient évaluer la vitesse ont eu des estimations variant de 10 à 50 miles/heure alors que la voiture roulait à... 12 miles/heure.

21. Loftus E.F., Miller D.G., Burns H.J., « Semantic integration of verbal information into a visual memory », *J. Exp. Psychol. [Hum. Learn]*, janvier 1978, 4(1), p. 19-31.

22. Kassin S. M., Kiechel K. L., « The social psychology of false confessions : Compliance, internalization and confabulations », *Psychological Science*, mai 1996, vol. 7, n° 3, p. 125-128.

23. Loftus E. F., Pickrell J. E., « The formation of false memories », *Psychiatric Annals*, 1995, 25, p. 720-725.

24. Hyman I. E., Pentland J., « The role of mental imagery in the creation of false memories », *Journal of Memory and Language*, 1996, 35, p. 101-117.

25. Braun A., Ellis R., Loftus E. F., « Make my memory : How advertising can change our memories of the past », *Psychology and Marketing*, 2002, 19(1), p. 1-23.

26. Garry M., Manning C. G., Loftus E. F., Sherman S. J., « Imagination inflation : Imagining a childhood event inflates confidence that it occurred, *Psychonomic Bulletin and Review,* juin 1996, vol. 3, n° 2, p. 208-214.

27. Pezdek K., Finger K., Hodge D., « Planting false childhood memories : The role of event plausibility », *Psychological Science*, 1997, 8, p. 437-441.

28. Clancy S. A., McNally R. J., Schacter D L., Lenzenweger M. F., Pitman R. K., « Memory distorsion in people reporting abduction by aliens », *Journal of Abnormal Psychology*, 2002, 111 (3), p. 455-461.

29. McNally R. J., Lasko N. B., Clancy S A., Macklin M L., Pitman R. K., Orr S. P., « Psychophysiological responding during script-driven imagery in people reporting abduction by space aliens », *Psychol Sci.*, juillet 2004, 15(7), p. 493-497.

30. Deese J., « On the prediction of occurrence of particular verbal intrusions in immediate recall », *Journal of Experimental Psychology*, 1959, 58, p. 17-22.

31. Roediger H. L. III, McDermott K B., « Creating false memories : Remembering words not presented in lists », *Journal of Experimental Psychology : Learning, Memory, and Cognition*, 1995, 21, p. 803-814.

32. Brown R., Kulik J., « Flashbulb memories », *Cognition*, 1977, 5, p. 73-99.

33. Colgrove F. W., « Individual memories », *American Journal of Psychology*, 1899, 10, p. 228-255.

34. Cohen G., Conway M. A., Maylor E. A., « Flasbulb memories in older adults », *Psychology Aging*, 1994, 9 (3), p. 454-463.

35. Curci A., Luminet O., Finkenauer C., Gisle L., « Flashbulb memories in social groups : A comparative study of the memory of french president Mitterrand's death in a French and a Belgian group », *Memory*, 2001, 9, p. 81-101.

36. Thomas-Antérion C., Collomb K., Borg C., Cadet L., Nevers B., Laurent B., « Rappel du 11 septembre 2001 et recherche d'un souvenir flash dans la maladie d'Alzheimer », *La Presse Médicale*, 2007, 36(4), p. 598-603.

37. Friedman W. J., Wilkins A. J., « Scale effects in memory for the time of events », *Memory & Cognition,* 1985, 13(2), p. 168-175.

38. Tekcan A. I., Peynircioglu Z. F., « Effects of age on flashbulb memories », *Psychology of Aging*, 2002, 17, p. 416-422.

39. Pillemer D. B., « Flashbulb memories of the assassination attempt on president Reagan », *Cognition*, février 1984, 16 (1), p. 63-80.

40. McCloskey M., Wible C. G., Cohen N J., « Is there a special flashbulb-memory mechanism ? », *Journal of Experimental Psychology General*, 1988, 117, p. 171-181.

41. Neisser U., Harsch N., « Phantom flashbulbs : False recollections of hearing the news about challenger », *in* E Winograd, U. Neisser (éds), *Affect and Accuracy in Recall : Studies of « flashbulb memories »*, Cambridge (UK), Cambridge University Press, 1992, p. 9-31.

42. Schacter D. L., *The Seven Sins of Memory*, New York, Houghton Mifflin Company, 2001.

43. Basbanes N. A., *Patience & Fortitude. Wherein a Colorful Cast of Determined Book Collectors, Dealers, and Librarians go about the Quixotic Task of Preserving a Legacy*, Londres, HarperCollins Publishers, 2001.

44. Eco U., *Le Nom de la rose*, Paris, Grasset et Fasquelle, 1982.

45. Brown A. S., Murphy D. R., « Cryptomnesia : Delineating inadvertent plagiarism », *Journal of Experimental Psychology* 1989, 15(3), p. 432-442.

46. Landau J. D., Marsh R. L., Hicks J. L., « Contributions of inadequate source monitoring to unconscious plagiarism during idea generation », *Journal of Experimental Psychology : Learning, Memory and Cognition*, 1997, 23, p. 886-897.

47. Pour mémoire, rappelons que Bizet a « emprunté » au compositeur de *La Paloma* sa mélodie de la *Habanera* !

48. Boirac É., « Correspondance », *Revue Philosophique*, 1876, 1, p. 430-431.

49. Brown A. S., « A review of the Déjà-Vu experience », *Psychological Bulletin*, 2003, 129(3), p. 394-413.

50. Myers F.W.H., *Human Personality and its Survival of Bodily Death*, New York, Longmans, Green, 1903.

51. Barbeau E., Wendling F., Régis J., Duncan R., Poncet M., Chauvel P., Bartolomei F., « Recollection of vivid memories after perirhinal region stimulations : synchronization in the theta range of spatially distributed brain areas », *Neuropsychologia*, 2005, 43(9), p. 1329-1337.

52. Bartolomei F., Barbeau E., Gavaret M., Guye M., McGonigal A., Régis J., Chauvel P., « Cortical stimulation study of the role of rhinal cortex in déjà-vu and reminiscence of memories », *Neurology*, 2004, 63(5), p. 858-864.

53. Eakin P. J., « Autobiography, identity, and the fictions of memory », *in* D. L. Schacter, E. Scarry (éds), *Memory, Brain and Belief*, Cambridge (MA), Harvard University Press, 2000.

« La mémoire des seniors »

1. Brouillet D., Syssau A., « L'oubli : un produit de la mémoire », *Psychol. Neuropsychiatr. Vieil.*, 2005, 3(4), p. 301-313.

2. Eriksson P. S., Perfilieva E., Bjork-Eriksson T., Alborn AM., Nordborg C., Peterson DA., Gage F.H., « Neurogenesis in the adult human hippocampus », *Nat. Med.*, novembre 1998, 4 (11), p. 1313-1317.

3. Lemaire P., Bherer L., *Psychologie du vieillissement. Une perspective cognitive*, Bruxelles, De Boeck, 2005.

4. *Ibid.*

5. Smith G.E., Ivnik R.J., « Normative neuropsychology », *in* R.C. Petersen (éd.), *Mild Cognitive Impairment. Aging to Alzheimer's disease*, Oxford, Oxford University Press, 2003, p. 63-88.

6. Hanninen T., Reinikainen K.J., Helkala E.L., Koivisto K., Mykkanen L., Laakso M., Pyorala K., Riekkinen P.J., « Subjective memory complaints and personality traits in normal elderly subjects », *J. Am. Geriatr. Soc.*, 1994, 42 (1), p. 1-4.

7. Derouesné C., Dealberto M. J., Boyer P., Lubin S., Sauron B., Piette F., Kohler F., Alpérovitch A., « Empirical evaluation of the "Cognitive Difficulties Scale" for assessment of memory complaints in general practice: a study of 1628 cognitively normal subjects aged 45-75 years », *International Journal of Geriatric Psychiatry*, 1993, 8, p. 599-607.

8. McGlone J., Gupta S., Humphrey D., Oppenheimer S., Mirsen T., Evans D.R., « Screening for early dementia using memory complaints from patients and relatives », *Archives of Neurology*, novembre 1990, 47 (11), p. 1189-1193.

9. Croisile B., Rothoft J.-M., « Plaintes de mémoire en médecine de ville : présentation et prise en charge », *Revue de Gériatrie*, mars 2004, 29, n° 3, p. 179-188.

10. Dartigues J.-F., Fabrigoule C., Letenneur L., Amiéva H., Thiessard F., Orgogozo J.-M., « Épidémiologie des troubles de la mémoire », *Thérapie*, 1997, vol. 52, n° 5, p. 503-506.

11. Wang L., Van Belle G., Crane P. K., Kukull W. A., Bowen J. D., McCormick W. C., Larson E. B., « Subjective memory deterioration and future dementia in people aged 65 and older », *J. Am. Geriatr. Soc.*, 2004, 52(12), p. 2045-2051.

12. Linton M., « Ways of searching and the contents of memory », *in* D. C. Rubin (éd.), *Autobiographical Memory*. Cambridge, Cambridge University Press, 1986.

13. Wagenaar W., « My memory : A study of autobiographical memory over six years », *Cognitive Psychology*, 1986, 18, p. 225-252.

14. Le terme *heuristique* fait référence à une stratégie de résolution de problème qui peut aboutir ou non à une réponse correcte.

15. Schacter D., *Science de la mémoire. Oublier et se souvenir*, Paris, Odile Jacob, 2003.

16. Rubin D. C., *Autobiographical Memory*, Cambridge, Cambridge University Press, 1986.

17. Franklin H. C., Holding D. H., « Autobiographical memory across the lifespan », *Journal of Gerontology*, 1977, 39, p. 692-699.

18. Comte-Sponville A., *Dictionnaire philosophique*, Paris, Presses universitaires de France, 2001.

19. Piolino P., « Le vieillissement normal de la mémoire autobiographique », *Psychologie & Neuropsychiatrie du vieillissement*, 2003, 1, p. 25-35.

20. *The man with the tape recorder memory*.

21. Neisser U., « John Dean's memory : A case study », *Cognition*, 1981, 9, p. 1-22.

22. Hirst W., Gluck D., « Revisiting John Dean's memory », *in* E. Winograd, R. Fivush, W. Hirst (éds), *Ecological Approaches to Cognition*, Mahwah (NJ), Erlbaum, 1999, p. 253-281.

23. Peyrefitte A., *C'était de Gaulle*, Paris, Gallimard, 2002.

24. Bahrick H. P., Bahrick P. O., Wittinger R. P., « Fifty years of memory for names and faces : A cross-sectional approach », *Journal of Experimental Psychology General*, 1975, 104, p. 54-75.

25. Bahrick H. P., « Semantic memory content in permastore : Fifty years of memory for Spanish learned in school », *Journal of Experimental Psychology General*, mars 1984, 113(1), p. 1-29.

26. Brown R., McNeill D., « The "tip-of-the-tongue" phenomenon », *Journal of Verbal Learning and Verbal Behavior*, 1966, 5, p. 325-377.

27. Brown A. S., « A review of the tip-of-the-tongue experience », *Psychological Bulletin*, 1991, 109, p. 204-233.

Partie 4 : L'hiver de la mémoire

1. Les amnésies psychiatriques ont été traitées dans le chapitre « La mémoire en émoi : émotions et stress ».

« Lorsque la mémoire disparaît : les amnésies »

1. Duyckaerts C., « Neuropathologie des syndromes amnésiques », *in* T. Meulemans, B. Desgranges, S. Adam, F. Eustache (éds), *Évaluation et prise en charge des troubles mnésiques*, Marseille, Solal, 2003.

2. Claparède É., *Archives de psychologie*, 1911, 11, p. 79-90.

3. Gamper E., « Zur Frage der Polioencephalitis der chronischen Alkoholiker. Anatomische Befunde beim chronischem Korsakow und ihre Beziehungen zum klinischen Bild », *Deutsche Z. Nervenheilkd*, 1928, 102, p. 122-129.

4. Alexander B., Subbarow Y., « A new bios factor in liver extract », *J. Biol. Chem.*, 1940, 135, p. 341-342; Jolliffe N., Jellinek E. M., « Vitamin deficiencies and liver cirrhosis in alcoholism. Pt 4. Cirrhosis of the liver », *J. Stud. Alcohol*, 1941, 194, 12, p. 544-583.

5. De Wardener H. E., Lennox B., « Cerebral beri-beri (Wernicke's encephalopathy) : Review of 52 cases in Singapore prisioner-of-war hospital », *Lancet*, 1947, 1, p. 11-17.

6. Léthé H. W., *Art et critique de l'oubli*, Paris, Fayard, 1999.

7. Hilts Ph., *Memory's Ghost : The Strange Tale of Mr M. and the Nature of Memory*, New York, Simon & Schuster, 1995.

8. Corkin S., Amaral D., Gonzalez R., Johnson K. *et al.*, « H. M.'s medial temporal lobe lesion : Findings from magnetic resonance imaging », *The Journal of Neuroscience*, 1997, 17, p. 3964-3979.

9. Techniquement, il semble qu'il n'existe aucune preuve directe de l'origine temporale de l'épilepsie de H. M. : ni les électroencéphalogrammes ni l'électrocorticographie réalisée lors de l'intervention chirurgicale n'ont montré d'anomalies temporales. En outre, l'analyse neuropathologique de certaines des structures enlevées lors de l'opération (un uncus temporal et les deux amygdales) n'a montré ni inflammation ni cicatrice, indications habi-

tuelles d'une souffrance épileptique. La seule preuve est indirecte : la suppression de la plupart des crises depuis que ces régions temporales internes ont été enlevées !

10. Scoville W. B., Milner B., « Loss of recent memory after bilateral hippo campal lesions », *Journal of Neurology, Neurosurgery and Psychiatry*, 1957, 20, p. 11-21.

11. Milner B., « Pathologie de la mémoire », *in La mémoire. Symposium de l'Association de psychologie scientifique de langue française*, Paris, Presses Universitaire de France, 1970, p. 186-212.

12. Corkin S., « What's new with the amnesic patient H. M. ? », *Nature*, février 2002, vol. 3, p. 153-160.

« La maladie d'Alzheimer : la mémoire en dégradé »

1. Morris E., *Dutch : A Memoir of Ronald Reagan*, Modern Library, 2000.

2. Dartigues J.-F., Helmer C., Dubois B., Duyckaerts C., Laurent B., Pasquier F., Touchon J., « La maladie d'Alzheimer, un problème de santé publique : oui... Une priorité ? », *Revue Neurologique* (Paris), 2002, 158, p. 3311-3315.

3. Maurer K. et U., *Alzheimer. Vie d'un médecin. Histoire d'une maladie*, Paris, Éditions Michalon, 1999.

4. Kalpouzos G., Chételat G., Baron J. C., Landeau B., Mevel K., Godeau C., Barré L., Constans J. M., Viader F., Eustache F., Desgranges B., « Voxel-based mapping of brain gray matter volume and glucose metabolism profiles in normal aging », *Neurobiology of Aging*, 2007 on line le 13 juillet.

5. Terry R. D., Katzman R., « Life span and synapses : Will there be a primary senile dementia ? », *Neurobiol. Aging*, 2001, 22 (3), p. 347-348.

6. Helmer C., Letenneur L., Rouch I., Richard-Harston S., Barberger-Gateau P., Fabrigoule C., Orgogozo J. M., Dartigues J.-F., « Occupation during life and risk of dementia in French elderly community residents », *J. Neurol. Neurosurg. Psychiatry*, septembre 2001, 71(3), p. 303-309.

7. Croisile B., *Alzheimer et les maladies apparentées*, Paris, Larousse, 2007.

8. Thompson S. A., Graham K. S., Patterson K., Sahakian B. J., Hodges J. R., « Is knowledge of famous people disproportionately impaired in patients with early Alzheimer's disease ? », *Neuropsychology*, 2002, 16, p. 344-358.

9. Thomas-Antérion C., Collomb K., Borg C., Cadet L., Nevers B., Laurent B., « Rappel du 11 septembre 2001 et recherche d'un souvenir flash dans la maladie d'Alzheimer », *La Presse Médicale*, 2007, 36(4), p. 598-603.

10. Dubois B., Feldman H.H., Jacova C., Dekosky S.T., Barberger-Gateau P., Cummings J., Delacourte A., Galasko D., Gauthier S., Jicha G., Meguro K., O'brien J., Pasquier F., Robert P., Rossor M., Salloway S., Stern Y., Visser P. J., Scheltens P., « Research criteria for the diagnosis of Alzheimer's disease : revising the NINCDS-ADRDA criteria », *Lancet Neurol.*, 6 juillet 2007 e-publication.

11. Brookmeyer R., Johnson E., Zieger-Graham K., Arrighi M., « Forecasting the global burden of Alzheimer's disease », *Alzheimer's & Dementia (Journal of the Alzheimer's Association)*, 2007.

Partie 5 : Apprendre, retenir, oublier, apprendre...

« L'été indien de la mémoire »

1. Cabeza R., « Cognitive neuroscience of aging : Contributions of functional neuroimaging », *Scan. J. Psychol.*, 2001, 42, p. 277-286 ; Cabeza R., Anderson N. D., Locantore J. K., McIntosh A R., « Aging gracefully : Compensatory brain activity in high-performing older adults », *NeuroImage*, 2002, 17(3), p. 1394-1402.

2. Hultsch D.F., Hertzog C., Small B.J., Dixon R.A., « Use it or lose it : Engaged lifestyle as a buffer of cognitive decline in aging ? », *Psychol. Aging*, juin 1999, 14(2), p. 245-263.

3. Wilson R.S., Barnes L.L., Bennett D.A., « Assessment of lifetime participation in cognitively stimulating activities », *Journal of Clinical and Experimental Neuropsychology*, 2003, 25(5), p. 205-213.

4. Verhaeghen P., Marcoen A., Goossens L., « Improving memory performance in the aged through mnemonic training : A meta-analytic study », *Psychology and Aging*, 1992, *7*(2), p. 242-251.

5. Drew B., Waters J., « Video games : Utilization of a novel strategy to improve perceptual motor skills and cognitive functioning in the non-institutionalized elderly », *Cognitive Rehabilitation*, 1986, 4, p. 26-31; Dustman R.E., Emmerson L., Steinhaus D., Dustman T., « The effects of videogame playing on neuropsychological performance of elderly individuals », *Journal of Gerontology, Psychological Sciences*, 1992, 47, p. 168-171; Goldstein J.H., Cajko L., Oosterbroek M., Michielsen M., Van Houten O., Salverda F., « Video games and the elderly », *Social Behavior and Personality*, 1997, 25, p. 345-352.

6. Rasmusson D. X., Rebok G. W. *et al.*, « Effects of three types of memory training in normal elderly », *Aging Neuropsychology and Cognition*, 1999, vol. 6, n° 1, p. 56-66.

7. Rotrou J. de, « Stimulation cognitive et vieillissement », *Gérontologie préventive*, Paris, Masson, 2002, « Abrégés de médecine », p. 395-408.

8. Croisile B., « La stimulation de mémoire. Quel rationnel ? Quels exercices ? », *Revue de gériatrie*, juin 2006, 31, n° 6, p. 421-433.

9. Diehl M., Willis S. L., Schaie K. W., « Everyday problem solving in older adults : observational assessment and cognitive correlates », *Psychology and Aging*, 1995, vol. 10, n° 3, p. 478-491.

10. Ball K., Berch D. B., Helmers K.F., Jobe J.B., Leveck M.D., Marsiske M., Morris J.N., Rebok G.W., Smith D.M., Tennstedt S. L., Unverzagt F.W., Willis S.L., for the ACTIVE Study Group, « Effects of cognitive training interventions with older adults. A randomized controlled trial », *The Journal of the American Medical Association* 2002, 288, p. 2271-2281.

11. Willis S. L., Tennstedt S. L., Marsiske M., Ball K., Elias J., Koepke K. M., Morris J. N., Rebok G. W., Unverzagt F. W., Stoddard A. M., Wright E., for the ACTIVE Study Group, « Long-term effects of cognitive training on everyday functional outcomes in older adults », *The Journal of the American Medical Association*, 2006, 296, p. 2805-2814.

12. Shumaker S. A., Legault C., Coker L. H., « Behavior-based interventions to enhance cognitive functioning and independence in older adults », *The Journal of the American Medical Association*, 2006, 296, p. 2852-2854.

13. Lieury A., *Stimuler ses neurones... oui mais comment ?*, Paris, Dunod, 2008.

14. Helmer C., Letenneur L., Rouch I., Richard-Harston S., Barberger-Gateau P., Fabrigoule C., Orgogozo J. M., Dartigues J. F., « Occupation during life and risk of dementia in French elderly community residents », *J. Neurol. Neurosurg. Psychiatry*, septembre 2001, 71(3), p. 303-309.

15. Snowdon D.A., Kemper S.J., Mortimer J.A., Greiner L.H., Wekstein D.R., Markesberg W.R., « Linguistic ability in early life and cognitive function and Alzheimer's disease in late life. Findings from the Nun study », *JAMA*, 1996, 275 (7), p. 528-532.

16. Wilson R. S., Bennett D. A., Bienias J. L., Aggarwal N. T., Mendes de Leon C. F., Morris M. C., Schneider J. A., Evans D. A., « Cognitive activity and incident AD in a population-based sample of older persons », *Neurology*, 2002, 59, p. 1910-1914; Wilson R. S., Mendes de Leon C. F., Barnes L. L., Schneider J. A., Bienias J. L., Evans D. A., Bennett D. A., « Participation in cognitively stimulating activities and risk of incident Alzheimer disease », *JAMA*, 2002, 287, p. 742-748.

17. Fabrigoule C., Letenneur L., Dartigues J.F., Zarrouk M., Commenges D., Barberger-Gateau P., « Social and leisure activities and risk of dementia : A prospective longitudinal study », *J. Am. Geriatr. Soc.*, 1995, 43, p. 485-490.

18. Scarmeas N., Levy G., Tang M.X., Manly J., Stern Y., « Influence of leisure activity on the incidence of Alzheimer's disease », *Neurology*, 2001, 57 (12), p. 2236-2242.

19. Friedland R. P., Fritsch T., Smyth K. A., Koss E., Lerner A. J., Chen C. H., Petot G. J., Debanne S. M., « Patients with Alzheimer's disease have reduced activities in midlife compared with healthy control-group members », *Proc. Natl. Acad. Sci. USA*, 2001, 98, p. 3440-3445.

20. Une méta-analyse est une méthode statistique permettant la synthèse d'un grand nombre de travaux scientifiques sur un thème donné.

21. Valenzuela M., Sachdev P., « Brain reserve and dementia : A systematic review », *Psychological Medicine*, 2006, 36, p. 441-454.

22. Valenzuela M., Sachdev P., « Brain reserve and cognitive decline : A non-parametric systematic review », *Psychological Medicine*, 2006, 36, p. 1065-1073.

23. Stern Y., Albert S., Tang M. X., Tsai W. Y., « Rate of memory decline in AD is related to education and occupation : cognitive reserve? », *Neurology*, 1999, 53(9), p. 1942-1947.

24. Buell S. J., Coleman P. D., « Quantitative evidence for selective dendritic growth in normal human aging but not in senile dementia », *Brain Research*, 1981, 214, p. 23-41.

25. Terry R. D., Katzman R., « Life span and synapses : will there be a primary senile dementia? », *Neurobiol. Aging*, 2001, 22 (3), p. 347-348.

26. Rasmusson D. X., Rebok G. W., Bylsma F. W., Brandt J., « Effects of three types of memory training in normal elderly », *Aging, Neuropsychology, and Cognition*, 1999, 6 (1), p. 56-66; Anderson K. E., Brickman A. M., Flynn J., Scarmeas N., Van Heertum R., Sackeim H., Marder K. S., Bell K., Moeller J. R., Stern Y., « Impairment of nonverbal recognition in Alzheimer disease : A PET O-15 study », *Neurology*, 2007, 69 (1), p. 32-41.

27. Allard M., Robine J.-M., *Les Centenaires français. Étude de la Fondation IPSEN. 1990-2000*, Paris, Serdi Éditions, Paris, 2001.

28. Marshall G. A., Fairbanks L. A., Tekin S., Vinters H. V., Cummings J. L., « Early-onset Alzheimer's disease is associated with greater pathologic burden », J. Geriatr. Psychiatry Neurol., 2007, 20, p. 29-33.

29. Leys D., Hénon H., Mackowiak-Cordoliani M. A., Pasquier F., « Poststroke dementia », *Lancet Neurology*, novembre 2005, 4(11), p. 752-759.

30. Driscoll I., Resnick S. M., Troncoso J. C., An Y., O'Brien R., Zonderman A. B., « Impact of Alzheimer's pathology on cognitive trajectories in non demented elderly », *Annals of Neurology*, décembre 2006, 60 (6), p. 688-695.

31. Gosche K.M., Mortimer J.A., Smith C.D., Markesbery W.R., Snowdon D.A., « Hippocampal volume as an index of Alzheimer neuropathology : Findings from the Nun Study », *Neurology*, 28 mai 2002, 58 (10), p. 1476-1482.

32. Croisile B., « Le vieillissement cognitif : le futur âge d'or des neurones? », *La Revue de Gériatrie*, mai 2003, 28, n° 5, p. 395-402.

33. Niéoullon A., « Approche neurobiologique du vieillissement cérébral », *in* B. F. Michel et J.-M. Verdier (éds), *Neurodégénérescence et vieillissement cérébral*, Marseille, Solal, 2004, p. 57-75.

Index

D

E

F

G

H

I

J

K

L

T

V

Achevé d'imprimer en janvier 2012 sur rotative offset Variquik
par l'Imprimerie Sagim à Courtry (Seine et Marne).

Dépôt légal : février 2011
N°d'édition : 7381-2106-4
N° d'impression : 12718

Imprimé en France

L'imprimerie Sagim est titulaire de la marque
Imprim'vert® depuis 2004